本书为作者所主持国家社科基金《基于生态文明的生态环境刑法现代转型研究》（项目编号 20BFX177）的阶段性成果

生态环境刑法理论基础

张修齐 著

中国政法大学出版社

2024·北京

图书在版编目（ＣＩＰ）数据

生态环境刑法理论基础 / 张修齐著. -- 北京 ： 中国政法大学出版

社, 2024. 9. -- ISBN 978-7-5764-1815-6

Ⅰ. D924.399.4

中国国家版本馆 CIP 数据核字第 2024T3K833 号

出 版 者	中国政法大学出版社
地　　址	北京市海淀区西土城路 25 号
邮寄地址	北京 100088 信箱 8034 分箱　邮编 100088
网　　址	http://www.cuplpress.com（网络实名：中国政法大学出版社）
电　　话	010-58908586（编辑部）58908334（邮购部）
编辑邮箱	zhengfadch@126.com
承　　印	固安华明印业有限公司
开　　本	720mm×960mm　1/16
印　　张	20.75
字　　数	350 千字
版　　次	2024 年 9 月第 1 版
印　　次	2024 年 9 月第 1 次印刷
定　　价	88.00 元

在踏入中国人民大学法学院殿堂之前，我曾是一名公安民警。那段浸润在现实烟火中的岁月，让我习惯于透过证据链条与繁杂的社会关系去理解法律的运作，法条于我，更像一把冰冷而确凿的标尺，冷静地衡量着尘世间的罪与罚。然而，当我怀揣着学术的梦想，选择再次走入校园时，一个与司法实践截然不同的世界向我敞开了大门，同时也带来了一个巨大的困惑：如何在司法实践的"此岸"与学术理论的"彼岸"之间，架设一座坚固而通达的桥梁？

这个困惑，曾一度让我这位从实务转型而来的博士"新生"感到彷徨。答案，始于一场不期而遇的邂逅。2009年，母校中国人民大学刑事法律科学研究中心举办的环境刑法国际学术研讨会，为我这艘迷茫的航船指明了最初的航向。也正是在那场会议上，我尝试以一种体系化的学术视角，运用阶层犯罪理论的"手术刀"去解剖刑法疑难案例。当一位学界前辈对我的论文提出肯定的那一刻，我深切感受到，这片曾被不少人认为是"软法"的领域，竟蕴藏着如此坚实的理论内核与时代脉搏。自此，从读博期间发表的第一篇关于环境刑法的学术论文开始，我的人生航船，便义无反顾地驶入了这片广阔而深邃的法学海洋。正是由于环境犯罪以违反行政法为前提这一特殊构造，它成为了检验理论与实践、行政与司法、秩序与正义如何交织互动的最佳试验场，也为我之后深入研究金融、证券、税务、知识产权等行政犯打下了坚实基础。自此，我与以环境刑法为代表的行政刑法的缘分，便由此而始。

从本科时代烙印在脑海中的"四要件"犯罪构成体系，到硕博阶段拥抱德日刑法的"阶层犯罪论"，我的个人学术成长，亦是中国刑法理论蓬勃发展的缩影。为了更真切地触摸理论的脉搏，自博士一年级开始我便从五十音图起步学习日语，只为原汁原味地理解大陆法系学说。而真正让我的理论思维得以升华的，除开在人大法学院得到系统培养，受到中国人民大学刑事法律科学研究中心高铭暄、王作富、刘明祥等多位学术大师的指点，我还跨校到北京大学系统地听了陈兴良教授讲授的《教义刑法学》《判例刑法学》，白建军教授讲授的《金融犯罪》《法律实证研究方法》，到清华大学完整听了张明楷教授讲授的《刑法总论》《刑法各论》《刑法案例研讨》，几位老师的亲自授课，更是让我领略到阶层犯罪论和刑法的精髓。

本书，便是我试图回答最初那个困惑的产物。我并未满足于对法条的简单注释，而是期望能深入到环境刑法理论的"基础构造"之中，去探寻其背后的法哲学根基与逻辑肌理。在写作中，我始终被四个核心追问所牵引。

其一，在法律的天平上，我们应如何衡量人类的发展与自然的"权利"？本书在第三、四章对"生态伦理"与"生态学法益论"的探讨，正是对这一终极法哲学问题的遥远追问。

其二，当行政许可与环境损害并存时，刑法应如何自处？这是一个在"行政从属性"（第六章）命题下无法回避的难题。当行政法上的"合法"与法益保护的"必要"产生冲突，刑法是应当谦抑退让，还是进行穿透式审查？

其三，在环境犯罪因果链条漫长而复杂的现实中，如何实现公正的责任归属？传统因果关系理论在此常显乏力，本书在第七章剖析"流行病学因果关系"理论，正是为此提供一种可能的解题思路。

其四，当单一排污行为合法，但无数个此类行为的叠加却造成了环境灾难时，刑法又该如何应对"累积犯"（第九章）这一现代风险？这考验着我们对不法与责任认定的智慧。

基于此，本书的结构虽然仅为"上篇·理论基础"，系统梳理了生态环境刑法的教义学构造，但其所包含的不法、责任、因果关系、行政刑法原理、刑民行关系等知识，皆是直接回应司法实践难题的理论根基，希望能为一线的司法工作者、辩护人提供一份"知其所以然"的学理支撑。当然，一部直接讨论司法实践问题的"下篇·实践展开"，已在我的规划之中，权作本书的"姊妹篇"，期待将来能与读者见面。

本书的写作，始终秉持一种开放的学术心态。我深知这是一个充满争议的领域，但唯有争议，方能激发思想的活力。我衷心希望，本书不仅能为刑法学、环境法学的硕博士研究生及其他研究法律同行提供一份详尽的参考文献，也能为奋斗在司法一线的公、检、法、律法律同行提供一份办案参考和理论镜鉴，更能为立法者、环境行政执法人员、企业合规顾问，乃至每一位关心我们共同家园未来的朋友，提供一个思考的起点。

是为序。

目录

第一章 生态环境刑法概论

第一节 学科定义与范畴

一、生态环境刑法的概念、研究对象与范围

（一）概念演化及其历史背景

关于（生态）环境刑法的概念，国外一般将环境刑法分为广义的环境刑法和狭义的环境刑法。广义的环境刑法又分为形式意义的环境刑法与实质意义的环境刑法。[1]与此同时，有学者将环境刑法与公害刑法并列，对环境刑法不进一步区分而径直将其定义为"为了保护环境，处罚侵害、危及环境的行为的法律称为环境刑法"。[2]此外，还有学者主张环境刑法（环境犯罪）在广义上包括了公害刑法（公害犯罪）。认为，狭义的环境刑法（环境犯罪）与公害刑法（公害犯罪）在性质（保护法益）上并不相同，这是二者重要的理论区别。[3]

关于广义的环境刑法的进一步分类，日本学者认为，实质性环境刑法是从犯罪论的观点出发，寻求其本来应该受到保护的法益而形成的环境刑法。而形式意义上的环境刑法则被定义为了防止环境保护上的障碍的法律、条例中规定的惩罚的总和。[4]

就狭义的环境刑法的概念而言，一般认为，"将环境刑法中除公害刑法以

---

[1] 参见［日］中山研一、神山敏雄、齐藤豊治、浅田和茂编著：《环境刑法概说》，成文堂2003年版，第4~6页。

[2] 参见［日］町野朔编：《环境刑法的综合的研究》，信山社2003年版，第3页。

[3] 参见［日］长井圆：《未来世代的环境刑法2》，信山社2019年版，第11页。

[4] 参见［日］中山研一、神山敏雄、齐藤豊治、浅田和茂编著：《环境刑法概说》，成文堂2003年版，第5页。

外的部分称之为狭义的环境刑法"。[1]

本书认为,我国行政法中并未规定犯罪与刑罚,所有的犯罪与刑罚的内容均规定在刑法中,一般违法(违反行政法)与犯罪(违反刑法应负刑事责任)在我国被严格区分。因此,国外所谓形式意义上的环境刑法与实质意义上的环境刑法的概念及其区分在我国并不存在。概言之,国外关于环境刑法概念的界定及其分类是基于其本国立法的规定,在日本刑法典中并无狭义的环境刑法的立法规定,我国环境刑法立法既不同于德国、日本,更不同于英美等判例法国家,对于其概念的界定既离不开法律文本又不能与法制史切割,而应当在考察概念演进史的过程中来揭示其含义。

生态环境刑法的概念经历了从公害刑法、环境刑法到生态环境刑法的演变过程。

1. 从公害刑法到环境刑法

早期的公害刑法是为了应对工业化带来的公害事件。在日本,环境刑法最早始于公害刑法,一开始主要讨论的是公害罪法的适用和业务上过失致死伤罪的过失理论问题。公害罪法的法益被明确为非环境本身,而是人的生命和身体。这是以人为中心的古典法益观的主张,目的是防止对人的具体侵害以及危险的发生。[2]

随着社会的发展,环境问题日益复杂和多样,单一的公害刑法无法应对,需要更全面的环境刑法。环境刑法替代公害刑法而出现,不仅仅是由于大气污染、土壤污染、噪声污染等问题层出不穷,而且有着一系列特殊的历史背景和原因,这些背景和原因共同促成了环境刑法的诞生和发展。一是工业化和城市化的加速。20世纪中期,全球工业化国家,经历了快速的工业化和城市化进程,这一时期出现了许多严重的公害事件,如日本的水俣病和四日市哮喘等,这些事件引起了公众的极大关注和愤怒,迫使政府采取法律手段进行干预。二是环境问题的多样化和复杂化。最初的公害刑法主要针对特定的、突发的工业污染事件。然而,随着时间的推移,环境问题变得更加多样化和复杂化,包括大气污染、水污染、土壤污染、噪声污染等多种形式。这种变

---

〔1〕 [日] 中山研一、神山敏雄、齐藤豊治、浅田和茂编著:《环境刑法概说》,成文堂2003年版,第6页。

〔2〕 参见 [日] 町野朔编:《环境刑法的综合的研究》,信山社2003年版,第197页。

化要求更为全面和系统的法律框架来应对。三是环保意识的提升。20世纪60年代至70年代，全球范围内出现了大量的环境保护运动，公众对环境问题的关注和参与度显著提升。例如，美国的"地球日"运动促进了环境立法，推动了《国家环境政策法》（NEPA）的出台，这些社会运动和公众参与加速了环境法的演进。四是全球环境公约的推动。随着环境问题全球化，国际社会签署了许多环境保护公约，如《生物多样性公约》《联合国气候变化框架公约》《联合国防治荒漠化公约》《控制危险废物越境转移及其处置的巴塞尔公约》等，这些国际公约要求各国采取严格的环境保护措施，推动了各国环境刑法的发展。

值得讨论的是，有日本学者认为，广义的环境刑法包含了"公害刑法"或"公害犯罪"，并称公害刑法为"不真正的环境刑法"，称狭义的环境刑法为"真正的环境刑法"。[1]其基本理由认为，公害刑法以保护人的健康为目的，其完全可以通过传统的普通刑法的理论框架来处理，在法理上并无特殊性。而狭义的环境刑法在理论上则需要超越传统刑法"个别法益"的理论框架而对"不确定的风险"进行预防。本书总体认同前述观点，但同时认为，虽然狭义的环境刑法涉及危险犯立法而与具体实害结果的关系常常比较松弛，但基于刑法的最后手段性、谦抑性，必须坚持实质的犯罪观和法益保护原则而不宜将刑法作为环境行政管理的手段，且在抽象危险犯立法上必须立足于环境科学并基于法益进行实质性判断，这正是本书后面要研究的。

2. 从环境刑法到生态环境刑法

就环境刑法发展到生态环境刑法的历史背景而言，一是全球生态危机加剧。20世纪下半叶以来，全球范围生态系统持续退化、生物多样性不断减少、对森林和湿地等自然资源的破坏加剧，这些问题引起国际社会广泛关注。传统的环境刑法无法有效应对这些复杂的生态环境问题，全球气候变化带来的极端天气事件、海平面上升、冰川融化等问题，促使各国重新思考环境保护的法律框架。二是可持续发展理念的提出。1987年，《我们共同的未来》报告中提出的可持续发展理念，强调经济发展必须与环境保护和社会公平相协调，这一理念推动了环境保护法律体系的全面革新。三是国际环境公约的推

─────────────

〔1〕 参见〔日〕长井圆：《未来世代的环境刑法2》，信山社2019年版，第11页。

动。1992 年的《生物多样性公约》标志着国际社会开始重视生态系统的保护和生物多样性的维护，这对环境刑法向生态环境刑法的演变产生了重要影响。

当然，仅有特定的历史背景还不足以使生态环境刑法产生，其产生、演进还与生态环境问题的复杂性以及环境刑法自身局限性有关。生态系统的健康和稳定性对环境质量和人类生存至关重要，单纯的污染防治无法解决复杂的生态环境问题。气候变化、物种灭绝、土地退化等问题也要求更加综合和全面的法律体系来应对，而最初的环境刑法主要集中在大气、水、土壤等污染问题上，对生态系统和生物多样性的关注较少，传统环境刑法中关于生态系统保护的条款相对缺乏，无法应对日益严重的生态环境问题。

传统环境刑法主要针对具体污染行为进行刑事处罚，而生态环境刑法与之不同，不但注重刑事处罚，还重视刑民行衔接，通过保护生态系统整体性和生物多样性，实现环境的可持续发展，从根本上应对环境问题，是从治标到治本。生态环境刑法是在环境刑法的基础上进一步发展而来的概念，关注的不仅仅是环境污染问题，还包括对生态系统整体的保护和生物多样性的维护。此外，在立法和法教义学共同推动下，生态环境刑法逐步成型，扩展了法律的保护范围，使其调整范围不仅包括污染防治，还涵盖了生态系统保护、生物多样性维护和自然资源的可持续利用。不仅如此，生态环境刑法还强调对生态破坏行为的修复和补偿，以促进生态系统的健康和可持续发展。

从公害刑法到环境刑法，再从环境刑法到生态环境刑法的演变，反映了环保理念从单纯的污染治理向综合性生态保护的转变过程。公害刑法关注工业污染引发的健康危害，环境刑法则关注更广泛的环境污染问题，而生态环境刑法则强调整体生态系统的保护。随着社会发展和环境保护需求的变化，概念的内涵和外延也不断演进。

然而，有必要指出，形式上不使用"生态环境刑法"的概念，并不意味着不重视生态。"生态环境刑法"虽是本书所倡导的称谓，但在国内外并非通用概念，不少国内外学者依然使用"环境刑法"，但这并不影响国外学者也承认生态学的人类中心的法益论，这是阅读本书时要注意的。

至此，本书可以为生态环境刑法下一个定义。生态环境刑法是指通过以环境法为前置法的刑法手段保护生态系统的完整性和可持续性，涵盖环境污染防治、自然资源保护和生物多样性维护的法律规范体系的总称。

（二）研究对象

"没有一门学科可以在不对其研究对象作出适当描述的情况下进行研究。"[1]对刑法学而言，"掌握了刑法学的研究对象，也就抓住了刑法学体系的主线。因此，所确定的研究对象是否正确，对于刑法学体系的科学与否具有决定性的意义。"[2]这一规律对生态环境刑法也同样适用。

1. 确定研究对象的标准

通常可以认为，确定一个学科的研究对象，需要遵循和明确一些通用的前提标准。如核心问题或主题、学科的理论基础、研究方法、一定的学科实践应用、学科发展历史和演变过程、未来趋势以及学术或专业机构发布的标准、指南，等等。

然而，前述通用标准并没有指明研究对象是就"应当怎样"而言，还是"实际上是怎样"而言，因而并未指明研究对象是应然的标准（立法者思维），还是实然的标准（阐释者思维）。"按照齐格蒙·鲍曼关于'立法者与阐释者'的二元划分，以'思想'为业的思想家大致可以对应于'立法者'，他们侧重于指出研究对象'应当'怎样；相比之下，以'学术'为业的学者大致可以对应于'阐释者'，他们侧重指出研究对象'实际上是'怎样的。换言之，思想偏好'价值'，但学术偏好于'事实'。"[3]

本书认为，在法学领域，价值（规范性判断）与事实（实证性陈述）难以截然分开。这是因为法律本身既涉及客观事实认定，也涉及主观价值判断。法律条文本身不仅仅是对客观事实的描述，还包含了立法者对某些行为的价值判断。例如，刑法条文规定某些行为是犯罪，这本身就是一种价值判断，反映了社会对某些行为的否定态度。在法律适用过程中，司法人员在认定事实时不可避免地会受到价值观的影响。判断某行为是否构成正当防卫，不仅仅是事实认定问题，还涉及对行为是否合理、正当的价值判断。不但如此，法律条文往往具有一定的模糊性和开放性，解释和适用时不可避免地会掺入解释者的价值判断。例如，马某某深夜回家途中遇到一名持刀抢劫犯，马某

---

〔1〕　[荷]扬·斯密茨：《法学的观念与方法》，魏磊杰、吴雅婷译，法律出版社2017年版，第13页。

〔2〕　陈兴良：《刑法哲学》，中国人民大学出版社2017年版，第847页。

〔3〕　喻中：《法学方法论》，法律出版社2014年版，第11~12页。

某在反抗过程中将抢劫犯打伤，抢劫犯后因伤重不治身亡。在本案中，确认是否存在抢劫行为、确认被抢劫者是否采取了防卫措施都是事实判断，而认定马某某的行为构成正当防卫还是过当防卫、对防卫行为的合理性和必要性所进行的评估，则属于价值判断。法官在判断构成正当防卫还是过当防卫时，涉及对被抢劫者行为的合理性和必要性的价值判断。此外，社会对生命权、财产权的重视程度，对防卫行为的宽容程度等都可能影响法官的最终判决。因此，法学领域中的价值判断与事实判断难以截然分开，法律不仅需要对事实进行认定，更需要对行为的价值进行评判。法官审理案件时，不仅要查明事实，还要在具体情境下进行价值评估，这体现了法律的规范性和价值导向性。

　　笔者非常欣赏德国法学家伯恩·魏德士教授的一句话，即"理论通常有两个功能，即解释特定的研究对象（解释功能），预测并解决该研究对象范围内的问题（预测功能）。理论的这两个功能是不可分割的"。[1]魏德士教授的观点强调了理论在法律研究中的双重功能，解释功能使我们能够系统地理解法律现象，而预测功能则使我们能够将这种理解应用于实际问题的解决。两者的结合，使理论既具有学术价值，又具有实践意义。在法律领域，前述两个密不可分的双重功能尤为重要。通过解释法律条文、判例和法律原则，法学理论为司法实践提供了指导；同时，通过预测法律制度的实际效果，法学理论可以帮助立法者和司法者设计和调整法律制度，以更好地实现社会的公平正义。

　　基于前述分析，可以总结出一个确定学科研究对象的标准，这个标准应当涵盖解释和预测功能，并考虑到法学中事实和价值交织的复杂性。以下是一个综合的标准：①客观性与规范性相结合。研究对象应当包括客观的法律事实，如法律条文、判例等；研究对象还应当包含规范性价值判断，如法律原则、法律伦理、社会正义等。②解释功能与预测功能。应当能够通过理论框架对研究对象进行系统性解释，使其内在逻辑和规律得以展现；研究对象还应涵盖法学（或某一领域）的主要现象与问题，使其解释具有广泛的适用性。就预测功能而言，通过研究对象应当能够预见未来可能的法律问题和发

---

〔1〕［德］伯恩·魏德士：《法理学》，丁晓春、吴越译，法律出版社 2013 年版，第 12 页。

展趋势。此外,研究对象还应当具有实践指导意义,能够为立法、司法和法律实施提供参考指引。③动态性与稳定性结合。研究对象不但应当反映法律的动态变化,还应当相对稳定,使其研究成果具有持久的参考与应用价值。④交叉性与独立性相结合。研究对象应当与其他学科有适度交叉,同时保持本学科的独特性,确保研究具有专业性与独立性。

2. 生态环境刑法的研究对象

研究对象通常指特定学科或研究领域所关注、探究和阐释的核心问题、现象、规律及其相互关系的总和,研究对象界定了学科探索的疆域与方向,并决定了学科相应的研究视角、理论工具与方法。清晰的研究对象能够确保研究系统而深刻,避免与其他学科发生不必要的重叠或产生认知混乱。对法学分支而言,研究对象通常指向特定的法律规范、法律现象、法律制度以及相关的社会背景和价值理念。

生态环境刑法的研究对象,即生态环境犯罪现象、规制此类犯罪的刑法规范体系、以及该规范体系背后的刑法原理、刑事政策和规制机制的总和,是一个多维度、多层次的复合体。为展示生态环境刑法研究对象的多维度与多层次,本书按照不同分类标准对其研究对象分为以下类型进行讨论。

标准之一:基于事实与规范的二元划分

此标准旨在从宏观层面将生态环境刑法的研究对象从经验维度与规范维度进行区分。

(1)作为事实的生态环境犯罪。其关注的是现实世界中实际发生的、对生态环境造成破坏或具有危险的客观行为、事件及其后果。包括生态环境犯罪的类型、规律、社会危害性评估(包括对人体健康、公私财产、生态系统功能的影响)、犯罪主体特征以及环境犯罪黑数等。例如,对特定流域污染源的追踪调查,对跨区域危险废物非法转移链条的实证分析,均属此列。此类研究旨在揭示生态环境犯罪的现实状况与演变趋势。

(2)作为规范的生态环境犯罪。其聚焦于调整和评价上述事实行为的法律规范,研究内容包括刑法典中关于生态环境犯罪的规定、刑法修正案、司法解释、附属刑法、相关行政法中涉及刑事的条款、国际环境条约中的刑事制裁规范。重点在于这些规范中构成要件、罪名界限、法律适用中解释论以及规范的完善、体系的协调、空白的填补等立法论。如对污染环境罪中"严重污染环境"司法解释标准的学理评析，对新兴环境问题刑事规制可能性的探讨。

标准之二：基于刑法教义学逻辑的体系展开

陈兴良教授将法教义学的功能归纳成三个方面，即拓展法律外延、为司法适用提供裁判规则；构建理论模型，为定罪活动创造工具理性；设定教义规则，为价值判断发挥引导作用。[1]其核心要义是要让法教义学为裁判提供适当的规则，让法律更加周延。为达成这一目标，需要在前述事实与规范二元划分基础上，深入生态环境刑法教义学的内在肌理，对生态环境刑法教义学核心问题进行系统研究，以客观需求来推动以下研究对象框架的形成。

（1）生态环境刑法的法哲学与伦理基础。这是生态环境刑法正当性与价值取向的源头活水，包括：环境伦理观的刑法形塑、生态环境正义的刑事法回应、风险社会与预防刑法、国际比较等。

（2）生态环境刑法的法益与基本原则。生态环境法益是生态环境刑法理论构建的基石，包括：生态环境法益的地位、内涵、外延，如何将抽象法益具体化为不同罪名的直接保护法益；哪些原则构成生态环境刑法的特有原则，等等。

（3）生态环境刑法的不法与责任。不法包括行为（包含作为与不作为）、结果、危险、违法阻却事由等；责任要素包含故意、过失、违法性认识可能性、期待可能性等。以及中国语境下对包含不法与责任要素的"情节严重"的研究。

（4）生态环境刑法的特殊教义学问题。即生态环境刑法因其学科属性及规制对象特殊性所衍生出的诸多独特教义学难题。如行政从属性及其衍生出来的违法性判断问题、因果关系、结果归属以及科学证据的不确定性问题。

（5）生态环境犯罪的类型化问题。依据传统分类标准可分类出侵害环境媒介、行为方式、保护法益侧重点等研究对象；依据新兴分类视角，可分类出跨国（境）犯罪、有组织犯罪、技术依赖型犯罪等研究对象。

（6）生态环境犯罪的刑罚与责任后果。包括刑罚体系及其改革、单位犯罪处罚困境、恢复性司法、非刑罚性法律后果衔接以及国际视野下的刑罚改

---

[1] 参见陈兴良：《教义刑法学》，中国人民大学出版社2017年版，第10-13页。

革与中国路径探索等都构成研究的对象。

当然，由于科技的发展、观念的更新以及生态环境犯罪的特殊性，生态环境犯罪的研究对象有不断扩大的趋势。日本学者町野朔在《环境刑法的综合的研究》一书中分析了环境犯罪研究对象逐年扩大的倾向，认为其与环境犯罪类型扩大、环境犯罪国际化等因素有关，并认为环境刑法的对象会进一步扩大。[1]

（三）研究范围

1. 研究对象与研究范围的区分

学科的研究对象和研究范围虽然密切相关，但却有着不同的侧重点。研究对象指的是一个学科关注的核心事物或现象，即该学科试图解释、理解和研究的基本问题或主题。研究范围是指围绕研究对象展开的具体领域和内容，包括学科涉及的各个方面和层次。研究范围通常更广泛，涵盖了研究对象在不同维度上的具体表现和延伸。

虽然法学的研究对象是法律制度、法律条文、法律原则等，刑法的研究对象是犯罪与刑罚，但法学的研究范围却包括了宪法、民法、刑法、行政法、国际法、法律史、法律哲学、法社会学、法经济学等，刑法的研究范围则包括刑法知识论、犯罪构成论、刑罚论以及分则的具体罪名等。可见，研究范围是围绕研究对象的详细展开，涵盖了研究对象的各个方面。

概言之，研究对象和研究范围虽然紧密相连，但研究对象更具核心性和概括性，研究范围则更为广泛和具体。研究对象明确了学科关注的核心问题，而研究范围则展示了围绕这些核心问题展开的具体研究内容，通过区分两者，可以更好地提高研究的系统性与针对性。

那么，如何确定学科研究范围呢，也就是学科研究范围的判断标准是什么？本书认为其包含五个方面的内容：一是学科的核心问题，研究范围应涵盖这些核心问题和主题的所有相关领域；二是学科的理论基础，学科研究范围应包含其理论基础的各个方面，如基本概念、原理、框架等；三是研究方法，学科研究范围应包括其研究方法与研究技术；四是学科的应用，应确定学科的实际应用领域，并将这些领域纳入研究范围；五是跨学科研究和交叉

---

[1] 参见［日］町野朔编：《环境刑法的综合的研究》，信山社 2003 年版，第 313~315 页。

领域研究，学科研究范围应考虑其与其他学科的交叉研究和跨学科研究。

2. 生态环境刑法的研究范围

第一，核心问题。生态环境刑法的核心问题包括如何通过刑法手段保护生态环境、惩治和预防生态环境犯罪，其研究范围涵盖生态环境犯罪认定、刑事责任追究、刑罚等主要问题，核心问题定义了研究的方向和内容。

第二，理论基础。生态环境刑法的理论基础包括生态环境刑法的法哲学基础、原则、犯罪成立条件、刑事责任理论、刑罚理论等。以法哲学基础为例，法哲学基础涉及对基本理论、原则、价值观的哲学思考，对整个学科具有指引作用。探讨法哲学基础可以为生态环境刑法解释适用提供理论依据、价值取向和基本原则。

第三，生态环境犯罪的成立条件。生态环境刑法作为环境法与刑法的交叉领域，其研究范围包含了犯罪成立条件及其之下的不法、有责、违法阻却事由和责任阻却事由等。这些要件（要素）不仅是犯罪成立的核心内容，也是确保刑法正确实施的关键因素。通过对犯罪成立条件的详细分析论证，可以更好地理解和适用生态环境刑法。

第四，研究方法和技术。研究范围包括方法在不同领域中的应用，如立法分析、案例研究、跨国比较研究、实证研究等。例如，通过研究分析刑法实施后的案例，有助于评估生态环境刑法对环保的实际效果。

第五，生态环境刑法特有内容。生态环境刑法的研究范围包含行政从属性，因为环境问题单靠刑事手段难以完全解决，往往需要包含行政许可、环境影响评估在内的综合行政管理手段，预防和减少犯罪发生。现代环境问题治理不仅仅是对违法行为的单一惩罚，更重要的是通过综合手段实现环境的可持续发展，刑法、行政法协同能够强化生态环境刑法的实施效果，从而达到长期的环境保护目标。

第六，跨学科与交叉领域。研究生态环境刑法与环境科学、生态学等其他学科的交叉领域，如研究生态系统整体性保护的法律框架、环境科学对危险犯等犯罪类型的立法影响等。

第七，历史与发展趋势。其包括实践的变化、理论的发展及其未来发展方向，该研究通常涵盖学科的发展过程及未来走向，不限于某一具体的对象或问题，是对学科整体演变的考察。研究范围包含立法演变、司法趋势、未来可能的其他演变等。

二、生态环境刑法与环境法、刑法的关系

生态环境刑法作为一门新兴法律学科，与环境法、刑法等学科密切相关，本书将分析生态环境刑法与环境法、刑法等学科的关系。

（一）生态环境刑法与环境法的关系

关于生态环境刑法与环境法的关系，主要有两种主张。

1. 主张生态环境刑法是环境法的一个分支，二者是从属关系

我国学者蒋兰香主张："环境刑法作为环境法的分支法律，其立法目的同样应当是保护生态环境和自然资源。"[1]也有学者则认为，环境刑法既属于环境法体系，又是刑法的分支。[2]前述主张具有一定的合理性。一是生态环境刑法通过刑事制裁手段补充强化了环境法的执行效果。环境法旨在通过规范、管理和激励手段来促进环境保护，例如环境影响评估、环境标准制定等；而生态环境刑法则侧重对严重生态环境犯罪行为的刑事处罚，如非法排放污染物、破坏生态系统等。生态环境刑法通过刑事制裁手段，补充和强化了环境法在实际执行中的效果。二是逻辑上的衔接和依存关系。生态环境刑法与环境法之间存在法律逻辑上的衔接和依存关系。一方面，环境法有关内容可以作为生态环境刑法空白构成要件所指引的内容，用于填补刑法中的空白部分，刑法具体禁止的行为类型和判断标准通常规定在环境行政法之中，构成了生态环境犯罪成立条件的一部分。例如，污染环境罪、非法狩猎罪、非法采矿罪的构成要件有赖于《环境保护法》《野生动物保护法》《矿产资源法》《水法》[3]等环境行政法的具体标准，刑法条文常常采用"违反国家规定""违反狩猎法规""违反矿产资源法的规定"的表述，实际上依据的是相关环境法中的具体标准。另一方面，生态环境刑法为环境法的实施提供了强有力的法律保障。环境法虽然设定了环境保护的标准和要求，但这些要求如果没有足够的强制措施和惩罚机制作为保障，可能会被忽视或轻易违反。刑法通过

---

〔1〕 蒋兰香：《环境犯罪基本理论研究》，知识产权出版社 2008 年版，第 259~260 页。

〔2〕 参见昌欣：《环境刑法之立法反思与完善——以环境伦理为视角》，法律出版社 2012 年版，第 76 页。

〔3〕 为表述方便，本书涉及我国法律直接使用简称，后不赘述。

规定犯罪构成及刑事责任，对违反环境法严重破坏环境资源的行为进行处罚，增强了环境法的实施效果。例如，环境法要求企业遵守排放标准，若企业违反规定导致环境污染的，可以视情况予以行政处罚或刑事处罚，刑法中的"环境污染罪"为规制违法排放行为提供了最有强制力的法律后盾和保障。

然而，本书认为，将生态环境刑法简单视为环境法的分支具有一定的局限性。如果忽略了生态环境刑法以犯罪与刑罚为研究对象这个本质，就模糊和抹煞了其学科本色，虽然生态环境刑法注重刑、民、行的衔接，也主张构筑整体法律体系，一体化应对生态问题，但其本质上是通过刑事制裁来发挥刑法对民法、行政法实施的法律保障机能，这点与环境法是有根本区别的。当然，就国外立法来看，的确有在环境法中直接规定规制处罚生态环境犯罪的立法例，但这只是行政犯的立法特点，推导不出生态环境刑法属于环境法分支这一结论。[1]此外，环境法与生态环境刑法在法律的目的、功能和调整方式上存在显著差异，过于强调从属关系可能会模糊两者的区别。

2. 主张生态环境刑法是独立的学科

该主张的合理性在于：①生态环境刑法作为专门处理生态环境犯罪和环境保护刑法问题的学科，具有自己的研究对象、理论体系和法律逻辑，而不仅限于环境法的一个分支，这是其独立发展和演进的结果。②生态环境刑法在法律框架和内容上具有独特性，其主要关注生态环境犯罪的刑事处罚，这与环境法更为侧重环境管理不同。③国际上越来越多的国家都将生态环境刑法视为独立的学科领域，认为其具有独立的研究方法论和应用价值，这体现了其在法学发展中的独立地位。

但该主张也存在一些需要继续解释之处：一是过于强调生态环境刑法的独立性，可能会忽视其与环境法在实际应用中的衔接；二是生态环境刑法作为独立学科，其发展需要与其他法域进行有效整合，特别是其与环境法在法律体系中的关系应如何平衡，需要进一步研究。

---

〔1〕 同样的，在国外行政犯立法中，证券刑法、税务刑法、专利刑法等都规定在相应的证券法、税法、专利法之中，列在相应的行政禁止（规制）行为之后，但从来没有人会说证券刑法是证券法的分支、税务刑法是税法的分支、专利刑法是专利法的分支。更何况中国并无前述国外的在行政法中规定犯罪的行政犯立法模式，而是将全部犯罪都规定在刑法中，严格区分犯罪与一般违法，更加得不出生态环境刑法属于环境法分支的结论。

综上所述，生态环境刑法既有作为环境法分支的合理性，也有作为独立学科的合理性。从法律一体化的效果看，生态环境刑法通过刑事手段保障了环境法实施，可以被视为环境法的后盾与支撑。然而，从学术研究的角度看，生态环境刑法具有独立性和特殊性，需要独立进行研究。

（二）生态环境刑法与刑法的关系

关于生态环境刑法与刑法的关系，一种主张认为，生态环境刑法是刑法的一个特殊部门，专门应对生态环境犯罪，是刑法的一个分支，二者是从属关系，旨在通过刑事制裁手段保护环境和生态系统。另一种主张认为，生态环境刑法是独立的学科。

主张之一：生态环境刑法是刑法的一个特殊部门，专门应对生态环境犯罪，是刑法的一个分支。这是国内大部分学者的主张，理由是环境刑法不能摆脱罪刑法定原则，应当受到刑法总则及刑法原理的约束。[1]其实质是认为二者是从属关系，刑法规定环境犯罪是旨在通过刑事制裁手段保护生态环境。

该主张具有一定合理性，按照目前的立法，生态环境刑法作为刑法的一部分被规定在分则当中，在解释学上，其目的和任务应该和刑法的目的、任务基本相同，都是为了保护法益。当然，生态环境刑法还保护未来世代的利益，因而和普通刑法有一些区别，这一点后文再详述。此外，生态环境刑法和刑法同样具有保障法的属性，在这个意义上，二者也具有相似性，只不过刑法中人身犯罪、财产犯罪对人身、财产等法益的保护，并不具有支持行政管理的属性，而生态环境刑法则是环境行政法的保障法或后盾法，为环境行政管理提供保障，通过刑事制裁手段加强了环境保护的法律效果，在环境行政法能够发挥调节作用时不启用刑法，当环境行政法难以发挥效用时则启动刑法，这就是刑法的补充性，在生态环境刑法领域表现得十分突出。

然而，将生态环境刑法全然视为一般刑法体系下的一个普通分支，并认为其应完全从属于传统刑法教义学框架的观点，忽视了生态环境刑法的特质。尽管生态环境刑法在不可避免地运用刑法的基本原则与构造要素，但其法益的整体性、前瞻性，特别是对"超个人法益"的彰显以及对"代际公平与未

---

〔1〕　参见赵秉志主编：《环境犯罪及其立法完善研究——从比较法的角度》，北京师范大学出版社2011年版，第49页。

来利益"的深切关怀，使其区别并超越了传统刑法的视域。传统刑法的法益主要集中于生命、健康、身体完整性、名誉、财产等个人法益，以及与国家和社会秩序直接相关的、主要服务于当代社会稳定运行的社会法益和国家法益，其关注点在于对已发生的、直接侵害法益行为的评价和制裁，在时间维度上主要局限于当下和近期未来。而生态环境刑法与之不同，已部分超越了传统刑法学的框架。

一方面，生态环境法益超越个体与当下，具有整体性、基础性与根本性。生态环境是一个由大气、水体、土壤、生物（包括人类）等要素构成的复杂、动态且相互依存的有机整体。对其中一个组成部分的损害，往往会通过生态链传导，引发系统性的、连锁性的不良反应，甚至导致整个生态系统平衡遭受破坏并引起功能衰退。例如，某一区域的严重水体污染不仅直接损害水生生物，还可能通过食物链富集影响人类健康，破坏沿岸土壤结构，影响局部气候，这种整体性和系统性使得环境犯罪对法益的侵害难以像传统盗窃、伤害案件那样被清晰地分割和孤立地评估。不但如此，环境法益还具有基础性与根本性。健康、可持续的生态环境是人类生存和发展的基础条件，是其他一切个人法益和社会法益得以实现的前提。空气、水、食物安全、适宜的气候等均直接依赖于生态系统的健全，从这个意义上讲，生态环境法益具有一种先于其他法益的"根本性"或"基础性"地位，传统刑法需等到环境破坏导致个体健康受损时才介入，可能为时已晚，因为生态系统的退化一旦超过阈值，其恢复将极为困难甚至不可能，从而对所有法益构成釜底抽薪式的威胁。此外，生态环境法益还具有"超个人"属性，生态环境（或清洁的空气、稳定的气候、生物多样性等其核心组成部分）在本质上属于一种公共产品或公共信托财产，其价值超越了个体利益的总和，为社会全体成员乃至更广泛的生命共同体所共享。这类法益受侵害的受害者往往是弥散性的、不特定的多数人，甚至是整个社会或生态系统本身，而非传统意义上具体的、可识别的个体，非法排放大量温室气体加剧全球气候变化，其受害者是全球范围内的当代人和未来世代。因此，很难将这种具有公共性、共享性的"超个人法益"强行纳入以个体为中心的传统法益框架。概言之，简单从属的观点，可能使得人们对环境犯罪不法内涵的认识不足，最终削弱刑法在生态环境保护中的应有作用。

另一方面，生态环境刑法不仅在空间维度上展现出对整体和超个人法益的关注，更在时间维度上实现出对传统刑法框架的超越，体现在其对"代际公平"与"未来世代环境利益"的肯认与前瞻性保护。一般而言，传统刑法主要评价的是当代人之间的行为与冲突，其时间视野相对聚焦于行为的即时后果或可预见的近期影响，其所保护的对象主要是既存的个体或组织，而对于那些行为后果主要由远期未来或尚未出生的世代所承受的情形，传统刑法往往缺乏充分的关注。然而，生态环境的破坏，尤其是那些具有持久性、累积性和不可逆性的破坏，其最主要的后果承载者往往是未来世代人，于是，生态环境刑法尝试将"代际公平"理念融入其法哲学基础之中，这挑战了当下以纯粹功利主义为基础的法律的正当性，其要求我们承认当代人对未来世代负有不可推卸的伦理责任和法律义务。这并非主张赋予未来个体以当下即可行使的"权利"，而是强调当代社会在决策与行动时，必须将对未来世代环境利益的潜在影响作为重要考量因素，并对可能造成严重、不可逆环境损害的行为施以最严厉的刑罚。这实际上是在对"未来世代的环境利益"进行一种"预先保护"，这种以代际公平为导向的法益观，对传统刑法教义学提出了深刻挑战。例如，在犯罪概念上，如何界定针对未来世代的"法益侵害"？在归责原则上，如何评价行为人对远期未来损害的预见可能性与责任？在刑罚目的上，除了传统的威慑与应报，如何体现对未来世代的责任与对地球生态的守护？这些问题都需要在新的法哲学视域下进行反思重构。

若将生态环境刑法完全置于传统刑法的逻辑框架之下，其对代际公平的深切关怀和对未来环境利益的预先保护，就可能因缺乏相应的法哲学支撑和教义学工具而难以有效展开。这不仅会削弱生态环境刑法的规范力量，更可能使人类社会在面对长远生态危机时丧失刑法这一最严厉的法律武器。

主张之二：生态环境刑法是独立的学科。

付立忠先生是较早主张环境刑法能发展成独立的学科的我国学者，从付立忠先生专著《环境刑法学》的名称可以看出，他呼吁建立一门叫"环境刑法学"的学科。他在专著中用了很多篇幅来论证一门学科存在的尺度或标志，并试图建构其环境刑法学的基本框架，他指出："本书在总结、借鉴前人有关研究成果的基础上，力图构筑起环境刑法学的基本框架，以期环境刑法学这门边缘学科能够在中外刑法学中占有其应有的席位。"[1]

主张生态环境刑法是独立学科的合理性表现在：①生态环境刑法具有相对独立的研究对象、理论体系和法律逻辑。②生态环境刑法作为独立研究领域，既能体现生态环境犯罪的复杂性、特殊性，又能体现经济社会发展对生态与环境保护的迫切需求。③国际学术界越来越重视生态环境刑法独立的学术价值，不少大学开设了环境刑法课程，设置了相关研究方向，生态环境刑法在法学研究领域具有越来越重要的地位。然而，如果站在反对者立场也可以认为，如果过早强调生态环境刑法的独立性，可能会使其过早与其他法律领域脱节，在一些研究领域还未发展成熟前，过早形成理论研究上的"孤岛"，这并不利于生态环境刑法的发展。

当然，本书承认，就目前而言，生态环境刑法是否为一个学科尚未形成共识，但生态环境刑法作为法律领域的一个重要分支，在世界范围内已得到越来越多的重视，这点毫无疑问。在这种背景下，生态环境刑法是否名义上被视为独立学科，实际上已变得不那么重要，表现如下：

第一，就体系成熟度而言，生态环境刑法在学术体系上具有内在融贯性与理论输出的持续性。评价一个研究领域，更应关注其是否形成了相对独立且逻辑自洽的理论内核、持续的知识与学术产出能力。如果生态环境刑法能够围绕特殊法益、风险规制、代际责任、科学证据的运用等其核心问题持续进行学理阐释，构建起具有解释力和指导性的概念体系与规则体系，并能源源不断地产出高质量、有深度的学术成果，形成稳定的学术共同体和学术传承，那么其在名义上是否被单列为一个"独立学科"，就显得不那么攸关痛痒，而关键在于其学术"内核"的成熟度与对整个法学知识体系的贡献。

第二，就教义学深化导向而言，生态环境刑法有助于推动专门化的教义学发展。是否被冠以独立学科称谓，也只不过是一个标签而已，如果实质性地考察，即使生态环境刑法在形式上被视为刑法学分支，但如果它能够针对犯罪具有的间接性、潜伏性、累积性、跨域性特点发展出一套精细化、专门化的教义学体系，例如，关于法益解释、危险犯构造、行政从属性边界、复杂因果关系认定、法人刑事责任归责、体现环境修复与风险预防的刑罚适用

---

[1] 付立忠：《环境刑法学》，中国方正出版社2001年版，第12~13页。

原则等，并在实践中体现出解决疑难复杂案件的"独立功能"，那么这种实质上的"理论特区"或"教义学高地"的形成，远比一个名义上的"独立学科"标签更为重要。

第三，从问题驱动与理论回应导向的视角观察，生态环境刑法已然具有独特的问题域与理论回应的良性导向。生态环境刑法面对的是一系列传统刑法较少触及或无法有效回应的独特问题域，例如如何通过刑法实现对未来世代环境利益的保护、如何评价和归责那些造成不可逆生态系统损害的行为、如何在刑法中体现风险预防原则和代际公平理念等。如果学术界能够围绕这些具有根本性的独特问题，展开深刻而持续的探讨，并提出具有创新性和前瞻性的法哲学思考与制度构想，那么这种对时代重大命题的理论回应能力本身就彰显了其学术价值，而不必过分拘泥于其形式上的学科归属。

第四，就知识创新模式而言，生态环境刑法具有知识生产的"源头活水"。生态环境刑法具有跨学科性，其知识生产依赖于与环境法、行政法、民法、诉讼法乃至环境科学、生态学、伦理学等领域的深度对话与融合。评价其发展水平，不应看其是否"独立"于刑法母体，而应看其能否有效整合不同学科的知识资源，形成独特的知识产品，如果它能成为一个活跃的知识枢纽，促进不同学科视角的碰撞与创新，那么这种开放的、整合的知识生产模式所带来的学术增量，将远胜于一个封闭的、名义上"独立"但可能日益僵化的学科标签。

三、生态环境刑法与其他学科的关系

（一）生态环境刑法与环境科学的关系

学者戴尔·杰米森（Dale Jamieson）曾提出过质疑，认为环境法的发展与许多关于学习和进步的传统假设背道而驰，环境科学知识的增加并没有为法律寻求目标实现带来更多的清晰度或确定性。[1]其实，杰米森的疑惑可以理解为自然法则转化为人类行为规范所存在的普适性问题，这一问题并非环境法制领域所独有。但应当肯定的是，生态环境刑法与环境科学关系密切，

---

〔1〕　According to Dale Jamieson ed. , *A Companion To Environmental Philosophy*, Blackwell Publishers Ltd, 2001, p. 331.

研究生态环境刑法离不开环境科学知识。

第一，法律与科学具有互补性。生态环境刑法是法律领域的特殊分支，主要通过刑事手段来保护生态环境并预防生态环境犯罪行为，侧重规范和处罚那些对环境造成严重损害的行为，如果立足科学视角，环境科学则是研究环境和生态系统的物理、化学、生物学及其相互作用的学科，它关注环境变化、生物多样性、污染来源和影响等，旨在提供科学依据和技术解决方案来保护和恢复环境，二者具有互补性。

第二，法律需求与科学支持的结合。一方面，生态环境刑法的制定需要科学研究提供的数据和分析作为支撑，以确定何种行为对环境构成危害以及环境恢复和保护措施的有效性；另一方面，环境科学为生态环境刑法实施提供了技术指导，例如环境影响评估、环境监测和污染控制技术的发展有助于判断生态环境犯罪的严重程度，准确评价行为人的责任。

第三，法律和科学的协同作用。法律不仅仅依赖于科技，还能反过来影响环境科学的研究重点与方向。不能掉以轻心的是，必须警惕所谓"科学至上主义"，即一种认为"即使资源有限，科学和技术也可以随时想出解决污染问题和资源枯竭问题的手段"[1]的主张，可是，如果事实果真如此，那么科学早已解决了所有环境问题。事实上，科学上的新发现影响着生态环境刑法，反过来，生态环境刑法也划定了环境科学研究的伦理法律边界。

（二）生态环境刑法与伦理学的关系

生态环境刑法与伦理学的关系涉及法律规范与道德价值观念在环保领域中的交汇和互动，二者互相渗透，而且"法律现象，是和其他社会现象有相异的特色之特种现象。但是一切现象都是相互关联的，所以如果仅就法律现象，为独立的研究，便不能获得充分的理解。因而，以法律现象为对象的法律学，必须和自然科学、人类学、人种学、风土志、心理学、伦理学、经济学、政治学、统计学等关联起来而从事于研究"。[2]不但如此，法律规范原本就构成生态伦理的基本内容。何怀宏在《生态伦理——精神资源与哲学基础》这本书中指出"行为规范"是指对自然界中除人类以外的其他生命及整个自

---

〔1〕 ［日〕町野朔编：《环境刑法的综合的研究》，信山社2003年版，第28页。

〔2〕 ［德〕拉德布鲁赫：《法律哲学概论》，徐苏中译，中国政法大学出版社2007年版，弁言第2页。

然界，能做些什么和不能做些什么。它包括两方面：一是约束集体、团体、企业、民族、国家的行为的宣言、呼吁、声明等，以及各种保护环境的公约、条例、法规等硬性约束；二是约束个人行为的规范，有的被纳入了法律，如禁止对某些野生动物进行猎捕的规定。[1]

生态环境刑法与伦理学的交叉互动关系还表现在以下方面：

一方面，伦理学是刑法规范的道德基础和理论支撑。生态环境刑法的存在需反映社会对环保的道德关切，法律规范在制定时就应考虑社会对环境损害的道德感受和伦理期待，通过刑事制裁实现对生态环境犯罪的惩治，能够体现社会对环境可持续发展的伦理关切。同时，伦理学为生态环境刑法提供了伦理支持，帮助解释和补充刑法规范内容。

另一方面，生态环境刑法是伦理价值的法律载体。生态环境刑法的制定和实施需确保符合公众的伦理期待和社会的基本道德共识。在立法过程中，立法者应考虑环境保护的一般伦理标准，确保立法具有更好的可接受度。

第二节　学科的起源、发展、演进史

一、世界范围生态环境刑法演进史

生态环境刑法作为以刑罚保护生态环境、防治污染的法律规范总称，其发展并非一蹴而就，而是经历了一个漫长且阶段性特征明显的演化过程，在全球范围考察，其历史脉络大致可分为以下几个阶段。

（一）第一阶段：古代至前工业社会的萌芽与附属性保护（远古—约19世纪中叶）

在人类早期社会和漫长的前工业时代，并不存在现代意义上的独立"环境刑法"。然而，一些早期的规范中已蕴含了对自然资源和特定环境要素进行保护的萌芽，其主要特点是附属性和功利性。

此阶段立法主要着眼于保护对人类生存和统治秩序具有直接价值的自然

---

〔1〕　参见何怀宏主编：《生态伦理——精神资源与哲学基础》，河北大学出版社2002年版，第4页。

资源。例如，古代王朝对森林的保护往往是为了保障木材供应（用于建筑、造船、薪柴）和王室狩猎特权，对水源的保护则多与饮用、灌溉及防止疾病传播相关，古罗马法中对水道污染的行为有处罚规定。中世纪欧洲各国均有类似于今天的森林法，对盗伐林木、违规狩猎等行为处以重罚。中国古代亦有"焚林而畋，竭泽而渔"的禁令，以及在特定时节禁止砍伐、狩猎的规定，如"夏三月，川泽不入网罟，以成鱼鳖之长"。

刑罚作为维护这些规则的手段，其保护的环境要素是工具性的，是服务于人类特别是统治者的直接需求，这些规范虽客观上起到了一定的环境保护作用，但其核心法益并非独立的"环境"或"生态系统"，而是君权、财产权、公共秩序或健康。它们是"准环境刑法"或"附属性环境刑法"的体现。

（二）第二阶段：工业化初期的局部应对与公害规制（约 19 世纪中叶—20 世纪上半叶）

工业革命的兴起导致了前所未有的环境污染和资源破坏，对公众健康和传统生活方式构成威胁。这一时期，部分国家开始针对最突出的工业污染问题进行立法，环境刑法的元素开始在专门性法规中显现。

当时立法主要针对特定的、可见的工业污染源，如工厂排放的烟尘、有毒气体、废水等，以及针对渔业、矿产等特定资源的破坏，主要动机是减轻工业化带来的直接公害，保护受影响社区的公共健康和基本生活条件。主要立法包括英国于 1863 年《碱业法案》，是世界上最早针对制碱过程排放盐酸气体产生空气污染而制定的专门立法之一，后续 1876 年《河流污染防治法案》、1875 年《公共卫生法案》也包含了禁止特定污染行为及相应罚则内容。美国《河流与港口法》禁止向可航水域倾倒垃圾，尽管初衷偏重保障航运，但后来成为治理水污染的重要法律依据，1900 年的《雷斯法案》则针对野生动物非法贸易施加刑事处罚。德国《工商业条例》也通过行政许可制度对可能造成环境妨害的工业设施进行规制，并对违法行为施以处罚。

这个阶段，刑罚开始作为特定环境管理法规的执行保障手段，针对具体的污染行为或资源破坏行为。但整体而言，法律体系仍缺乏对环境的整体性认识，刑事责任的追究也往往较为困难。

（三）第三阶段：现代环境意识觉醒与环境刑法的体系化构建（20 世纪下半叶，尤以 1960 年代末—1990 年代初为高峰）

二战以后，特别是 20 世纪 60、70 年代，随着一系列严重环境公害事件（如日本水俣病事件、美国洛杉矶光化学烟雾事件）的曝光，以及《寂静的春天》等著作的深远影响，全球环境意识迅速觉醒，各国开始系统构建现代环保法律体系，环境刑法作为其中的重要组成部分也得到了长足发展。

各国普遍制定了综合性的环境保护法或针对水、气、土壤、固废、噪声、自然生态等领域的单项环境法，并将刑事责任条款作为重要的法律责任形式纳入其中。立法动机从单纯的公害防治转向对生态系统整体的保护，开始承认环境本身的价值，并将"环境法益"作为独立的刑法保护对象进行探讨。德国在 1970 年代后对其刑法典进行了修订，在刑法典第 29 章增设了专门针对环境犯罪的立法，法国、瑞典等欧洲国家也纷纷制定或完善了包含刑事责任的环保法律。日本在经历了惨痛的公害病教训后，通过了《公害对策基本法》以及《大气污染防治法》《水污染防治法》等一系列针对特定污染的法律，对企业污染行为规定了刑事责任。美国则通过了《清洁空气法案》《清洁水法》《资源保护与回收法》等系列联邦环境法律，设立了环境保护署（EPA），并赋予其强大的执法权。

这一阶段，环境刑法开始被视为环境治理的"利齿"，旨在通过刑罚的威慑功能，遏制严重的环境违法行为，特别是针对具有重大环境影响的企业行为、法人刑事责任、环境犯罪证明标准、行政执法与刑事司法的衔接等问题成为研究和实践的重点。

（四）第四阶段：环境刑法的国际化、专门化与深化（1990 年代至今）

随着气候变化、生物多样性锐减、危险废物越境转移、臭氧层破坏等全球环境问题的日益突出，以及可持续发展理念的普及，环境刑法的发展呈现出国际化、专门化和理论深化等新趋势。

此阶段特征是立法关注跨界及全球性环境问题，强调国际合作与协调，各国国内环境刑法不断精细化，针对新兴环境问题进行立法探索，对有组织环境犯罪、企业环境犯罪责任、生态修复等问题的研究日益深入。在国际层面，《控制危险废物越境转移及其处置巴塞尔公约》《濒危野生动植物种国际贸易公约》（CITES）《关于消耗臭氧层物质的蒙特利尔议定书》等一系列重要的国际环境公约均包含了要求或鼓励缔约国将违反公约的行为国内法化并施以刑事制裁的条款。欧盟也通过环境犯罪指令以推动成员国在环境刑法领域的协调一致。在国内法层面，许多国家进一步完善了环境犯罪的罪名体系，完善了法定刑。

这一阶段，关于环境法益的独立性、风险刑法的应用、代际公平的刑法体现、生态刑法的理念、乃至"生态灭绝"作为国际犯罪的讨论等，成为学术研究前沿。然而，尽管21世纪初德国、日本的环境刑法研究一度活跃，但之后逐渐沉寂，尤其是在日本福岛核事故之后，日本环境刑法基础理论的研究反而减少，德国也存在类似情况。[1]但总体来看，就环境刑法角色而言，本阶段的环境刑法不仅是环境治理的重要方式，也日益成为履行国际环境义务、参与全球环境治理的重要手段。其功能从单纯的惩罚和威慑，向包含生态修复、风险预防、促进企业环境合规的多元化方向拓展。

二、我国生态环境刑法发展史

生态环境刑法离不开刑法，由于我国第一部《刑法》颁布于1979年，因此，对我国生态环境刑法发展史的梳理也从1979年开始。

（一）第一阶段：刑事责任的初步涉入（1979年—1996年）

改革开放后，随着经济快速发展，环境问题开始显现并逐步受到重视，环境保护被提上议事日程，相关立法开始起步，刑事责任开始被初步提及。1979年，我国第一部综合性环境保护基本法《环境保护法（试行）》颁布，其中第32条规定："对严重污染和破坏环境，引起人员伤亡或者造成农、林、牧、副、渔业重大损失的单位的领导人员、直接责任人员或者其他公民，要追究行政责任、经济责任，直至依法追究刑事责任。"为追究刑事责任提供了原则性依据。1979年颁布的《刑法》并未设立专门的环境犯罪罪名章节，但其中部分条款可被有限地适用于一些严重破坏环境资源的行为。例如，第115条规定的重大责任事故罪（后修改为重大环境污染事故罪的前身之一）、第130条盗伐、滥伐森林或者其他林木罪、第187条玩忽职守罪（适用于国家机

---

[1] 参见［日］川口浩一：《环境刑法总论的基本问题（1）》，载《关西法学论集》2015年第65卷第4号，第109~113页。

关工作人员失职造成环境损害的情形）。此后，一系列单行环保法律相继出台，如《水污染防治法》（1984 年）、《森林法》（1984 年）、《渔业法》（1986 年）、《矿产资源法》（1986 年）等，这些法律大多也规定了对严重违法行为"依法追究刑事责任"的条款，但具体罪名和构成要件仍需依赖刑法的规定。

在本阶段，环境法学作为一门新兴学科开始发展，学术界开始关注环境污染和生态破坏问题，并初步探讨包括刑事责任在内的法律责任。此阶段翻译和引介国外环境刑法理论成为早期学术研究的重要内容。

（二）第二阶段：环境刑法的确立与发展（1997 年—2010 年）

1997 年《刑法》的全面修订是我国环境刑法发展史上的里程碑，标志着中国环境刑法体系的正式确立。《刑法》在分则第六章"妨害社会管理秩序罪"中增设第六节"危害环境资源保护罪"（后调整为"破坏环境资源保护罪"），集中规定了十余个环境犯罪罪名。其中，最具标志性的是第 338 条"重大环境污染事故罪"，以及第 339 条至第 346 条规定的非法处置进口的固体废物罪、擅自进口固体废物罪、非法捕捞水产品罪、非法狩猎罪、非法采伐、毁坏国家重点保护植物罪、非法采矿罪、破坏性采矿罪、非法占用（农用）地罪等。这一系列罪名的设立，为打击环境和资源犯罪提供了刑法依据。然而，实践中由于第 338 条"重大环境污染事故罪"入罪门槛过高，导致司法适用困难。

这一阶段学术研究的重心转向对 1997 年《刑法》新增环境犯罪罪名的解释论研究，包括各罪的构成要件、罪与非罪的界限、此罪与彼罪的区别等。其中，对"重大环境污染事故罪"立法缺陷的批评成为热点，学者们普遍呼吁降低该罪入罪门槛，增强可操作性。此外，环境刑法保护的法益问题、单位环境犯罪、环境行政执法与刑事司法衔接等成为重要理论议题。与此同时，比较法研究继续深化，学者们积极借鉴德国、日本、美国等国家在环境刑法立法与司法方面的经验。

（三）第三阶段：环境刑法的快速发展（2011 年至今）

进入 21 世纪第二个十年以来，我国环境刑法进入快速发展阶段，立法、司法解释密集出台，理论研究也更为深入。

在立法层面，《刑法修正案（八）》（2011 年）对第 338 条"重大环境污染事故罪"作出重大修改，将其修改为"污染环境罪"，删除了"发生重大环境污染事故"和"致使公私财产遭受重大损失或者人身伤亡的严重后果"

这两个严格的限制条件，代之以"严重污染环境"作为入罪标准。这一修改极大地增强了该罪名的适用性，被认为是中国环境刑法严密化的重要标志。本阶段，最高人民法院、最高人民检察院的司法解释密集出台，《关于办理环境污染刑事案件适用法律若干问题的解释》（法释〔2013〕15号）详细列举了认定"严重污染环境"的14种情形；《关于办理环境污染刑事案件适用法律若干问题的解释》（法释〔2016〕29号）在2013年解释的基础上，进一步扩大了污染环境罪的适用范围，增加了"重点排污单位篡改、伪造自动监测数据或者干扰自动监测设施"等行为方式，并明确了单位犯罪的定罪量刑标准。

与此同时，2014年《环境保护法》的修订（2015年生效）被称为"史上最严"环境保护法，加大了对环境违法行为的处罚力度，并完善了"两法衔接"机制。与之相应，《刑法修正案（十一）》（2020年通过，2021年生效）进一步完善了环境犯罪立法，例如，在第339条后增加两款，分别规定了非法引进、释放、丢弃外来入侵物种罪和有关单位、人员在环境影响评价中弄虚作假行为的刑事责任。

在制度建设方面，环境公益诉讼制度得到发展，即检察机关提起的环境民事、行政公益诉讼虽然不直接属于刑事范畴，但其在追究环境侵权责任、修复生态环境方面的作用，与环境刑事司法形成了有效互补和联动。

这一阶段的研究热点聚焦于新修订的污染环境罪及相关司法解释的理解与适用，包括"严重污染环境"的具体认定、因果关系的证明、单位犯罪责任追究、危险犯构造等。此外，环境刑法法益理论研究进一步深化，风险预防原则、恢复性司法理念如何在环境刑法中体现，以及生态损害赔偿与刑事责任的衔接成为重要研究方向。

第三节　生态环境刑法的理论价值和实践意义

一、生态环境刑法的理论价值

生态环境刑法作为新兴法律领域，不仅在实践中起到重要作用，在理论上也具有重要价值。

如何理解生态环境刑法的理论价值，这涉及对法学创新的理解，何谓法学的创新？马蒂亚斯·西姆斯（Mathias Siems）展示了许多不同的可被视为具有创新性的法学研究方法。如提出崭新的法哲学基础、确定何为法学的范围与何为法学的方法、使用一种崭新且融贯的方法、重新撰写一部论述合同法或者刑事诉讼程序法的教科书，同样具有创新性。[1]生态环境刑法在理论体系上填补了传统刑法与环境法交织的空白地带，形成了一套新的知识体系，这不仅丰富了刑法学理论，也提升了环境法治的实际效果，刑法的介入为环境保护提供了保障后盾，其构建的知识系统是对原有体系的有益补充。

一方面，法学与生态学的跨学科研究具有多重理论价值，"深层生态学"作为生态学的重要理论之一，"可以被解读为意味着我们的世界是生态的，或者与它的本体论深度有关，我们与自然的关系必须根据这一点重新解释。当'深层生态学'被这样解读时，它与整个20世纪80年代发展起来的跨学科思潮相融合，有时被描述为构成一种'新范式'"。[2]这种"新范式"是与源自启蒙运动的、建立在经典物理学及自由主义基础上的"古典范式"相对而言的，在"古典范式"下，自然是纯粹的物理存在，人与自然各自独立，而自然只是被人类开发和利用的对象，不被认为有独立的价值。与之相适应，过去的公害刑法也是围绕人的利益保护而构建起来的体系，环境媒介不是独立受保护的对象，刑法几乎不考虑生态学的法益。而基于"新范式"的研究则可以体现多重的理论价值。一是生态学揭示了生态系统的结构、功能，为法学提供了环境保护的科学依据。通过法学与生态学的跨学科对话，有助于制定更加科学、合理的生态刑法规范，更好保护生态，促进可持续发展。生态学为立法者提供了评估环境影响和生态风险的工具、方法，有助于科学立法。二是法学与生态学的跨学科研究可以促进环境政策的制定，优化宏观环境政策并推动可持续发展。与此同时，生态学研究可以科学评估生态系统为经济社会发展提供的各种服务，维持水源、土地、矿产等自然资源保护与开发间的平衡，并为法律修正提供科学参考依据。

另一方面，法学与伦理学的跨学科研究也具有多重价值。伦理学分为元

---

[1]　[荷]扬·斯密茨：《法学的观念与方法》，魏磊杰、吴雅婷译，法律出版社2017年版，第120~121页。

[2]　Dale Jamieson ed., *A Companion To Environmental Philosophy*, Blackwell Publishers Ltd, 2001, p. 219.

伦理学和规范伦理学，元伦理学关注道德思想、语言和实践的意义和地位；而规范伦理学关注哪些事情是对的或错的、好的或坏的，其进一步细分为理论伦理学和实践伦理学。以"为食物而杀死动物是否错误"的讨论为例，如果关心的是主张的断言还是态度的表达，那我们是在处理元伦理学问题；如果我们关心的是为什么要接受这样的主张，那么我们关心的是理论伦理学；如果我们关心的是是否应该杀死某种动物作为食物，那么我们就是在处理实践伦理学。[1]伦理学对人与自然多角度的观察可以为研究生态环境刑法提供多元的理论视角。其一，伦理（道德）和法具有紧密的联系，"在人类的生活里，法的意义也有赖于社会道德的意义。只有肯定在伦理上对正义、自由和人道主义的种种要求，才能让法作为一种有意义的形态出现"。[2]伦理学探讨了价值、道德和行为规范的基础，为生态环境刑法提供了审视法律背后的伦理道德视角。其二，法学与伦理学的对话有助于分析和解决法律中的伦理困境，有助于生态环境刑法更好应对复杂的伦理挑战，提升法律的社会心理认同。其三，伦理学提供了关于公平、自由、权利等方面的理论框架，为立法提供了伦理视角的参考，可以促进法律与伦理的融合，增强刑法的道德基础。

此外，生态环境刑法还需要与环境科学相结合，例如，应对水污染犯罪时，需要借助环境科学专业知识，科学评估污染物的性质和影响，以制定合理的入罪标准。虽然法学家和环境科学家在学科理论基础和研究方法上存在差异，在观察视角上也存在很大差异，但仍需加强跨学科交流，以共同应对复杂化的生态环境问题。不仅如此，生态环境刑法还可以与经济学相结合，合理评估生态环境犯罪的治理成本，平衡好资源开发利用、经济发展与生态环境保护之间的关系。一方面，"开发利用自然的态度必然与尊重自然的态度相冲突，这是判断野生生物价值的方式的逻辑结果"。[3]另一方面，"在我们最好的科学概念中，环境是动态的，而不是被动的。生态系统可能与经济共

---

〔1〕 According to Sahotra Sarkar, *Environmental Philosophy*: *From Theory to Practice*, Wiley Blackwell, 2012, pp. 38~39.

〔2〕 ［德］H. 科殷：《法哲学》，林荣远译，华夏出版社 2002 年版，第 242 页。

〔3〕 Paul. W. Taylor, *Respect for Nature*: *A Theory of Environmental Ethics*, Princeton University Press, 2011, p. 95.

同进化——对人类行为做出反应，就像我们对生态系统做出反应一样"〔1〕，经济学视角可以帮助评估犯罪的成本效益，以制定具有经济合理性的规制内容和处罚标准。当然，经济学视角过于强调成本效益，经济学过度深入法律制定容易忽视环保的根本目的，削弱刑法的生态保护机能。尽管如此，通过平衡经济发展和环境保护需求，有助于出台更加科学合理的生态环境刑法。

不可否认，多学科研究方法虽然丰富了理论视角，但也可能带来理论体系分散化的问题。笔者也注意到，有学者对将法学与其他诸多学科交叉综合研究的方法缺乏信心，他们这样评价"综合"的法学研究之路："这条道路虽然'看上去很美'，但它同样包含了一个难以解决的问题：与法律有关的众多要素如何整合？从交叉研究的角度上看，就是要把法学、社会学、伦理学、逻辑学、经济学等诸多学科进行交叉，这样的'交叉'研究是否可能？怎么展开？诸如此类的困惑表明，传统的'综合法学'基本上还只是一个有目标，尚没有技术路径的美好设想。"〔2〕

然而，在本书看来，综合研究的价值主要在于为不同视角的研究提供方法论。通过法学、环境科学、生态学、伦理学等多学科视角，可以更全面地理解复杂的环境问题。生态环境刑法通过多学科的协同研究，能够实现理论的系统发展，为解决复杂环境问题提供系统性工具，因为"较为保守的多学科研究之目的，并不在于以一种真正的综合性方法去研究一个主题，而在于纯粹地从不同的视角去看待一个问题。在我看来，这些只不过是可将所有类型的研究议程付诸实践的研究方法（"black letter" approach），而且也可以使用一种多学科的方法"〔3〕易言之，综合性研究不仅丰富了法学理论，也促进了各学科间的对话交流，推动了跨学科研究的发展。

二、生态环境刑法的实践意义

生态环境刑法的实践意义表现在以下方面：

〔1〕 Stephen M. Gardiner & Allen Thompson eds. , *The Oxford handbook of environmental ethics*, Oxford University Press，2017，p. 282.

〔2〕 喻中：《法学方法论》，法律出版社 2014 年版，第 97 页。

〔3〕 〔荷〕扬·斯密茨：《法学的观念与方法》，魏磊杰、吴雅婷译，法律出版社 2017 年版，第 11 页。

（1）完善了生态环境犯罪的犯罪构成及刑事责任。生态环境刑法基于对生态学法益的重视，通过抽象危险犯来调整刑事责任范围，将单独危害生态但并未对当代人的生命、身体、健康造成危害的行为也纳入处罚范围，肯定了生态的独立价值，承认了未来世代人的利益。它通过优化犯罪构成、完善刑事责任从而在刑法中贯彻了基于生态学的法哲学基础，为处罚独立侵犯生态学法益的犯罪行为提供了法理依据，完善了生态环境犯罪的处罚范围，有助于兼顾当代人利益与未来世代利益的保护、兼顾人类中心的法益与生态中心法益的保护。

（2）弥补了行政和民事法律手段的不足。生态环境刑法的核心目标是通过刑事制裁手段保护环境和维护生态系统的健康。"犯罪不仅仅是当事人之间的民事纠纷"[1]，在面对日益严峻的环境污染和生态问题时，仅依靠行政手段和民事赔偿难以达到治理效果。生态环境刑法通过刑事制裁对严重破坏生态环境的行为予以惩处，强化了对破坏生态环境者的刑罚措施，弥补了行政和民事法律手段的不足，为环境保护提供更为严格、有效的法律保障，促进了生态环境法律体系的发展完善。

（3）强化了对生态环境犯罪的规制与预防。生态环境刑法的作用不仅在于惩罚犯罪，更在于发挥法的预防作用，促使生产经营和生活中更加注重环境保护与可持续发展。一旦企业和个人预知破坏环境将可能面临刑事责任追究，就会更加审慎地对待环境影响和资源利用，或主动减少对生态环境的损害，这样不仅可以减少犯罪带来的损失，还能促进企业和个人在环保方面的自觉行动，有助于预防生态环境犯罪。

（4）有助于社会公众环保意识的提升。生态环境刑法的实施不仅在法律层面推动了环境保护，也在社会层面提升了公众对环保的重视和参与度，有助于增强公众对法律的尊重与认同。当公众看到生态环境刑法实施所带来的环保成效的显著提升，会更有助于塑造全社会共同的环保价值观，推动全社会形成更高水准的环保意识。宣传生态环境犯罪判例和普法教育也有利于引导个人和社会组织积极参与到环保行动中，形成全社会共同维护生态环境的氛围。

---

[1]　[日] 长井圆：《未来世代的环境刑法2》，信山社2019年版，第7页。

（5）逐步与国际接轨的生态环境刑法有利于开展国际合作与跨境环境治理。生态环境刑法的发展不仅在国内具有重要意义，对参与国际环境治理也有重要意义，随着全球环境问题日益突出，各国可以通过刑事法律手段加强环境治理，共同应对全球变暖、生物多样性丧失等挑战，推动全球环境治理体系建设和完善。通过完善生态环境刑法体系，我国能够更好地履行所加入国际条约中明确的环保义务，参与全球环境治理与合作，推动全球可持续发展目标。

第四节　学科的研究方法

"方法论始终是一个与各学科的生存相关联的元问题"[1]，就普通刑法而言，采用规范分析法、案例研究法等法学独有方法来完成法教义学任务基本上就足够了，然而，由于生态环境刑法与环境科学、生态学的紧密联系、采用抽象危险犯保护未来世代风险等特点，使得风险评估、生态分析等方法很难被完全排除在生态环境刑法的研究方法之外，因此，在传统方法之外，生态环境刑法还有一些特殊方法。

一、传统研究方法

（一）规范分析法

规范分析法是从法教义学视角审视生态环境刑法规范，核心在于对生态环境刑法规范进行阐释，是典型的强调法律体系内在逻辑与概念纯粹性的研究方法。生态环境刑法之规范研究法是法教义学在特定法律部门的展开。

此方法的运用首在文本精读，继而进入解释论层面，文义解释是基石，但绝非终点。体系解释要求我们生态将环境犯罪规范置于整体法律秩序中审视，理清概念位阶、规范冲突与协调关系；目的解释则追溯立法者设立该规范的价值取向与规制目标；历史解释回溯规范的形成过程，有助于理解其当下含义。此外，概念分析是规范研究法的利器。如何精确界定"污染环境""严重破坏"等特有法律概念，如何将因果关系、共同犯罪、单位犯罪等总则

---

〔1〕　陈兴良：《刑法方法论研究》，清华大学出版社 2006 年版，第 2 页。

概念在生态环境犯罪场景下进行类型化适用，均依赖于细致入微的规范分析。

规范研究法的最终目的在于为生态环境领域日益复杂的犯罪案件提供一套教义学上可操作、逻辑上自洽的法律方案，它致力于在既有规范框架内解决问题，确保司法裁判的统一性、可预测性与正当性，避免因外部因素或非法律考量而导致法律适用的混乱或恣意。同时，通过教义学的内在批判，揭示现有规范的逻辑漏洞或与体系的不协调之处，也为生态环境刑法的发展提供了理性基础。

（二）比较法

比较法是通过比较不同国家或地区的法律制度，以优化本国法律。"它拓宽了法律工作者的视野，使他们不再局限于自身所处的时代的国内法律秩序。通过比较法学，也逐渐形成了法律塑造的形成与各自的文化之间的联系的思路。"[1]本书比较了美国、德国、日本等国的生态环境刑法，了解各国在生态环境犯罪规制与处罚方面的差异和经验，为我国提供有益借鉴。

比较法的局限性在于不同国家和地区的法律体系和文化背景差异较大，简单地比较可能忽视这些差异带来的影响，并且在进行比较时，容易忽略某些法律制度在特定国家或地区的特殊适用条件，这可能导致结论无法普遍适用。

优化方法在于，在进行法律比较时，深入研究各国的法律文化、历史背景和社会制度，确保比较具有实际意义。同时具体问题具体分析，针对特定法律问题进行比较，避免泛泛而谈，增强研究的针对性。

（三）历史分析法

就法学方法论的内容体系而言，杨奕华先生认为，法学方法论可包含四个基本部门："哲学论""现象论""技术论""实践论"。其中，"现象论"研究"争持理论之探讨""进化论与进化论法学""时代信念对法学之影响""活法与恶法之存在意义""法律三度论之价值""法律文化之真义"。杨奕华先生认为总的来说，"现象论"这部分内容重在法学方法论的历史分析，探讨法学方法论在历史上的相互竞争以及发展进化情况。[2]总体而言，历史分析法是通过研究法律制度和法律条文的历史演变，探索其发展背景和趋势，通

---

〔1〕 ［德］伯恩·魏德士：《法理学》，丁晓春、吴越译，法律出版社2013年版，第170页。

〔2〕 参见胡玉鸿：《法学方法论导论》，山东人民出版社2002年版，第129页。

过分析我国生态环境刑法的立法过程，理解其发展脉络和立法意图。其局限性在于，历史分析法主要关注法律制度的历史演变，可能忽视现代社会的新问题和新挑战，且历史资料和文献解读具有不同的面相，不同研究者可能得出不同的结论。

（四）实证研究法

一般认为，"法实证研究是根据一定目的，采用必要手段，在预先方案指导下，研究立法和法学理论的实践活动"。[1]具体而言，实证研究法是通过统计数据、调查问卷、案例分析等研究法律实际实施效果的方法。例如，通过统计分析生态环境犯罪案件的数量、类型、判决情况，评估生态环境刑法的执行效果。

其局限性在于实证研究依赖于数据的收集和分析，但生态环境犯罪领域数据质量具有不确定性。此外，实证研究方法和分析逻辑一旦存在缺陷，会导致结果的代表性和普适性存在问题。

对此，可以拓展数据来源渠道，提升数据的丰富性和准确性。同时将定性研究方法和定量研究方法相结合，通过综合分析提升研究效果。

（五）案例研究法

案例研究法是法学研究必不可少的方法，按照考夫曼的理解，即使"法律哲学也必须由'案例'来认识与讨论难题"。[2]

但案例研究法也存在一定的局限性，主要表现为案例研究主要集中于个别典型案例，可能无法完整反映法律实践的全貌；同时，研究者在选择和分析案例时可能存在一定的主观偏差。对此，一是应完善案例分析框架和方法，减少主观偏差，提升研究的科学性；二是提倡多案例研究，以类案研究弥补个案研究的局限。

二、前沿研究方法

（一）生态学分析法

此方法在于结合生态学基本理论，分析生态环境犯罪对生态系统的具体

---

[1]　刘瑞复：《法学方法与法学方法论》，法律出版社2013年版，第244页。
[2]　[德]阿图尔·考夫曼：《法律哲学》，刘幸义等译，法律出版社2011年版，第10页。

影响，研究如何通过法律手段保护生态系统。

其优势在于，一是通过生态学视角，能够系统地分析犯罪对生态系统的整体影响，揭示复杂的生态关系；二是结合生态学数据模型，能够提供综合性的生态影响评估，有助于制定更科学的刑法规范。但生态学分析法也面临生态学数据庞大、复杂，收集和处理成本高的困难；同时，生态学分析法主要关注自然生态系统，容易忽略社会因素对生态环境犯罪的影响。

（二）风险评估法

在西方学者看来："风险评估等政策工具一度被认为主要是技术性的，但逐渐暴露出其不可简化的政治性。专家之间的争论阻碍了对重大环境问题采取基于共识的行动，并帮助将权力从国家机构转移到更不可预测、更不负责任的非政府组织。"[1] 即便如此，即使环境风险评估涉及大量不确定因素，并且存在生态环境风险动态变化、评估结果容易过时的局限，但仍不失为一种优良的方法。

风险评估方法的优势在于：一是通过对生态环境犯罪风险的评估，能够预见潜在的危害，采取预防性措施；二是为刑法的制定和实施提供科学依据。当然，风险评估方法也可以进一步优化，一是建立动态监测系统，及时更新、调整风险评估结果；二是综合利用多种数据源，提高评估的准确性。

（三）行为科学法

行为科学法是通过研究生态环境犯罪行为的心理和动因，以制定犯罪预防措施。行为科学的方法论对心理学、社会学等不少学科领域都有影响，荷兰的扬·斯密茨教授曾提出过法学是否应受制于严格方法论限制的问题，他在讨论波普（Popper）的观点后认为，能否作为科学取决于可证伪的方法能否引起知识的积累，他还指出，论述行为科学方法论的著作影响了数代的心理学家、社会学家和其他领域的学者。[2]

行为科学法的优势在于能够深入分析生态环境犯罪者的行为动机和心理特征，有助于制定更有效的刑事政策，例如，通过行为科学研究发现企业违

---

〔1〕 Dale Jamieson ed., *A Companion To Environmental Philosophy*, Blackwell Publishers Ltd, 2001, p. 331.

〔2〕 参见［荷］扬·斯密茨：《法学的观念与方法》，魏磊杰、吴雅婷译，法律出版社 2017 年版，第 128~129 页。

法排污的背后动因，据此提出法律规制对策。不但如此，还可以基于行为科学研究，设计更有针对性的环境保护宣传和教育活动。

其不足或实施难点在于，行为科学法主要关注个体行为，可能忽视宏观社会经济因素的影响，同时行为科学法涉及犯罪行为、犯罪心理数据获取难度大的问题，同时还面临一些复杂伦理问题。

其优化方法如下：一是结合宏观分析，综合考虑生态环境犯罪的多重影响因素；二是在数据获取、处理过程中，加强数据隐私保护，确保研究具备伦理性与合法性。

前沿性研究方法在生态环境刑法研究中具有重要意义，但也各自存在一定的局限。完善这些方法，可以提升研究的全面性与深度，为生态环境刑法研究提供更为科学的方法论基础。

第二章

生态环境刑法的理论体系

生态环境刑法的理论体系不仅体现学科的内在逻辑结构，还能够统领相关的研究和实践。

第一节 生态环境刑法的基本假设

生态环境刑法的基本假设是为该学科研究和应用奠定理论基础的前提，这些假设既要有科学性，又要为后续研究和立法提供合理的逻辑起点。

提出某种理论假设的基本条件通常包含以下方面：①逻辑一致性。即理论假设必须在逻辑上是连贯一致的，不应包含自相矛盾的内容。例如，假设"生态环境犯罪会对生态系统造成长期不可逆的破坏"，这一假设必须与生态学和环境科学的基本内容相一致。②可验证性。理论假设应该能够通过实证研究进行验证，或至少能够提供可验证的路径。例如，假设"科学的生态环境刑法能够有效减少生态环境犯罪"，应能通过统计数据和实证研究验证此假设的有效性。③预见性。理论假设应具备一定的预见性，能够解释现象并预测未来的趋势。④可操作性。理论假设应具有一定的可操作性，能够为具体的实践提供指导。⑤理论支撑性。理论假设应建立在现有理论和研究成果基础上，具有一定的理论基础。例如，假设"生态环境教育可以有效减少生态环境犯罪"，这一假设应得到教育学和犯罪学的支持。⑥明确的范围和界限。理论假设应明确其适用的范围和界限，避免泛化。

一、自然资源有限性与生态系统脆弱性假设

科学上的命题，可以分为经验科学上的命题与形式科学上的命题。前者必须透过经验事实的观察验证，并综合所拥有的知识进行判断才能判定其真伪。因此其只是一种"假设"，无法保证其必然为真，随着新事实的发现可能被修正或推翻。而形式科学上的命题，则具有先验的妥当性（a prior validity），所谓"先验"为先于经验之意，判断该命题的真假，无须参考具体经验事实。只要在逻辑上判定其为真，就不会受经验事实变化的影响，其永远为真，故素有"恒真命题"（tautology）之称。[1]本书首先作出的一个假设是自然资源是有限的，许多资源不可再生因此必须珍惜和合理利用。如果按照前述关于命题的分类，这一假设虽然属于经验科学上的命题，但伴随着人类对自然的探索、认识的加深，已得到大量证明。其中，比较有名的是美国人类生态学家加里特·哈丁（Garrett Hardin），他举出的典型例子是"共有地"的悲剧。假设所有人都可以使用牧草地来养牛，如果所有人都这样想并这样做，最终这块牧草地就荒废了，谁也不能养牛了。因此他得出结论：在信奉共有地自由的共同体中，当每个人都在追求自己的最大利益时，毁灭才是所有人飞速达到的目的地。共有地的自由会给所有人带来毁灭。[2]哈丁的"共有地悲剧"理论旨在强调资源的有限性与不可再生性，资源有限性的假设为制定资源保护的刑法条款提供了前提。

做出前述假设的背景在于，不同的生态系统对污染和破坏的承受能力不同，脆弱的生态系统更易受到犯罪的影响。在科学飞速发展的今天，对于生态系统的脆弱性、复杂性与破坏的不可逆性这一点，相信越来越多的人有了清楚的理解认识。"因为人们认识到，不保护环境可能会带来比曾经想象的更可怕的后果——这关系到人类在受到威胁和资源受限的星球上可持续地生存下去。"[3]但本书还是先做这样一个假设：即生态系统具有脆弱性、复杂性，局部遭破坏可能导致整个生态系统失衡。而且一旦遭到破坏，恢复成本极高甚至无法恢复。这一假设可以帮助说明生态环境犯罪可能产生的连锁反应和不良影响。当然，要证明这一点并不困难。研究发现，"海洋仍然是我们星球上最神秘的部分。虽然探险者们已经探索到了它们的深处，但我们还有很多东西要学。不过，我们知道，它们是脆弱的生态系统，会因为我们的行为而受到损害。过度捕捞、污染、石油泄漏、海洋酸化以及许多其他问题都有充

---

〔1〕　杨仁寿：《法学方法论》（第 2 版），中国政法大学出版社 2013 年版，第 15 页。

〔2〕　参见［日］町野朔编：《环境刑法的综合的研究》，信山社 2003 年版，第 27 页。

〔3〕　Dale Jamieson ed., *A Companion To Environmental Philosophy*, Blackwell Publishers Ltd, 2001, p. 331.

分的记录"。[1]这是由于生态系统的复杂性和互联性所导致的，破坏生态的任何一个环节都可能引发连锁反应，导致整个系统的崩溃。例如，亚马孙雨林的砍伐不仅导致生物多样性减少，还影响全球气候调节功能。正如"意识到我们人类与自然王国打交道的能力有限，我们就会明白，我们与所有其他生物生活在同一个生存环境之中。我们自身善的实现以及我们的生存本身都无法得到保证。从这个观点来看，我们应当把自己的生活环境看成与其他生物的生活环境一样：我们都很脆弱"。[2]不但如此，有研究者指出"地球在我们眼里看来如此渺小。它不仅渺小，还很脆弱。在我们脚下，是一片肥沃的土地；在我们头顶之上，是几千米适于呼吸的空气；从此，我们意识到自己有足够的能力去污染大气并将沃土变为荒漠"。[3]

就前述假设而言，生态学的研究能够验证生态系统的脆弱性以及犯罪对生态环境影响的敏感度。其中，"生态环境犯罪行为的影响"为其依赖变量，由此能够推导出保护生态系统是生态环境刑法的重要任务这一结论。

二、法律实施有效性假设

科学、合理、适度严厉的生态环境刑法能够有效遏制和减少生态环境犯罪，这是一个基本假设。

就科学性而言，生态环境刑法立法应当以大量环境监测科学数据和犯罪统计数据为基础，这些数据可以揭示生态环境犯罪的主要类型、发生频率和犯罪模式，从而指导立法者制定更具针对性的法律条款。立法应参考最新的环境科学研究成果，以确保法律措施有科学依据并符合实际需要。例如，自然科学研究可以帮助立法者确定污染物种类、排放量与危害性的相关性，从而作为相应的抽象危险犯立法的科学依据。不但如此，生态环境刑法的预防机能更有赖于科学立法，如对高风险行业进行严格监管，设立的预防性措施都必须建立在科学研究与环境风险评估的基础之上，才能提高预防生态环境

〔1〕[美]罗伯特（鲍博）布林克曼：《可持续发展概论》，刘国强译，天津人民出版社2022年版，第220页。

〔2〕Paul. W. Taylor, *Respect for Nature: A Theory of Environmental Ethics*, Princeton University Press, 2011, p.105.

〔3〕[法]科琳娜·佩吕雄：《正视生态伦理：改变我们现有的生活模式》，刘卉译，中国文联出版社2020年版，序言第1页。

犯罪发生的实效。此外，罪责刑相适应的刑事责任追究能预防犯罪，但其必须建立在以环境科学为基础的科学立法之上。

就法律的合理性而言，合理的刑法条款可以减少法律适用的模糊与争议，生态环境刑法应当合理设置罪状，为司法机关准确认定生态环境犯罪提供精细的前提。刑法还应当设置合理的刑罚种类和量刑标准，使刑法对生态环境犯罪的处罚既能有效威慑犯罪，又不至于过于严苛，避免过度处罚。不但如此，合理的生态环境刑法有利于实现刑法打击犯罪和保障人权的"双重价值"，确保法律适用公平合理。

就法律实施适度从严的功效而言，其假设的前提条件在于：违法者会理性地评估违法成本与收益，并受刑罚威慑的影响。于是，为了预防犯罪，便需要提升其违法成本同时降低其违法收益，使潜在犯罪者权衡利弊之后选择不犯罪。适度严厉的生态环境刑法能够对潜在的犯罪人产生威慑作用，刑罚的威慑效果在一定程度上依赖于其严厉性和执行方式，许多国家的经验表明，严格的生态环境刑法在减少犯罪方面发挥了积极作用。不但如此，由于生态环境刑法能通过前置行政法影响企业行为，通过制定严格的生态环境刑法，能够促使企业提升环境管理标准，提高企业社会责任感，预防、减少违法犯罪行为。

前述假设的基本逻辑在于，科学合理的立法、宽严有度的刑罚措施和高概率的执法能够显著降低生态环境犯罪的犯罪率，变量是执法、司法的概率（独立变量），而这其中，法律实施的有效性会起到关键作用。

三、刑罚的补救和修复功能假设

假设在生态环境刑法中，刑罚不仅具有惩罚性，还包含生态环境修复和补救功能，即在理论上需提出"生态环境刑法中刑罚不仅具有惩罚性，还包含生态环境修复和补救的功能"这一假设。

（一）假设的理性基础与合理性分析

生态环境保护应当具有全面性、多维性，不仅应涉及对环境破坏的惩罚，还应包括对环境损害的修复和补救。这种全面性、多维性要求法律不仅要规制当前的犯罪行为，还要恢复受损的生态系统。传统刑罚机制通常只专注于对行为人的惩罚和预防，而生态环境刑法的假设扩展了刑的功能，体现了对环境保护的全面关注。

一方面，在生态环境犯罪中，刑罚的功能可以从传统的惩罚性扩展到恢复性。传统刑罚主要集中于对犯罪行为人的惩罚和预防，旨在对犯罪行为产生威慑，维护社会秩序，并确保对犯罪行为负有责任的人受到相应的刑事制裁。传统刑罚通过惩罚犯罪人保护社会安全，预防进一步犯罪，这一功能在生态环境刑法中同样重要，但与此同时，在生态环境刑法的刑罚功能中，还包括对受损环境的修复。这一扩展的合理性在于，生态环境犯罪不仅危害了人类的利益，也是对自然资源和生态系统的损害，单纯的刑事处罚可能不足以治理复杂的环境问题，将刑罚与环境修复结合起来，可以形成更有效的治理机制，达到长期环境保护的目标。通过在刑罚中引入修复功能，可以在惩罚犯罪的同时恢复被破坏的环境从而实现法律的多重目标。《巴黎协定》《2030年可持续发展议程》等均重视环境修复和补救，支持在国内法中引入环境修复的功能。

另一方面，环境修复措施可以作为刑罚的一部分。法院可以附加判决犯罪行为人承担环境修复的具体任务，如污染源治理、生态恢复项目等。这种修复功能不仅可以弥补环境破坏的损失，还促使行为人承担实际的修复责任。

修复性刑罚不仅有助于弥补环境损害，还能够促使行为人认识到其行为的多元后果，从而提升其守法意识。

(二) 假设的实施机制

法院在审理环境刑事案件时，可以结合环境修复的具体要求，判令被告承担环境修复责任，例如制定修复计划、执行时间表，定期报告修复进度、完善监督机制等。这种修复可以在判决书中载明，要求犯罪人承担植树造林、清理污染物、修复受损生态等生态恢复责任。法院还可以适时启动执行监督机制，确保修复措施的有效执行。

犯罪发生后，责任主体除了接受刑罚外，还需承担环境修复责任，这是刑罚生态修复和补救功能的扩展，生态环境刑法中的补救措施包括对污染源的控制、对受害人群的补偿等，这些补救措施旨在减轻环境破坏带来的负面影响，并帮助受害者和社区、村落恢复正常生活。

在生态环境刑法中，将刑罚的功能扩展到包括环境修复和补救的假设，是基于环境问题的特殊性而言的，生态环境犯罪的刑罚不仅应关注惩罚本身，还应关注通过修复补救措施来恢复生态功能。刑罚功能的扩展不仅符合生态环境保护的要求，还体现了治理的需求。

第二节 生态环境刑法的核心命题

一、生态环境刑法究竟保护什么

生态环境刑法的核心命题在于研究和回答刑法究竟保护什么，保护的内容不应仅限于传统的个体权利（生命、健康等），还应涵盖生态平衡与独立的生态利益，具体的保护内容包括以下方面。

第一，生态系统完整性。生态系统是地球生命的基础，其完整性对维持生物多样性、自然生态功能和人类社会的健康至关重要。例如，非法砍伐导致森林覆盖面积减少，不仅损害了生态系统的稳定性，还危及了当地居民的生活和经济。生态环境刑法通过保护环境媒介来实现法益保护，通过有效惩治犯罪人，以维护生态系统的完整性。

第二，生物多样性。生物多样性是地球生命的丰富表现，对生态平衡和人类经济、文化等各方面具有重要意义。非法捕猎濒危野生动物、野生动物非法贸易等犯罪则直接威胁到生态多样性，直接导致物种灭绝，严重影响全球生态系统稳定性。非法排放污染物和非法捕捞则严重影响海洋生态健康，对渔业资源和海洋生物多样性构成直接威胁，生态环境刑法通过有效打击前述犯罪，保护海洋资源环境。与此同时，还要澄清过去一些认为"一些生物多样性甚至可能具有负价值"的不当理解。[1]

第三，环境质量与气候。非法排放污染物、非法倾倒危险废物等生态环境犯罪会破坏大气、水资源、土壤等环境媒介，直接影响人类健康和社会经济发展，加剧全球气候变化问题。德国的考夫曼教授也警告称："联合国在里约热内卢（1992 年）以及纽约（1997 年）联合国环境与发展大会中（气候保护）并无任何进展。在几十年之后，大片的雨林，也就是在南美及北美的雨林，如果不及时阻止的话，将被砍伐殆尽，结果将会对我们地球的生态造

---

〔1〕 学界曾出现过认为一些生物多样性可能具有负价值的观点，According to Sahotra Sarkar, *Environmental Philosophy*: *From Theory to Practice*, Wiley Blackwell, 2012, p. 45.

成浩劫。"〔1〕鉴于此，更应明确生态环境刑法的保护法益，其具有重要的学术价值和实践意义。

就学术价值而言，传统刑法主要关注个体的生命、财产等权益，生态环境刑法的法益范围拓展了传统刑法的保护范畴，使其更符合现代社会对环境保护的需求，这种拓展不仅深化了刑法理论，还为生态环境治理提供了新的视角。就实践意义而言，由于生态环境刑法的法益内容强调生态环境保护的全球视角和跨代保护，有助于推动国际社会在环境治理上形成共识。例如，国际上对于非法野生动物贸易的打击，对减少温室气体排放以减缓全球变暖的行动，都需要跨国合作和各国法律在保护范围上的一致支持。

二、保护未来世代利益的意义和依据

生态环境刑法的核心命题是代际公平，即刑法应当保护当前和未来世代的环境利益，这是传统法学理论很少关注的领域。

（一）环境污染和资源过度开发对未来世代的影响

环境污染会导致生物栖息地破坏，物种灭绝，生物多样性丧失则会降低生态系统的韧性和自我修复能力。这种破坏不仅影响当前生态系统，也对未来世代的生态环境产生长期的负面影响，直接影响未来世代的生活质量和生存条件。

不但如此，环境污染问题会给人类带来长期的健康风险，带来遗传和生育问题，空气污染与呼吸系统疾病、心血管疾病相关，水污染与胃肠道疾病、癌症等相关。未来世代可能面临更高的健康风险，特别是那些在污染环境中成长的儿童，他们的健康状况可能受到长期污染的影响。某些重金属、化学物质可能对遗传物质造成损害，影响下一代的健康。此外，环境污染还可能导致生育率下降或生育健康问题，对此，"典型的以人为中心的论点如下：未来后代与我们这代人在环境方面同样有权享有安全健康的生活。因此，我们每个人都有义务不让自然环境恶化到危害未来地球上的人类居住者的程度。我们同时还有责任保护自然资源，以使未来世代能够享受他们自己应从这些资源中得到的利益"。〔2〕

---

〔1〕 ［德］阿图尔·考夫曼：《法律哲学》，刘幸义等译，法律出版社 2011 年版，第 319 页。

〔2〕 Paul. W. Taylor, *Respect for Nature*: *A Theory of Environmental Ethics*, Princeton University Press, 2011, p. 11.

环境污染问题还严重影响经济和社会发展。环境污染导致的健康问题和生态破坏需要大量的经济投入来修复和治疗。未来世代将面临更高的公共卫生支出和环境修复费用，这将增加社会经济负担并可能削弱经济发展能力。环境破坏通常对低收入和弱势群体影响更大，这种不平等可能延续到未来世代，贫困和社会不平等问题可能因此加剧，影响未来世代的公平和机会。

与此同时，资源过度开发可能导致资源枯竭，这不仅会影响当前经济发展，也将对未来世代的资源产生严重影响。森林砍伐会导致木材资源减少，水资源枯竭会影响饮水和农业用水的供应，资源过度开发还会破坏生态系统的结构和功能，过度捕捞会导致鱼类资源枯竭，破坏海洋生态系统；过度开垦会导致土壤侵蚀和沙漠化，生态失衡对未来世代的生活环境造成严重威胁。不但如此，依赖于过度资源开发的经济模式不可持续，未来世代将面临资源枯竭带来的经济问题，短期经济利益可能会使得长期的资源枯竭和生态问题更为严重，资源过度开发常常伴随资源争夺，由此引起的冲突可能在未来世代中进一步恶化，诱发社会不稳定因素。"虽然冲突无处不在，但它不一定令人衰弱。我们关心正义，部分原因是我们需要和平与稳定。首先，正义的目标是预防和解决冲突。"[1]然而，为过度开发造成环境破坏而进行的修复需要大量的资金，未来世代因承担这些修复费用将对经济发展和社会福利造成压力。而生态系统的恢复通常是一个长期过程，可能需要几十年甚至更长时间，未来世代需要付出更大的成本来弥补上一代造成的损害。

（二）代际公平的提出及其法律意义

代际公平是指在环境保护和资源利用方面，当前世代应负有保护和维护自然资源的责任，以便为未来世代提供可持续的生存环境。其核心理念是确保未来世代能够享有与当前世代相同或更好的生活环境和资源条件。

代际公平强调法律对未来世代的责任和保护，日本学者长井圆主张，现世代必须把这个恩惠传给未来的世代（来自社会伦理的责任）。互惠利他的行为不仅存在于同一代人之间，还在于人类对未来世代之间的义务。[2]问题是，由于未来世代的人无法在决策过程中直接参与当今的决策，因此，现代法律

---

[1]　David Schmidtz &. Elizabeth Willott, *Environmental ethics: what really matters, what really works*, Oxford University Press, 2012, p. 202.

[2]　参见［日］长井圆：《未来世代的环境刑法2》，信山社2019年版，第12页。

体系应当确保他们享有清洁环境和健康生活的权利，而非将环境问题留给未来处理。在研究生态哲学的学者看来，"代际公平，要求正确处理当代人和后代之间的利益关系，这就是从代内公平到代际公平。它特别表现在环境和资源问题上，如果人类行为只顾眼前利益，过分损害环境和资源，那么就会断了后代的生计，损害人类在地球上的持续生存"。[1] 在这个话题上，生态哲学学者的理解与法学学者的理解几乎没有差别，气候变化问题不仅影响当代人，也将对未来世代的生存和发展构成极大威胁，而这是非正义的。"正义还要求严格把握宽容的界限：对于空气、水和土壤仍被允许负担的界限，工业、住宅和交通建筑物所允许的土地需求标准，尤其应予限制的是我们会加在后裔身上的家庭和工业垃圾。迄今为止，宽容的界限只面向不久的将来。而只有涉及较长久的代际顺序，认为各代都平等，因此承认第一代都有相同的环境负担增长率，才算行事公正。"[2]

代际公平的法律意义涉及以下方面。

第一，法律的公平正义。代际公平要求法律在制定和实施时应确保未来世代在健康环境、资源利用等方面的利益不被侵害，环境保护法和资源管理法应设置长期保护目标，以确保未来世代能享有良好的生活条件。代际公平是法律公平原则的扩展，法律不仅要解决当前社会的公平问题，还要对未来世代负有责任。这种责任体现在立法上，则为立法时应考虑长期影响，采取措施保护环境、资源和未来利益。

第二，确认当前世代的法律责任与未来世代的法律地位。代际公平要求当前世代承担保护环境的法律责任，立法机关应制定符合代际公平原则的法律法规，确保资源的可持续利用。代际正义还要求对未来世代的法律地位予以确认，虽然未来世代尚未出生，但法律可以通过建立代表性机制来保护他们的利益，推动法律、政策的制定与改进。对此，法律应具备预见性，通过预先设定环境保护标准、资源使用限制等措施，防止因为"寅吃卯粮"给未来世代带来困境。

第三，保障发展可持续。代际公平要求对资源进行科学合理的管理，以

---

[1] 余谋昌：《生态哲学》，陕西人民教育出版社 2000 年版，第 243 页。

[2] ［德］奥特弗利德·赫费：《作为现代化之代价的道德——应用伦理学前沿问题研究》，邓安庆、朱更生译，上海译文出版社 2005 年版，第 163 页。

确保资源能够持续供给未来世代。法律应设定资源利用的上限，促进资源的节约和再生，防止资源过度开发所导致的枯竭。法律应平衡当前与未来的需求，坚持可持续发展目标，确保资源在满足当前需求的同时，不损害未来世代的利益。这些内容都应体现在生态环境刑法的前置法当中。

当然，代际公平这一命题也给传统法学理论带来挑战，因为传统法律及其理论多集中于解决当前的问题，或者说聚焦于对当下侵犯人类法益的行为进行规制，而较少去关注未来人的权益并设计相关法律制度。然而，代际公平理念要求法律也要关注未来世代人的权益，即使站在人类中心的立场，"未来后代与我们这代人在环境方面同样享有安全健康生活的权利。因此，我们每个人都有义务不让自然环境恶化，并危害到未来地球上的人类居住者。我们同时还有责任保护自然资源，以使后代能够享受他们应从这些资源中得到的利益"。[1]这需要在立法、法律适用中具备足够长远的视野、担当和责任感。

其实，就法律对社会发展的引领作用而言，法律应当反映社会进步和文明发展，而不仅仅是被动解决眼前的问题。环境问题的加剧使得对未来世代权益的考虑变得更为迫切，这要求法律承担起引领环保责任的认识和实践。而将"代际公平"作为生态环境刑法的核心命题，不仅在理论上拓展了视野，也为实践推动法律更好适应全球环境挑战提供了助力，有利于为全球环境治理提供更持久的方案。

第三节 生态环境刑法的理论模型

在生态环境刑法的理论框架中，模型为理解、分析和预测生态环境犯罪及其刑事规制提供了工具与方法。

一、生态环境犯罪的因果模型

（一）立法科学性与生态环境犯罪规制有效性的关系

法学是不是科学是一个有争议的话题，"法学的科学性之争端，首先源于

---

〔1〕 Paul. W. Taylor, *Respect for Nature：A Theory of Environmental Ethics*, Princeton University Press, 2011, p. 11.

亚里士多德主义的科学概念。据亚里士多德，科学（epistene, scientia）是存在者基于其原则的方法论认识。这个科学概念在本质上也是客体的预设性（Vorgegebenheit）和不可变性。只要法学从先定秩序，即不可改变的法律原则之理念出发，它便能满足此科学概念。倘若法学研究的是随历史变迁的法律秩序，那它只能被理解成技艺（techne, ars）或实践智慧（phronesis, prudentia）"。[1]其实，法学是不是科学涉及究竟该如何理解科学，对此，德国法学家耶林的理解是："科学会使人们承认：就如同在个体的生命中一般，在各民族的生命中，也可能出现迷失、错误、疏忽；但是科学不会依照一项已经预先拟妥的意见，来对此事做出判断，而是会从历史自身当中去得出这样的判断。"[2]本书认为，如果从法律与价值判断不可能切割的角度来说，以法律为研究对象的法学似乎无法称得上是一门纯客观的学科，既如此，法学就很难说得上是自然科学意义上的科学，但如果就逻辑而言，又无法否认法学具有逻辑性和一定的规律性，如果在这个意义上理解"科学"，至少可以认为法学具有科学的属性。

就生态环境犯罪而言，其因果模型涉及生态环境刑法犯罪构成设置的科学性及其预防、规制生态环境犯罪的有效性。

1. 生态环境刑法犯罪构成设置的科学性

生态环境刑法犯罪构成的内容设置需要科学合理，以确保能够有效应对现代复杂的生态环境问题。这包括以下方面：一是行为构成要件的明确性。这些要件通常包含行为人的主观故意或过失、具体的犯罪行为和造成的后果或危险状态。二是结果构成要素的量化、评估。犯罪结果要素要能够量化和评估，以便立法、司法、执法机关能够根据科学数据来确定犯罪的实质影响。三是经济社会的考量。科学性还要求考虑生态环境犯罪给经济社会带来的不良后果，这些后果是评估犯罪的入罪标准和刑罚的重要依据。

2. 生态环境犯罪预防和规制的有效性

生态环境刑法通过合理设置犯罪构成，有利于通过以下方面来预防犯罪。

---

〔1〕[德]阿图尔·考夫曼、温弗里德·哈斯默尔主编：《当代法哲学和法律理论导论》，郑永流译，法律出版社2013年版，第448~449页。

〔2〕[德]鲁道夫·冯·耶林著，[德]奥科·贝伦茨编注：《法学是一门科学吗?》，李君韬译，法律出版社2010年版，第70~71页。

其一，发挥法律的威慑作用。明确的犯罪构成和刑罚可以对潜在的犯罪人产生威慑效应，降低其从事犯罪的动机和可能性。其二，规范和引导人的行为。生态环境刑法犯罪构成的科学设置可以规范和指引人的行为，促使企业和个人在经营、生产、生活中更加重视环境保护，明确行为边界，规范自己的行为，采取更妥当的环保措施。其三，提升公民的守法意识。一部良好的生态环境刑法有利于公民更好地理解和遵守法律，提升守法意识，减少违法犯罪。

（二）生态环境犯罪因果模型论证的重点

1. 生态环境犯罪行为背后的动因

生态环境犯罪行为背后的动因是产生犯罪的重要因素，因果模型通过追溯犯罪动因，能够揭示行为主体犯罪的内在逻辑，从而为精准预防犯罪、提高治理效率提供有针对性的指引。

犯罪背后的动因为何能成为因果模型论证的重点。一是动因是生态环境犯罪的直接推动力。企业非法排污的动因可能源于追逐经济利益，而个体非法采伐可能受生计压力驱动，理解这些动因，才能找到犯罪背后更深层次的经济社会结构问题。二是动因分析有助于精准预防与治理。对不同动因采取差异化的治理手段，是实现有效预防的关键，针对图利型犯罪，应调整财产刑种类与幅度；而对法律漏洞导致的犯罪行为，则应优先完善立法。三是通过动因分析，可以锁定犯罪链条中的关键环节，将预防犯罪资源用在关键环节上。

因果模型通过分析生态环境犯罪的行为动因，揭示犯罪背后的深层原因，这可能涉及经济利益、规避成本、监管缺失、犯罪成本低等多种因素。有时行为背后具有多种动因，在立法粗疏，犯罪发现难、追诉难背景下，企业为降低成本可能非法排污，对于这样的犯罪案件，如果仅仅切断一个动因仍然很难有效预防犯罪发生。

正因为生态环境犯罪发生是多因多果的复杂现象，深刻分析犯罪行为背后的动因，能够有效揭示犯罪形成机理，为科学制定法律对策提供依据。

2. 生态环境犯罪行为与结果的关联

为何"生态环境犯罪行为与结果的关联"会成为因果模型论证的重点？其一，行为与结果之间的关联，能够揭示生态环境犯罪行为对生态环境的真实影响，从而为准确修法提供参考。其二，为司法裁量提供科学依据。通过研究因果关系模型，可以对危害进行类型化研究和量化分析，为量刑提供依据。其三，立法前需要明确特定行为与特定结果之间的高度相关性，从而提升刑法规制的针对性。通过因果模型分析，可以及时将新型环境破坏行为纳入刑法规制范围。例如，如能论证出碳排放造假行为对气候变化负面贡献的临界值，就将该类行为纳入刑法规制向前推进了一大步。

通过因果模型有助于解决行为与结果间在间接关联归责上的难题。一般而言，对犯罪行为与结果间的直接关联进行分析相对容易，如某企业非法倾倒含氰化物的垃圾导致土壤污染，通过土壤监测能够直接证明二者间的因果关联，而间接关联分析则对科学数据的要求较高，例如非法砍伐导致森林覆盖率下降，最终引发区域性气候变化。尽管砍伐与气候变化之间的因果链条较长，但有可能通过大数据与生态模型模拟，追踪行为的中长期后果，揭示犯罪行为的生态连锁效应，通过植被覆盖率与区域温度变化的关系来建立关联，以揭示犯罪行为及其多样化表现形式对生态环境造成的影响。

为实现前述目标，一是建立因果模型数据库，整合生态环境犯罪案例动态数据库，为立法、司法和环境治理提供参考。二是引入生态学、化学、物理学、医学等多学科视角，形成科学全面的因果分析框架。三是完善刑法中的因果关系理论，完善生态专家证人制度，为因果关系的科学论证提供专业保障。

总之，因果模型的建立和运用不仅有助于揭示生态环境犯罪行为与结果之间的深层关系，还为生态环境治理提供了分析工具。

二、生态环境刑法的干预模型

关于法的作用和功能，德国魏德士教授认为法具有创建和调整、阻止混乱发生、稳定国家秩序、社会秩序、赋予和法律保障、纠纷裁判、满足、融合、创造与教育的功能。[1]这些功能是法能够对生态环境犯罪进行干预的法理基础。生态环境刑法通过科学设置犯罪构成的内容，可以有效地干预和影响犯罪行为，实现预防生态环境犯罪的目的。

（一）"干预模型"的工作原理

"干预模型"的主要功能在于预防、规制和矫正严重破坏生态环境的行

---

〔1〕 参见［德］伯恩·魏德士：《法理学》，丁晓春、吴越译，法律出版社2013年版，第38~44页。

为，"干预模型"的工作原理体现在以下方面：

一方面，前置法的支撑与导引。"干预模型"重点在于充分依托环境行政法，为刑法适用提供前置性指引。一是刑法通过前置法对环境资源利用行为进行具体规范和指引，生态环境刑法构成要件中被嵌入了环境行政法的内容，如某些污染物"严重超标"的标准，需要根据行政法来具体判定。二是由于生态环境问题与科技滥用密不可分，许多技术性问题需由行政法先界定，刑法随后才跟进。如持久性有机污染物的发现及其危害评价，某些电子废料中有害物质的管理，可以由行政法先行规定，刑法借助行政从属性体现新技术的发展变化，以提升刑法的适应性。

另一方面，行为控制与风险预防。"干预模型"通过明确规范行为边界、预设风险防控机制，实现对潜在犯罪行为的控制。一方面，生态环境刑法通过构成要件明确划定行为边界与底线，行为人若跨越边界、触犯底线，将面临刑事制裁从而有效预防环境犯罪；另一方面，生态环境刑法"干预模型"重视前置性干预，在行为发展到"严重后果"出现之前，适度提前干预和预防犯罪。如《刑法》第338条污染环境罪中涉及的非法排放、倾倒、处置有毒有害物质的行为，属于无需等到环境灾害实际发生即构成抽象危险犯的行为类型，此类规范具有提前遏制环境犯罪风险的作用。

（二）"干预模型"的类型

1. 按照干预对象所进行的分类

（1）行为约束型干预。行为约束型干预是生态环境刑法的基础功能，通过明确的禁止性规定和刑罚威慑来约束行为主体的违法行为。其分为以下两种类型：①禁止型干预。刑法通过明文禁止实施某些对生态环境有重大危害的行为。如禁止违反土地管理法破坏农用地、禁止违反野生动物保护法猎捕、杀害濒危野生动物、禁止在禁渔期、禁猎区非法狩猎，以阻止相关行为由违法演变成犯罪。②行为底线型干预。即通过设置行为底线将罪与非罪的行为界限具体化，如刑法通过细化大气污染、水污染、土壤污染等犯罪的具体量化标准，确保刑法介入的精准性。

（2）后果导向型干预。后果导向型干预聚焦犯罪行为对生态环境的实际危害及其程度，强调根据违法程度和法益侵害程度对犯罪进行追究。①依"结果""危险"来评价违法性。对于有的尚未造成侵害结果的行为不追究刑事责任，反之，对于另外一些尚未造成侵害结果但却对法益有抽象危险的行为应作为犯罪处理。②从重、加重责任。对于造成特别严重后果或具有特别严重情节的行为，要从重、加重追究刑事责任，如非法采矿引发山体滑坡、泥石流等次生灾害，则适用更重的刑罚。

2. 按照法律协同类型所进行的分类

根据干预中的法律协同类型，干预模型还可分为刑法独立型干预与刑民行协同型干预，前者在普通刑法中比较多见，在此不赘。对后者而言，可以进一步分为刑行联动型干预与刑民协同型干预。

（1）刑行联动型干预。在理论上，生态环境犯罪绝大部分是行政犯，以违反行政法规作为构成犯罪的前提，刑法上构成生态环境犯罪的行为，在行政法上也是行政违法行为，如何提升刑法、行政法对生态环境犯罪的协同干预效果，是生态环境刑法对犯罪有效"干预"绕不过去的话题。

（2）刑民协同型干预。基于大部分生态环境犯罪都侵害了民事权利，因此，优化刑事惩罚与民事救济（惩罚）的协同效果，对于提升刑法对生态环境犯罪的干预效果具有积极意义。[1]

生态环境刑法通过优化犯罪构成和刑罚配置，能够有效地干预、影响犯罪行为与结果，更好实现预防、规制生态环境犯罪的目的。

第四节　生态环境刑法的解释工具

一、解释工具在理论架构中的地位与类型

解释工具为理论建构提供了所需的方法论，能够帮助研究者系统地理解和分析现象。法哲学中的逻辑分析工具、社会科学中的理论解释工具等，都能够帮助研究者深入理解研究对象，并提出具有解释性和预测性的理论假设。解释工具能够帮助研究者整理分析大量信息，解释工具不仅帮助研究者建构理论，还能够在理论验证和修正过程中发挥作用，通过解释工具，研究者可以验证理论模型的有效性，探索其不同情境下的适用性，并修正和完善理论。

---

〔1〕　生态环境犯罪中的惩罚性赔偿能否与刑罚并科，是具有争议性的话题，本书将在第五章关于刑民行制裁并科与双重处罚禁止这部分进行讨论。

因为"反思的批判涉及的完全是对一种自我理解的修正"。[1]这种反复验证和修正的过程,有助于理论的深化和进步。

不但如此,解释工具还能促进理论洞察的深化,助力学术交流,在包含跨学科交流在内的学术交流中,解释工具能够促进理论对话,推动知识共享交流,以帮助不同学科领域的研究者共同研究解释复杂的综合性问题,促进跨学科知识的整合。在法学和环境科学的跨学科研究中,解释工具能够帮助研究者快速进入交叉领域以研究复杂的生态环境现象。

在类型上,解释工具可分为广义的解释工具与狭义的解释工具。广义的解释工具通常指在学术研究中用来理解、解释和分析复杂现象、问题的方法、技术或框架,旨在帮助研究者系统解释现象的内在机制、关系或变化趋势。美国的侯世达教授和法国的桑德尔教授认为类比,甚至漫画类比也可以成为绝佳的解释工具,认为不同的漫画类比可以揭示不同的本质,并将其称之为"解释型的漫画类比"。[2]这说明广义的解释工具范围宽泛,凡具有说明现象、揭示本质的都属于广义的解释工具。狭义的解释工具是将解释工具作为法律解释工具的同义语,即魏德士教授所指的文义解释、体系解释和历史解释等。他指出:"任何法律解释的目的都是为了实现立法的规范目的。其研究必须借助于解释的工具,即文义解释、体系解释和产生历史解释。"[3]其在狭义上理解解释工具,将解释工具作为法律解释工具或法律解释方法的同义语。

二、广义的解释工具

(一)理论框架和模型

广义的解释工具包括理论框架和模型,用于推导理论假设、解释研究现象[4]。理论框架是一种系统化的结构,用于指导研究者解释现象、提出假设并整合已有知识;模型是一种抽象化的工具,用来简化、描述和解释现实世

---

〔1〕 [德]汉斯-格奥尔格·伽达默尔:《诠释学Ⅱ:真理与方法》,洪汉鼎译,商务印书馆2017年版,第317页。

〔2〕 参见[美]侯世达、[法]桑德尔:《表象与本质:类比,思考之源和思维之火》,刘健、胡海、陈祺译,浙江人民出版社2018年版,第381~386页。

〔3〕 [德]伯恩·魏德士:《法理学》,丁晓春、吴越译,法律出版社2013年版,第342页。

〔4〕 当然,理论框架的功能不限于解释,还用于整合已有知识、提供研究视角、但作为(理论)解释工具,其积极意义也不容否定。

界中的复杂现象。理论框架和模型为研究者提供了结构化的框架，理论框架和模型本身的功能在于帮助研究者理解和解释现象，通过应用框架和模型，研究者可以从现象中发现规律，揭示背后的机制、因果律以及未来发展趋势，主要体现在以下方面：其一，可以帮助解释复杂的生态环境问题。生态系统整体法益模型可用于解释为什么破坏生物多样性是对整个生态系统（超个人法益）的侵害，例如，某行为破坏了湿地生态系统中的关键物种，这不仅影响该物种的存续，还可能影响整个湿地生态。其二，为生态环境犯罪构成要件的界定提供依据。与传统刑法的法益侵害表现不同，生态环境犯罪的法益侵害通常是间接的、潜在的、累积的，于是，如何围绕法益侵害来解释构成要件，则成为一个问题。例如，模型化的风险评估框架可用于解释哪些污染行为应纳入抽象危险犯的评价范围，其中，空气质量模型可以分析某种污染物的排放超过特定浓度时，对人类和生态形成危险，从而判定该行为是否该当《刑法》第338条中的"严重污染环境"。其三，模型化的理论框架有助于解释生态环境犯罪中复杂的因果链条。例如，某企业非法向河流排放有毒物质，数年后该河流的鱼类大量死亡。这一损害结果可能不仅仅源自该企业的污染行为，还与气候变化、其他工厂的污染等多重因素相关。通过污染扩散模型，可以分析各因素的作用力，确定该企业的污染行为对鱼类死亡的贡献度，以此进行刑法上的归责。其四，理论框架有助于立法和司法明确如何通过刑法手段保护未来世代的生态利益。针对滥伐原始森林、破坏湿地、污染沙漠等没有侵害个体法益的行为，研究者可以通过未来世代法益保护框架开展研究，为刑法保护未来世代的利益提供解释，如对新罪名"未来生态破坏罪"进行证成或证否。

（二）逻辑推论

"逻辑的对象是思维，亚里士多德首度将其确立为一门科学"，[1]而"推论，是从一个规定跨到另一个规定，不是对存在规定的进一步完全实现，而是根据必要性关联的观点，从一个或多个命题的假设转入另一个假设的一种思维活动。早在亚里士多德时代，有关推论的学说，就是逻辑核心部分"。[2]

[1] [德]阿图尔·考夫曼：《法律哲学》，刘幸义等译，法律出版社2011年版，第77页。
[2] [德]阿图尔·考夫曼：《法律哲学》，刘幸义等译，法律出版社2011年版，第78页。

由于"法是概念逻辑的产物"〔1〕，从法哲学思想到法律概念，再到法律规范的理解与解释，其中都存在内在的逻辑链条，因而在本书看来，解释工具还包括了逻辑推论。逻辑推论可以帮助研究者在分析中建立起表象与结论之间的内在逻辑关联，从而加深对现象和本质的理解，有助于在模糊或冲突的法律条文中找到适当的解释。在法学解释中，逻辑推论包含演绎推理、归纳推理、类比推理和反向推理。

逻辑推论作为解释工具，对于生态环境刑法（犯罪）的研究和应用起重要作用。其一，确保法律解释的精确性和一致性。逻辑推论可以帮助解释者从文本出发，推导出明确且一致的解释结论，避免法律适用的不确定性。其中，演绎推理是常见的方式。例如，根据《刑法》第338条规定的构成污染环境罪的一般条件，解释者通过演绎推理，可以从该条件中演绎出行为规范并适用于具体案件，由于演绎推理具有逻辑上的一贯性，能够确保该解释结论基本适用于同类的污染环境案件。其二，识别法律漏洞并补充解释。立法者难以预料未来的所有情形，逻辑推论可以帮助解释者通过类比推理将结论适用于新型环境案件。对于微塑料所造成的污染，刑法可能没有禁止性规定，但通过将微塑料污染与其他类型的废弃物污染相类比，举轻以明重，得出非法排放、处置微塑料污染物也构成污染环境罪的结论。其三，为生态环境犯罪提供科学依据。例如，通过对若干起铅污染导致健康问题案件的归纳推理，结合科学研究数据，证实污染与疾病之间存在高度相关性，推导出规制类型化排污行为的抽象危险犯的法律标准。其四，为法律解释提供反证。反向推理是通过证明某一假设的反面不成立，从而得出结论的推理方式。反向推理常用于法律解释的反证过程，即通过排除不合理的解释来确认正确的解释。例如，在讨论某一项规范适用时，若某一解释会导致明显不合理的结果（如违背立法目的），则通过反向推理排除该解释。

通过逻辑推断，解释者可以更加精准地理解适用刑法，确保解释的准确性、合理性与一贯性。

（三）实证反思

实证反思指的是从经验事实出发，通过分析法律现象，反思法律的实际

〔1〕 ［德］伯恩·魏德士：《法理学》，丁晓春、吴越译，法律出版社2013年版，第203页。

适用效果，改进理论或立法。它与理论的纯粹推演不同，更强调数据和案例的实际支撑。法学中的实证反思包括对具体法律适用的观察、判例研究、数据统计分析等，实证反思有助于弥补理论和实践的鸿沟，验证法律解释的有效性，为法律完善提供证据支撑。

实证反思（或经验分析、实证分析）作为法学解释工具，在生态环境刑法（犯罪）研究中具有以下作用：其一，验证刑法的实际效果。通过实证反思，可以判断刑罚配置与预防违法犯罪行为之间的关系，评估刑法规范是否真正预防减少了犯罪。例如，尽管某国刑法在应对非法采矿犯罪方面规定了相应处罚规范，但犯罪仍然频发。如果实证分析发现，刑罚惩罚程度低与犯罪收益高是导致犯罪频发的主要原因，就需要调整刑罚内容与幅度。其二，调整刑罚与行政处罚的比例。实证反思有助于判断对某类行为是通过刑法制裁，还是行政规制效果更佳。在某些工业排放超标案中，企业并无故意，只是由于技术设备老化导致污染排放，对该类情形过度的刑事处罚会适得其反，通过行政干预，推动环保技术升级可能效果更佳。此时实证分析有助于验证该结论是否成立，并反思如何设置刑罚与行政罚的比例更为合理。其三，有助于平衡环保与经济发展的关系。过度使用刑法打击污染企业，不利于平衡环保与经济发展的关系。实证分析有助于立法者更加重视比例原则，反思是否需要更多采用行政监管而非刑事制裁。例如，某类工厂排污确实污染环境，但该类工厂也是当地重要的就业来源和税收来源，可以通过实证分析评估该地区这类工厂对环境和经济社会的双重影响，以平衡好环保与经济社会发展的关系。

三、狭义的解释工具

将文义解释、体系解释、目的解释等称之为"狭义的解释工具"，是由于其方法论明确、聚焦于法律文本与体系本身且为具体案件提供了直接的解释框架，具有很强的应用性。相对于前面在更广泛意义上讨论的解释工具，可以称之为"狭义的解释工具"。

解释工具与解释方法是既有区别又有联系的概念，解释工具的含义更为宽泛，它可以包括解释方法，也可以包括判例、学术评论、比较法资料、科学数据等其他辅助资源。解释方法是解释工具的一个子集，是解释者在使用工具时具体的技术或策略。进一步分析，在法律解释实践中，解释工具为解释方法提供操作材料或框架。例如，解释者使用历史解释方法时，立法背景和历史文献就是解释工具；在使用文义解释方法时，法律条文本身以及法律术语的标准定义就成为解释工具。

解释工具和解释方法密切相关，但并不完全等同。解释工具是更为广泛的资源或框架，为解释方法提供支持，而解释方法则是具体的解释路径和解释技术。

"任何法律解释的目的都是为了实现立法的规范目的。其研究必须借助于解释的工具。"[1]法律解释工具是理解和解释法律文本的关键方法，包括客观解释、历史解释、目的解释、文义解释和比较解释等。这些常见解释工具有助于法律研究者和解释适用者理解法条的准确含义。

（一）客观解释

客观解释是相对于历史解释、沿革解释等主观解释而言的，按照杨仁寿的理解，立法后经年累月，依立法当时的资料进行解释，将产生不适当或与社会现实情况脱节的解释结论时，则应采取客观解释，根据解释者所处时代的客观情形来解释法条的含义，以探求客观的法律含义。[2]例如，关于"污染环境"的文字表述自1997年写入《刑法》以来虽从未变过，但自入刑以来近三十年社会生活早已发生巨大变化，而且随着对法益范围的理解已逐步从单纯保护人的生命、身体、健康扩大到保护生态以及未来世代人的利益，在解释时就不能依据1997年立法时立法者对法条的理解来解释，因为立法者究竟包含哪些人，抑或"起草草案者"原本不具有人大代表身份能否被称为立法者，都成问题，因此，依据所谓立法说明等所做的解释在本书看来是一种主观解释应当被摒弃。

（二）历史解释

历史解释指的是依据法律制定时的历史背景、立法者原意、当时的社会条件等来理解和解释法律条文。"现代的历史解释将会考虑到所有这些因素。它企图认识立法者想解决的问题究竟是什么；它将会把法的原则理解为立法

---

〔1〕　[德]伯恩·魏德士：《法理学》，丁晓春、吴越译，法律出版社2013年版，第342页。

〔2〕　参见杨仁寿：《法学方法论》（第2版），中国政法大学出版社2013年版，第166页。

者对这个问题的回答。"[1]历史解释强调法律条文的历史背景和制定背景，包括法律的起源、立法者的初衷以及相关法律条文的历史演变过程。这种解释方法认为了解法律的历史背景能够帮助理解法律条文的真实含义和目的，该解释方法试图尽可能贴近立法时的初衷，以保证解释结果与立法初衷一致。其特点在于解释时特别强调立法者的初衷，不足在于容易忽视社会生活的客观变化。例如，B国在工业化初期制定环保法相关条文的背景是为了应对传统工业所带来的硫化物、氮化物等有毒气体排放导致的污染问题，然而随着科技的发展进步，传统生产工艺已几乎淘汰，新的污染行为方式、结果呈现形式都发生了变化。解释时如果过于重视回溯立法时的意图，则不一定能反映当前科技发展对污染认知所带来的影响，其得出的结论也可能偏离刑法的客观目的，使得法律不能有效应对新的问题。在上述例子中，当历史解释与目的解释结论不一致时，应优先采用目的解释。

（三）目的解释

"目的解释，系指以法律规范目的，阐释法律疑义之方法而言。"[2]目的解释侧重分析法律条文背后的法律目的和价值观，即法律制定的目的是什么，旨在实现何种法律政策和效果。德国齐佩利乌斯教授在分析通过"论辩"（Argumentation）来确定恰当的语义时，将合法性问题（Legitimationsproblem）的解释与目的解释（teleologische Auslegung）相并列，认为对法律的解释应当服务于法律的目的。[3]法律解释应当服务于法律的目的，这是目的解释理论的核心理念。德国的魏德士教授认为，解释的目标就是规范目的，解释方法是文义解释、体系解释、历史解释等。解释方法的重要性从属于解释目标，只要解释目标（规范目的）与规范条文之间出现矛盾关系，可识别的规范目的通常优先。[4]

目的解释不仅关注法律条文的文字表述，更强调法益保护目的的实现。在生态环境犯罪中，这一解释工具尤其重要，因为科技发展使得人类对何谓"生态学的法益"的认识逐步加深，与传统的人身、财产法益相比，该新型法

〔1〕［德］H.科殷：《法哲学》，林荣远译，华夏出版社2002年版，第213页。
〔2〕杨仁寿：《法学方法论》（第2版），中国政法大学出版社2013年版，第172页。
〔3〕参见［德］齐佩利乌斯：《法学方法论》，金振豹译，法律出版社2009年版，第67~71页。
〔4〕参见［德］伯恩·魏德士：《法理学》，丁晓春、吴越译，法律出版社2013年版，第310页。

益呈动态发展之势，这使得我们对"破坏""污染""濒危"等术语的解释会随着对法益认识的程度加深呈现出阶段性"正确"的结论，对于"污染"沙漠是否应定罪也会有新的解释视角。

目的解释最能有效满足因环境问题复杂性而要求法律具有的解释弹性，通过目的解释，可以避免对文字字面含义的机械理解，有助于生态环境刑法在面对科技的快速发展，仍能有效地发挥其机能。

（四）文义解释

文义解释强调法律条文的普通语言含义，即依据语言的通常含义来理解法律文本。这种解释方法假设法律的含义应当基于一般公众对法律用语的普遍理解。例如，在解释"土壤污染"时，法官可能会参考词典对"土壤污染"的一般理解和常识意义，以确定何种情况符合法律的定义。然而，"语言是有歧义的、不确定的传达工具。虽然文义具有重要意义，但是对文字的过分服从（文义崇拜主义）便是一条歧途"。[1] 这正是文义解释的缺陷所在，语言的歧义性使得相同的文字在不同语境中可能有不同的含义，若仅依赖词典的含义，可能会忽略法律的真实目的，产生法律适用偏差。因为语言确系一种有歧义且不确定的传达工具，这一特性在法律中尤为明显，法律条文通常由抽象的语言构成，这种抽象性既赋予法律一定的普适性，又使得其在具体案件中面临理解上的分歧。如过分依赖文字的字面含义，可能导致法律适用机械化，反而偏离法律的真实目的。

因此，必须结合其他解释方法来校验文义解释的结果，确保解释结论符合立法目的和社会正义。例如，如果单纯根据"危害珍贵、濒危野生动物罪"条文中"杀害"的字面含义，则对于并不杀害野犀牛而仅割取野犀牛角后将其放生的行为就无法追究刑事责任，这就是单纯文义解释的局限性，为避免该局限，可以根据该罪保护生物多样性与生态平衡这一目的，将"杀害"解释为"杀"与"害"，只要违反野生动物保护法并在实质上有害于生物多样性与生态平衡的行为，都可以解释为有"害"野生动物的行为，而这一过程则是通过目的解释对文义解释结论进行校验的过程。

在法律适用过程中，尤其是在处理复杂的环境犯罪案件时，文字解释方

---

〔1〕〔德〕伯恩·魏德士：《法理学》，丁晓春、吴越译，法律出版社 2013 年版，第 316 页。

法虽然是基础，但必须结合其他解释方法进行校验，以防止机械适用刑法条文，确保刑法解释不仅符合法律的字面含义，更符合其内在的立法目的。为避免文义解释的问题，解释过程还应结合目的解释、体系解释、历史解释等方法，通过多重校验来实现准确公平的法律适用。

（五）比较解释

"比较解释，系指比较参酌外国立法及判例学说，作为诠释本国法律之参考资料，以实践其规范目的之解释方法而言。"[1]比较解释通过比较不同法律体系或法条间的异同，来帮助理解和解释本国法律条文。该解释工具在应对新型、跨国环境案件时显得尤为重要，因为它能提供更广阔的视角，避免法律孤立于国际发展趋势之外。

例如，某跨国化工企业在 A 国（法律相对宽松）和 B 国（法律相对严格）均设有工厂。该企业在 A 国的工厂非法排放了大量有毒化学废物，严重污染了当地河流和土壤。然而，A 国法律对"有毒化学废物"的界定不够明确，相关法律责任规定也相对宽松，按照这一逻辑可能无法对该企业污染 A 国河流和土壤的行为追责。为更好界定该企业的责任，A 国法官参考了 B 国相对明确和严格的法律背后的法理，对该企业进行了处罚。

当然，比较解释也面临一些质疑，一是不同国家法律体系、社会背景、文化价值观等存在显著差异，比较解释时如果忽略这些差异，会导致法律适用脱节。比如，上例中 B 国严格的生态环境刑法立法可能基于其高度发达的经济水平和国民较高的环保意识，而 A 国的社会背景和经济发展水平未必适合同样严格的法律。二是比较解释依赖于其他国家的法律、判例背后的法理，而两国国情不同，B 国的法律规定适应 B 国，但未必适用于 A 国的具体情况。三是将外国法律条文或判例简单移植到本国法律体系中，可能导致适用困境。例如，B 国虽严惩生态环境犯罪，但其刑罚和执行机制可能与 A 国不同，直接移植到 A 国可能有困难。

因此，在运用比较解释时应注意以下问题：其一，比较解释时，必须深入了解其他国家法律背后的社会背景、文化因素和立法意图，确保在借鉴时不偏离本国法律的价值和原则。其二，比较解释应结合本国的经济社会发展

---

〔1〕 杨仁寿：《法学方法论》（第 2 版），中国政法大学出版社 2013 年版，第 166 页。

实际，不能简单套用他国的法律，而应本土化，使其更好适应本国实际情况。其三，比较解释是一种工具，而非目的，法律解释适用以实现正义为最终目标，因此比较解释时，必须避免僵化地引用外国法律而忽视本国实际。

第五节 生态环境刑法的体系架构

一、构建体系架构的方法和依据

学科的体系架构既有共性，也有差异性，共性主要体现在构建理论体系的基本框架和方法论上，而差异性则源于学科的研究对象、目的和方法的不同。德国的科殷教授在讨论法应该是什么，法的体系究竟是什么，什么是法律立论的固有特征时指出："所有这些问题都有其共性：它们是针对法作为普遍的文化现象提出的，而不是针对某一种特定的法的制度（Rechtsordnung）。因此，如果人们寻找某种答案，目光就必须超出自己的法的体系（Rechtssystem）。"〔1〕要探寻生态环境刑法的理论和方法，也须将目光"超出自己的法的体系"，转向哲学、法理学中去探寻根本，二者能够为生态环境刑法提供法哲学基础与方法论基础。

哲学的基础理论包含对存在、知识、价值、道德等的探讨，而法学的基础理论则讨论法律的价值、目的、机能等；哲学是一门包罗广泛的学科，涉及存在、认识、伦理、政治、语言、科学、美学、逻辑、心理等方面，哲学为理解人类经验、行为和社会提供了重要的理论框架。法学则注重法的本质、效力、解释、适用、法律关系、法律责任、公平正义、权利义务、权力与权力等研究，法学为理解法律问题提供了理论指导；在方法论方面，哲学和法学都使用某种形式的逻辑推理、论证方法和解释方法来分析问题，比如哲学中的辩证法、归纳与演绎推理方法，法学中的法律解释、归纳判例等。

哲学与法学之间具有非常紧密的内在联系，法的本质、正义理论、法与道德、自由与权利等许多法学理论都受到哲学影响。例如，自然法理论和实证法理论之间的争论，源于对法律本质的不同理解，自然法强调法与道德的

---

〔1〕 ［德］H. 科殷：《法哲学》，林荣远译，华夏出版社 2002 年版，第 2 页。

关系，而实证法则关注法律作为社会规范的存在。古希腊哲学家柏拉图、亚里士多德的正义观，现代哲学家约翰·罗尔斯的正义论等，深刻影响了刑法、民法、宪法对正义的理解，伽达默尔的理论深刻影响了法律解释，使得法律解释不再是单纯的文字游戏，而涉及法的目的等较深层面，法学中的正义、公平、自由等基本问题最初都源自哲学的探讨，法学理论中的规范性判断与伦理学中的规范性思维有相似之处。概言之，哲学为法学提供了基础的伦理和正义观念，法学则通过规范与制度将这些观念转化为可操作的规则。

哲学与法学也存在显著区别，哲学蕴含宽广的真理追求，而法学则具有应用倾向，法学理论必须面对具体社会问题。二者差异如下：①研究对象不同。哲学探讨世界的本源，涵盖了关于存在、知识、价值、意识、语言等最基本的理论问题。而法学研究的是法律制度，关注的是法律的具体运作、规范适用和对行为的指引，回答的是如何通过法维护公平正义、解决纠纷等问题。②目的不同。哲学目的在于揭示世界的本源以及人类行为的伦理原则，对问题并不立即给出确定的答案，法学则是要解决实际问题。③理论体系的结构不同。哲学的理论体系是开放的，没有严格的边界，哲学家可以不断引入新的思想流派和方法论，从而不断丰富、扩展体系，哲学中的诸多问题往往没有最终答案，保持着永远的探索状态。而法学理论相对封闭，它的理论体系是围绕现有法律规范建构的。④方法论的差异。哲学注重思辨性，追求对抽象问题的思辨性探索，往往不直接指向实践。而法学却以实践为导向，法学中的很多研究都直接面向实际问题的解决。

按照学者刘瑞复的理解，常识不能替代知识、知识不能替代理论、一般理论不能替代学术理论，他不认为将法律法规体系作合理安排后便成为该法部门的理论体系。[1]他还指出："任何法学学科的成立都是有条件的，忽略学科形成理论的基本要求，不可能建立起法学新学科。"[2]本书认同刘瑞复的理解，并进一步认为，构建理论体系需遵循一定的方法和依据，可以参考以下步骤和原则。其一，问题界定和目标设定。确定研究的问题和目标，明确需要解决的核心议题或理论疑问，当然，这离不开文献综述和分析，理解现有理论的发展历程、争议点和研究进展。其二，提出假设和建构理论。即根据

〔1〕 参见刘瑞复：《法学方法与法学方法论》，法律出版社2013年版，第20页。
〔2〕 刘瑞复：《法学方法与法学方法论》，法律出版社2013年版，第223页。

文献综述梳理的问题，提出理论构想。理论建构可以基于现有理论进行扩展，也可以结合多个理论视角提出新的理论框架。其三，实证研究和数据支持。通过实证研究对理论假设进行验证，实证研究结果可用于支持理论体系构建。其四，逻辑推演和理论整合。开展逻辑推演和理论整合，确保体系架构内部的逻辑一致性和完整性。其五，理论完善和发展。构建体系架构是一个持续的过程，需要不断修正和更新现有体系以适应新的变化。正如拉伦茨教授指出的，"体系性工作是一种永续的任务；只是大家必须留意，没有一种体系可以演绎式地支配全部问题；体系必须维持其开肢性。它只是暂时的概括总结"。[1]基于此，在构建生态环境刑法的体系架构时，应当注意以下几点：

第一，法益保护的时代性与包容性。生态环境的整体性、基础性以及其关乎人类长远福祉乃至地球生命共同体存续的根本性，要求重塑环境法益的内涵与外延。虽然刑法的最终目的离不开人的利益，但应超越狭隘的、仅将环境视为人类利用对象的工具价值论，承认生态系统作为整体所具有的独立价值值得刑法保护。此外，法益保护须将"代际公平"融入其中，这意味着，对可能造成持久性、不可逆生态损害，从而严重损害后代人环境权益的行为，如大规模排放持久性有机污染物、破坏关键性战略性矿产资源、导致重要物种灭绝等犯罪，刑法应予以积极回应。不但如此，生态环境法益是一个复合概念，它既包括与个体相关的环境权益，也包括触及生态系统稳定与安全的超个人的法益，需要对这些不同层次的法益进行界定，并根据侵害法益类型设置不同的罪名。

第二，刑法谦抑性与法益保护的平衡。构建生态环境刑法体系架构的核心问题之一，在于如何在遵循刑法谦抑性原则的前提下，实现对生态环境的有效保护。这要求我们首先要审慎界定入罪门槛，尤其对结果犯之外的、因为行为本身对生态系统完整性所带来危险的行为的入罪标准要严格审查，避免将单纯的环境行政违法行为纳入刑事处罚范围。其次，在调适传统刑法理论以适应环境犯罪特性的过程中体现刑法的谦抑性，在抽象危险犯设置、单位刑事责任的认定、过失犯的构成要件（特别是注意义务的来源与违反）、复杂因果关系证明等方面审慎制定入罪标准。最后，生态环境刑法并非一般刑

---

〔1〕 ［德］卡尔·拉伦茨：《法学方法论》，陈爱娥译，商务印书馆 2003 年版，第 45 页。

法的简单延伸，需要发展出自身特有的解释规则和适用逻辑以实现生态环境刑法不同于一般刑法的目的，但同时应遵守包括谦抑性在内的刑法基本原理基础上发挥其补充性保护作用。

第三，刑行民多元法律责任体系的协同。生态环境刑法体系的构建，无法回避其与庞大而细密的环境行政法规制体系之间的复杂关系，大量环境犯罪行为，其不法性的判断往往依赖于前置行政法规范（如排污许可、环境标准、禁止性规定等），合理界定行政从属性，是确保生态环境刑法既能有效融入整体环境治理框架，又能保持其作为刑事司法最后防线的独立品格的关键。一是准确把握行政从属性的理论内涵，完善"空白罪状"。二是审慎选择行政从属性模式，加强相对从属性的理论论证，让司法机关独立判断而不受行政机关先前认定内容的影响。对于某些具有高度伦理可谴性行为，即使行为人表面上遵守了行政许可，但若造成了严重法益侵害，刑法仍可独立评价。三是深化行政犯理论与构成要件探究，对行政犯与罪刑法定、责任主义原则不协调的部分加强研究。

第四，刑法刚性与治理弹性的动态调和。一是在明确性与适应性之间寻求平衡，罪刑法定的明确性要求生态环境犯罪的构成要件必须尽可能清晰、具体，以保障公民预测可能性和防止司法擅断，这与生态环境刑法不得不普遍采用"空白罪状"形成紧张关系。对此，可以探索概括性条款与类型化列举相结合的立法方式，以兼顾原则性与灵活性。二是注重刑法与其他环境治理方式的协同与互补。刑法具有"后盾"作用与"引领"作用，生态环境刑法不仅是行政执法和民事救济失灵后的最后保障，其存在本身也对前端的行政监管、企业自律具有警示和引领作用，严厉的刑事责任能够倒逼行政机关加强日常监管，促使企业将环境成本内化，提升守法自觉性。

二、生态环境刑法的理论架构

构建生态环境刑法的理论架构，无疑是一项极具挑战且充满理论开放性的学术事业，鉴于生态环境问题的复杂性、法益保护需求的多样性以及法学研究视角的多元化，对于如何建构这一专门领域的知识体系，必然存在多种合理方案，任何单一的体系架构都难以宣称其为唯一或绝对最优。

本书所择取的"法哲学与伦理基础—保护法益与基本犯罪类型—不法构

造—责任归属—法律后果"这一逻辑主线，是在充分认识到上述多元可能性的前提下，基于以下考量而做出的审慎选择。首先，此框架契合了大陆法系刑法教义学成熟的犯罪论体系的阶层化分析传统，具有内在的逻辑严密与体系自洽的特征，在学界具有广泛的认知基础，更便于展开学术对话。其次，这一框架能够清晰、循序渐进地展现从刑法介入的根本依据到不法行为的客观构成与违法性判断，再到行为人责任的归结，直至最后法律效果的发生，完整勾勒出刑事责任判断的基本流程与核心要素。最后，选择这样一个相对"正统"的教义学进路，并非意在排斥其他的体系建构，而是旨在为生态环境刑法这一新兴交叉领域提供一个相对稳固和具有普遍参照意义的基础性分析框架。它如同一个开放的容器，其内部各个组成部分均可、也必须针对生态环境犯罪的特殊性进行深度挖掘和适应性重塑。因此，本书是在一种"自我批评"意识下展开的——即承认这仅是众多可能路径中的一种，其价值在于能为后续更具体的规范解释、理论争议和完善提供一个清晰的出发点和分析框架。

面对日益严峻的生态环境挑战，生态环境刑法教义学不仅是对传统刑法理论的简单应用，更是一场深刻的理论调适与创新。其特质体现在对风险社会的回应、对科学不确定性的包容、对行政法规制的高度依赖，以及对恢复性与预防性法律后果的积极探索。构建一个科学、开放且具有实践指导意义的生态环境刑法教义学体系，是当前刑法学界面临的重大时代课题。

（一）生态环境刑法的法哲学基础

陈兴良教授将理论基础作为刑法学体系的四大要件之一，他认为，没有可靠基础的刑法学体系经不起刑法理论深入发展的冲击，建立在不可靠的理论基础之上的刑法学体系难免被淘汰的厄运。[1]生态环境刑法体系构建的逻辑起点和价值根基须深植于哲学伦理，使他们不仅为生态环境刑法提供正当性根据，更要深刻型塑生态环境刑法的体系架构。其一，刑法介入环境领域的正当性危机及其重塑。生态环境刑法首先需要回应的根本性问题，是风险、不确定性与预防的哲学反思，传统刑法多强调对已然之害的惩罚，这在面对潜伏期长、因果链条复杂、损害对象弥散且常表现为"集体无责任"状态的

––––––––––––––––

〔1〕　参见陈兴良：《刑法哲学》，中国人民大学出版社 2017 年版，第 847~848 页。

环境问题时，显得力不从心，从而引发其正当性危机。在此背景下，刑法的角色需要从单纯的"事后反应"向"事前预防"拓展，这就要求对刑法的预防功能进行哲学上的再定位，探讨在科学不确定性依然存在，但存在发生严重、不可逆环境损害的可能性时（即"有根据的担忧"），刑法基于预防原则进行早期干预的正当性的问题。其二，环境伦理对刑法价值取向的影响，是决定生态环境刑法保护范围、归责理念和制裁目标的深层动力。不同的环境伦理观为刑法提供了迥异的价值坐标，人类中心主义将自然环境主要视为人类生存和发展的工具或资源；生命中心主义则主张所有生命体均具有内在价值，应得到尊重和保护，这可能要求刑法将保护对象扩展至有感知能力的动物，甚至更广泛的生命形式。正如美国学者泰勒认为："至少在某种条件下，自然生态系统中的动植物种群和生物共同体应该得到法律的保护，被授予相应的法律权利。一旦某个国家的公民开始把所有野生生物看成是具有内在价值的事物，那么只要与人权不相冲突，他们将会制定必要的法律来保护野生生物的善。"[1]生态中心主义则认为生态系统整体（包括其非生命组成部分、结构和过程）具有内在价值，刑法应致力于维护生态系统的完整性、稳定性和健康。在刑法教义学层面，选择何种伦理立场将直接影响：（1）保护法益的界定；（2）归责理念的型塑；（3）制裁目标的设定。其三，生态环境刑法的基本原则对其教义学构造具有深刻的型塑作用。这些原则是法哲学思考与环境伦理选择在规范层面的具体化，它们如同"轴心规范"引导着具体规则的解释与适用。例如，风险预防原则直接推动了环境危险犯（特别是抽象危险犯）的立法，并在因果关系证明、注意义务设定等方面产生影响；可持续发展原则与代际公平原则要求刑法不仅关注当代人的环境权益，也要将未来世代的生存环境纳入保护视野，这对于界定环境法益范围、评价长期环境损害的严重性具有指导意义。这些原则共同塑造了生态环境刑法区别于传统部门刑法的独特面貌。

（二）生态环境刑法的保护法益

刑法的目的在于保护法益，生态环境刑法的正当性及其具体内容，均取

---

[1] Paul. W. Taylor, *Respect for Nature: A Theory of Environmental Ethics*, Princeton University Press, 2011, p. 223.

决于其所保护法益的内容。这一部分旨在重塑并阐释生态环境刑法的保护法益，并合乎逻辑地引申出生态环境犯罪的基本类型框架。首先，考察环境法益的理论演进与当代重塑。传统刑法主要保护生命、健康、财产等个人法益，环境最初仅作为这些个体法益的外部条件而间接受到关注，后来才承认超个人的公共环境利益。当代生态环境刑法法益理论的构建，则面临着从人类中心主义向生态整体主义（或至少是弱人类中心主义）的深刻转变。这意味着，不仅要保护与人类生存健康直接相关的清洁空气、水源等环境质量，也要保护生态系统本身的完整性、稳定性、生物多样性以及代际间的环境公平。我国刑法中污染环境罪的多次修订，也反映了对环境法益认识的深化。其次，阐述环境法益的层次构造、解释方法及其对构成要件的限定机能。生态环境法益并非单一内容，而是一个多层次、复合型体系。大致可分为：（1）直接关涉个体生命健康与重大财产安全的环境权益；（2）作为社会公共生活基础的公共用水安全、大气质量标准等环境安全；（3）作为地球生命支持系统的生态系统整体利益（包括生态系统结构、功能、生物多样性等）；（4）关乎子孙后代福祉的代际环境公平。法益的这种层次性，决定了不同环境犯罪的社会危害性程度和评价上的差异，在解释具体构成要件时，必须以其所指向的法益为出发点，例如，解释"严重污染环境"时，不仅要考虑对当代人健康的影响，也应适当考量其对生态系统的长期损害。最后，由保护法益引申出生态环境犯罪的基本类型，为后续分则罪名的体系化奠定总论基础。

（三）生态环境犯罪的不法构造

不法指行为符合构成要件且缺乏阻却违法事由。构成要件层面包括以下内容：（1）行为。行为分为作为与不作为，作为犯如直接排放污染物、破坏植被等；不作为犯的作为义务主要来源于法律法规的明文规定（如排污单位安装和正常运行污染防治设施的义务）、特定业务或行业的先在义务（如危险废物处置单位的安全处置义务），以及因先前行为开启环境风险而产生的防止义务。（2）结果。结果要素包括环境损害（实害）与环境危险。环境损害的认定需借助科学标准和评估方法，对其规范内涵的解释是教义学的核心任务。环境危险则包括具体危险和抽象危险，抽象危险犯的设置是风险预防原则在刑法中的体现，但其界限需严格把握。（3）因果关系与客观归责。这是环境犯罪认定的难点，环境损害往往具有累积性、潜伏性、多因一果等特征，传统"条件说"加"相当性"的判断模式面临挑战。德国刑法学中的风险升高理论、规范保护目的理论、客观归责理论等为解决此类问题提供了思路。(4)行政从属性。多数生态环境犯罪以违反环境行政法为前提,刑法教义学需明确从属性的程度(强从属、弱从属或相对从属),以及行政行为效力对刑事判断的拘束力问题。就违法性判断层面而言,除一般违法阻却事由外,需特别关注环境犯罪中特殊情形的适用。例如,研究在突发环境事件中为避免更大规模、更严重的环境损害或人身伤亡而采取紧急措施,结果对局部环境造成一定损害,也构成紧急避险的特殊情形。又如,基于有效行政许可的行为,通常可以阻却违法性,但若许可本身存在重大瑕疵或与上位法冲突,则其阻却效力可能受到质疑。

(四)生态环境犯罪的责任归属

责任是连接不法与刑罚的规范性桥梁,是现代刑法"无责任则无刑罚"原则的集中体现。在生态环境犯罪领域,由于其行为样态、损害后果的复杂性,对责任的判断既要遵循刑法总论的一般原理,也需观照其特殊性,防止不当归罪。应注意以下难点或误区:第一,关于生态环境犯罪责任基础的难点在于在环境损害具有高度集合性、匿名性特征时,如何清晰界定个体在其中的"自由意志"与"可选择性"、如何平衡对弥散性、长期性环境法益的保护需求与个体责任的限定,避免突破责任主义的底线。可能的误区在于将责任的基础简单等同于因果关系或结果的严重性,在强调环境公共利益时,不适当地削弱对个体自由意志和选择可能性的尊重,滑向客观归罪。第二,故意领域的可能误区在于简单以牟利动机等同于污染环境的(直接)故意,并忽视对行为人具体认知的考察,对其是否真正"认识到"风险和后果的判断过于草率。第三,认识错误的难点在于区分对"描述性构成要件要素"(如"水体""森林")的错误与对"规范性构成要件要素"(如"危险废物""重要生态功能区")的错误,对后者的错误,有时可能同时涉及法律性质的判断,从而与法律错误产生交叉。可能的误区在于将所有对规范性要素的错误都归为法律错误,忽视了其中可能存在的事实认知层面的错误。法律错误的难点在于判断"可避免性"时,如何界定行为人的"查询义务",特别是在环境法规专业、繁杂、变动快的情况下,因行政机关不明确或错误答复、许可而产生的信赖,是否构成不可避免的错误。第四,生态环境犯罪期待可能性讨论的可能重点在于与紧急避险等阻却违法事由的界分、规范的保护目的与个案公平正义、极端情境的考量等情形。可能的误区在于：将一般性经营困难、履约成本高昂等同于缺乏期待可能性、混淆缺乏期待可能性与缺乏违法性认识、忽视行为人对自身陷入困境是否负有先前责任的情形。

（五）生态环境犯罪的法律后果

在生态环境刑法领域，法律后果的配置不仅承载着传统刑法的惩罚与威慑功能，更被赋予了修复受损生态、预防未来风险、促进环境可持续性的特殊使命。第一，关于生态环境犯罪的刑罚目的的定位，探讨重点在于一般预防、特殊预防、法益修复、多元目的的平衡与协同，难点在于法益修复的刑法限度、刑罚目的冲突时的价值抉择，生态修复本质上带有民事或行政责任色彩，将其纳入刑罚目的，需处理好与民事赔偿、行政命令的关系。可能的误区在于：过度强调威慑而忽视修复或过度强调修复而忽视威慑、刑罚目的单一化、忽视积极的一般预防。第二，关于生态环境犯罪的刑罚裁量，探讨重点在于，法定与酌定从重、从轻、减轻或免除处罚情节的特殊体现、财产刑、资格刑与行为禁止令的适用，难点在于环境损害量化评估与量刑标准的对接、单位犯罪罚金刑"度"的把握、量刑的均衡性与可预测性。可能误区在于重人身、财产损害，而对生态环境损害处罚偏轻；忽视对单位犯罪中"决策者"责任的考量。第三，生态环境犯罪非刑罚处置措施的教义学属性与体系整合。难点在于：教义学定位模糊，许多非刑罚措施游走于刑法、行政法、民法边缘，其在刑法体系内的地位、适用依据和程序保障尚需深入论证；如何确保前述措施既有效实现环境修复和风险预防目标，又不对中小企业造成过度负担，符合比例原则，并防止"花钱买刑"或"合规豁免"的滥用；生态修复方案制定、过程监管、效果评估、企业合规计划审查监督，均对司法机关的专业能力和资源投入提出了很高要求。可能误区如下：将非刑罚措施视为刑罚的"替代品"而非"补充品"；对企业提交的合规计划不实质性审查，或对生态修复的效果不严格评估，同时忽视被害人（包括不特定公众的环境权益）的程序参与和意见表达。通过上述多维度探讨，有助于构建以实现国家刑罚权为基础的，兼顾生态环境修复性特点的法律后果体系。

通过上述体系安排，生态环境刑法的理论体系既体现了刑法的共性，又体现了自身特点。然而，该体系并非不变的封闭体系，而是发展的、开放性的体系，而这种开放性是有益生态环境刑法学科的发展的。也正是因为如此，"不论是恩吉施，埃塞尔抑或是科因均明确指出，法学体系必须保持'开放'，绝不可能是已经终结的体系，因此也不可能为所有问题备妥答案"。[1]而这种"开放的""并非终结的体系"正好是本书所期待的。

---

[1] [德] 卡尔·拉伦茨：《法学方法论》，陈爱娥译，商务印书馆2003年版，第45页。

第三章 生态环境刑法的哲学伦理基础

　　总体而言，生态环境刑法的法哲学基础是一个复杂而多元的领域，不存在完全一致的看法，不同学者和法学流派对法哲学基础有不同的侧重，多元化体现了生态环境刑法的复杂性，多元化也成为其不断发展的动力之一。

　　那么，哪些理论、学说构成生态环境刑法的哲学伦理基础呢？本书认为主要应考量以下因素。

　　第一，法律价值观的时代性。随着环境问题日益严重，传统的以人类为中心的法律观已难以应对生态危机，生态中心主义随之崛起。生态中心主义强调自然的内在价值，认为大自然不仅仅是人类利用的资源，而具有独立的价值。这一思想促使人类开始重新审视人与自然的关系，意识到保护生态环境不仅是为了子孙后代的福祉，更是对地球上所有生命形态应承担的责任和义务。随着该理念逐步深入人心，人们逐渐认识到生态系统的稳定健康是全球可持续发展的基础，人类的长远利益与自然的共生共荣密不可分。这种观念的转变反映了社会对环境保护重要性的重新认识。正如法国学者指出的，"改革是必要的。事到如今，继续执着于古典伦理学和环境伦理学之间的交锋不再有意义，前者以人类为中心，而后者的试金石是是否谴责人类沙文主义。……因此，人类群体不是唯一需要考虑的对象"。[1]与此同时，可持续发展与代际正义理论在国际环境保护领域已成为共识，深刻影响着人类价值观，其强调人类不仅要关注当代人的利益，更要关注未来世代的利益，确保资源和环境的可持续利用。上述长期视角在生态环境刑法中具有重要意义，能够引导理论研究和立法向着更加长远的方向发展。

　　第二，正义理念的发展。"如果法丧失了公正性，那么就像人丧失了意识与思维而成为'植物人'一样，法也就成为'植物法'"[2]这一比喻形象生

---

　　〔1〕 ［法］科琳娜·佩吕雄：《正视生态伦理：改变我们现有的生活模式》，刘卉译，中国文联出版社 2020 年版，第 4 页。

　　〔2〕 陈兴良：《刑法哲学》，中国人民大学出版社 2017 年版，第 4~5 页。

动，对生态环境刑法同样适用。随着环境问题的加剧，传统的公平正义理念在重视生态环境的语境下得到了新的发展。在现代社会，公平正义不仅涉及人类社会内部的权利义务分配，还必须考虑生态环境的保护与可持续发展。生态环境的健康被纳入了正义的考量范畴，意味着人与自然的关系需要重新定义，这种转变扩展了正义的内涵，使其涵盖了对生态系统、动植物、未来世代的责任，形成了一种更加全面、长远的社会正义观念。当代社会越来越重视公平正义，尤其重视环境污染对不同社会群体的不公平影响。环境正义强调环境资源分配的公正性与保护的平等性，要求法律在保护环境时不能忽视弱势群体的利益，该类观念的融合体现了公平正义理念发展的新高度，是生态环境刑法的重要基础。

正所谓，"古往今来的思想家所理解到的正义，是一个范围不断变化着的正义，……在现代人看来，正义应该适用于我们这个星球上的所有人，随着世界日益变成一个有机的整体，社会正义也不再简单的是一个社会内部的分配问题。那么，社会内部的正义原则与国际社会的正义在什么程度上可以通约？如果说环境也已成为一种稀缺资源的话，这种资源在不同世代的人们之间怎样分配才是公正的？自休谟以来，正义理论家们便一直试图解决这些问题"。[1]这段话讨论了正义内涵随着时代变化不断扩展的现象。传统正义观念多集中于社会内部的资源分配、权利义务的平衡，但随着全球化和生态问题加剧，正义的概念被逐步扩展到国际层面，甚至包括代际之间。这种扩展反映了人类在面对日益复杂的全球性问题时，对正义提出的更高层次的要求，环境作为一种稀缺资源，已成为正义讨论的新焦点，尤其是在代际正义的框架下，如何在当代人与未来世代之间实现资源的公平分配，成了休谟以来正义理论家的重要议题。这段话还反映出一种对传统正义观念的反思，表明正义不再是单一社会的内部问题，而是全球性、跨时代的重大议题。

随着全球范围环境危机的加剧，正义的讨论范畴正逐步超越人类社会本身，转向更为广泛的生态系统，我们不应仅考虑人类社会当下的利益分配，还必须面向未来，考虑如何为未来世代保留足够生态资源的问题。这种新的正义观要求我们重新审视法律、政策和伦理，确保在追求经济发展和社会进

---

[1]　[英] 布莱恩·巴里：《正义诸理论》，孙晓春、曹海军译，吉林人民出版社 2004 年版，译序第 6 页。

步的同时，不损害自然环境和未来世代的生存机会。正义的实现不再仅是当代人的特权，而是一个涉及未来与整个生态系统的复杂命题。参考前述标准，本书认为生态伦理学、环境正义理论、代际正义理论共同构成生态环境刑法的法哲学基础。这些理论、学说共同为生态环境刑法提供法哲学支撑和多维度的理论支持，确保生态环境刑法在保护环境的同时，兼顾社会公平、正义和可持续发展目标。

第一节　生态伦理学

"在应用伦理学的众多领域之内，生态伦理中的哲学创获也许可以说是最丰硕和最独特的，其他如政治伦理、经济伦理、法律伦理、教育伦理、媒体伦理、国际伦理乃至生命和医学伦理等方面，处理的都还是人与人的关系，而生态伦理是第一次以处理人与其自然环境的关系为中心。"[1]生态伦理学关注人与自然之间的关系，强调对自然环境的尊重和保护，它提供了一种新的视角，帮助我们理解和应对生态环境问题，从而体现在法律中以更好地保护生态环境。

一、生态伦理学的基本理念

（一）注重自然的内在价值

"尼采把自然的价值看成最高价值。"[2]自然的内在价值指的是自然界本身具有独立于人类使用价值之外的固有价值。关于究竟使用"自然的内在价值"还是"自然的固有价值"表述，美国学者泰勒（Tylor）认为内在价值（intrinsic value）与固有价值（inherent worth）是不相同的两个概念，并对二者进行了区分。[3]本书认为这两个概念竞合，无论自然界是否对人类有直接或间接的利用价值，它都应被视为具有内在价值，应当受到保护，在这个意义上，内在价值与固有价值是同义语。学者萨霍特拉·萨卡尔（Sahotra Sarkar）

---

〔1〕 何怀宏主编：《生态伦理——精神资源与哲学基础》，河北大学出版社 2002 年版，第 11 页。

〔2〕 ［德］汉斯·萨克塞：《生态哲学》，文韬、佩云译，东方出版社 1991 年版，第 32 页。

〔3〕 According to Paul. W. Taylor, *Respect for Nature：A Theory of Environmental Ethics*, Princeton University Press，2011，pp. 71~79.

在其著作 "*Environmental Philosophy*：*From Theory to Practice*" 中提出 "内在" 至少有两种不同的用法：（a）哲学家有时出于各种原因将实体的属性（例如环境特征）视为内在的；（b）一个实体具有内在价值是因为它不是从与其他具有价值实体的关系中获得该价值的。[1]问题在于环境特征是否具有（b）所定义的内在价值和原因。自20世纪70年代以来，环境伦理学家一直在试图提出可信的论据，支持将内在价值归因于物种，不可否认的是，一定范围承认自然的内在价值得到越来越多人的认可。注重自然内在价值理念源于对传统人类中心主义的反思，人类中心主义认为自然界的价值仅在于其对人类的用处，而忽视了自然界自身的存在价值。关于这一点，德国法学教授考夫曼这位并非以伦理学为主要研究对象的教授也表达了类似观点，他在批评人类中心的思想时指出："人类中心的思想支配着舞台。此种思考方向不仅将人类看作是最高等的生物（依照目前进化的水准的确如此），而且将所有东西供人类使用，这世界是属于人类的，人类对于世界并无关照和顾及的义务。因此，动物只有在基于人类的利益时，才受到保护。"[2]同样地，人类对待环境媒介的态度也基本如此，常常将自然当作客体或对象，然而，"自然也不是像笛卡儿看到的那样，只是物质，只是研究的对象"。[3]随着环境问题的加剧，人类中心主义逐渐受到挑战，生态伦理学提出重视自然内在价值，倡导对自然本身加以尊重和保护的理念得到越来越多的认同。

为深入剖析重视自然内在价值理念，本书从以下视角展开分析：

1. 存在价值与工具价值区分的视角

20世纪初的环保运动关心的是原始荒野或重要保护区，环保运动往往侧重于保护濒危森林、河流和非人类物种，而不是人类。即使在学术界，环境学术研究，尤其是环境伦理学，传统上也关注一些深奥的话题，例如，是否赋予树木和岩石 "权利"，自然是否具有内在价值或固有价值？[4]这会给人一种矫枉过正的感觉，单纯主张大自然具有存在价值（内在价值）而脱离人

〔1〕 According to Sahotra Sarkar, *Environmental Philosophy*：*From Theory to Practice*, Wiley Blackwell, 2012, p. 46.

〔2〕 ［德］阿图尔·考夫曼：《法律哲学》，刘幸义等译，法律出版社2011年版，第316页。

〔3〕 ［德］汉斯·萨克塞：《生态哲学》，文韬、佩云译，东方出版社1991年版，第9页。

〔4〕 According to David Schmidtz & Elizabeth Willott, *Environmental ethics*：*what really matters*, *what really works*, Oxford University Press, 2012, p. 205.

的需求否定其工具价值的许多观点缺乏说服力。

　　其实，在今天看来，应当在客观地承认自然对于人类的工具价值的基础之上，认可自然自身的固有价值，只有当二者发生严重冲突时，如因为过度保护某种野生动物而导致其侵害人类并且冲突无法解决时，应当肯定人类的价值优先，在其余情况下只要二者不冲突，就应当充分承认自然或生态系统具有独立的存在价值。

　　就两个价值的界定而言，工具价值是指某一事物的价值取决于它对其他事物的有用性。传统上，自然界被认为具有工具价值，人类将自然资源视为实现经济发展、社会繁荣和生活质量改善的手段。在这种观点下，森林、河流、动植物等自然元素的价值在于它们能为人类提供木材、水源、食物等物质利益或满足人类的心理、文化需求。这种以人为中心的价值观，推动了工业革命和经济的快速发展，但也导致了环境的过度开发和生态系统的破坏。存在价值是指某一事物自身的固有价值，独立于它对其他事物的有用性。例如，一片原始森林具有存在价值，即使它未被开发或利用，其生态系统的复杂性、生物多样性等特征本身就是一种价值。亚马孙雨林被誉为"地球之肺"，对其进行保护不仅关乎气候调节和生物多样性，更关乎其自身的生态价值。巴西政府和国际社会采取的保护措施体现了对雨林内在价值的认可，而不仅仅是因为其在药物开发或资源开采方面的潜在经济利益。尽管存在经济开发的压力，但保护亚马孙雨林的政策和措施强调了其不可替代的生态价值和对全球生态平衡的重要性。生态伦理学主张自然不仅具有工具价值，更具有存在价值，这意味着自然界的每一个元素，无论是生物还是非生物，无论对人类有用与否，都有其自身存在的理由和价值。它们的存在本身就值得尊重，而不应仅仅因为它们对人类是否有用而受到区别对待。

　　生态伦理学尤其强调自然的内在价值。生态伦理学认为，人类不应仅出于对自身利益的考虑来保护环境，也应基于对自然界的尊重和对其他生物权利的认可。这种理念要求我们承认和尊重自然界中的每一个部分，承认它们的独特性和不可替代性，不应当将生态环境简单地视为为人类发展被动服务、并被人类所控制和利用的工具。正如西方学者指出的，"一个星球上的正义理论应该假设环境是动态的，超出我们的控制范围，而不是接受自由主义的假设，即将生态环境视为被动的、可控制的资源"。[1]例如，对珍稀物种的保护通常基于其存在价值，而不仅仅是因为它们具有经济或科学研究的价值。对大熊猫、老虎、金丝猴等濒危物种的保护往往出于对它们作为独立生物体的尊重，而不是因为它们对人类有直接的经济用途。这种对自然内在价值的重视，是生态伦理学的一大特征，也是可持续发展的伦理基础。

然而，尽管生态伦理学强调自然的内在价值，但却并不完全否定自然的工具价值。事实上，在现实的环境保护和生态治理中，这两种价值观可以相辅相成。例如，森林不仅具有存在价值，还为人类提供氧气、药物和原材料，承认森林的内在价值意味着保护它的生态完整性，而承认其工具价值则为可持续的资源利用政策找到了依据。因此，在实践中，尊重自然的内在价值可以指导我们在利用自然资源时采取更加谨慎和负责任的态度，避免对生态系统造成不可逆的破坏。

这种对存在价值与工具价值进行区分的视角，以及生态伦理学对自然内在价值的重视，反映了人类对自然的尊重与责任。这不仅是对传统人类中心主义的反思和批判，也是对未来人与自然和谐共存的一种深刻追求。

2. 道德地位被承认的视角

从"道德地位被承认的视角"来分析生态伦理学"注重自然的内在价值"，可以更深刻理解这一理念对传统伦理学的挑战和对人类行为规范的深远影响。

在传统伦理学中，道德地位通常被认为是人类独享的特权，基于理性、自我意识、语言能力或其他特定的品质。传统伦理学主张，只有具备这些特质的存在者才具有道德地位，值得被纳入道德考量和被赋予权利。因此，自然界中的非人类实体，如动物、植物乃至无生命的物质，通常被认为不具备道德地位，仅被视为供人类利用的资源或工具。

然而，生态伦理学却主张扩展道德地位拥有者的范围，将自然界中的所有生物，甚至包括无生命的自然元素，如河流、山脉、森林等也纳入道德关怀的范畴。在学者萨霍特拉·萨卡尔（Sahotra Sarkar）看来，这涉及"为什么要保护环境"这个环境伦理学的重点问题。他认为哲学家在这个问题上有

---

[1] Stephen M. Gardiner & Allen Thompson eds., *The Oxford handbook of environmental ethics*, Oxford University Press, 2017, p.282.

两种截然不同的解释路径。一种强调运转良好的环境对人类福祉的重要性。这种方法属于传统（人类）伦理学，哲学家们长期以来一直在探索这种伦理学。另一种观念认为环境特征——其他物种、个体生物，甚至岩石、溪流、山脉等——也与伦理有关。这种观点的一个强有力的版本，也是许多环境伦理学家曾经认可的观点，是这些环境特征具有道德地位；也就是说，人类对它们负有道德义务。[1]换言之，"在这种生态体系中，人类在道德上没有任何特权——其他生命形式在道德上和我们一样重要"。[2]例如，2017 年，新西兰正式承认怀唐伊河拥有与人类同等的法律地位和权利。新西兰政府与当地毛利部落合作，创建了"河流守护者"（river guardians）角色，由其代表河流在法律和其他管理事务方面的利益。这是对河流独立的、固有的生态价值的法律认可。这要求人类在开发利用该河流时，不仅要考虑人类的利益，还要尊重河流自身的权利。这是生态伦理学理念在实际中的一个典型体现，通过承认自然的内在价值与道德地位，推动了法律和政策的更新。

在根本上，前述举措是基于对自然固有价值的认可。这意味着，无论是动物、植物，还是整个生态系统，它们都不应仅仅因为对人类有用才值得被保护，而是因为它们本身具有内在价值才应当被尊重。美国学者泰勒认为，就动植物来说，这种一般性的道德权利就是它们的善得到维护的权利，认可这种一般的道德权利，就是把它们的善看成需要得到尊重的要求，道德代理人必须认可这一点，把这一要求当作原则看待并赋予充分的道德地位。[3]这意味着人类在利用自然资源时，必须考虑到对自然界本身的尊重和保护。大熊猫作为一种濒危物种，不仅因为它对生态系统的重要性或其作为旅游资源的价值，还因为它本身的存在而应受到保护。国家公园的建立不仅仅是为了满足游客的需求，更多的是为了保护其独特的地质景观和丰富的生物多样性。无论这些自然资源是否对人类有直接的经济价值，它们都因自身独特的存在而具有内在价值。美国黄石国家公园的管理理念中，便强调了对自然资源的

---

〔1〕 According to Sahotra Sarkar, *Environmental Philosophy*: *From Theory to Practice*, Wiley Blackwell, 2012, p. 38.

〔2〕 Dale Jamieson ed., *A Companion To Environmental Philosophy*, Blackwell Publishers Ltd, 2001, p. 218.

〔3〕 According to Paul. W. Taylor, *Respect for Nature*: *A Theory of Environmental Ethics*, Princeton University Press, 2011, p. 253.

保护，而并不认为其仅仅具有旅游开发价值。

当然，承认自然的道德地位意味着一种伦理上的转型，即从人类中心主义向生态中心主义的转变。这种转型要求我们重新审视人类与自然的关系，拒绝将自然仅仅视为人类利益的附属品，而应将其视为拥有独立道德地位的存在。这样一来，人类在对待大自然时，不仅要考虑行为对自身的影响，还要考虑行为对大自然的影响。这种伦理转型在生态保护实践中表现为对自然环境的系统性保护、对生态系统的整体性维护，而不仅仅是出于对人类经济利益的考虑。

不得不说，承认自然的道德地位会直接影响人类的行为规范。它要求人类在制定法律、政策和社会规范时将自然界的利益纳入考量。这不仅体现在国内法的制定上，也体现在国际环境条约中，《生物多样性公约》就是基于对生态系统及其组成部分内在价值的承认而制定的，旨在保护全球生物多样性、维护生态系统平衡与健康。

总之，从道德地位被承认的视角来看，生态伦理学对自然内在价值的注重是对传统伦理学的挑战与发展。生态伦理学主张一种更加全面和负责任的伦理观，将大自然的各种存在因素纳入道德考量范围，不仅促进了人与自然的和谐共生，也在全球范围推动了环境保护与可持续发展。在这一过程中，人类的行为规范被重新定义，法律和政策也因此得到深化发展。

（二）重视整体主义

整体主义是生态伦理学的核心理念之一。西方伦理学者认为："生态中心主义或生物中心主义往往与整体论相结合，其重视整个自然而非个体物种或部分，如人类。"[1]生态伦理学倡导生态系统的整体保护，认为生态系统中的所有成分（生物和非生物）都是相互依存和紧密联系的。整体主义主张保护生态系统的完整性和健康，而不应仅仅关注个别物种或特定资源的保护。

1. 理解整体主义的维度

第一，生态系统的复杂性和相互依存性。生态系统由多种生物和非生物成分构成，这些成分通过能量流动、物质循环和信息交换等过程紧密联系在

---

[1] David Schmidtz &. Elizabeth Willott, *Environmental ethics：what really matters，what really works*, Oxford University Press，2012，p. 205.

一起。整体主义强调这些相互作用的重要性，认为破坏任何一个部分都会影响整个系统的稳定性和功能。而对"整体性"和"相互依赖性"而言，无论是在罗尔斯顿生态哲学思想看来，还是在作为罗尔斯顿生态哲学思想重要渊源的生态学看来，二者都被认为是生态系统的属性。生态学所揭示的种种概念、原理在罗尔斯顿的生态哲学思想中已被广泛应用，无论是论证生态伦理存在的合理性，还是建构自然价值论，生态学所具有的与罗尔斯顿生态哲学思想相融合的品格，都能为其提供科学依据。生态学与罗尔斯顿生态哲学思想在"相互依赖性"与"整体性"两个方面被认为具有相融合的品格。[1]这种现代理念与我国古代"天人合一"思想十分契合。"中国古代的思想家们宣扬'天人合一'、万物平等、仁爱万物的生态思想，他们用一种整体主义的思维方式强调人与自然的和谐统一，将天道与人道贯通于一体，把自然和人类看作一个有机统一的网络，反对把人和自然对立起来□认为人只有遵循自然，顺应自然，才能达到人与自然的协调统一。"[2]人类砍伐森林不仅直接毁坏树木，还破坏了栖息其中的动物的生存环境，导致整个生态系统失衡。荷兰的湿地保护政策则体现了整体主义的理念，荷兰政府认识到湿地不仅是鸟类的重要栖息地，还具有调节水文、储存碳和过滤污染物等多种功能。因此，荷兰政府采取综合措施保护湿地，包括恢复自然水文过程、限制开发活动和鼓励可持续农业等，以维护湿地生态系统的整体健康。另一个实践整体主义理念的典型案例是：美国黄石国家公园的狼群在 20 世纪初被猎杀殆尽，导致鹿群数量激增、植被被过度啃食、河流侵蚀和生态系统退化。1995 年，狼群被重新引入黄石国家公园，恢复了食物链的顶端捕食者，减少了麋鹿、鹿、驼鹿等食草动物数量，最终植被恢复、河流稳定，整个生态系统的健康得以恢复。

第二，生态系统综合功能的整体保护。整体主义强调对生态系统提供食物、调节气候、水循环、土壤形成和栖息地等多种功能的综合保护，这就需要将生态系统作为整体进行综合考量，而不仅仅关注某一方面。湿地不仅提供栖息地，还具有调节水文、过滤污染物和储存碳等功能，保护湿地需要对这些进行综合考量。这是生态思维区别于经济思维的最大不同，"经济人以个

---

〔1〕　参见马兆俐：《罗尔斯顿生态哲学思想探究》，东北大学出版社 2009 年版，第 26~29 页。

〔2〕　陈凤丽：《中国传统文化中的生态思想及其现代性》，载沈立江主编：《当代生态哲学构建——"生态哲学与文化"研讨会论文集》，浙江大学出版社 2011 年版，第 172 页。

体主义为哲学基础，生态人以整体主义方法考虑所有当事者，包括人与自然、当代与未来。它的道德要求不是单一地崇尚利己，而要受公正与正义的约束"。[1]正如斯蒂芬·邦克（Stephen Bunker）研究亚马孙河流域开发指出的那样，"他们转化了生活中大部分的可用能源，把一部分植物或全部转化为化石，造成了自然资源的过度开发，在世界经济的边缘产生了可观的生态成本，并引起了全球系统内的高度关联。如他在《不发达的亚马孙流域》（*Underdeveloping the Amazon*，1986年）中指出的："高度关联性最终引发了生态和社会的坍塌，系统不断地等级分化削弱了他们自身的资源基础……将该系统捆绑在一起的交换关系取决于当地占主导地位的集团，他们根据国际需求重新组织当地生产和开发的模式，但最终的毁灭是全球性的，不是局部的。周边区域持续的贫困最终会摧毁整个系统。"[2]

前述文字说明了整体主义在生态保护中的重要意义，强调了生态系统的多功能性和复杂性。整体主义主张在认识生态环境时，不应仅关注某一方面，而要综合评估生态系统所具有的多种功能，如食物供应、水文调节、污染物过滤和碳储存等。这种思维方式与经济人基于个体主义的思维方式形成鲜明对比，后者往往更关注短期利益，忽视了人与自然的长远关系。斯蒂芬·邦克的研究强调了生态与人类社会的高度关联性，指出不合理的开发和资源利用最终将导致资源耗尽、生态系统崩溃。该论述旨在倡导人类在发展过程中应重视生态的整体性和可持续性，以维护自然与人类的和谐共生。例如，澳大利亚的大堡礁（The Great Barrier Reef）是世界上最大的珊瑚礁系统，具有重要的生态和经济价值。澳大利亚政府采取综合保护措施，包括限制捕鱼、控制污染和管理旅游活动，以保护大堡礁的生态系统健康。这些措施不仅关注单一物种或资源，而且通过整体保护来维护大堡礁的生态功能和多样性。位于南美洲的亚马孙热带雨林是全球最大的热带雨林，具有调节气候、维护生物多样性和提供药物资源等多种功能，巴西政府和国际社会采取了多种综合保护措施，包括限制砍伐、支持可持续发展和加强执法等。对其加强保护不仅仅是为了防止物种灭绝，还有助于维持全球气候平衡和生物多样性。

---

〔1〕 余谋昌：《生态哲学》，陕西人民教育出版社2000年版，第112页。

〔2〕 ［澳］阿伦·盖尔：《生态文明的哲学基础：未来宣言》，张虹译，天津人民出版社2021年版，第202~203页。

反之，如果不遵从整体主义原则，片面重视经济利益，可能导致资源过度开发以及对生态环境造成不可逆转的破坏。这种单一的经济思维将使生态系统的平衡遭到破坏，导致生物多样性丧失和自然资源枯竭，最终导致经济与生态崩溃，影响人的生存发展。

2. 整体主义的理论层次

在生态哲学史上，笛卡儿提出的指导现代科学和工业化发展约三百年的机械论世界观为有机论世界观所取代。英国化学家拉弗罗克（J. Lovelock）和美国微生物学家马古利斯（Margulis，Lynn Alexander）提出了新的地球理论（被称为"盖娅"假说）。"盖娅"假说以生命观和动态观替代了笛卡儿的机械观。"盖娅假说是有机论的，是整体主义的。它表明，地球作为生命系统，是有机整体。这里不是环境决定生物，而是生物决定环境，或者说，生物与环境相互联系和相互作用决定地球的进化方式。在盖娅系统中，人类社会只是活的地球的一部分，人类不能脱离这个系统而孤立存在，人类活动及其解决所面临的一切问题，都必须在整体的层次上进行，必须服从它的有机整体性的规律。这是生态哲学的有机论的本体论。"[1]

整体主义理念源于对传统还原论的反思。"机械论作为一种世界观，以二元论和还原论为主要特征。"[2]还原论（主义）认为可以通过研究个体部分来理解整体，而整体主义则强调整体的复杂性和各部分之间的相互作用，随着环境问题的加剧，保护生态系统的整体性和功能性成为环境保护的重要目标。下文对整体主义的理论层次展开讨论。

（1）生态系统的整体性

生态系统的整体性是指生态系统作为一个复杂网络，其各个部分（包括生物和非生物因素）彼此紧密相连、相互依赖。整体主义强调，不应仅关注个体生物或单一因素，而应关注整个生态系统的健康与功能。整体论与生物中心主义或生态中心主义联系紧密，其重视的是整个自然而非个体的物种（如人类）或者自然的一部分。[3]其强调生态系统作为一个整体，其各个部

---

〔1〕 余谋昌：《生态哲学》，陕西人民教育出版社 2000 年版，第 100~101 页。

〔2〕 余谋昌：《生态哲学》，陕西人民教育出版社 2000 年版，第 89 页。

〔3〕 According to David Schmidtz &. Elizabeth Willott, *Environmental ethics*: *what really matters*, *what really works*, Oxford University Press, 2012, p. 205.

分（如植物、动物、微生物、非生物成分）之间的相互依赖关系。

生态系统的整体性具有两个层次：一是功能的整体性。即生态系统中的植物、动物、土壤和水体等不同组成部分共同维持着系统的功能，如养分循环、水分调节和生物多样性。整体主义关注这些功能的综合效果，而非单一的某个组成部分。二是结构的整体性。即生态系统的结构由不同物种及其环境组成，这种结构的稳定性对生态系统的功能至关重要。整体主义强调生态系统结构的完整性与协调性，例如，湿地生态系统中的植被、微生物、动物和水体相互作用，共同维持湿地的水质净化和栖息地功能。整体主义理论认为，保护湿地不仅要关注某种关键物种，还要关注湿地的整体结构与功能。

（2）物种的整体性

物种整体性强调物种不仅仅是其个体的集合，而是一个具有生态功能和生命力的整体。"但由于个体的自我形象在思想意识中已经被培养得极其高大，所以对个体来说把自己看成是整体的一部分显然十分困难。这里我们看到了生态哲学的重要意义。生态哲学的任务就是要把人是整体的一部分这个通俗道理告诉给人们。"〔1〕换言之，包含人类在内的每个物种在大自然中都有特定的作用和地位，整体健康对生态系统的稳定性和功能至关重要。物种的整体性具有两个特点：一是注重物种的生态功能和它们在维持生态系统稳定中的作用；二是认为对物种的保护不仅是在保护该物种自身，也是在保护整个生态系统。例如，狼群的数量影响着鹿的种群数量及其对植被的影响，从而起到维持生态系统多样性和稳定性的作用，在维系生态平衡过程中具有特殊的功能。

物种的整体性具有两个理论层次：其一，关于种群健康。整体主义关注物种的种群动态及其健康状况而不是仅仅关注个体的生存。例如，某些关键物种的种群减少可能会影响整个生态系统的平衡。其二，关于物种间的关系。物种之间的互动（如捕食、竞争和共生关系）构成了生态系统的复杂网络，整体主义关注这些关系的稳定性和对生态系统的影响。例如，在珊瑚礁生态系统中，珊瑚、鱼类、藻类等物种的相互作用维持了生态系统的平衡。整体主义认为，保护珊瑚礁不仅要保护珊瑚个体，还要维护整个物种群体的健康

---

〔1〕［德］汉斯·萨克塞：《生态哲学》，文韬、佩云译，东方出版社 1991 年版，第 49 页。

和其生态关系。

（3）自然过程的整体性

自然过程的整体性关注自然过程（如物质循环、能量流动和生态演替）作为一个整体系统的动态平衡。这一层次强调自然过程的相互作用和对生态系统健康的影响。

自然过程的整体性具有两个层次：①过程的互联性。生态过程如养分循环和能量流动是自然系统的关键部分，它们相互作用，共同维持着生态平衡。整体主义关注这些过程的完整性及其相互关系。②动态平衡。生态系统处于动态的变化过程之中，整体主义关注这些动态过程如何影响生态系统长期的稳定与健康。在森林生态系统中，土壤养分的循环、植物生长、动物活动等过程相互作用，维持着生态系统的健康。整体主义理论认为，破坏某一过程（如过度采伐）会影响整个系统的动态平衡。

（4）全球生态的整体性

全球生态整体性是指全球生态系统的整体健康和功能，包括大气、海洋、陆地和生物圈的综合状态。这一层次关注全球尺度的生态系统及其相互作用。全球生态的整体性关注全球范围内的生态系统及其相互作用，强调全球范围的生态平衡与全球生态的一体化治理。全球生态整体性的特点在于其囊括了所有生态系统及其相互关系，同时需要综合考虑全球变暖、气候变化、生物多样性丧失等问题。

然而，也有法国学者指出生态学的绝对整体性研究视角具有局限性，认为尊重生物多样性和丰富性包含了对不同人类和非人类生命形式的平等尊重和对不同文化的平等尊重，不能以牺牲人类或是一部分人类利益的代价去执行一套保护生物多样性的政策，由此导致的经济赤贫更为糟糕。[1]应当说，这种观点本身不能算错，但不应当成为否定生态整体主义的理由，因为以生态整体主义为指导和重视生态的固有价值、平衡人类与生态利益之间并不矛盾，重视生态的独立价值，尊重生物多样性最终有利于维护人类的利益，只有在二者相冲突时才会重启价值判断，例如，因为刑法保护野猪使得野猪大量繁殖并导致农田毁坏、伤害人类、牲畜，严重侵害人类利益时，就可以将

---

〔1〕［法］科琳娜·佩吕雄：《正视生态伦理：改变我们现有的生活模式》，刘卉译，中国文联出版社 2020 年版，第 28~29 页。

野猪从保护动物名单内移除。当然，决策背后蕴含的价值判断可能会使得答案并不唯一，如果站在动物保护主义的立场会得出另外一个答案，举出的相反案例，美国学者汤姆·雷根举出的奇怪的但他希望并非不公平的例子是，"要么让一朵珍奇的野花凋零，要么杀死一名（数量丰富的）人类个体，而且，假设野花作为'族群成员'将会给'生物群落的完整、稳定和美丽'带来比这个人类个体更大的贡献，那么我们杀死一个人以挽救野花的做法大概就不算错误"。[1]该观点通常难以被接受的原因在于，在价值排序上野花通常难以超过人类，当然无法排除有部分人会认为"野花的价值大于个体的人类"，但这本质上是一种价值判断，恰当不恰当，更多地取决于判断者的生活经历、阅读范围、知识结构。也只有在此种利益冲突情形下才会存在法国学者科琳娜所提出的问题，而这一问题在本书看来是有答案的。

本书认为，全球生态整体性具有两个层次：①地球上各种生态系统之间存在着相互作用和影响，气候变化、物种迁移和污染传播对地球生态整体都会产生影响。②全球生态整体性涉及国际合作与全球治理，要求各国共同努力保护全球生态系统的健康和稳定。全球变暖和气候变化影响着地球生态系统，包括极地冰盖、热带雨林和海洋生态系统，整体主义则强调各国合作应对气候变化，共同保护全球生态系统长期稳定。

上述生态伦理学中"整体主义"的四个层次之间具有何种逻辑关系？

生态系统整体性是其他层次的基础，它关注生态系统的功能与结构，为理解其他层次提供了背景。物种整体性和自然过程整体性都是基于对生态系统整体性认识的基础上所进行讨论。具体而言，一方面，物种整体性建立在生态系统整体性之上，它强调物种在生态系统中的作用及其与生态系统间的关系。这一层次关注物种健康和物种间的互动，扩展了对生态系统整体性理解的深度；另一方面，自然过程整体性补充了生态系统整体性的动态特征，关注自然过程的相互作用和动态平衡，这一层次强调了生态过程如何影响和维持生态系统健康。而全球生态整体性则整合了以上各个层次，关注全球尺度的生态系统及其相互作用，强调全球合作与治理。这一层次将之前的层次扩展到全球范围，考虑了各个生态系统之间的互动及全球影响。

---

〔1〕 ［美］汤姆·雷根：《动物权利研究》，李曦译，北京大学出版社2010年版，第303页。

不但如此，上述四个层次之间还相互影响相互依赖，构成四者间逻辑关系的核心。例如，自然过程整体性影响生态系统整体性，因为自然过程的变化直接影响生态系统的健康。物种整体性与生态过程整体性相互作用，影响生态系统的功能与稳定。

生态整体观的各个理论层次揭示了生态系统的复杂性和各组成部分间的紧密联系。正如有学者认为的那样："认识到生态系统的动态复杂性应该让我们对自己在其中的地位有更谦虚的认识，并采取更谨慎的方式利用（部分）环境。"[1]可以进一步认为，通过理解生态系统的整体性、物种的整体性、自然过程的整体性以及全球生态的整体性，能够更全面地认识大自然的内在价值。整体主义理论要求我们在考虑环境保护和资源利用时，必须综合考虑各个层面的相互关联与和整体性，这对于生态环境刑法理论构建、立法与司法实务都具有重要意义。

二、生态伦理学与刑法

生态伦理学与刑法的关系体现在生态伦理学为刑法提供了法理基础、影响了刑法的目标，而刑法对生态伦理学具有反作用，本书从三个方面进行分析：

（一）生态伦理学与生态环境刑法的法理

生态伦理学为生态环境刑法提供了重要法理支撑，有利于生态环境刑法更全面地保护生态系统和未来世代的利益。

1. 为生态中心主义提供理论支撑

传统的法律体系大多基于人类中心主义，强调人类的利益和权利而忽视非人类实体的价值和权利。生态伦理学为突破人类中心主义在法律体系中的"一元化"主导地位，力倡生态中心主义，强调自然界的各个组成部分（包括动物、植物、河流、山脉等）都具有独立的内在价值，而不仅仅是为了人类的利用价值而存在。其进一步主张大自然本身具有内在的价值，动物、植物和生态系统都应受到尊重和保护。"内在价值的概念不仅仅是用于批评人类中

---

〔1〕 Stephen M. Gardiner & Allen Thompson eds. , *The Oxford handbook of environmental ethics*, Oxford University Press, 2017, p. 282.

心主义，它还鼓励我们用另一种方式理解看待大自然：我们用一种全面的视角，考虑生命形式和其结构条件的多样性。"〔1〕该理念为生态环境刑法提供了新的法理基础，为将法律保护对象扩展到整个生态系统提供了理论参考。在传统人类中心主义的观念中，保护原始森林的主要目的在于防止因破坏森林而有损人类的生活环境，如造成土壤侵蚀、水源污染和水土流失等。而生态伦理学能够为前述原始森林保护提供如下解释力，即原始森林不仅对生物多样性至关重要，还在涵养水土、调节气候等方面发挥了重要作用，具有独立的内在价值。表现如下：其一，森林本身具有内在价值，即使其对人类没有直接的利用价值，森林仍然值得保护。根据这一理念，破坏森林的行为不仅仅是对人类利益的侵害，也是对森林自身及其生态功能的侵害。其二，所有生态的组成部分（包括动物、植物与生态系统）都应受到保护。非法砍伐行为破坏了森林的生态平衡，影响了依赖该环境的动植物种群，视为对生态独立价值的侵犯。其三，刑法应保护自然生态免受人类行为的负面影响。即使破坏原始森林的行为并未对人的生命、身体、健康带来损害，也应当对砍伐森林行为进行刑事规制和处罚，并责令行为人修复受损的生态系统。

当然，我们必须承认单纯的生物（生态）中心主义的弊端，以便克服其在与刑法理论融合过程中的缺陷。过去有些著作完全基于自然中心（生物中心）去呼吁人们更加尊重自然和地球，然而由于其片面性而难以被人们普遍接受。例如，大多数环境保护主义者都听过爱德华·艾比的名言："他宁愿射杀人，也不愿射杀蛇"。加勒特·哈丁甚至建议不要营救在荒野地区受伤的人，他担心营救行动会损害原始野生动物。甚至泰勒在《尊重自然》一书中也写道，"在当代世界，智人物种的灭绝将有利于整个地球生命共同体"。在《生态战士》一书中，里克·斯卡斯主张灭绝人类是"解决环境问题的灵丹妙药"。并且，许多环境哲学家拒绝人类中心伦理，呼吁生物中心规范。他们主张根据人类行为促进生态而非根据人类福祉的程度来评价人类行为。〔2〕在本书看来，上述片面重视生物中心主义的主张并不适合照单全收。

---

〔1〕 ［法］科琳娜·佩吕雄：《正视生态伦理：改变我们现有的生活模式》，刘卉译，中国文联出版社 2020 年版，第 25 页。

〔2〕 According to David Schmidtz &. Elizabeth Willott, *Environmental ethics*: *what really matters*, *what really works*, Oxford University Press, 2012, p. 205.

2. 凸显刑法对生态系统的独立整体保护

生态伦理学为刑法对生态系统的独立保护提供了理论根据。生态伦理学衍生出了生态中心主义的核心理念，强调自然界的各个组成部分（包括动植物、生态系统等）具有内在的、独立的价值。这与传统的人类中心主义形成鲜明对比。传统法律体系主要关注人类的利益与需求，即使涉及生态保护，也往往是从人类的利益出发，如防止环境污染对人类健康造成影响、保护自然资源以供人类未来使用等，生态保护的目的根本上在于防止资源枯竭、减轻环境污染对人类健康的危害。在本质上，这种保护方式是为了人类的福祉，对生态系统的保护往往只是作为实现人类利益的一种手段。

然而，生态伦理学主张，大自然和生态系统应当被赋予独立的价值，这种价值不依赖于人类的存在或需求，生态系统本身有权获得保护，不仅仅是为了人类的利益。这种观点强调对生态系统的独立保护，即使这种保护与人类的直接利益没有直接关系，也应当得到重视。以非法砍伐森林为例，在传统的人类中心主义视角下，刑法保护森林主要是为了防止木材资源枯竭并保护人类的经济利益。然而，生态伦理学强调森林作为生态系统的内在价值，法律不仅应当关注森林资源对人类的经济贡献，还应当重视森林作为生态系统的独立价值，如保护森林的生物多样性、维系森林生态平衡等。

在生态伦理学支持下，刑法可以从以下方面加强生态系统的独立保护。其一，加强独立保护生态学法益的抽象危险犯立法，该罪构成要件中不应包含对人的生命、身体、健康造成实害的要素，只要违反国家规定实施了特定的构成要件的行为，就可能构成生态环境犯罪而无需考虑人类中心主义下对人类法益造成的实际侵害结果。其二，刑罚措施的生态导向。刑法可以规定强制实行生态修复、恢复生态功能等措施，以体现对自然界独立价值的尊重。例如，破坏湿地的犯罪者除了要受到刑事处罚外，还被要求进行植被修复、重整湿地环境，以恢复生态功能。

（二）生态伦理学与生态环境刑法的目标

生态伦理学的核心理念之一是注重自然的内在价值，这对生态环境刑法具有影响。

1. 从以人类利益为中心到兼顾生态利益的目标转变

生态伦理学强调自然界的固有价值，认为自然界及其组成部分（如动植物、生态系统）具有独立于人类的价值。"在此处，一个实体拥有固有价值的断言应被理解为包含着两个道德判断：一是该实体在道德上应得到关注、关怀，换言之，应把它视为道德的主体；二是所有的道德代理人都拥有一种当然的义务，即把该实体的善当作一种自在的目的，且为了该实体自身来加以促进或保护。"[1] 这一理念促使刑法的保护目标从传统的偏重人类利益转向更广泛的生态系统。这种转变体现为刑法不再仅仅关注人类利益，而是将生态系统的完整性和健康作为一个核心目标。具体表现在：其一，刑法保护范围的扩展。随着生态伦理学的发展，学界逐步认识到自然不仅仅是服务于人类的工具，还拥有独立于人类的价值。这意味着，刑法中的法益保护目标不仅应包含人类的利益，还应当包括生态系统本身。例如，M 企业向河流排放污染物，虽然短期内对某些群体并没有造成明显的危害，但从长远来看，污染破坏了河流生态，对包含动植物在内的整个生态链都将造成破坏，将这种行为纳入刑法处罚范围，意味着法律不仅保护人类还保护生态系统及其组成部分。其二，刑法保护目标的深化。刑法保护目标的深化是实现可持续发展的关键所在，传统的刑法保护目标往往侧重个体权利的维护，而随着生态环境问题加剧，刑法的保护目标亟须向纵深发展，重视生态系统的整体健康。例如，过去认为往沙漠或者戈壁无人区排污没有社会危害性，理由是不可能对任何人的生命、身体、健康法益造成侵害。这是典型的基于人类中心主义立场所得出的判断，却忽视了自然的内在价值以及人与自然的整体性。

基于此，刑法的保护目标必须全面提升，应当更加重视生态系统的整体性及其独立价值。

2. 从保护当代人利益到兼顾未来世代人利益的目标调整

生态环境刑法的目标逐渐从单纯保护当代人的利益，向兼顾未来世代利益的转变，这种目标转变受到生态伦理学核心理念的深刻影响。生态伦理学强调自然的固有价值，认为自然并不仅是因为对人类有用才值得保护，而是其本身具有独立的道德地位。因此，在生态环境刑法中，仅仅关注当代人的利益是不够的，还必须将未来世代的利益纳入刑法保护范围。

这就需要更新传统刑法理念，传统刑法法益的链接点基本上围绕着当下

---

[1] Paul. W. Taylor, *Respect for Nature: A Theory of Environmental Ethics*, Princeton University Press, 2011, p. 75.

人类的利益，很少考虑未来人的利益。例如，对于大气污染的行为，虽然其短期内不会对单个人的法益造成明显的直接损害，但大气的污染最终将影响整个地球的气候系统，未来世代将面临气候变化的严重威胁，影响未来世代的生存环境和条件，这要求刑法寻求一种新理论。

当然，人类对一部分侵害当代人利益行为的处罚，客观上的确有利于未来世代人利益的保护。例如，违反森林法的规定砍伐森林的行为，不仅破坏森林资源侵犯当代人利益，还因此破坏生态平衡，严重影响未来世代的生活质量，当然可以以滥伐林木罪追究行为人的刑事责任。但过去的观念仍然认为这是因为该行为破坏了经济秩序（围绕人类社会的利益），因而我国1979年《刑法》将滥伐林木罪规定在了分则第三章"破坏社会主义市场经济秩序罪"之中。即使1997年《刑法》将其规定在第六章中，但仍然是因为其行为"破坏环境资源保护"（节罪名）或"妨害社会管理秩序"（章罪名），看不出其以保护未来世代人的利益为目标。我国也有学者也认为："滥伐林木罪以及非法收购、运输盗伐、滥伐林木罪的客体是国家对森林资源保护的管理制度以及国家、集体或者公民个人对林木的所有权。"[1]何谓"所有权"当然是针对当代人而言而不可能包含未来世代的人，这仍然是一种基于人类中心主义的思维方式。

反之，吸收生态伦理学的核心理念可以扩展生态中心主义的内涵，以突破人类中心主义的"茧房"，有助于生态环境刑法实现从保护当代人利益到兼顾未来世代利益的目标转变。这一转变确保刑法不仅在短期内为当代人服务，更要为人类的可持续发展和生态系统的永续性提供法律保障。

3. 从强调个人法益保护向重视超个人法益保护的目标转变

在古典刑法理论看来，法益主要指个人的生命、财产、健康等个人法益。但是，围绕个人法益构建的保护模式具有一定局限，在生态环境犯罪中，有的污染、破坏环境行为并未立即对个体造成直接的、明显的实害或危险，刑法也有介入的必要。

后来，出现了超个人法益的概念，是指那些超越了个体和具体群体利益的、更为广泛的法益，如自然环境、生态系统、大气、水资源等，其难以归

---

〔1〕 胡雁云：《环境犯罪及其刑事政策研究》，法律出版社2018年版，第130页。

属于某个个人或特定群体，而是关系全体社会成员及未来世代的共同利益。例如，大气污染并不会立即对特定个体造成损害，但这种行为对全球气候系统的破坏可能是灾难性的。保护大气层、水源、森林等超个人法益的刑法规制，反映了生态环境刑法从以个人利益为核心向以更大范围内的公共利益为重心的转变。当然，这种转变并非非此即彼的"二选一"模式，不可能抛弃古典刑法理论，正如日本学者所主张的，如果完全放弃"古典的以人为中心的法益观"而将其置于射程之外，就失去了"比较衡量"的统一标准。另外，根据"纯粹的生态学法益观"，野生动物、大气、水体等媒介（自由财产）本身也成为"法益的主体"。[1]对此，传统刑法理论很难承认。

生态环境刑法的一个重要特点就是在个人法益保护的基础上，逐渐将超个人法益纳入法益保护的范围。刑法不仅要惩治对个体生命、财产、健康等法益造成侵犯的行为，还要对那些损害生态系统整体平衡、威胁未来世代生存条件的行为进行规制。超个人法益为生态环境刑法提供了理论支撑，一方面，使"生态中心主义"价值观在法律上得到实现。例如，在水污染案件中，刑法不仅要考虑污染对人类健康的直接影响，还要考虑整个水生态系统的破坏对生物多样性和生态平衡的长远影响。在个案中，即使行为并未直接对人类健康造成实害，也可以基于建立在超个人法益基础之上的抽象危险犯立法进行规制，实质保护的是并不归属于个体的超个人的（生态）法益，这体现了法益保护从个人法益扩展到超个人法益的深刻变革。另一方面，未来世代的利益显然无法归属于某一个体或某些特定群体，此时，超个人的法益则为刑法规制那些对当代人未立刻带来影响但却对未来世代的生存和生活条件构成了严重威胁的行为提供了理论遵循。为了保护未来世代的利益，刑法应当超越传统意义的个人法益保护，将生态系统本身以及其可持续性视为保护法益。例如，影响气候变化的特殊气体排放行为，虽然短期内对个体生活影响有限，但从长远看，其后果包括极端天气、海平面上升、自然灾害等，最终对人类及未来世代产生深远的负面影响，这类行为因其对未来世代利益的威胁而需要受到刑法的特别规制。

有争议的是温室气体排放的刑法规制，如果将生态伦理学贯彻到极端，

---

〔1〕 参见［日］长井圆：《未来世代的环境刑法2》，信山社2019年版，第54页。

为了全球气候正义，在理论上应当完全停止一切可能影响气候的行为。然而，过高的伦理要求在法律实践中可能过于理想化，难以操作和执行。现阶段，刑法只能对部分具备抽象危险犯条件的行为进行规制，很难全面覆盖，法律需要在法律的可操作性和伦理理想之间实现平衡。

（三）生态环境刑法对生态伦理学的反作用

生态环境刑法与生态伦理学的关系是双向的。生态环境刑法从生态伦理学中汲取法哲学基础，同时，生态环境刑法也对生态伦理学产生反作用，主要表现如下：

1. 生态环境刑法能够为生态伦理学提供实践校验

一方面，生态伦理学通过生态环境刑法得到证成。表现如下：①整体主义强调生态系统的整体健康与稳定，主张应当从整体视角考量生态系统的功能及其内在关联。在生态环境刑法中，这一理论通过法益内容的拓展得到体现，基于整体主义，刑法强化对生态系统的整体保护，超越了传统的以个体或局部环境损害为中心的法律保护模式，这种整体保护的思路得到了立法与司法实践的广泛支持。在非法采矿案中，行为人虽然在采矿过程中并未直接对人类造成侵害或给土壤、水体等具体环境媒介带来严重污染，但具备一定条件的采矿行为却可能破坏整体的生态平衡，导致某些区域的动植物栖息地系统性崩溃。认定前述行为构成生态环境犯罪，正是基于对生态系统整体保护的考虑。②通过深层生态学的实践校验，可以有选择地将其合理的一面吸纳到刑法当中，同时排除其过于激进的一面。"深层生态学"一词是在20世纪70年代初通过学术期刊上的一篇短文向世界介绍的。作者阿恩·奈斯（Arne Naess）是一位挪威的哲学教授，他在挪威以社会激进主义而闻名，在今天，"深层生态学"是一个在国际环境运动中享有广泛使用权和相当大影响力的术语。[1]它主张大自然具有内在价值且与人类平等，反对将自然资源单纯视为经济利益的工具，与之相对应的是"生态中心主义"。其合理的一面是能够为生态环境刑法调整法益范围、优化犯罪成立条件、完善犯罪规制方式等提供理论参照。③"自然物的道德价值"和"跨时空的代际责任"这两个

---

〔1〕 According to Dale Jamieson ed. , *A Companion To Environmental Philosophy*, Blackwell Publishers Ltd，2001，p.218.

生态伦理学重要内容能够得到校验。自然物的道德价值强调自然界中的生物和非生物系统均具有独立存在的意义，应当受到尊重与保护。[1]这种理念容易融入刑法，因为刑法的目的是保护法益，而自然资源和生态系统可以被视为重要的法益。对猎捕、杀害大熊猫、藏羚羊等濒危野生动物但与人的生命、身体、健康法益无涉的行为处以刑罚，就体现对自然物道德价值的保护。跨时空的代际责任强调当前世代有责任为未来世代保护资源和环境，这与生态环境刑法的预防性保护功能具有相融性。[2]严重污染河流、冰川、空气的行为虽然短期内没有立即显现巨大危害，但长期污染会对未来生态环境造成不可逆的损害，刑法规制便体现了跨时空代际责任的理念，旨在保护未来的环境利益。

另一方面，通过立法与司法实践能够"过滤"生态伦理学理论中不适合生态环境刑法的部分。表现如下：①浅生态学理论就既有适合的一面又有不适合的一面，浅生态学强调保护环境是为了人类的长远利益，这与生态环境刑法旨在防止人类因破坏环境而最终损害人类利益的目标相一致，这在不少国家的环境刑法中有所体现。但是，浅生态学也存在一定的局限性，它过于关注环境对人类的价值，而忽视了环境与生态系统的内在价值。现代生态环境刑法越来越注重保护生态系统本身的完整性和多样性，这与深层生态学的理念更加契合。如果仅从浅生态学出发，立法和司法可能忽略那些表面上对人类无直接危害但却对生态系统造成严重威胁的行为，因此单靠浅生态学难以为生态环境刑法提供理论支撑。如对于破坏濒危动植物栖息地的行为，基于浅生态学的立场可能会认为该行为没有立即影响到人类及其经济利益，那么其优先级较低，但生态环境刑法与传统刑法不同就在于前者旨在保护整个生态系统及其可持续性，而非仅仅是短期的人类利益。②与生态中心主义相适应的深层生态学强调生态系统的中心地位，认为人类利益应当让位于生态整体利益。"奈斯将'浅'但强大的生态运动与'深'但影响力较小的生态

---

[1] 自然物的道德价值是生态伦理学的核心议题之一。生态伦理学认为，自然界的动植物、生态系统等非人类生命形式都具有内在的道德价值，而不仅仅是为人类服务的工具。这种观点与深生态学的主张相呼应，强调超越单纯的功利主义视角，重视对自然物的尊重与保护。

[2] 跨时空的代际责任是生态伦理学中的重要概念，其强调现世代不仅有义务对当前的生态系统和环境负责，还应为未来世代保护资源和环境。这一责任超越了时空限制，要求我们为后代保留一个宜居的地球环境，这也是永续发展理念的伦理基础之一。

运动进行了对比。他概括地将浅层生态学描述为只关注污染和资源保护问题，只要这些问题影响到发达国家人民的利益。他从七项原则的角度更全面地阐述了深层生态学运动。这些是：（Ⅰ）相互关系的形而上学，（Ⅱ）生物圈平等主义的精神，（Ⅲ）多样性和共生的价值观，（Ⅳ）反阶级的姿态，（Ⅴ）反对污染和资源枯竭，（Ⅵ）复杂性的价值，以及（Ⅶ）强调地方自治和权力下放。"[1]应当说，与浅生态学相比，深层生态学更接近道德哲学的绝对主义立场，深层生态学（生态中心主义）在仍以人为中心构建的法律制度体系下，不但比较理想化，在实践中也会遭遇难以跨越的障碍。

2. 发现生态伦理学与刑法难以融合的部分

生态伦理学与生态环境刑法有很多契合之处，但也存在一些难以融合的局限之处。

第一，极端的反人类中心主义难以与刑法相融合。极端的反人类中心主义主张人类不应当凌驾于自然之上，应减少人类对自然的过度干预。这与法律主要调解人类社会关系的定位相矛盾，而刑法本质上也是为维护人类社会秩序和保护人类利益而存在。前述生态伦理学中的极端观点难以直接纳入刑法，因为即使刑法要保护生态环境，也同时必须平衡人类的合理需求与环境保护之间的关系，不能完全抛弃人类利益。过度偏向自然保护而忽略人类基本生存需求和发展利益的法律框架，现实中不具有可行性。例如，刑法划定生态环境犯罪的边界通常需要考虑必要的经济活动以及资源消耗，不可能完全禁止自然资源的开发利用，而只可能规制那些非法、破坏性的采矿行为，因此，极端的反人类中心主义的主张不具有可行性。

第二，跨物种平等在刑法中难以实现。生态伦理学中存在所谓的跨物种平等主义，认为所有物种都应享有平等的道德地位和权利。这种观点虽有助于推进动物保护和生物多样性保护的实践，但在刑法中却难以实现，因为刑法优先保护人类的利益，而非其他物种的利益。尽管刑法在处理涉及野生动物的犯罪时会保护濒危野生动物和生态平衡，但至少在现阶段，主流的认识在根本上往往还是出于人类利益的考虑，人类保护动物的目的或为了旅游资源、或为了科学研究、或出于经济效益，维护生态平衡、尤其当保护野生动

〔1〕 Dale Jamieson ed., *A Companion To Environmental Philosophy*, Blackwell Publishers Ltd, 2001, p. 218.

物与人类利益发生冲突时，刑法不可能将动物权利与人类权利同等对待。例如，人类会对合法狩猎或渔业活动保持一定的宽容度，因为这些活动符合人类经济发展的需要。

第三，刑法很难对极具长期性和复杂性的未来环境风险进行精确规制。生态伦理学强调当前世代有为未来世代保护资源和环境的义务，这一理念在刑法中体现为对长期性、潜在性生态危害的预防，但严格实施起来可能产生刑法的可行性问题。刑法的实用性要求对行为的危险性和结果具有一定的可预测性和可衡量性。但未来的许多生态环境问题都具有不确定性，刑法很难对那些极具长期性和复杂性的未来环境风险进行精确的规制。气候变化、海平面上升等全球性环境问题的影响可能超出一国的司法管辖范围。虽然非法排放温室气体可能对未来世代带来不利的重大气候影响，但由于短期内难以明确并量化其危害，刑法对这类行为的规制仍然较为有限，很多国家更多依赖行政法来应对这类问题，而非依赖刑法。

三、生态伦理学的反思

生态伦理学在推动生态环境刑法发展的过程中发挥了重要作用，同时也需要进行一些反思。

（一）生态伦理学与法律的关系及其作为法哲学基础的缺陷

生态伦理学为生态环境刑法提供了法哲学基础，但伦理与法律之间的关系以及伦理作为法哲学基础的局限性是需要深入探讨的问题。

伦理与法律的交集主要体现在两者在规范人的行为、维持社会秩序和促进正义方面常常目标一致。尤其当二者规范方向一致时，伦理常常成为法律制定和解释的基础，能够为法律提供支撑。其一，价值导向的一致性。伦理和法律都以维护良好社会秩序、公平正义为目标，法律通常会受到社会主流伦理观念的影响，许多法律的根基源于伦理规范，特别是涉及正义、权利和责任的领域。法律通过立法和司法程序将这些伦理规范转化为具体的行为规则，以确保社会成员行为背后符合一定的道德标准。例如，在伦理上，杀人被认为是严重违反道德的行为，刑法则将禁止故意杀人的道德规范法定化。杀人既违背伦理道德，也违反了刑法，伦理与刑法在禁止侵害他人生命这点上是一致的。其二，伦理和法律都是行为正当性的评价标准。区别在于伦理更多依赖于道德判断，而法律则依靠制度化的规则和强制力。在评价行为的正当性领域，伦理为法律提供了重要理论依据和标准。伦理主张保护自然、尊重动植物的权利。法律则通过立法禁止非法砍伐森林、捕杀濒危动物等行为，将生态伦理转化为具有强制执行力的法律规范。其三，伦理观念变化推动法律变革。伦理观念的变化可能直接影响法律，特别是在涉及社会敏感问题和新兴领域时，法律往往会吸收新的伦理观点。在人权、性别平等、环境保护等方面，法律的演进往往与伦理观念的进步相伴随。在过去，同性婚姻在伦理和法律上均不被社会主流所接受。但随着社会对性别平等和个人选择权的伦理认识逐渐进步，一些国家相继承认了同性婚姻的合法性。

　　然而，伦理作为法律的法哲学基础也存在一定的缺陷。伦理学中的规范往往受制于文化、历史背景和个人观念，其本身具有较大的主观性和不确定性。不同的伦理观可能会导致对同一问题的不同解读，难以为法律提供稳定且一致的基础。比如，如何对待经济发展过程中的生态环境污染，本身就包含伦理的判断，不同国家甚至同一国家不同人群对该问题的看法都存在伦理观的差异。在大多数发展中国家，经济发展往往被视为首要任务，环境保护的优先级可能被降低。事实上，"在我们这个全球经济互联互通及不断发展的消费文化世界中，一个具有挑战性的问题是如何实现可持续性，同时又能带动经济增长和发展"。[1]某些国家可能更重视经济发展而忽视环境保护，而另一些国家则可能将环境保护视为道德义务并转化为法律义务，这种伦理差异可能导致法律在全球范围内不一致。

　　不但如此，伦理与法律的实现机制也存在差异。虽然伦理可以为法律提供指导，但伦理观的变化可能无法及时反映到法律中，这种差异可能导致法治在生态环境问题上的滞后。比如，气候变化是当前全球范围内面临的重大生态环境问题之一，伦理学认为，减少碳排放是对未来世代的责任，尽管在伦理上对碳排放的控制已达成广泛共识，但事实上法律措施滞后，一些国家在制定和实施碳排放标准、交易制度和绿色税收法律政策时进展缓慢，法律实施中也存在一些问题，导致实际减排效果不如预期。再如，在伦理上，过度开发对生态系统造成破坏被认为是不道德的，然而在一些地区，法律上的

---

〔1〕　［美］罗伯特（鲍博）布林克曼：《可持续发展概论》，刘国强译，天津人民出版社2022年版，第110页。

生态保护措施并未跟上实际需要。一些环境保护法律和政策的制定与执行往往受到经济利益的影响，保护措施不够严格或执行力度不足。又如，在伦理学上，濒危野生动物的保护被视为一种道德责任，伦理观念支持严格立法来保护野生动物及其栖息环境。但不少国家虽然制定了野生动物保护法，但实际实施情况不佳。尽管国际社会广泛反对象牙贸易，许多国家的法律也对象牙交易实施了禁令，但在实践中，非法猎杀和走私象牙的活动仍然猖獗，体现出伦理标准与法律实施机制之间的落差。还如，减少有害农业化学品的使用被认为是对自然环境和人类健康的道德责任，但不少国家在农业化学品（如农药和化肥）方面的法规实施效果不佳，实际监管仍然存在问题，导致土壤和水体污染继续发生。

此外，伦理与道德通常具有地方性，受文化因素的影响，难以形成普遍接受的标准。将伦理作为法律的基础或转化为法律规范，可能会遇到基于不同伦理基础的法律在不同国家地区的适用冲突问题。尤其在跨国环境污染案件中，涉及不同国家的法律和伦理标准，各国对生态伦理的理解和衡量标准不同，可能导致国际合作中法律实施的困难。

（二）生态伦理学作为生态环境刑法哲学基础的可取性

尽管伦理学作为法哲学基础存在一定缺陷，但将生态伦理学作为生态环境刑法的法哲学基础仍然具有显著的可取性。

第一，为生态环境刑法提供价值导向与理论根据。生态伦理学强调自然的内在价值，强调生态系统、动植物及自然景观的独立价值，这一理念为生态环境刑法提供了明确的价值导向，促使法律不仅关注人类利益，还关注自然本身的保护。与此同时，生态伦理学推动了刑法目标的转变。促使生态环境刑法在保护当代人利益的同时，还重视对未来世代的道德责任并将这种责任转化为刑法规范，这种转化使得刑法在应对犯罪时，能够将长期的生态可持续性纳入考量，推动更加全面和更具前瞻性的立法与司法。不但如此，生态伦理学的核心理念如物种多样性与生态平衡等，为刑法的立法和解释适用提供了根据，使得刑法在解释技术上更能体现法益保护的本质，将这些伦理理念融入刑法框架，更有助于实现刑法生态保护的目的。

第二，促进法律的社会认可和道德正当性。将生态伦理学理念纳入生态环境刑法，可以增强刑法的社会认可度，使刑法符合伦理观念，更易于为国民所接受。当前，公众对一些生态环境犯罪的危害性认识与立法者有巨大落差，这源于立法者与公众的伦理标准存在较大差异，这与强奸、杀人等伦理色彩浓厚的自然犯存在巨大差异。在一些以"违反国家规定"为前提的环境犯罪中逐步增加伦理的要素，有助于提升刑法的道德正当性，有利于增加公众对刑法的可接受度，提升其守法意识，使刑法不仅是技术性规范，更具备伦理上的合理性。

第三，推动法律应对新兴生态环境问题。伦理学的发展推动了法律发展，使法律能够更好地适应环境保护新需求。例如，生态伦理学的理念促使国际社会关注全球气候变化的长期影响，并最终促成《巴黎协定》，随后，各国相应通过了针对碳排放的法律，有助于全球共同应对气候变化挑战。不但如此，生态伦理学还为法律应对新兴环境问题提供理论支撑，如微塑料污染、生物多样性丧失等问题常常要在传统法律之外，透过伦理学去寻找新的理论视角。

第二节 环境正义理论

环境正义运动始于美国，反对当地污染的社区活动家建立了全国性网络（Schlosberg，1999 年；Shrader-Frechette，2002 年）。罗伯特·布拉德等在环境正义理念的早期发展中发挥了主导作用，过去 20 年里，道德和政治理论家以及社会学家、地理学家和其他社会科学家发展了更丰富的环境正义理论概念（Bullard，1993 年；Bullard，2000 年；Schlosberg，2013 年）。大多数（但不是全部）论述的共同特点是，环境正义是一种以人类为中心的理想：它关注环境利益和负担在人类之间的分配，以及人类在决定如何分配这些利益和负担时的公平参与（Schlosberg，2013 年；Walker，2012 年）。[1]

就正义对环境伦理的贡献而言，环境伦理学者认为，正义的概念可以帮助我们思考环境伦理中最困难的三个问题。首先，我们应该将哪些实体视为正义主体，并对其负有正义义务（Dobson，1998 年）？其次，正义主体的哪些利益具有足够的道德意义，足以证明将其视为与正义相关的利益是合理的？第三，我们应该使用哪些正义原则来裁决正义主体的相互竞争的主张（Dobson，

---

〔1〕 According to Stephen M. Gardiner & Allen Thompson eds., *The Oxford handbook of environmental ethics*, Oxford University Press, 2017, p.276.

1998 年)?〔1〕在本书看来，上述关于环境伦理与正义关系的三个核心问题具有重要价值，是对环境正义理论及其与环境伦理融合的探索。其一，提出应将哪些实体视为正义主体，直接挑战了传统伦理学对主体的定义，按照其逻辑，必然会考量自然环境、未来世代、生态系统等非人类实体是否有权成为正义的主体；其二，对正义主体的利益标准进行反思，即哪些利益具有道德重要性，这涉及环境伦理学的关键问题，即自然资源、生态完整性等是否具有与人类生活质量、健康权利相似的道德意义；其三，提出了确定环境正义的裁量原则，其价值在于引导人们思考以什么原则来解决生态环境主体间的冲突。

　　环境正义理论作为生态环境刑法的法哲学基础，并不是一个纯粹的道德原则，〔2〕虽然其理论来源基于深厚的道德伦理，但其核心诉求涉及法律义务的确认。环境正义从道德伦理拓展到法律层面，形成了对权利和义务的规范要求，尤其在代际公平、分配正义等领域，许多环境正义的主张可以逐步被纳入法律之中，使其逐渐从道德领域延伸到法律领域。不但如此，在本书看来，它还是一项法哲学原理，为生态环境刑法提供了重要的法哲学基础。首先，它强调生态保护是基于社会正义的道德诉求，为刑法中的预防性和保护性原则提供了理论支撑，为通过抽象危险犯等形式规制不可逆转的环境破坏行为提供了正当性根据；其次，环境正义主张资源的公平分配和环保责任的合理分担，契合了刑法对重大生态环境侵害行为进行规制的正当性。就环境正义的起源，美国的罗伯特（鲍博）布林克曼认为，随着环保运动在 20 世纪70、80 年代的发展，越来越多的人批评环保主义者对有色人种社区的环境问题视而不见，黑泽尔·约翰逊（Hazel Johnson）常被认为是环境正义运动之母，她和罗伯特·布拉德等人的努力，促成了将环境正义确定为我们这个时代现代环境运动中最重要的新领域之一。最终，美国时任总统克林顿在 1994年签署了一项行政命令，以确保联邦政府所采取的行动要将环境正义加以考虑。〔3〕不过，美国社会学家和环保倡导者鲍勃·布拉德教授称克林顿的行动

---

〔1〕　According to Stephen M. Gardiner & Allen Thompson eds., *The Oxford handbook of environmental ethics*, Oxford University Press, 2017, p. 277.

〔2〕　有学者认为"环境正义"是环境道德原则之一。参见王正平：《环境哲学——环境伦理的跨学科研究》（第 2 版），上海教育出版社 2014 年版，第 335 页。

〔3〕　参见［美］罗伯特（鲍博）布林克曼：《可持续发展概论》，刘国强译，天津人民出版社2022 年版，第 28~29 页。

还不够。他认为美国和其他国家需要一部相当于 1964 年《民权法案》和 1968 年《公平住房法》的环境正义法案。目前推动环境正义的努力基于三个基础：克林顿的行政命令、环境保护署的环境正义部门和 1969 年的《国家环境政策法》（NEPA）。[1]

环境正义理论的核心在于公平分配，强调环境资源和负担在社会各群体间应当公平分配，特别关注那些社会经济地位较低或弱势群体的权益保护。易言之，环境资源和环境负担不应该不公平地分布，不应当让贫困地区和少数族裔社区承受更多的环境污染与破坏。例如，前述黑泽尔·约翰逊经过调查，发现她所在社区的癌症发病率是全芝加哥最高的，该社区周围有几十个垃圾填埋场和地下储水池，她发现社区里许多人的饮用水都被从这些地下水流泄漏出来的化学物质所污染。[2]对于违背分配正义的现象需要通过法律手段纠正，下文将专门讨论分配正义话题。

一、分配正义

（一）分配正义的内涵

西方环境伦理学者泰勒在其著作《尊重自然》中深入探讨了当人类价值、权利与非人类发生冲突时的道德两难问题，泰勒提出解决冲突五条优先原则，即自卫原则、均衡原则、最小错误原则、分配正义原则和补偿正义原则。将分配正义作为公正解决冲突的五种优先原则之一。[3]从泰勒的分类可以看出，他所讲的分配正义是一种主要用于处理人类与非人类道德冲突时关系的原则，本书不采这种定义。由于生态环境刑法规制的对象不可能脱离人与人的关系，必然既包含人与自然的关系、又包含人与人的关系，不可能采用纯粹的环境伦理学概念。因此，本书所界定的分配正义的内涵和外延都要大于作为环境伦理学者的泰勒所界定的范围。本书中分配正义的内涵大体上建立在亚里士多德分配正义学说基础之上，即他对正义的两种表现

---

〔1〕 According to David Schmidtz &. Elizabeth Willott, *Environmental ethics：what really matters，what really works*, Oxford University Press，2012，p. 210.

〔2〕 参见［美］罗伯特（鲍博）布林克曼：《可持续发展概论》，刘国强译，天津人民出版社 2022 年版，第 29 页。

〔3〕 According to Paul. W. Taylor，*Respect for Nature：A Theory of Environmental Ethics*，Princeton University Press，2011，pp. 263~307.

形式所做的基本区分，一种是"交换的公正"（justitia commutativa），另一种是与之对立的公正分配［后来拉丁文里的所谓的分配的公正（justitia distributiva）］。根据这个概念，正义就在于赋予每一个人他所应得的东西（ius suum cuique tribuere）。[1]

基于前述对分配正义含义的解析，为深入剖析其内涵，本书从以下角度进一步分析。

分配正义理论关注资源和利益的公平分配，主张每个人都应该在环境资源的分配使用和风险承担上享有公平待遇，避免特定群体承担过多风险或享受过少资源以防止不均衡分配导致的不公。研究表明，从 20 世纪 20 年代末到 70 年代末，美国休斯敦将其所有市属垃圾填埋场都建在了以非裔美国人为主的社区。尽管非裔美国人占全市人口的 28%，但他们却拥有 17 个垃圾填埋场中的 15 个和 8 个焚化炉中的 6 个。加州最脏的邮政编码区是洛杉矶县中一个一平方英里的区域，到处都是垃圾场、烟囱和污染行业的污水管道。在一个邮政编码区，18 家公司排放的污染物是排在第二位的邮政编码区的 5 倍，而该区人口中有 59% 是非裔美国人，38% 是拉丁裔。[2]亚里士多德在论述分配的公正时称："分配的公正在于成比例，不公正则在于违反比例。不公正或者是过多，或者是过少。这样的情况常常会发生：对于好东西，总是不公正的人所占过多，受到不公正的对待的人所占过少。"[3]在德国的魏德士教授看来，与公正分配（分配正义）相对的概念是任意分配，因此，分配的首要问题是公正，即分配是公正的还是任意的。他认为《德国基本法》第 3 条第 1款规定了国家的一切分配程序，这就将任意性排除在外。[4]某工厂排放污染物导致当地社区居民健康受损，在分配正义之下则要求工厂承担更大责任并提供健康补偿和环境治理资金，以弥补损失。如果化工企业向穷人社区排放废水，导致严重污染并构成犯罪。按照分配正义理论，该企业不但要承担刑事责任，还要承担清理和补偿责任，在环境法上有义务确保社区获得干净水源。

---

〔1〕 参见［德］H. 科殷：《法哲学》，林荣远译，华夏出版社 2002 年版，第 155 页。

〔2〕 David Schmidtz & Elizabeth Willott, *Environmental ethics: what really matters, what really works*, Oxford University Press, 2012, p. 209.

〔3〕 ［古希腊］亚里士多德：《尼各马可伦理学》，廖申白译注，商务印书馆 2003 年版，第 136 页。

〔4〕 参见［德］伯恩·魏德士：《法理学》，丁晓春、吴越译，法律出版社 2013 年版，第 159 页。

法律应特别强调保护易受生态环境犯罪影响的弱势群体，关注弱势和边缘化群体因犯罪受到侵害的权益，确保他们不会因犯罪而受到不成比例的伤害。对于大型工厂非法排放污染物从而对附近的村庄造成严重健康危害的，法律应规定该工厂承担医疗和环境修复费用，优先保障村民的健康权。

更进一步，法律还需考虑长期环境质量和社会可持续发展。比如在森林非法砍伐犯罪案中，除刑事处罚外，还要求犯罪者进行生态补偿。此外，要确保生态环境犯罪导致的破坏得到修复，受害者得到合理补偿并防止未来类似事件的发生，如非法采矿破坏了自然保护区的生态平衡，除追究刑事责任以外，还要求侵害者出资生态修复，并向受影响地区的野生动植物保护组织提供资金支持。

不但如此，法律还应根据环境影响大小分配责任，确保那些对生态环境犯罪负有更大责任的主体承担更多的治理和赔偿义务。如对于大型化工厂致重大污染事故构成犯罪的，法律应规定工厂需承担全部清理费用和对当地居民的赔偿而非将成本转嫁给社会。

（二）生态环境刑法与"分配正义"

"刑法遵循分配的公正（justitiadistributiva）的原则。刑罚的轻重应该与罪行的轻重相符合；这既适用于普遍的、法律的规定，也适用于个案的判决。"[1]在生态环境刑法中，"分配正义"理念的贯彻涉及以下方面的考量。

1. 理论层面

法教义学专注于犯罪构成要件的解释与适用，行政许可通常被认为是阻却违法性的事由，但从分配正义出发也值得反思。如果某些经过行政许可的生产经营活动，因其选址、技术缺陷或管理疏忽，导致特定脆弱群体承受了显著且不成比例的环境损害，该行政许可是否仍然是违法阻却事由？对此，法教义学应明确，环境犯罪构件（特别是"严重污染""致人伤亡""造成重大损失"等结果要素）的解释不能脱离分配正义理念，使得行政许可不能成为制造或加剧环境不公并导致严重后果的"合法外衣"。换言之，当行政许可所允许的行为模式与刑法所禁止的、会产生不正义分布之后果的行为模式发生冲突时，刑法规范应具有优先性。这并非否定行政许可的效力，而是通过

---

〔1〕〔德〕H. 科殷：《法哲学》，林荣远译，华夏出版社 2002 年版，第 156 页。

对犯罪构成要件要素与违法阻却要素的实质解释，确认行政许可的效力不能涵盖那些因其不公平分布而达到刑法需干预的具有严重危害的后果。

此外，生态环境犯罪常常由单位（企业、组织）实施，对单位刑事责任的探讨，应结合分配正义理念。由于单位具有组织结构、决策机制和资源优势，使其有条件实施大规模、持续性、影响范围广泛的环境侵害行为，这些行为可能伴随着将环境成本和风险向弱势群体不正义转移的过程。从分配正义看，其特殊理论意义在于其揭示了系统性的权利与资源不对称如何被用于制造环境不公，追究单位环境犯罪刑事责任，不仅是对具体危害行为的惩罚，更是对这种利用组织优势不当外部化环境负担、破坏环境分配正义机制的谴责。例如，某大型矿业公司为降低成本，长期非法将尾矿倾倒在偏远的河流上游，导致下游世居的少数民族村落水源遭受严重污染，传统渔业和农业受到毁灭性打击。在评价该公司单位犯罪刑事责任时，应突出其组织决策和资源优势如何使其能够系统性地将本应由其承担的环境治理成本转移给脆弱的少数民族村落，造成严重的环境资源分配不公，追究该单位的刑事责任，是对这种利用强大组织力量制造和维持环境不正义行为的必要回应。

2. 立法层面

在立法层面，将分配正义理念转化为具体的规范条文，以确保刑法在实施中能够不脱离环境正义。

可以设置以不公平影响为核心的量刑情节，这是体现分配正义的直接立法手段。即在现有环境犯罪条文的法定刑幅度内设定专门的加重情节，以指引司法机关对造成环境风险或损害向特定脆弱群体不成比例倾斜的犯罪行为从重处罚。例如，在《刑法》第 338 条污染环境罪（或通过司法解释）后增加以下表述："所造成的环境污染对养老机构、未成年人场所（如学校、幼儿园）、特定职业人群聚居区等脆弱群体的健康或生活环境质量造成显著不利影响的，从重处罚。"当然，还有一种类似的加重处罚方式，即将造成不正义分布的严重环境损害后果作为法定刑升格的条件。区别于法定刑幅度内的从重量刑，此处是指将因犯罪导致的、具有极端不公平分布特征的严重后果，作为触发更高一级法定刑幅度的条件。以表明立法者认为这类后果的出现，使得犯罪行为的整体社会危害性上升到了一个新的层级。

不但如此，还可以创设面向受不公平影响社区的刑罚类型与执行方式。

传统的监禁未能直接补偿受害者，罚金刑也并不直接有益于被害人（群）。鉴于此，立法可引入具有恢复分配正义功能的刑罚执行方式或非刑罚法律后果，如强制性的环境修复令，要求优先修复受不公平影响社区的环境，甚至特定条件下探索公益劳动令，要求犯罪人在受害社区参与环境恢复或社区服务。可以在《刑法》《刑事诉讼法》中明确对于环境犯罪案件，法院可以判决被告人承担面向受害社区的强制性环境义务，并在执行中予以监督。

这些理论与立法尝试，目的是试图在法教义学框架内为分配正义理念找到安身之所，使其不停留在理念层面，而能指导刑法解释与适用。

二、社会正义

（一）社会正义的内涵

社会正义是观察环境正义的一个视角，理解环境正义理论离不开对什么是正义这一问题的准确分析。1900 年，世界上第一本以《社会正义》命名的著作问世，作者是约翰·霍普金斯大学的政治学教授威斯特尔·韦洛比（Westel Willoughby），其曾经受到格林学派（the school of T. H. Green）的晚期唯心主义哲学的影响。[1]后来正义论被认为发展出两种基本形式：一种是罗尔斯的正义论即公平论；另一种是诺齐克的洛克式权利论。针对二者之间存在的悖论，后来瓦尔策为弥补二者不足发展出多元主义正义论（复合的平等观），试图调和自由与平等的内在冲突。然而，瓦尔策要面临的问题在于，关于正义原则的论争常常既不能通过不同利益获得解释，也无法诉诸物品的意义得到解决，以至于后来牛津大学著名政治哲学家、社群主义理论家戴维·米勒放弃了瓦尔策直接诉诸社会物品的意义阐述正义原则的路径，转而从他所谓的"人类关系的样式"着手发展其社会正义理论。[2]

就社会正义的通常理解而言，"社会正义是属于社会准则、标准方面的范畴。因为社会成员之间的相互关系是通过社会准则、标准建立的，因而人们往往把社会公平和社会正义连在一起理解"。[3]当然，社会正义这个概念本身

---

〔1〕 According to David Miller, *Priciples of social justice*, Havard University Press, 1999, p. 4.

〔2〕 参见［英］戴维·米勒：《社会正义原则》，应奇译，江苏人民出版社 2005 年版，译者的话第 1~2 页。

〔3〕 刘瑞复：《法学方法与法学方法论》，法律出版社 2013 年版，第 88 页。

也曾受到过批评质疑，哈耶克就毫不客气地指出，"'社会正义'根本就是一个空洞无物、毫无意义的术语。就像汉斯·克里斯琴·安徒生（Hans Christian Andersen）童话中的那个男孩所说的那样，我'什么也没有看到，因为那里什么也没有'。我越是努力给它下一个明确的定义，它就越是捉摸不定而无从把握"。[1]在哈耶克看来，"正义"这个术语只有用于个人行为时才有意义，它不能用在一个诸如"社会"这样的实体之上，"只有那些能够由正当行为规则加以决定的人之行动秩序的方面，才会产生有关正义的问题"。[2]可以看出，哈耶克对社会正义提出了尖锐的批评，他认为这一术语空洞且毫无意义。在本书看来，哈耶克的观点可以提炼成三点：其一，"社会正义"概念具有模糊性，缺乏明确的内涵因而难以准确描述；其二，强调个人行为的优先性，"正义"术语应当作为描述个体行为的标准，而非社会或集体的评价标准；其三，正义的标准不宜用于社会或集体实体。哈耶克的观点具有一定的洞察力，他对"社会正义"术语的批评揭示了在实践中应用这一概念时可能遇到的困难。确实，社会正义这一术语在具体应用时可能因缺乏明确的定义而变得空洞无物。然而，这种批评也可能忽视了社会正义作为一种理想或价值观在引导公共政策和社会改革中的作用。

在本书看来，虽然"社会正义"作为一个概念在实际操作中可能存在问题，但它依然可以激发对公平正义的讨论。哈耶克的批评促使我们思考如何将正义的原则更具体地应用于个体行为和社会政策中，以避免抽象概念导致的实践困境。因此，哈耶克的观点为进一步发展和完善社会正义理论提供了宝贵的反思视角。

"相反，'社会'所表现出的不过是一种事实或者事态，本身无所谓正义与非正义之分。这就如自然和自然现象一样，很难用正义或非正义来予以评价。"[3]应当指出，哈耶克是立足于个人主义并站在支持个人自由的立场上来讲上述这番话的，站在人类中心主义立场来看很难指出他的这番话有何不对，

---

〔1〕［英］弗里德利希·冯·哈耶克：《法律、立法与自由》（第2、3卷），邓正来、张守东、李静冰译，中国大百科全书出版社2000年版，序言第2页。

〔2〕［英］弗里德利希·冯·哈耶克：《法律、立法与自由》（第2、3卷），邓正来、张守东、李静冰译，中国大百科全书出版社2000年版，第52页。

〔3〕［英］弗里德利希·冯·哈耶克：《法律、立法与自由》（第2、3卷），邓正来、张守东、李静冰译，中国大百科全书出版社2000年版，第52、50页。

然而，如果立足生态中心主义并兼顾未来世代人利益则其观点就不一定都对了。

因此，本书既不在前述通常意义上理解社会正义概念，也不站在哈耶克的语境中来使用社会正义概念。本书将社会正义理解为包含了公平的社会正义，过程公平、风险共担、程序公平、对出身的不平等进行调节等都属于社会正义。

本书认为的社会正义是指社会资源、机会和权利分配的公平，让所有人无论其社会地位、种族、性别、经济状况等，都能够平等地享有基本的权利和机会。社会正义强调消除不平等，维护社会弱势群体的权益，并追求公平的社会结构。可见，社会正义的核心是追求平等、强调消除不平等。

然而，或许应该对平等做一种相对的理解。正如德国的魏德士教授所言："平等原则的适用并非毫无困难。国家法理论认为，《德国基本法》第 3 条第 1 款正是关于平等原则的悖论。联邦宪法法院这样表述道：'不同的群体应当不同对待。'要想创建事实上的平等，就必须在法律上不平等地对待公民。相反地，法律上的平等会产生事实上的不平等，通常还会加剧这种不平等。"[1] 对前述悖论正确的理解或许是，平等是指人人在法律上平等，而不是指人人都一样。因为每个人无论从能力、收入、需求等看得见的因素还是从看不见的因素来说，都是不可能一样的。对社会正义也应做这样一种相对的理解，无差别的均等化或许反而是不正义的。

因此，社会正义强调赋予所有群体特别是弱势群体平等的参与权。体现为确保所有人都有机会参与环境决策过程，获取相关信息，并表达他们的意见和关切。"当某些个人或群体承担不成比例的环境风险（如危险废物倾倒风险）或无法平等地获得环境产品（如清洁空气）或没有机会参与环境决策时，就会发生环境不公正。"[2] 例如，在一个污染严重地区居住的人群以低收入群体为主，他们往往缺乏参与环境决策的途径。社会正义理念强调通过透明包容的决策机制，让这些居民有机会参与讨论和决策，但是，这仅仅意味着正义的大门向他们敞开但并不意味着他们一定会获得实质的正义，因为还受到

---

〔1〕　［德］伯恩·魏德士：《法理学》，丁晓春、吴越译，法律出版社 2013 年版，第 160 页。

〔2〕　David Schmidtz & Elizabeth Willott, *Environmental ethics: what really matters, what really works*, Oxford University Press, 2012, p. 204.

参与能力等因素所限。正如黑格尔所言："一切人都应当参与国家事务这一观念所包含着的另一个前提，即一切人都熟悉这些事务，是荒谬的，尽管我们可以常听到有人如此说。但是公共舆论（见第 316 节）替每个人开辟了一条道路，使他有可能表示对普遍物的主观意见，以引起人们的重视。"[1]

与此同时，社会正义还强调环境资源（如清洁水、空气和绿色空间）不应当集中在富裕地区，污染、废物处理设施等环境风险也不应当集中在贫困或偏远地区。对因环境问题受影响的群体应提供补偿，强调对受害群体的司法救济，包括经济赔偿、健康保障和生态修复。在严重工业污染事件中，受影响最重的往往是当地低收入人群，环境正义理论不仅要求对污染者进行刑事、行政处罚，还要求通过补偿基金为受影响人群提供及时的医疗援助和经济赔偿，体现对社会正义的维护。

（二）生态环境刑法与社会正义

1. 理论环节

在理论上，刑法及其前置法需要通过吸收社会正义的内涵来更有效地应对资源分配不公、生态破坏对不同群体不成比例的影响，以及立法过程是否平等等问题，这一过程可以从以下层面展开。

一方面，保障资源和责任的公平分配。社会正义关注资源、机会、权利分配的公平，生态环境刑法可借鉴这一理念，通过刑法规制机制来促进自然资源的合理分配与保护。自然资源有限，尤其是矿产资源等难以再生，这要求在社会正义理念指导下公平使用矿产资源，避免少数群体过度攫取利益而损害社会整体利益。刑法可以通过打击遏制非法采矿、采伐、盗猎等行为来保护前述利益，不仅保障了社会成员公平享有自然资源的权利，也有助于维护生态平衡，符合公平分配资源的理念。

另一方面，合理负担生态环境风险。社会正义强调不同群体应合理分担生态环境风险，避免将风险转嫁给弱势群体。这可以为生态环境刑法预防打击企业将生产过程中产生的污染、废弃物等风险单方面转移到居民区、贫困地区的行为提供理论支撑。通过刑法完善企业倾倒、排放有毒废物、污染物等行为的刑事责任，对风险转嫁行为进行有效规制，确保社会公众尤其是弱

---

〔1〕 ［德］黑格尔：《法哲学原理》，范扬、张企泰译，商务印书馆 1961 年版，第 371 页。

势群体免受环境破坏威胁。不但如此，社会正义理念还可以为刑法从重处罚一些转嫁环境风险的行为提供道义上的谴责根据，例如，企业将有毒废水排入农村贫困地区的河流，造成多人中毒或健康严重损害，对该企业从重处罚在道义责任上的依据就可以从社会正义理念中去寻找。

2. 立法环节

在生态环境刑法的立法过程中，应体现社会正义的立法导向，强调环境资源的公平分配和弱势群体环境利益的保护，使实现社会正义成为生态环境刑法重要的立法指导原则。与此同时，还应制定具体的保护、惩治条款，对损害环境正义的行为制定更为严格的刑事制裁规范。同时也应当完善对受害群体补偿和生态修复责任的立法规定，补偿背后代表着一种公平正义，"与补偿正义规则相联系的是既可辨明又密切相关的两种美德：公正和公平"。[1] 而这种与公平正义相联系的理念与法律的价值正好不谋而合。在生态环境刑法中增加责任类型，除完善刑事处罚条款以外，同时要求犯罪者承担重新植树、净化水源等生态修复责任，以弥补造成的损害。

不但如此，立法还应促进公平决策与平等参与。生态环境刑法尤其是其前置法在立法与实践过程中尤为重要，这意味着任何影响公共环境的决策都应当允许相关主体平等参与，避免决策过程中的利益失衡。例如，虽然刑法能够对工业污染和生态破坏行为进行规制，但更多体现在事后。但前置行政法则不同，其有权对企业排污设定行政许可，优化关于资源开发利用、废物排放等行为的监督机制。在有关行政规范出台过程中，应当充分保障公众的知情权、参与权，在作出可能产生污染的行政许可之前，应当依法举行听证会，体现社会正义的要求。

将社会正义作为指导思想，体现在生态环境刑法的理论、立法之中，有助于实现可持续发展目标，为社会的整体进步与和谐提供法律保障。

第三节 代际正义理论

代际正义理论是指关注当前世代与未来世代之间正义和道德责任关系的

---

〔1〕 Paul. W. Taylor, *Respect for Nature：A Theory of Environmental Ethics*, Princeton University Press, 2011, p. 211.

理论。代际正义理论与人类中心论（主义）形成对比，"工业文明以来，在人类中心论'主客二分'和'主客对立'的框架下，积淀和强化了人类'以我为中心'的思维定势和行为模式，人类对自然的干预和破坏达到了空前的地步"。[1]代际正义主要探讨如何在当前行为和决策中考虑未来世代的利益和权利，确保资源和环境的可持续利用，以及避免对未来世代造成不可逆的损害。

一、代际负担分享

"环境问题对自由主义正义理论的时间范围提出了挑战。当然，声称自由主义者忽视了代际正义是错误的，但他们倾向于将其视为当代正义理论的补充或延伸（Gosseries and Meyer, 2009 年；Rawls, 1972 年, 2001 年；Tremmel, 2006 年）。环境问题提高了代际正义在当代政治哲学中的地位（Dobson, 1999 年；Eckersley, 2004 年；Gardiner, 2011 年；Hiskes, 2008 年；Page, 2007 年）。然而，与关于正义的空间范围的辩论相比，关于正义的时间范围以及如何理解非当代人之间的正义关系的讨论仍然相对不发达。"[2]这正是本书要深入探讨的内容。

代际负担分享作为代际正义理论的主要内容之一，强调了当前世代应当承担和分担资源利用与环境保护的责任，以确保未来世代也能享有可持续的资源和环境。

（一）内涵解析

主张代际负担分享的人会认为，当代人在利用环境资源发展经济时，应当考虑未来世代的权益和福祉。实施包括避免过度开发资源、减少环境污染、防止气候变化等行为，以确保未来世代不会承担过大的环境负担。

加利福尼亚大学生态学和伦理学教授哈丁认为，当代哲学集中于"我你"和"这里现在"这种个人关系上的思考方式不能应用在未来世代人的身上。对未来世代人的责任是建立在"世代间公平理论"基础之上的。该理论认为，人类作为一个物种，当今世代与过去和将来世代一道，共同拥有地球的自然和文化环境，在任何特定时期，各世代人既是过去世代地球的继承者，又是

---

[1] 崔永和等：《走向后现代的环境伦理》，人民出版社 2011 年版，第 24 页。

[2] Stephen M. Gardiner & Allen Thompson eds. , *The Oxford handbook of environmental ethics*, Oxford University Press, 2017, p. 280.

未来世代地球的管理者和受托人。当今世代作为地球所有成果的受益人，只有在利用地球的同时履行为未来世代保护自然和文化资源的义务，才是实现世代间公平的行为方式。[1]在刑法领域，考虑到生态环境犯罪对未来环境可能造成的影响，应提前进行规制，比如探讨通过累积犯来预防规制生态环境犯罪的可行性，以完善刑法对未来的保护。

代际负担分享理论还重视资源可持续利用与未来利益的平衡，这意味着当前社会发展和经济活动不应当以损害未来世代的生存发展为代价，而是要在资源利用和环境保护之间寻求合理的平衡。在刑法中，该理念如果体现在对生态环境犯罪行为的定罪量刑上，会更有利于刑法保护未来世代的长远利益。

不但如此，代际负担分享理论还强调跨世代公平，即追究法律责任的目标不应仅限于对当代人具体权益的保护，还应涵盖对未来世代人的保护。但这种观念在过去常常被认为是基于道德立场所得出的解释结论，因而在法律上难以成立。学者萨霍特拉·萨卡尔（Sahotra Sarkar）就认为："我们必须区分现在活着的人类和后代。前者显然具有道德地位。对于后者，情况就不那么简单了。未来（不重叠）的几代人由现在不存在的未来人组成。我们是否可以对不存在的事物承担道德义务。"[2]日本教授长井圆在其著作中也提到类似观点，他提到，我们几乎不知道未来世代有什么样的价值观，有什么样的兴趣和愿望，而且人们的价值观、思维方式、生活方式差异很大，即使在同一代中也几乎不可能有相同的考虑，考虑几百年、几千年后的世代之间共通的环境伦理是不可能的。[3]不但如此，法律似乎也支持这类观点，民法认为人的权利始于出生、终于死亡，权利的主体不可能包含尚未出生的"未来人"，这是因为"在后代方面，也就是在尚未出生的人方面，即使照一种相当广泛的理解，也谈不上'人际'。免责是原则性的，就代际正义而言，法律行为基础已经坍塌了"。[4]然而，在本书看来，前述质疑凸显研究代际负担分享理论的价

---

〔1〕 参见王正平：《环境哲学——环境伦理的跨学科研究》（第2版），上海教育出版社2014年版，第334~335页。

〔2〕 Sahotra Sarkar, *Environmental Philosophy: From Theory to Practice*, Wiley Blackwell, 2012, p. 41.

〔3〕 参见［日］长井圆：《未来世代的环境刑法2》，信山社2019年版，第68页。

〔4〕 ［德］奥特弗利德·赫费：《作为现代化之代价的道德——应用伦理学前沿问题研究》，邓安庆、朱更生译，上海译文出版社2005年版，第157页。

值所在，这是因为生态环境犯罪并非产生于古典刑法时代，而是伴随科技发展而产生，其特殊性决定了在生态环境犯罪中对未来世代利益进行考量的特殊价值。无论是对民事权益，还是对刑事法益的保护，都意味着，立法不仅要考虑眼前损害，还应考虑对未来世代的长期影响，这种影响无论是对人类，还是对环境、动植物，都应该一样。正如考夫曼教授在论及动物法律地位时指出的："动物法律地位的强化固然是一件重要的事，但另外一件同样重要的事，则是创设未来世代请求充分生存条件且可资诉讼的固有权利，这点绝非只是基于人类的考量。"[1]例如，刑法要加强对湿地生态系统的保护，非法破坏湿地可能导致湿地功能和生态平衡长期无法恢复，影响未来世代的水资源、生物多样性和气候调节能力。在立法和法律适用过程中，应当考虑危害行为潜在的、跨世代的影响，通过生态环境刑法确保未来世代不会从前人那里"继承"到无法修复的生态环境。

（二）代际负担分享与生态环境刑法

代际负担分享理论强调当前代人对未来代人的责任，核心是要求当前代在资源使用和环境保护中考虑到对未来代的公平性，以确保未来世代能够享有与现世相当的生活条件和环境质量。这一理论要求法律不仅要应对当前的环境问题，还要考虑对未来的长期影响。

在理论层面，代际负担分享理论通过以下方式影响生态环境刑法。其一，代际负担分享理论推动生态环境刑法理论重视跨代责任。生态环境刑法理论应当反映出当代人如何在资源开发和环境保护方面承担责任，确保不会因为当前世代对资源的过度消耗而损害未来世代人的利益。例如，A化肥公司非法使用含有重金属的化肥，虽然不会立即损害人的健康，但该重金属化肥污染对未来代的土壤质量和农业生产将造成长期影响。此时刑法不应仅局限于眼前是否有明显的损害而应考虑其对未来的影响，从而确保未来世代能够在不受污染影响的土壤上进行生产和生活。鉴于此，刑法理论应强调当前世代有责任维护生态环境质量，以便未来代也能享受清洁与健康的环境，并将其通过抽象危险犯立法体现在对生态学法益的保护之中。该理论能促使刑法重视代际公平问题。其二，重视对环境的长期影响。在理论上，生态环境刑法

---

〔1〕 ［德］阿图尔·考夫曼：《法律哲学》，刘幸义等译，法律出版社2011年版，第318页。

需要考虑如何通过法律措施，确保资源和环境的长期可持续利用，以及减少对未来世代造成的环境负担。过去对非法采矿造成的危害重视不够，是因为一般会认为非法采矿不像人身、财产犯罪那样立即对人身、财产法益造成侵害，而对子孙后代未来利益的保护在当时的刑法框架下明显缺乏依据，这都与代际负担分享理论理解适用不到位有关。在理论上，生态环境刑法可以吸纳代际负担分享的合理内涵，并通过超个人法益与抽象危险犯立法体现。

在立法层面，由于代际负担分享理论强调当前代在资源使用和环境保护中应考虑未来代的利益与公平，这将影响刑法的立法方向和具体内容。以下是代际负担分享理论对生态环境刑法立法可能的影响途径：一是在刑法中明确规定代际公平原则。这要求刑法不仅要关注当代的环境保护，还要考虑未来代际的环境权益与生存条件。对于生态环境犯罪的刑事责任，刑法可以规定，刑事责任不仅与罪行的严重程度相适应，还应考虑行为人对生态环境的修复情况。例如，对于重大环境污染案件，在判处刑罚的同时，除了要求立即修复受损环境外，还应依托专项基金消除行为对未来生态环境的潜在危险，确保未来世代能够不因当前的犯罪行为而受害。二是在代际负担分享理念影响下制定长期环境修复补偿机制。补偿背后则代表公平正义，正如生态伦理学者所认为的那样："与补偿正义规则相联系的是既可辨明又密切相关的两种美德：公正和公平。"[1] 而这种与公平正义相联系的理念与法律的价值正好不谋而合。这要求法律规定生态环境犯罪的责任不仅应包括对当前损害的弥补，还包括对未来生态环境的长期性修复。对于环境污染犯罪案件，判决时可以责令其缴纳长期修复金，该修复金缴纳后自动进入修复基金库，用于处理未来可能出现的环境问题。三是在刑法中设立保障未来代环境权益的专门条款，明确禁止对未来生态系统的破坏，完善相应的罪名及构成要件，对跨代环境犯罪行为进行制裁。例如，调整完善对侵害湿地、森林等关键生态载体造成不可逆破坏行为的刑事规制方式，保护未来世代的生态利益。

二、世代公义

"世代公义"与"代际负担分享"都是代际正义理论的组成部分，"代际

---

[1] Paul. W. Taylor, *Respect for Nature：A Theory of Environmental Ethics*，Princeton University Press，2011，p. 211.

负担分享"可看作是世代公义的一部分，就二者联系而言，"代际负担分享"是通过具体的负担分配机制来实现代际公平。它关注的是当前代的行为如何影响未来代的利益，并力求在当前政策中体现这种公平负担。而世代公义则提供了代际负担分享的理论基础和方向，指导如何设定合理的负担分配标准，确保不同代际之间资源机会的分配是公平的。当然，二者的区别也是明显的，代际负担分享重视现有政策与行动计划如何避免对未来代产生不公平的环境负担，而世代公义则关注如何在不同代际之间如何公平分配资源与机会。

也可以说，"代际负担分享"与"世代公义"在代际正义理论中互为补充，共同构成代际正义理论的重要组成部分。代际负担分享帮助实现世代公义的具体目标，而世代公义则指导代际负担分享的原则和方向。两者结合，共同推动实现跨代际的公平正义。

（一）内涵解读

世代公义指的是在决策和资源分配中，对当前和未来世代的权利和利益进行公正和平衡的考量。该理念强调，当前世代在追求自身发展和利益时，应当尽可能地不损害未来世代的利益或使负面影响最小化，确保未来世代有机会享有与当代人相当的资源生活条件。

世代公义理念具有如下主要特征：其一，公平性和平衡性。世代公义理念主张在决策和政策制定时，应平衡当代和未来世代的利益，"代际正义的观念逼迫我们重新思量沿袭的所有权理论。对这一较大的主题，在此只能给出一个关键词：作为一个原则上的给定值，地球连同其果实是人类的共同财产、延及各代的公有地"。[1] 为避免当代人对未来世代人资源和生活条件的过度消耗损害，把握当代与未来世代之间资源消耗的公平性和平衡性尤为关键。其二，永续性和可持续性。强调社会、经济和环境发展的永续性，确保资源的持续利用和生态系统的健康，以满足未来世代的需求。这与后工业文明时代主题并行不悖，正因为"后工业文明恰恰通过对资本主义工业文明的内在矛盾和危机进行深刻的批判和反思，试图建立一个物质与精神、人与自然、科技

---

〔1〕〔德〕奥特弗利德·赫费：《作为现代化之代价的道德——应用伦理学前沿问题研究》，邓安庆、朱更生译，上海译文出版社 2005 年版，第 161 页。

与人文协调发展的新的可持续社会"。[1]其三，责任义务的统一。当前世代人有责任义务通过合理的资源管理和环境保护措施，为未来世代人留下一个良好的发展环境和自然资源基础。

尽管世代公义理念在理论上受到广泛认同，但实际操作中仍面临多方面挑战，包括如何平衡当前利益和未来利益的矛盾、如何确保法律长期执行的效力等问题。此外，国际合作和全球治理方面的问题也是实现世代公义的重要挑战之一。

总体而言，世代公义理念提供了一个重要的伦理框架，引导学者重视未来世代的理论议题，引导政策制定者在决策过程中考虑未来世代的利益，从而推动可持续发展和全球资源的公平分配。正如考夫曼教授所言："法律哲学家如果能多关心人类的未来，将会比单纯专注于论述规则上，要来得适当。因为维持社会正义，维护公共利益，才是法律哲学家的真正任务。他们不能推卸此项责任。"[2]

（二）世代公义理念与生态环境刑法的法益

在传统上，刑法主要关注当前社会的法律责任和刑事惩罚，而较少考虑到犯罪行为可能对未来世代产生的影响。通过引入世代公义理念并与刑法法益理论融合，推动刑法重视对未来世代利益的保护，有利于刑法更为有效地预防和惩罚那些可能导致长远环境破坏的行为，从而实现环境保护目标的长期性。当然，这可能对传统刑法理念形成强烈冲击，因为传统刑法在确定法益保护内容时不必然考虑伦理因素。与此同时，刑法又以追求公平正义为核心价值，作为其核心价值的逻辑延续，显然不能将是否有利于当代人作为保护子孙后代利益的前提，因为"如果正义就等于互利，那么，在两代人之间便不会有正义"。[3]为此，需要在生态环境刑法法益中引入未来世代利益的保护，以预防犯罪行为对未来世代的生态环境和资源造成长期的、无法逆转的损害。

从时空维度考察，引入世代公义理念能够显著扩展刑法法益的保护纵深。

---

〔1〕［美］罗伯特（鲍博）布林克曼：《可持续发展概论》，刘国强译，天津人民出版社 2022 年版，总序第 3 页。

〔2〕［德］阿图尔·考夫曼：《法律哲学》，刘幸义等译，法律出版社 2011 年版，第 319 页。

〔3〕［英］布莱恩·巴里：《正义诸理论》，孙晓春、曹海军译，吉林人民出版社 2004 年版，第 244 页。

传统的刑法法益理论往往集中于对当代人直接权益的保护。然而，生态环境破坏往往跨越时空，其后果可能会在多年后显现。将世代公义理念融入法益，可以促使刑法不仅考虑当代人的利益，还将未来世代的福祉纳入保护范围。例如，矿业开采活动若不加以规制，会导致土壤退化和水源污染，给环境带来的影响不仅可能危害当代人的健康，还可能对未来世代造成无法弥补的损害。通过世代公义理念与刑法法益的结合，刑法可以设立针对这种具有长远影响行为的刑罚措施，引导企业在开采过程中采取必要的环保措施，以减少对未来环境的负面影响。

刑法法益的纵深发展往往伴随着构成要件的调整。传统刑法构成要件注重保护当代人的利益而忽略对未来世代利益的保护。如果基于"世代公义"理念，强调当代人对未来世代的伦理保护义务，则构成要件应扩展至对未来潜在危害的评估。这意味着，刑法在界定犯罪时需考虑发生在今天的行为对未来世代环境资源的长期影响，在规定生态环境犯罪的构成要件时可增加危险犯类型，不仅考量行为今天给人类带来何种损害，还应基于科学根据评估其对未来带来何种难以恢复的危险。

（三）世代公义理念与生态环境犯罪的规制方式

世代公义理念的核心在于确保当前世代的行为不会不公平地剥夺未来世代的利益，特别是环境资源的可持续性。在该理念下，环境保护扩展至对未来世代生态环境利益的保障。这要求刑法要预见和防范可能对未来生态环境造成的重大损害。与之相适应，刑法规制方式应实现从结果犯向危险犯的转型，刑法应介入那些虽未造成实害结果但具有潜在环境破坏风险的行为，以体现刑法对未来法益的超前保护，抽象危险犯规制方式正好与之相适应。抽象危险犯通过对某些类型化行为的规制，对重大法益进行提前保护。例如，对于在国家自然保护区违法排放污染物的行为，即使其并未导致实害结果，只要其被判断具有抽象的危险，就应承担刑事责任。这种规制方式及其法律后果与世代公义理念相一致，旨在通过对潜在危险行为的制止，实现对法益的提前保护，让未来世代免受可能的环境损害。

当然，判断某类型化行为是否对未来世代具有抽象的危险，必须基于严格的科学评估，以确定哪些行为具有值得刑法规制的潜在危害，从而在刑法中设立禁令。例如，刑法在确定将哪些倾倒、排放、处置化学品的行为纳入抽象危险犯的规制范围时，必须在科学实验基础上进行缜密的论证之后方可立法，并且允许司法进行反证，只要新的科学实验证明该行为不会对未来的生态环境带来危险，就应当承认该实验结论对客观危险的阻却。

（四）世代公义理念与生态环境犯罪的刑罚

在刑罚理念中，责任主义要求刑罚的程度与犯罪行为的严重性相适应，预防主义则注重刑罚对犯罪的遏制效果。然而，引入世代公义理念后，刑罚的目标不仅限于惩罚、威慑当前的犯罪以实现预防目的，还应重视对未来世代的长远影响，强调犯罪人对被破坏生态的修复责任，并将责任刑与"修复刑罚"相结合。

责任刑主要针对罪行的严重程度，要求刑罚轻重与违法和有责的程度相适应，而修复刑则强调犯罪人对被破坏生态环境的修复责任，该责任延续至行为对未来环境危险的消除。即刑罚不应局限于对现有法益的恢复，还包括对未来危险的消除。例如，在非法毁林案件中，犯罪人不仅要为毁林行为承担刑事责任，还可能被要求植树造林，恢复被破坏的生态环境。在非法排放有害气体污染空气案中，法院在判处主刑的同时，可以责令该公司承担一系列环境修复责任，如资助清洁能源项目或碳捕捉技术研发等。在根本上，修复刑体现的是对未来世代生态利益保护。

以此为基础，可以规定一种新的刑罚执行方式，即生态修复刑。该方式强调犯罪人不仅要承担传统的刑事处罚，还被要求参与修复被破坏的生态环境，强调通过修复环境来实现对未来利益的保护。于是，刑罚执行方式由单一的惩戒转向修复责任，重视通过实际行动修复被破坏的环境。新的刑罚执行方式背后的核心理念是世代公义，新的刑罚理念将传统的惩戒与生态修复、未来世代利益结合起来，是生态环境刑法对刑罚理论的发展。

三、永续发展理念

（一）永续发展理念的内涵

永续发展也称可持续发展或者可持续性。"可持续性可以简明地定义为尽我们的所能为子孙后代保护环境。然而在实践中这个词有更深层的含义。可持续性由三个组成部分构成——环境、公平和经济。环境是可持续性的一个明显的组成部分，原因在于我们正在努力维护和保护环境。公平的重点在于确保环境决策的公平性在我们迈向未来的过程中始终居于最突出的位置。可持续性的经济部分强调的是这样一个现实，那就是在努力为后代保护环境的同时，我们需要确保生计得到保护和加强。"〔1〕本书原则上认同前述对可持续性的理解，不但如此，还进一步认为，永续发展（可持续发展）理论（Sustainable Development Theory）是指一种综合性的发展理念，旨在实现经济发展、社会公正和环境保护的平衡，该理论强调当前世代的发展需求不应牺牲未来世代的发展机会和资源。

罗尔斯顿倡导的以自然价值论为核心的生态哲学思想为可持续发展提供了思考问题的方向和总体框架。自然价值论本身就是一种可持续的发展观，它最重要的特征是拒斥人与自然的分离，而倡导人与自然的整体形象。自然价值论为我们朝着可持续发展的方向迈出正确的一步提供了理论支持。〔2〕

1983 年 11 月，联合国成立世界环境与发展委员会，四年后，该委员会在《布伦特兰报告：我们共同的未来》（Brundtland Report）报告中首次提出可持续发展模式并被联合国大会接纳。该报告将永续发展定义为既满足当代人需求又不对后代人满足其需要的能力构成危害的发展。就可持续发展理论的实质和基础而言，"可持续发展实质上是指可维持的长久性的发展。可持续发展的基础应有利于保持基本的生态过程和生命维持系统，以保证人类对自然资源的利用"。〔3〕

永续发展具有如下特征：一是综合性发展。永续发展理论认为，经济、社会和环境三者是相互依存的，应该通过协调和整合来实现长期的发展目标。二是跨代公平正义。"现代可持续发展运动与之前的环境运动的不同之处，在于现代可持续发展运动关注的一个重点是社会公平问题。"〔4〕永续发展理论主张当前世代的经济活动和资源利用不应对未来世代的生活质量和资源可用性造成负面影响，应当保障未来世代的发展权利。三是资源可持续利用。永续发展理论强调环境保护和资源可持续利用，避免对自然环境的过度开发，"因

---

〔1〕 ［美］罗伯特（鲍博）布林克曼：《可持续发展概论》，刘国强译，天津人民出版社 2022 年版，第 2~3 页。

〔2〕 参见马兆俐：《罗尔斯顿生态哲学思想探究》，东北大学出版社 2009 年版，第 155~157 页。

〔3〕 马兆俐：《罗尔斯顿生态哲学思想探究》，东北大学出版社 2009 年版，第 155 页。

〔4〕 ［美］罗伯特（鲍博）布林克曼：《可持续发展概论》，刘国强译，天津人民出版社 2022 年版，第 367 页。

为人们认识到，不保护环境可能会带来比曾经想象的更可怕的后果——这关系到人类在受到威胁和资源受限的星球上可持续地生存下去"。[1]四是全球视野。永续发展理论认识到全球化背景下各国的互相依存性，强调国际合作和全球治理来推动可持续发展。尽管永续发展理论已成为国际社会共识，但在实践中仍面临多方面的挑战，包括如何在经济增长和环境保护之间找到平衡，如何确保所有国家和社会群体都能平等分享可持续发展的成果等问题。

总体而言，永续发展理论是指导国际社会实现可持续发展的重要理论基础之一，影响了全球范围内法律的制定实施。应当说，"与任何其他法律体系一样，环境立法重要的是阐明和执行社会高度重视的规范，但这并不是其唯一功能。环境立法支持的许多政治力量——包括争取更多机会、参与、正义和全球合作的运动——都是二十世纪社会认为对其可持续性不可或缺的力量"。[2]

（二）永续发展理念与刑法理论的结合

就永续发展理念与代际正义理论的关系而言，代际正义理论强调现世代对未来世代的责任，主张当前的决策和行动应兼顾未来世代的利益，而永续发展理念则进一步扩展了该理论，强调在实现经济社会发展的同时，必须保护生态环境，确保资源对未来发展的可持续性。

永续发展理念可以为生态环境刑法提供法哲学基础，通过探讨永续发展理念的核心思想及其与生态环境刑法的内在联系，能够揭示该理念如何从法哲学角度为生态环境刑法提供理论支撑。

1. 生态系统的整体性与法益保护

一方面，永续发展理念的核心之一是强调生态系统的整体性；另一方面，生态环境刑法不仅要保护人类的利益，还要维护生态系统本身的健康与稳定，人与自然互相依存，这与永续发展理念强调生态系统的整体性具有高度契合性。永续发展理念反对将人类与自然对立，主张两者共生共存共发展，为刑法提供了一个新的法益保护维度。法哲学上，永续发展理念将自然本身作为刑法保护的重要对象，这不仅扩展了刑法的法益范围，也强化了刑法保护生

---

　　[1]　Dale Jamieson ed. , *A Companion To Environmental Philosophy*, Blackwell Publishers Ltd, 2001, p. 331.

　　[2]　Dale Jamieson ed. , *A Companion To Environmental Philosophy*, Blackwell Publishers Ltd, 2001, p. 344.

态的内在逻辑。

2. 永续发展与刑法的长远保护

永续发展理念的核心在于保障未来世代的资源与发展机会，这一理念与生态环境刑法对未来世代长远性目标的保护紧密关联。永续发展理念为刑法的立法与实践提供了观念基础，引导刑法在应对生态环境犯罪时，能够考虑对未来的影响，保障未来世代的环境利益。该理念能够为我们规制滥伐原始森林、过度开发自然资源的行为提供理论支持，即使前述行为并未立即影响当代人的生存利益，甚至还为当代人赚取到了财富，但长期滥伐会破坏生物多样性与生态平衡，导致严重的生态退化，应当将其纳入刑法规制。

3. 资源不可再生性与刑法的预防性思维

永续发展理念重视资源的不可再生性，强调资源的可持续利用，这与刑法对生态环境犯罪的预防性思维密切相关。永续发展要求立法与司法在资源开发利用时采取预防性思维，防止因追逐短期利益而导致不可逆转的环境损害。刑法中的预防性思维与永续发展的资源可持续利用理念相辅相成，使得刑法不仅是事后惩罚的工具，更是预防资源滥用的事前规范，通过对高风险行为的处罚进行威慑，预防资源滥用。例如，矿产资源属于不可再生资源，一旦过度开采将难以恢复，野生动物资源尤其是珍贵、濒危物种，具有不可再生或再生周期极长的特点，中华鲟、白鳍豚被称为"稀有活化石"，一旦被捕捞、猎捕，这些物种将面临灭绝，生态平衡也将遭到破坏且短期难以恢复。刑法应重视类似资源的不可再生性，让极危、濒危物种得到有效保护。

然而，尽管永续发展理念能够为生态环境刑法提供法哲学基础，但在实践中，其应用仍然受到一些制约。出于追求短期经济利益等需要，在追求短期经济效果与长期永续发展的权衡中，天平常常倾向于追求短期经济效果，刑法保护永续发展的目标常常被忽视。在价值层面，如何在不同法益间取得平衡，仍是生态环境刑法的一大任务。

四、气候正义

气候正义作为一个概念，起源于对气候变化影响不公平分配的关注。"二十世纪末最重要的自由主义正义理论最关注资源的分配，通常被理解为自然资源或收入和财富，但它们很少或根本不关注许多环境利益和负担的分配（Bell，2004 年；Holland，2008 年）。环境正义倡导者认为，环境负担（如空气污染、水污染和气候变化带来的危害）和环境利益（如绿地使用权）也应该公平分配（Agyeman，2002 年；Bullard，1994 年；Hofrichter，1993 年；Shrader-Frechette，2002 年；Walker，2012 年）。"[1]随着全球气候变化，特别是工业化进程不断推进，全球气温升高导致极端天气事件频发，对人类社会产生重大影响。气候正义最早起源于环境正义运动，该运动关注环境负担的公平分配和社会不平等问题，气候正义从环境正义中发展而来，旨在处理气候变化带来的不平等影响和分配不公问题。气候正义自 20 世纪 90 年代初受到关注，特别是 1992 年的里约地球峰会之后，全球环境问题的关注点开始转向气候变化。21 世纪初，气候正义开始作为一个独立研究领域被广泛讨论，在 2009 年哥本哈根气候大会上，气候正义问题成为全球讨论的核心之一。近年来，随着全球变暖和极端气候事件频发，气候正义越来越受到国际社会、政策制定者和学术界的重视。

学者杨冠雄、洪崇轩在考察了地球温室效应的成因、影响之后，指出："温室效应的直接影响，系使全球气象变异，产生干旱、豪雨和南北极冰山融化，如果所有的冰山全部融化，海面会上升 60 厘米，届时，整个荷兰可能会被淹没，孟加拉国将消失无踪，甚至使全球气候变迁造成干旱，其将导致工业、农业全面衰退。"[2]全球气候变化的原因，在于迈入现代以来，随着科学技术的迅猛发展，人类开发、征服自然的能力迅速增强，但是，"如果环境污染和恶化达到了某种程度，如果对地球生物圈的破坏超过了某种限制，我们继续生存的自然条件就会遭到不可挽回的破坏，我们也就注定要灭绝，这点是确定无疑的"。[3]因此，人类必须基于科技伦理的法律来规范自身的行为，其中，在资源和负担的分配上实现气候正义，以实现对弱势群体和未来世代人的正义尤为重要。

---

[1]　Stephen M. Gardiner & Allen Thompson eds., *The Oxford handbook of environmental ethics*, Oxford University Press, 2017, p. 279.

[2]　袁中新主编：《环境伦理与科学》，巨流图书公司 2000 年版，第 174 页。

[3]　Paul. W. Taylor, *Respect for Nature: A Theory of Environmental Ethics*, Princeton University Press, 2011, p. 51.

（一）气候正义的内涵

气候正义作为代际正义理论的重要内容，强调的是应对气候变化造成的不公正和不平等现象，特别是对弱势群体和未来世代的影响。

气候正义主要涉及气候变化影响的不公平分配，包括：①责任分配。即哪些国家、企业和个人应对气候变化负主要责任，如何根据他们的排放历史和能力分担减排责任；②影响分配。即气候变化对不同地区、国家和社会群体的影响差异，特别是对低收入国家和弱势群体的影响差异；③政策公平。即在应对气候变化的政策和措施中，如何确保公平地分配减排和适应成本，保障弱势群体的利益。

气候正义具有以下特征：一是全球性。气候正义关注全球范围内的责任和影响分配，不单单关注某一国家或地区。二是历史性。气候正义考虑到历史排放的责任分配，特别是发达国家和发展中国家之间的责任分配。三是未来性。即涉及未来世代的利益，特别是如何平衡当前和未来世代之间的利益。四是多维性。涉及环境、经济、社会等多方面的公平问题，不仅是环境问题，还包括社会和经济层面的公平。

气候正义延续了法学中的正义概念，但具有独特性：一方面，法学中的社会正义强调资源和机会的公平分配，而气候正义则扩展了社会正义的范畴，将其应用于全球气候问题，要求各国和各社会群体在应对气候变化时遵循公平原则。另一方面，就分配正义而言，传统法学中的分配正义关注如何公平分配社会资源；而气候正义涉及气候变化带来的影响和责任的公平分配，尤其是在减排责任和适应成本的分担上。

气候正义的核心价值在于推动全球范围内影响气候变化责任的公平分配，它强调所有国家和社会群体应在应对气候变化中承担相应的责任，特别是那些历史上贡献最大、能力最强的国家和企业。气候正义还体现在对弱势群体和未来世代的伦理关怀，强调保护那些最容易受气候变化影响的群体等方面。例如，气候变化引发的极端天气和海平面上升导致大量气候移民，这些区域通常对气候变化影响较小，但却承担巨大义务。而气候正义则要求发达国家在气候变化过程中承担更多的责任，并提供资源和支持，以帮助这些气候移民和受影响地区。此举不仅反映了气候正义的公平性价值，也体现了对未来世代的伦理关怀。

（二）气候正义与刑法对未来世代利益的保护

在刑法启蒙时代和贝卡里亚所处的时期，并没有讨论法益与违反行政法的关系问题，进入 20 世纪，才开始将侵犯经济秩序等抽象的超个人的法益的行为纳入刑罚处罚范围。[1]生态环境犯罪同样也是刑事古典学派理论诞生时尚未出现的犯罪类型，早期的公害犯罪一般被认为仅侵害了生命、身体、健康、财产等个人的法益，然而，伴随科技与经济的进一步发展，在气候正义理念下，刑法不仅应关注个体，关注当代人，还需关注未来世代的利益，强调代际公平。生态环境刑法理论需要借鉴气候正义重视对未来世代权益保护的理念，确保刑法规制范围不仅针对犯罪行为对当前生态环境造成的现实侵害，也要考虑到对未来生态环境带来的危险。

一方面，将侵害空气、水体等的作为规定为侵害犯。污染空气、破坏大气的行为，即使并未立即对人类健康造成实害，也会因为破坏空气、水体等构成犯罪。这意味着，空气、水体等环境媒介不再仅仅是因对人类有用而受保护，而是作为独立的保护对象被保护。这表明了生态环境刑法法益保护范围的扩大。例如，B 公司非法排放废气造成空气污染，即使并未立即对任何个体的人的生命、身体、健康造成现实侵害，也有必要基于大气环境科学考虑其是否对空气本身造成达到刑事可罚程度的危害，即使这种危害在今天看来并未显现出来。关于该种并未立即造成侵害结果的环境污染行为的处罚，可以从气候正义中借鉴法理依据，充分考虑行为对空气等环境媒介可能造成的直接危害。

另一方面，通过刑法规定针对人类中心主义法益的抽象危险犯，将那些虽未侵害到个体健康但对人类生活构成重大威胁的行为纳入处罚范围。在气候正义理念影响下，可以增加抽象危险犯立法，将那些虽未立即对人产生可见危害但具有潜在危险的行为纳入规制范围。基于此，刑法可以增加抽象危险犯立法模式的数量。该犯罪规制模式尤其适用于与气候变化相关的生态环境犯罪，因为许多行为虽然没有立即产生直接危害，但从长远来看却对气候和生态系统造成不可逆的破坏。一个典型的例子是具备一定情节的非法排放温室气体行为，工厂长期非法排放温室气体，短期内可能不会对周边居民的

---

[1] 参见［日］中山研一、神山敏雄、齐藤豊治、浅田和茂编著：《环境刑法概说》，成文堂 2003 年版，第 16 页。

健康或环境质量产生直接的、可感知的影响，但它们会加剧全球气候变暖，长期损害生态系统的稳定性，导致冰川融化、海平面上升等全球性问题。因此，尽管这一行为暂时没有造成明确的实害结果，但其对气候和环境有抽象的危险，可以通过抽象危险犯立法将其纳入刑法规制。

通过前述方式，气候正义理念在生态环境刑法中得到体现，以防止那些看似无害的行为对未来气候和生态系统产生长远的负面影响。

（三）气候正义与刑法对生态系统的整体保护

气候正义作为代际正义的重要组成部分，提出了对现有气候资源进行公正分配和合理使用的要求，以确保未来世代能够享有同样的环境质量。这种理念超越了传统刑法中"人类中心主义"的立场，强调了对未来气候资源的整体保护，进一步拓展了刑法保护的法益范围。例如，企业长期向大气高污染排放虽然短期内难以观察到对个体健康的直接损害，但该行为对全球气候系统和大气质量造成的长期负面影响却是不可逆的。在该情况下，刑法通过引入"气候正义"理念并将其体现在法益之中，可以为当前和未来世代的气候资源提供保护，是代际正义理念的体现。

其现实基础在于，气候问题超越了单一国家、个体和特定群体的界限，影响范围全球化，具有长远性特征。因此，在应对气候问题的立法上，不能仅仅考虑破坏气候对个体法益的侵害，还需要从生态系统的整体出发进行考量。与之相适应，气候正义理念不仅关注人类的短期利益，还强调对自然界整体的兼顾，包括对植物、动物、海洋、土地、大气的一体化保护。

基于此，在刑法法益理论中引入"气候正义"理念，突出对生态系统的整体保护，是因为气候具有不可分性、全球性，并且难以归属于任何单一个体或特定人群，属于超个人的法益。因此，刑法对气候的保护很难从个人法益中寻找理论支撑，而必须在生态中心主义框架下寻找根据，气候正义理念正好提供了这种法理支持。例如，非法砍伐原始森林不仅影响森林周边居民的生活，还会对全球的气候系统产生不可忽视的影响，特别是通过削减碳汇能力导致全球气候变暖。刑法对非法砍伐行为进行规制，不仅是为了保护特定区域的居民利益，更多的是为了保护全球生态系统的可持续性，这正是"气候正义"理念的具体体现。气候正义理念的引入，有助于刑法理论更加重视超个人法益的保护，特别是在涉及全球气候、大气污染等问题上。

超个人法益保护的重要性在生态环境犯罪中尤为突出。超个人法益强调的是对生态系统的整体保护，而不仅仅是对个体和特定群体的利益保护，许多生态资源如大气、森林、河流、海洋、动植物等，不能归属于特定的个体或群体，而是属于全人类共享的生态资源。非法捕猎濒危野生动物的行为虽然不会立即影响到任何个体的财产或生命安全，但却破坏了整个生态链的平衡稳定，影响了全球生物多样性，从长远看会对整个生态系统和气候造成潜在威胁。刑法打击此类非法捕猎行为，实际上是在保护超个人法益，即自然界的生物多样性和生态平衡，这种保护超越了个体法益的范围，是气候正义理念的体现。

与气候正义理念下超个人法益的保护相适应，刑法的犯罪构成需要放宽对结果的要求，将一些尚未产生直接、实际危害结果的抽象危险行为纳入规制范围。气候正义的理念要求刑法在面对气候变化和环境恶化的潜在危险时，通过规定抽象危险犯来对超个人的气候法益进行提前保护。

第四节　哲学伦理基础的内在逻辑

生态伦理学、环境正义理论和代际正义理论在生态环境刑法的法哲学基础中相互关联，并且有着内在的逻辑一致性。下文将分析其内在逻辑及其在生态环境刑法中的作用。

一、哲学伦理基础中各部分的角色定位

（一）生态伦理学的角色

"生态伦理学有一种漫长的哲学传统。"[1]同时，"在生态伦理学那里，涉及一个年轻的新学科，从自然哲学来观察，甚至是革命性的新学科"。[2]这门从自然哲学视角切入研究的学科为考察生态环境犯罪提供了法哲学基础。

生态伦理学关注人类与自然环境的关系，强调生态系统的整体性、系统

---

〔1〕［德］奥特弗利德·赫费：《作为现代化之代价的道德——应用伦理学前沿问题研究》，邓安庆、朱更生译，上海译文出版社 2005 年版，第 90 页。

〔2〕［德］奥特弗利德·赫费：《作为现代化之代价的道德——应用伦理学前沿问题研究》，邓安庆、朱更生译，上海译文出版社 2005 年版，第 90 页。

性和内在价值。它从以下视角增加了法哲学观察的深度。其一，整体主义和生态系统观。生态伦理学强调生态系统的整体性，认为自然界的各个元素和生物系统都有其独特的价值并具有紧密内在关联。"自然的面貌是一幅动人的、呈现出秩序和关联的景观。生物学植根于化学，而化学又根植于物理学。没有什么地方会有毫无关联的事物，自然的面貌也因观察的广度和深度以及大小范围的不同而呈现各不相同的样子。这里我们看到什么是秩序：这个统一的整体是以千差万别为特点的，是将许多部分生动地综合为一体的整体。"[1]这种观念促使生态环境刑法不仅仅关注个别的犯罪行为，而且考虑到它们对整体生态系统的影响。其二，环境伦理与道德责任。如果站在人类中心主义立场，"人类中心主义的环境伦理理论认为，我们与自然界相关的道德责任最终都源于我们对人类所具有的责任。正是因为我们应该尊重所有人的人权，或我们应该保护和促进人类的幸福，我们才必须对人类对待地球自然环境和其他生物的行为予以某种约束"。[2]尊重自然环境归根到底是为了人类的利益。与之不同，生态伦理学倡导人类对自然环境的道德责任，主张在法律规范中体现出对环境保护的独立的道德要求和法律义务，这将影响生态环境刑法的立法和司法实践。

（二）环境正义理论的定位

作为生态环境刑法的法哲学基础，环境正义理论具有两个定位。一是作为价值导向的提供者，二是刑法正义的校验器。

第一，价值导向的提供者。环境正义理论提供了一种价值导向，强调环境保护涉及不同社会群体间的公平和未来世代的利益，引导法律更加关注公平。生态环境刑法作为环境保护与实现社会公平正义的方式，需要遵循环境正义理论所提供的价值导向，在支持环境治理的同时，维护好社会的公平正义，关注不同社会群体尤其是那些容易被忽视的弱势群体。例如，在某些工业污染案件中，大型企业通过技术手段规避了环境监管，但这往往导致周边低收入群体面临严重的健康风险，这些群体由于经济条件限制，往往无法获得优质的法律帮助和医疗支持。这就要求在评价刑事责任的同时，充分考虑

---

〔1〕〔德〕汉斯·萨克塞：《生态哲学》，文韬、佩云译，东方出版社1991年版，第28页。

〔2〕Paul. W. Taylor, *Respect for Nature：A Theory of Environmental Ethics*, Princeton University Press, 2011, p. 11.

受害者的赔偿或补偿，要求污染企业为环境健康受影响的居民提供医疗支持，承担环境修复费用。不但如此，环境正义理论还强调，当代人的行为不应损害未来世代的利益。以非法倾倒有毒废物等长期积累性污染案件为例，这些行为不会立即对当地居民造成明显的危害，但会对土壤、水源等自然资源造成长期影响，间接威胁到未来世代的环境质量。法律可以设立财产刑，要求污染者缴纳生态环境修复金，同时承担长达数十年的环境监测与环境修复责任，并将其作为刑罚执行的一部分。

第二，刑法正义的校验器。环境正义理论在刑法中充当校验器的角色，主要体现在两个层面：一是帮助检验刑法条款本身的正义性；二是在具体案件中检验刑法适用的正当性。一方面，环境正义理论可以通过"分配正义"理论来检验刑法条款的正义性。分配正义关注环境资源和风险的公平分配，刑法应确保弱势群体不过度负担环境风险，刑法对于工厂污染物排放的规制，应当让那些居住在工厂附近的弱势群体免受环境危害。如果立法者没有充分考虑环境风险分配不均的问题，便可能导致法律偏向保护特定利益集团，而忽视对弱势群体的保护。例如，某大型企业长期超标排放废水，污染附近河流，导致下游农村水源被破坏。村民承担了不成比例的环境风险，但企业却因为获得行政许可而不会受到刑法甚至行政法的处罚，这说明法律制度本身欠缺正义。另一方面，环境正义理论在个案中充当正义校验器，特别体现在社会正义和代际正义的检验上。社会正义要求程序的公平性和风险共担，这意味着在生态环境刑事案件中，所有涉案方应当在程序中得到公平对待。比如，一个大型跨国公司破坏森林植被，但地方政府因其经济贡献而对其违法行为网开一面，导致贫困农民失去生计。这种情况表明，刑法在该案的适用没有实现环境正义的要求。

（三）代际正义理论的功能

代际正义理论重视当前世代如何对待未来世代的资源和环境权益，它主要探讨如何在当前世代和未来世代之间公平地分配资源和责任，确保未来世代能够享有一个健康和可持续的生态环境。其作为法哲学基础的理论特征包括：其一，长远视角。代际正义强调考虑未来世代的利益，这种长远视角使其可以为生态环境刑法对长远利益的保护提供理论根据。《巴黎协定》是国际社会承诺为减少温室气体排放，应对全球变暖而制定的，该协议体现了代际正义原则，其旨在保护未来世代免受气候变化的影响，体现了对未来世代的责任和公平考虑。中国作为缔约国之一，在生态环境刑法中体现相关内容具有国际法渊源。其二，伦理基础。代际正义本质是一种伦理义务，即当代人有义务确保未来世代能够生活在一个健康的环境之中，这种伦理上的义务与传统的杀人、强奸等犯罪一样，为刑法保障提供了正当性基础。

代际正义理论在生态环境刑法法哲学基础中具有两项重要功能：其一，未来世代利益的保护者。代际正义理论主张当前世代应当以可持续的方式利用和管理资源，确保未来世代也能享有相似的发展机会和生活条件。这能够对生态环境刑法形成指引，当破坏生态环境的行为尚未造成实害，但科学实验数据表明行为对生态环境足以形成具体的危险或对未来世代人的整体生态利益带来抽象的危险时，将此种行为规定为危险犯就有了法理基础和科学基础。建立在环境科学和生态哲学基础之上的代际正义理论可以为生态环境犯罪的刑事制裁、赔偿修复提供更好的科学指引。其二，长远影响评估的引导者。代际正义理论引导生态环境刑法在立法和评估犯罪行为时，不仅考虑即时效果，还需评估长期影响。这一功能促使刑法在处理生态环境犯罪时充分考量行为到对生态系统的长远影响，在处理非法排污犯罪时，不仅应考虑当前对空气、水体或土壤的污染，还要考虑这些污染物在长时间内对生态系统的积累效应。因为有害化学物质给环境媒介带来的污染可能未来几年逐渐扩散，影响水生生物的生长，对人类饮用水源造成长期风险。代际正义理论要求法律在评价犯罪时，充分考虑这种长远影响，以减缓对未来环境的负面影响。

通过以上两个功能的分析可以看出，代际正义理论在生态环境刑法的法哲学基础中起到重要作用。它不仅为刑法保护未来世代的利益提供理论根据，还引导刑法在评价和应对生态环境犯罪时考虑长远影响，从而实现生态环境的可持续性保护。

二、哲学伦理基础内部各范畴之间的关系

生态伦理学、环境正义理论和代际正义理论在法哲学体系中相互补充和交叉影响，共同构成了生态环境刑法的法哲学基础。

（一）生态伦理学与环境正义理论的关系

生态伦理学与环境正义理论共同作为生态环境刑法的法哲学基础，在核心理念上具有互补性。生态伦理学注重自然的内在价值，强调人与自然之间和谐共生，认为自然界中的每一种生物以及其整体生态系统都应当得到尊重与保护。环境正义理论则聚焦于公正地分配环境利益和负担，尤其强调环境问题对社会不同阶层、不同代际的影响。二者的内在联系在于，生态伦理学为环境正义提供了价值基础。如果没有对自然内在价值的承认，环境正义的基础会显得薄弱，因为环境问题本质上是生态破坏带来的资源与环境权益的失衡。例如，在 X 城市的工业污染案件中，基于生态伦理学立场，要求企业尊重自然环境，不能为了经济利益而破坏生态系统；而环境正义理论进一步指出，该污染对居住在污染区域的低收入群体不公，他们承受了环境恶化的代价，而未能从经济发展中受益。此时，环境正义通过强调公平分配环境风险来对生态伦理学对自然内在价值的重视进行补强。

二者在保护未来世代利益这一共同目标上是相同的。生态伦理学认为，当前的自然资源不能被过度利用或破坏，否则会损害未来世代赖以生存的生态基础。而环境正义理论中的代际正义强调，未来世代有权享有健康的环境和可持续发展的资源。这两个理念在保护未来世代利益上互为支持，生态伦理学提供价值导向，环境正义则提供公正分配的框架。以非法开采矿产资源案件为例，生态伦理学呼吁停止不可持续的开采行为，以免破坏未来世代的资源基础；同时，环境正义指出，当前代的资源过度开发不仅影响未来世代，还可能导致资源分配的失衡，进而加剧社会不公。

不但如此，生态伦理学与环境正义理论共同支撑生态环境刑法的基本理论。一是支撑法益保护的理念。生态环境刑法所保护的法益并非仅限于传统的人类中心的法益，还包括超个人法益如生态系统本身的价值。生态伦理学强调大自然本身的内在价值，这为刑法提供了新的法益范畴，使得刑法的保护从对人的保护扩展到对自然本身的保护。而环境正义理论则进一步强调，这种保护不仅要考虑当代人，更要兼顾未来世代的利益，确保资源的公平使用与分配。二是刑罚目标的扩展。在传统刑法理论中，刑罚的主要目的是预防犯罪。然而，在引入生态伦理学与环境正义理论后，刑罚目标更加多元化，生态伦理学的内在价值观重视对自然环境的保护与对生态的恢复，而环境正义则强调刑罚的公平性，尤其是对受影响群体的补偿与公平对待。三是构成要件的设计。生态伦理学价值观促使立法者重视行为对生态系统本身的危害，规制潜在的危害行为。同时，环境正义理论提醒立法者在设计前置行政法（空白构成要件）时关注不同社会阶层的利益和对代际群体的影响。

总之，生态伦理学与环境正义理论在生态环境刑法的法哲学基础中扮演了互补的角色。二者共同为生态环境刑法的基本理论提供了价值导向与评判框架。

（二）环境正义理论与代际正义理论的关系

二者都以"公平"为核心理念。环境正义理论关注当前和未来世代的公平，特别是在资源利用和环境保护方面的公平性问题。代际正义理论则扩展了这种公平性强调当前世代的行为不应当损害未来世代人的资源和生活条件，当前世代应当承担适当的责任来确保永续发展和资源的合理使用。因此，二者都以"公平"为核心理念，环境正义关注的是当代社会内部的公平分配，而代际正义则进一步强调跨世代之间的公平。例如，某城市为了发展经济，批准大规模开采矿产资源，造成严重环境污染。环境正义理论认为，该行为不仅对居住在污染区的低收入群体不公，还对那些没有能力抗衡污染的弱势群体产生危害。代际正义理论进一步强调，该开发模式严重耗竭了未来世代的资源，破坏了生态环境的可持续性，导致未来世代无法享有相应的生态利益。

二者共同促进长期利益的保护。环境正义理论不仅关注当代环境的公平使用，还包括对长期环境风险的预防，以确保后续社会能够享有健康的环境。而代际正义理论明确了这种"长期利益"不仅仅是对当前社会内部的关照，更是对未来世代的责任。因此，二者都强调在环境问题的处理上，应避免短期行为对未来环境造成不可逆的损害。

二者分别从空间与时间两个维度实现法益保护。环境正义从社会分配的角度补充了代际正义理论对未来世代利益保护的不足，确保当下的环境政策和法律能够覆盖当前的社会问题，而代际正义则进一步为环境正义的空间保护提供了时间延续性。例如，工业企业排放大量污染物，影响了当地空气质量。环境正义会认为，污染不仅对当地居民，尤其是对低收入人群造成不公，代际正义则认为，长期的环境污染将对未来世代的生存环境产生深远影响，刑法应对其进行规制。

不但如此，二者还从法益范围扩展、违法性判断标准转换、刑罚目的扩展三个方面共同为生态环境刑法理论提供支撑。

第一，法益保护范围的扩展。环境正义理论为刑法提供了当代社会内部环境保护的依据，而代际正义则进一步将法益延展至未来世代。这种扩展使生态环境刑法的法益保护范围超越了传统刑法对个体权利的关注，进而扩展至包括生态系统整体和未来世代人利益在内的超个人法益。例如，在毁林案件中，基于环境正义会认为，因为环境犯罪，当地少数民族和贫困农民失去了赖以生存的森林资源，他们的生存生计受到严重影响。而代际正义则进一步强调，森林消失不仅损害当代人利益，还削弱了未来世代的生存环境和气候的调节功能。因此，生态环境刑法既要考虑对当前受损群体的保护，也应重视对未来生态平衡的保护。

第二，违法性判断标准的转变。刑法传统的违法性判断标准是建立在个人人身、财产法益损害基础之上的，但环境正义和代际正义共同推动刑法的违法性判断标准向超个人法益扩展。环境正义重视将环境的公平分配通过空白构成要件纳入违法性判断，确保不因环境犯罪而加剧社会不公。而代际正义则要求刑法在进行违法性判断时，考虑犯罪行为对未来环境和世代的长远影响。比如，C工厂持续向河流排放有害废水，基于环境正义会认为，行为不仅破坏了水源还影响了下游贫困渔民的生计。而代际正义则进一步强调，行为对未来水资源供给和生态平衡造成了深远的负面影响。据此，刑法应将这些因素作为违法性判断的重要标准，确保未来世代不受环境破坏的长期威胁。

第三，刑罚目的的延展。环境正义和代际正义共同推动生态环境刑法的刑罚目标从传统的报应和预防扩展至修复功能。环境正义理论强调刑法不仅要惩罚犯罪，还应通过刑罚修复生态利益。代际正义则进一步要求采取措施恢复受损的环境系统，以保障未来世代的生存条件。例如，非法采矿导致大面积土壤和水源污染，环境正义要求加害者承担污染清理和土地恢复费用，以弥补当地居民失去的耕地资源；而代际正义则进一步主张，应当通过刑法惩处和修复性措施恢复生态系统，以确保未来世代能够继续依赖这一资源进行生产生活。

（三）生态伦理学与代际正义理论的关系

二者共同关注自然的内在价值与长远利益。生态伦理学强调自然的内在价值，主张生态系统、动植物及其栖息地本身具备独立的伦理地位，应当受到尊重与保护。例如，1973年美国《濒危物种法案》规定："它绝对重视物种保护，而不是相互竞争的经济利益。一旦一个物种被列为濒危物种，就不能进行任何会损害其'关键栖息地'的开发活动；也不能以任何目的"征用"这些土地，即使征用纯粹是出于开发目的。"[1]这一理念强调人类不仅应出于自身利益去保护环境，还应出于对自然的伦理责任来维护生态平衡。而代际正义理论则在时间维度上扩展了这一责任，强调当前世代有责任为未来世代保留一个可持续的环境。两者都试图从不同维度来保障自然的长期存续与价值。在非法采伐原始森林案件中，基于生态伦理学立场会认为，森林不仅仅是供人类使用的资源，而且拥有其内在价值，破坏森林是对自然的伦理侵害。而基于代际正义则会认为，该行为会剥夺未来世代的生存资源，导致不可逆转的生态损失。二者共同为刑法保护森林资源提供理论根据。

此外，代际正义还将生态伦理学所主张的价值基础扩展到对未来世代的责任。生态伦理学重视人类对自然界的伦理责任，而代际正义则将该责任拓展为对未来世代的代际责任，强调当前世代不仅要保护自然，还要为后代保留一个健康的生态系统。因此，生态伦理学为代际正义理论提供了价值来源，而代际正义则延续了生态伦理学的责任范畴，赋予其更强的时间纵深。例如，某地滥建水坝导致河流生态系统破坏，生态伦理学会认为，水坝建设破坏了河流生态系统的内在价值，是对自然的侵害；而代际正义则进一步指出，行为会对未来世代的水资源供给和生态环境产生负面影响。二者共同主张通过法律手段保护生态，限制过多过滥有害未来世代的开发行为。

不但如此，二者还共同为生态环境刑法提供理论依据。其一，二者共同为生态环境刑法的法益论提供理论依据。生态伦理学扩展了法益的保护范围，将自然环境作为独立法益纳入刑法进行保护，这不仅包括自然资源的物质价值，还包括生态系统整体的内在价值，而代际正义则将这种价值从当代人扩

---

〔1〕 Dale Jamieson ed., *A Companion To Environmental Philosophy*, Blackwell Publishers Ltd, 2001, p. 333.

展到未来世代。其二，为违法性判断提供多维化标准。传统刑法的违法性判断主要基于对人类法益的侵害，但如果基于生态伦理学立场，会考虑对自然内在价值的破坏是否构成违法，而代际正义则要求在违法性判断中考虑对未来世代的潜在危害。这意味着生态环境刑法的违法性标准不再局限于对人类法益的直接损害，而扩展到对生态系统的破坏及其长远影响。这种理念对于将危害濒危野生动物、破坏原始森林、污染沙漠、破坏冰川等行为纳入刑法处罚范围提供了依据。

总而言之，生态伦理学、环境正义理论和代际正义理论在理论基础上相互交织，共同构建了生态环境刑法的法哲学框架。生态伦理学为法律提供了保护生物多样性和生态系统整体性的内在价值基础；环境正义理论则铺就了环境资源公平分配的哲学伦理路径，尤其注重保障弱势群体权益；代际正义理论则强调当前世代的行为不应当损害未来世代人的资源和生活环境，促使法律将永续发展和未来资源保护纳入现有法律框架。

以上三种哲学伦理基础的结合体现了这样一种内在逻辑，即通过生态伦理学的整体观，导向环境正义理论重视环境资源的公平分配，再通过代际正义理论确保资源环境永续利用，它们共同构成了生态环境刑法的哲学伦理基础。

第四章

生态环境刑法的法益

要回答生态环境刑法的法益究竟是什么，首先有必要对人类为何要保护生态环境进行追问，哲学家和法学家都在研究这个问题。在哲学家当中存在两种截然不同的主张，一种强调良好运转的环境对人类福祉的重要性，哲学家们长期以来一直在探索这种传统（人类）伦理学。另一种认为环境特征——其他物种、个体生物，甚至岩石、溪流、山脉等——也与伦理有关。也就是说，人类可能对它们负有道德义务。这种伦理学方法在哲学上特别有趣，因为它试图将伦理学扩展到传统（人类）领域之外。[1]在法学领域，对该问题的不同回答代表不同的法益观。以内蒙古腾格里沙漠污染案为例，工厂将未经处理的污水沉淀物直接填埋于无人居住的沙漠，是否构成生态环境犯罪分歧很大。一种观点认为不构成犯罪，理由是污染物排放在沙漠无人区，不会对人的生命、身体或健康造成实害或危险，这是基于人类中心主义法益论推导得出的结论。另一种观点认为构成污染环境罪，认为沙漠排污纵然不会危害到具体人的生命、身体或健康，但如果承认生态学的法益的独立地位，则前述行为威胁到生态的整体，应按犯罪处理，这是立足生态中心主义得出的观点。可是，司法实务者最终采纳前者并未将腾格里沙漠污染案当作犯罪处理，这给我们带来深深的思考，难道刑法不应该保护生态环境吗？

为了深入剖析这一问题，需要先就生态环境犯罪的法益学说争鸣做一些分析。

第一节　法益学说争鸣

一般认为，"就环境刑法的保护法益存在以下对立观点：一是从人类的利益（包含人类子孙后代在内的人的生命、身体安全等）来探求保护法益的观

---

[1] According to Sahotra Sarkar, *Environmental Philosophy*: *From Theory to Practice*, Wiley Blackwell, 2012, p. 38.

点（人类中心法益论）；二是从环境本身（包括生态系统在内）来更加广泛地把握法益的主张（生态中心法益论）"。[1]此外，还存在兼顾人类中心法益论和生态中心法益论的折中说，称之为生态学的人类中心主义，其承认对环境要素独立的刑法保护，但将其保护范围限定为与当下及未来人类基本生活与存续相联系的部分。[2]

一、人类中心的法益论

人类中心的法益论是将法益建立在人本思想基础之上的法益论，基本理由是"在以尊重国民主权和基本人权为基本原理的现行宪法秩序之下，生命、身体、自由、名誉、财产等个人法益应当优先受到刑法的保护"。[3]其思想不但被法兰克福学派广泛接纳，还得到了1971年德国刑法修正案的采纳。在人类中心的法益论看来，人的生命、身体、健康才是保护法益，而生态环境本身并非独立的法益，顶多是对人类中心的法益进行保护的一种中间状态，也可以认为生态环境犯罪在侵害环境媒介的同时对人类中心的法益形成了抽象的危险，换言之，危害环境本身不一定构成生态环境犯罪，是否构成犯罪最终取决于对人的生命、身体、健康是否造成实害或危险，如果答案是否定的，即使破坏了生态环境，也不构成生态环境犯罪。

这种法益论长期以来在刑法学中占据主导地位，按照这个学说，生态环境刑法的法益不是生态环境本身，而是作为维护人类健康而存在的环境媒介。在德国，哈斯默尔教授参照其老师阿图尔·考夫曼的见解，认为在当时，刑事法学以及刑事实务已经机能主义化，他重新提出了"法益是刑法上需要保护的人的利益（strafrechtlich schutzbedürftige menschliche Interessen）"的模糊定义。基于哈斯默尔的立场，生态环境刑法中的法益不是自身值得保护的环境，而是作为人类健康上以及生存上的必要媒介的环境，或者只是作为人类各种生活条件的集合（Ensemble）的环境，而不是纯净的水和纯净的空气。[4]那么，哈斯默尔以"人格"为标志的法益论是否契合生态环境犯罪呢？至少在已

---

〔1〕　［日］今井猛嘉：《环境犯罪》，载［日］西田典之编：《环境犯罪与证券犯罪》，成文堂2009年版，第67页。

〔2〕　参见［日］伊东研祐：《环境刑法研究序说》，成文堂2003年版，第38~39页。

〔3〕　［日］曾根威彦：《刑法总论》，弘文堂2001年版，第6页。

〔4〕　参见［日］伊东研祐：《环境刑法研究序说》，成文堂2003年版，第28~30页。

将环境保护确立为基本法目标之一的国家中缺乏法律依据而难以被认可。例如，在中国。不但如此，哈斯默尔从阻止机能主义化的政策意图出发来否定环境成为刑法法益的观点，在逻辑上也是混乱的。其观点本质上显然不属于生态学的法益论，而依然属于纯粹的人类中心的法益论。所以，人类中心的法益论所存在的优缺点在哈斯默尔所提出的人格（personal）的法益论中都普遍存在。

纯粹人类中心的法益论至少在以下四个方面存在疑问。其一，纯粹人类中心的法益论没有考虑自然资源在当代人与后代人之间的分配正义，被当代人消耗破坏后的资源环境构成后代人的物质生活基础，如果只考虑当代人利益将自然资源都分配给当代人，则必然侵犯子孙后代享有的利益。其二，并非所有生态环境犯罪都是自然犯，其中大量法定犯以违反环境法作为成立犯罪的前提，如果认为生态环境犯罪的法益纯粹以人类为中心，这就意味着在构成要件上不必以违反环境行政法为前提，这不但与中国立法矛盾，也与世界范围内生态环境犯罪具有行政从属性的立法特点相抵牾。其三，在环境刑法产生前，传统刑法原本就注重对人的生命、身体、健康的保护，即使没有环境刑法，对于侵害人的生命、身体、健康、财产法益的行为，传统刑法中的人身罪、财产罪也已经为人类中心的法益提供了刑法保护，即使没有规定环境犯罪也并不妨碍处罚前述侵害人类中心法益的行为。可见，新增（生态）环境犯罪并不是仅仅为了保护人的生命、身体、健康、财产，而是为了对新的法益，即生态学的法益进行独立的保护。其四，我国刑法保护珍贵、濒危野生动物以及重点保护的植物、林木，如果我国生态环境犯罪采纯粹人类中心的法益论，则立法者不会将上述动植物纳入刑法保护范围，因为猎捕一只金丝猴或一条中华鲟，不会对任何人的生命、身体、健康造成实害或者危险。

对前述质疑，人类中心的法益论难以回答。与此同时，生态学的法益论呼声日益高涨，方才提出"生态环境本身是否应当作为刑法上独立的法益"这一问题，而要回答该问题则需要对生态学的法益论做一些考察。

二、生态学的法益论

生态学的法益论（生态中心法益论）认为，制定法律是为了单纯实现生态环境保护的目的，维护人类的生存发展只不过是保护生态环境的附产物。该说以环境伦理学为立论基础，具有较强的伦理道德性。国外有学者直接指出"环境保护是伦理、文化政策"。〔1〕"环境伦理学家认为权利主体为一般生物，甚至是河流、山、溪谷、土地、沙漠、岩石等自然物。"〔2〕生态学的法益论主张在不考虑人类利益的前提下将生态环境直接作为刑法的法益加以保护。在该学说下，对水、土壤、空气以及其他环境媒介和动、植物，在不考虑和人类生命、身体、健康是否具有关联性的前提下，通过刑法直接加以保护。显然，生态学的法益论考虑了当代人彼此之间以及与未来人世代之间的分配正义问题，这是由资源的有限性所决定的。日本伊东研祐教授是支持生态学法益论的学者，他认为，法律的目的是人，即使站在德国学者马克斯（Michael Marx）教授的立场来看，作为国家的手段，法律的目的是创造和维持使人格能够自由培养的外在条件，如果将人类为了实现和培养自由的自我而使用的外部条件和对象称为法益，那么"环境"也可以作为法益来理解。〔3〕

可是，生态中心法益论也受到一些质疑。其一，能否单纯以高度抽象的伦理作为犯罪化的依据？伦理性的动物保护理念能否作为刑法上的法益？通常的观点认为，法律不是伦理的审判者，刑法理论最大贡献之一就是将法律与伦理严格区别的思想纳入刑法体系。〔4〕刑法学说史上曾经有法益保护主义与社会伦理主义之争，前者认为，犯罪的本质是侵犯法益，因而刑法的目的就是保护法益。后者认为，犯罪在本质上是违反了社会伦理，因而刑法的目的是保护伦理，后来后者衰退，这是由于"在价值观多样化的现代社会，社会伦理这一无法取得共识的概念，不能为刑罚这一严厉制裁的发动提供正当化根据"。〔5〕其二，涉及对刑法是否应过度介入伦理道德调整领域的追问。德国法曾因过度介入伦理道德而受到质疑，如《德国动物福利法》关于虐待动物的规定包括了杀死脊椎动物和粗暴地对脊椎动物施以重大痛苦或折磨等，其潜台词是人类有责任让动物免受不人道的处遇，而不人道的评价显然是以

---

〔1〕　［日］町野朔编：《环境刑法的综合的研究》，信山社2003年版，第41页。
〔2〕　［日］町野朔编：《环境刑法的综合的研究》，信山社2003年版，第23页。
〔3〕　参见［日］伊东研祐：《环境刑法研究序说》，成文堂2003年版，第13页。
〔4〕　我国刑法理论和立法一直坚持严格区分法律与伦理，不将同性恋行为、吸食毒品行为等仅应受伦理谴责行为规定为犯罪。在解释论上也坚持了这一立场。例如，为了防止刑法介入国民的道德生活领域，将《刑法》第301条第1款聚众淫乱罪中的"聚众淫乱"限制解释为具有一定公然性的聚众淫乱。
〔5〕　［日］今井猛嘉、小林宪太郎、岛田聪一郎、桥爪隆：《刑法总论》，有斐阁2009年版，第10页。

伦理道德为基础的，很难直接作为刑法上处罚虐待动物行为的正当化根据。也正是因为如此，虽然有国家制定了反动物虐待的法律，但只处罚在公共场所虐待动物的行为，因为有了公共场所的限定，其保护的依然是公众的情感。因为，如果不是发生在公共场所而发生在无人在场的独居私宅，由于不会伤害他人情感因而刑事制裁的依据明显不足。也因此，纯粹生态学的法益论更多体现对动物的伦理关怀，可是将虐待动物入刑如果仅在于维护大众良知，其正当性明显不足。日本学者指出："阿图尔·考夫曼在批判迈尔·阿比希和动物权利运动的同时，强调了应受保护的是人类的生命和权利。"[1]

在德国，主张生态环境刑法法益是生态学法益的主要法律依据是《德国基本法》第20条之一，该条规定，国家为将来的世代负有责任，有责任通过立法并经由行政与司法，在符合宪法秩序的范围内，保障自然生活环境。这一内容被认为是立法对生态学的法益论所进行的确认。但反对者认为，《德国基本法》第20条之一并非生态学法益论的专利，保护生态最终还是为了维护人的利益，并进一步推论认为，如果保护生态环境最终不是为了人类利益，难道是为了保护环境媒介与动植物等非权利主体？认为将环境媒介当作法益的看法，是混淆了"保护法益"与"行为客体"这两个不同层面的概念。

虽然保护动物权利的呼声日益高涨，环境伦理学对动物意识、动物福利的研究对法学形成一定影响力。[2]但即使是主张生态中心主义的学者也承认，"纯粹的生态学（ökologisch）法益构成仍然是少数说，这也是事实"。[3]

三、生态学的人类中心的法益论

生态学的人类中心的法益论是人类中心的法益论与生态学的法益论的折中说，在德日刑法中居于通说地位。基于人类中心的法益论与生态学的人类中心法益论各自的缺陷，人类中心的法益论不再坚持只有与人类的生命、身体、健康、财产相关的自然资源或环境媒介才能成为法益，一定程度上肯定了生态环境可以作为法益的一部分加以承认，不过前提是须与人类的利益有

---

[1] ［日］町野朔编：《环境刑法的综合的研究》，信山社2003年版，第24页。

[2] 参见［美］汤姆·雷根：《动物权利研究》，李曦译，北京大学出版社2010年版，第29~102页。

[3] ［日］伊东研祐：《环境刑法研究序说》，成文堂2003年版，第47页。

关；与之相对，生态学的法益论也不再坚持将单纯的环境媒介独立作为刑法法益，并且承认生态与人类生存条件之间的相互关联。一般认为《德国刑法典》第 324 条 a 采用了生态学的人类中心的法益论。[1]"其实质是环境介质（水体）本身属性的恶化（无论其最终与人类的关联性如何），如上所述，也是侵犯法益，相当于将环境介质本身当做法益的生态法益论。"[2]本书认为，就我国生态环境刑法而言，也宜采生态学的人类中心的法益论，理由如下：

第一，我国所有环境保护的法律、法规都采用了生态学的人类中心的法益论。一方面，法律保护生态学的法益，例如，《环境保护法》《海洋环境保护法》第 1 条分别规定"保护和改善环境，防治污染和其他公害""防治污染损害，保障生态安全"。另一方面，法律也保护人类中心的法益，例如《环境保护法》《海洋环境保护法》第 1 条将"保障公众健康"作为立法目的。《大气污染防治法》第 1 条同样包含"保护和改善环境，防治大气污染""保障公众健康"两个方面的立法目的。

第二，在我国，一个具体的生态环境犯罪既可以是侵犯生态学法益的实害犯或具体危险犯，又可以是侵犯人类中心法益的抽象危险犯。例如，杀害具有"水中大熊猫"之称的中华鲟（Acipenser sinensis，国家一级重点保护野生动物）构成危害珍贵、濒危野生动物罪，其既属于侵犯生态学法益的实害犯，又属于侵犯人类中心法益的抽象危险犯。不但如此，一个具体的生态环境犯罪还可以既是侵犯生态学法益的实害犯或危险犯，又是侵犯人类中心法益的实害犯。例如，分管生产的副厂长 X 违反国家规定，指挥工厂工人往山谷中倾倒、填埋含镍、锰、钴的污染物，超过当地污染物排放标准 20 倍以上，即使没有立即造成人员中毒，也由于行为对生态学法益造成实害或对人类中心的法益带来了"危险"因而构成污染环境罪。[3]污染环境罪中"严重

---

〔1〕《德国刑法典》第 324 条规定："a. 未经许可污染水域或对其品质作不利的改变的，处 5 年以下自由刑或罚金刑。……"参见《德国刑法典》，徐久生、庄敬华译，中国方正出版社 2004 年版，第 160 页。

〔2〕［日］伊东研祐：《环境刑法研究序说》，成文堂 2003 年版，第 40~41 页。

〔3〕 参见最高人民法院、最高人民检察院《关于办理环境污染刑事案件适用法律若干问题的解释》（法释〔2023〕7 号）第 1 条第 4 项"排放、倾倒、处置含镍、铜、锌、银、钒、锰、钴的污染物，超过国家或者地方污染物排放标准十倍以上的"，应当认定为"严重污染环境"；第 2 条第 9 项"致使三十人以上中毒的"，应当认定为"情节严重"。

污染环境"的表述既包括侵犯生态学的法益所造成的实害或危险，又包括侵犯人类中心的法益所造成的实害或危险。由此可见，我国生态环境刑法采用生态学的人类中心的法益论，有刑法上的依据。

问题在于，如何理解生态学的人类中心的法益论。

生态学的人类中心的法益论不是对生态中心法益论与人类中心法益论的简单组合，而是要重新确定"生态环境"和"环境保护"的内涵，并对刑法保护的生态学的法益的范围进行界定，即如何理解其"与人的最终关联性"。

首先，应当将"生态环境""环境保护"界定为包含人与自然互动关系的规范性概念。

生态环境包含但不限于纯物理层面的自然环境，不能将其理解为纯物理、纯自然意义上的与人类社会无关的环境媒介，而纯粹生态学的法益论基本上是将环境理解为纯粹物理的存在，忽略了人与自然间的依存互动关系。环境保护也不同于自然保护，环境保护是比纯物理层面的自然保护层级更高的社会存在，不考虑人与自然关系的环境保护只能叫自然保护。

事实上，人与自然关系密不可分，沙漠、地下水、海洋共同形成能量流，沙漠里富含铁元素的沙子能够通过大生态系统的循环影响海洋，每年落进海里达几十亿吨的沙子成为海洋藻类重要的营养来源，藻类是光合作用释放氧气的主力军，通过大气循环与水循环影响整个地球生物圈并影响人类。不仅如此，沙漠特殊环境孕育的独特物种对于生物多样性也具有重要价值。反之，如果沙漠污染会影响海洋藻类的生存，而海洋藻类位于海洋食物链最底端，是整个海洋生物金字塔的基础，沙漠污染不但对海洋食物链造成负面影响，影响藻类光合作用进而影响大气层最终影响到人类，且有害于生物多样性与生态平衡。在前述腾格里沙漠污染案中，如果一定要苛刻地要求沙漠污染物已实际危害到人的生命、身体或健康才启动刑罚，其实是一种只见树木不见森林的对沙漠污染危害的肤浅认识。其实，污染沙漠既破坏生态又危害人类，在生态学的人类中心的法益论下，沙漠应当和海洋、土壤、草原、林地一样被同等保护。

因为刑法调整的并非不具有任何社会意义的纯物理的自然存在，刑法作为社会规范，其规制对象也是在与人的关系互动中存在的，包括空气、水源、土壤、草原、湿地、森林、海洋、沙漠在内的环境媒介也一定是在其与人类关系的互动中才体现价值。将生态环境与人类社会对立是犯了哲学"二分法"的错误，其忽略了二者的相互依存、相互影响，没有考虑人类有意义的活动反过来可促进生态改善的这样一些客观存在。

就德国、日本刑法而言，环境犯罪法益已从纯粹人类中心的法益论逐步过渡到融合人类中心与生态学的法益的阶段。20 世纪 70 年代，德国刑法修正案关于环境犯罪的部分采用了人类中心的法益论。但到了 1980 年，德国将附属环境刑法规范统一规定到刑法典当中，立法者开始将环境刑法的法益定位为生态-人类中心的法益，并成为通说。[1]后来环境刑法一词被传到日本，替代日本原有的公害刑法，在日本，经常有所谓从公害刑法到环境刑法的提法。[2]此时的环境已经不同于物理意义上的纯自然环境，而是包含了人与自然互动关系的规范性概念。

其次，"与人的最终关联性"是弹性概念，其最终取决于人类对未知世界的认识程度，只要生态学的法益与人类中心的法益不相冲突，就应当保护生态学的法益。

国外有学者认为，根据生态学的人类中心的法益论，应当将生态的范围限定为"与人的最终关联性"。[3]对此应如何理解？不可否认，刑法只保护对人类具有重大价值的生态资源而不可能保护全部生态资源。过去生态中心法益论难以解释的是，同样作为大自然的组成部分，为何法律仅保护部分生物而不保护全部的生物？这是因为，受保护的一定是有益于人类或至少无害于人类的生物，蝗虫、跳蚤、苍蝇、蟑螂、老鼠、有害植物虽然也是有生命之物但因有害于人类故刑法不保护。例如，人类不能容忍随意杀害小白兔，但却能容忍以研发药品为目的对小白兔活体解剖，可见，将哪些动物纳入保护范围以及如何保护，依然以对人类是否有用为标准。再如，过去虽然保护野猪，并将野猪列入《国家保护的有益的或者有重要经济、科学研究价值的陆生野生动物名录》。[4]但后来野猪数量激增，频繁发生野猪袭击致人伤残事

---

〔1〕　参见 ［日］ 町野朔编：《环境刑法的综合的研究》，信山社 2003 年版，第 25 页。

〔2〕　参见 ［日］ 川端博、町野朔、伊东研祐：《环境刑法的课题与展望》，载《现代刑事法》2002 年第 2 期。

〔3〕　参见 ［日］ 伊东研祐：《环境刑法研究序说》，成文堂 2003 年版，第 38 页。

〔4〕　参见 2000 年 8 月 1 日生效的《国家保护的有益的或者有重要经济、科学研究价值的陆生野生动物名录》（原国家林业局令第 7 号——引者注，国家林业局已撤销）。

件，由于野猪属国家保护的"三有动物"，不少人因捕杀野猪而被判刑。[1]野猪力大攻击性强，有的地方出动特警并在无人机、警犬配合下才将其击毙。[2]鉴于此，国家林业和草原局发布的《有重要生态、科学、社会价值的陆生野生动物名录》将野猪删除。这说明，一旦动物危及人类生命、身体、健康时，将不再被继续保护。

不但如此，刑法对植物的保护也仅限部分而非全部。例如，危害国家重点保护植物罪的保护范围只限于珍贵树木或者国家重点保护的其他植物。根据司法解释，"珍贵树木"包括由省级以上林业主管部门或者其他部门确定的具有重大历史纪念意义、科学研究价值或者年代久远的古树名木，国家禁止、限制出口的珍贵树木以及列入《国家重点保护野生植物名录》的树木。[3]相反，在数量上占绝大多数，构成植物生态主体的普通植物反而未纳入刑法保护范围，可见，我国刑法目前采用的并非纯粹的生态中心法益论，而是以对人类是否有价值作为判断标准。

当然，前述对环境媒介与动植物予以保护的边界取决于人类对环境科学的认识程度，人类目前已经认识到沙漠、戈壁、荒漠同样具有特殊生态价值，对环境媒介、动植物保护的范围并非一成不变。因此，"与人的最终关联性"是一个弹性概念，最终取决于人类对未知世界认识的深度。但可以肯定的是，随着科学的进步和人类认识水平的提升，未来必然会有更多的生态环境要素被纳入"与人的最终关联性"范围，当下只要该环境要素与人类中心的法益不相冲突，就应当被纳入刑法的保护范围。例如，自然景观能够舒缓人的心情、消除心理压力并给人带来精神愉悦，如果从保护人类中心的法益的角度，人的心理感受显然不属于法益的保护范围，但切换到生态学的法益的视角，只要其与人类中心的法益不相冲突，刑法就应当对其加以保护，此时生态学

---

〔1〕 参见曾业：《野猪伤人事件不断：但多地捕杀野猪者被判刑　还有人因捕杀丧命》，载 https://baijiahao.baidu.com/s? id = 1717475192705802012&wfr = spider&for = pc，2024 年 5 月 20 日访问。参见《香港闹市野猪奔走！李玫母亲被袭半身瘫痪》，载 https://baijiahao.baidu.com/s? id = 1713778680747393043&wfr = spider&for = pc，2023 年 2 月 28 日访问。

〔2〕 相应视频及文字参见《守护平安　地空协同击毙"嚣张"野猪》，载 2022 年 6 月 29 日 "合肥警方"微博视频号。

〔3〕 参见最高人民法院《关于审理破坏森林资源刑事案件具体应用法律若干问题的解释》（法释〔2000〕36 号，已失效）第 1 条。

的法益是刑法上独立的法益。

　　如果不承认这一点，则十分不利于生态保护。因为，"如果将'环境媒介'视为行为客体，而将'人的生存'本身理解为最终需维持的法益的话，那么'自然环境'就是中间法益"。[1]其结果是，刑法对生态环境的保护依然只是对人类中心法益这一终极目标进行保护的中间状态，而这一问题在生态学的人类中心的法益论下能得到解决。在生态学的人类中心的法益论下，生态学的法益与人类中心的法益具有如下位阶关系：其一，在与人类中心的法益不相冲突的部分，生态学的法益应得到最大程度的独立保护；其二，当生态学的法益与人类中心的法益冲突时应优先保护人类中心的法益，因为刑法所保护的法益归根到底是"人"的利益。

第二节　行政法益论

一、行政法益论及其修正说

　　在国外，关于环境犯罪的法益，存在所谓行政法益论。该论重视行政管理的目的，认为环境刑法的处罚范围大部分依赖于政府的决定。[2]在德国，支持该学说的以行政法学者为主且属少数说，在日本几乎没有学者支持该论。[3]该学说将环境犯罪的可罚性理解为违反了行政法上的义务，只是极少数人的观点，一方面，刑法的违法性不等于行政法的违法性，更不可能依附于行政法的违法性。违反行政法义务的行为只应受到行政法的制裁不应受到刑罚的制裁。另一方面，刑法只不过是在构成要件的层面（包含概念、术语、法规等）具有行政从属性，这是由行政犯的特殊性所决定的，但在违法性层面刑法依然具有不依赖于行政规范与行政行为的独立性。

　　为了弥补行政法益论的缺陷，便有了所谓行政法益论的修正说。其重点着

---

〔1〕　[日]伊东研祐：《环境刑法研究序说》，成文堂2003年版，第57页。

〔2〕　参见[日]中山研一、神山敏雄、齐藤豊治、浅田和茂编著：《环境刑法概说》，成文堂2003年版，第13~14页。

〔3〕　参见[日]町野朔编：《环境刑法的综合的研究》，信山社2003年版，第54页。

眼于违反行政义务的内容。常举的例子是《德国刑法典》第 325 条，[1]认为该条文只有依据行政法的规定才有启动的可能。据此得出结论认为该条保护的并非水体本身及其对人类的功能，而是行政法的义务。修正的行政法益论的疑问在于，仅仅因为构成要件中有"未经许可""违反行政法义务"的要素，就认为其法益是行政法所保护的利益，归根到底该观点是混淆了构成要件符合性与违法性的内容，将构成要件要素完全等同于违法性的内容，用构成要件要素直接来判断法益侵害，理论上是有问题的。

二、法益的形式理解与实质理解

关于环境法益的理解，我国学界存在一种少数学者主张但却得到司法实践普遍响应的观点，该观点认为："无论是国家立法机关的环境立法活动还是行政机关的环境执法活动以及受立法机关委托进行的环境行政立法活动，其建立起来的环境法律秩序和环境行政管理秩序，基本上都属于必要的社会生活条件的范畴，都是法所应当保护的，因而也都是环境法益。"[2]该观点虽然只是少数学者的主张，但却得到司法实践的响应。其逻辑是，既然生态环境犯罪被规定在妨害社会管理秩序罪下作为该章的一节，其保护的自然也应当是社会管理秩序，该认识看似有立法依据，容易被司法实践所接受。但问题是，前述认识是建立在对法益的错误理解之上的。在法理上，刑法目的有三个层次：刑法的整体目的、分则各章的目的、具体条文的目的。原则上讲，具体条文的目的要体现分则各章的目的；分则各章的目的要体现刑法的整体目的。例外情形是，当立法缺陷导致章节归类错误时，对该章节犯罪，应抛弃形式理解而进行实质的理解。

然而，我国的司法实践似乎继受了一种形式理解的逻辑，近乎机械地将规定生态环境犯罪的目的理解为支持行政管理秩序，实践中不少判决支持将单纯破坏环境行政管理秩序的行为当作犯罪处理，虽然办案人员不一定准确认识到法益内容，但其适用法律的过程隐含着对法益的不正确理解，其结果

---

〔1〕《德国刑法典》第 325 条第 2 项规定："严重违背行政法义务，在设备，尤其是工厂或机器的运转过程中，向设备范围之外大量释放有害物质的，处 5 年以下自由刑或罚金刑。"参见《德国刑法典》，徐久生、庄敬华译，中国方正出版社 2004 年版，第 160 页。

〔2〕张梓太、陶蕾：《环境刑法的法益初论——环境刑法究竟保护什么》，载《南京大学法律评论》2001 年第 2 期。

是将环境行政管理秩序当作了法益。应当指出的是，实践中判定生态环境犯罪行为的社会危害性，常常通过是否获得行政许可来判断。例如，在张某、舒某非法采矿罪案中，关于二被告人非法采矿行为的社会危害性大小，一审法院认为："二被告人无证在河道采砂，给国家矿产资源造成了重大损失，破坏了正常的矿产资源行政管理秩序，破坏了河道生态环境，社会危害性较大。"[1]从其定罪逻辑可以看出，其中"破坏了河道生态环境"是直接根据无证采矿的逻辑延伸，进而推导出具有社会危害性的结论。再如，在和某峰非法采矿案中，一审法院将云南省玉龙县、乡两级政府发布通告，派驻护矿队、森警部队巡逻看守认定为恢复被破坏的行政管理秩序的行为。换言之，被告人在该情况下仍然采挖金矿，是对行政管理秩序的破坏，于是认为八名被告人有罪。[2]可问题在于，该有罪判断的逻辑顺序是通过先推导出被告人破坏行政管理秩序的结论，再进一步推导出构成犯罪的结论，其问题在于，将维护矿产行政管理秩序当作了非法采矿罪的目的并作为裁判依据，属于法益理解错误。为了剖析司法实践中法益理解错误的根源，我们有必要对 19 世纪以来法益概念与义务违反理论的演变史进行考察。

19 世纪的德国，黑格尔刑法思想的核心是将犯罪定义为有意识地违反公共意志。20 世纪 30 年代，德国在新黑格尔主义哲学思潮影响下，对康德主义进行了批判。遗憾的是，"新黑格尔主义法学派，在法学理论中继承了黑格尔的唯心主义，而恰恰抛弃了他的辩证方法，同时利用黑格尔的国家主义、狭隘的民主主义的政治法律观点，创立了'国家至上''元首至上'的理论"。[3]不但如此，"有些新黑格尔主义法学者甚至死心塌地地投向法西斯的怀抱，用自己的理论为法西斯的统治大造声势"。[4]黑格尔极端国家主义哲学为法西斯主义法学思潮提供了理论源泉，影响巨大。[5]德国纳粹上台后，试图废除法益概念并不再将犯罪定位为法益侵害而将犯罪定义为义务违反，当时德国刑法学者将行为解读为独立于结果之外的社会伦理现象，犯罪与主流文化秩序相抵

---

〔1〕　参见四川省宝兴县人民法院［2019］川 1827 刑初 18 号刑事判决书。

〔2〕　参见云南省玉龙纳西族自治县人民法院［2011］玉法刑初字第 71 号刑事判决书。

〔3〕　卓英子：《新黑格尔主义法学》，法律出版社 2006 年版，第 2 页。

〔4〕　卓英子：《新黑格尔主义法学》，法律出版社 2006 年版，第 3 页。

〔5〕　参见史广全：《法西斯主义法学思潮》，法律出版社 2006 年版，第 30~35 页关于"黑格尔极端国家主义哲学对法西斯主义法学思潮的影响"。

牾因而是卑劣的。该阶段，法益理论脱离了重视存在的自然主义，抛弃了重视价值的新康德主义，产生的新问题是更加重视行为而忽视结果，导致在追究犯罪时更加重视行为人的内心想法，使得刑法被道德化，而这些思想正好被当时的纳粹所利用，与纳粹主义所追求的意志刑法思想殊途同归。

二战后，从反思历史的角度，德国因经历了纳粹时期崇尚共同体至上所带来的惨痛教训，其基本法刻意驳斥了纳粹时期的反自由主义、反个人主义，重视个体固有价值与人格的自由发展，《赫仑基姆宪法草案》第 1 条就规定："国家为了人类而存在，而非人类为了国家而存在。"成为该部宪法的精神。后来《德国基本法》第 1 条规定，人的尊严不可侵犯，尊重与保护人性尊严是国家机关的义务，基本权拘束立法、行政与司法。其中，人性尊严表现在第 2 条的人格自由发展权。作为建立在个人自由基础之上的自由权，其继承的是启蒙时代的自然法传统，承认人民的自由先于国家而存在，定义了个人发展自由优先于集体而存在。[1] 可以说，为纳粹法学提供根据的新黑格尔主义法学已经式微，"第二次世界大战结束后新黑格尔主义法学派以迅雷不及掩耳之势没落了，被历史的车轮抛弃在为众人所遗忘的角落"。[2]

当然，讨论法益，不能脱离立法的具体规定。在立法上，成立生态环境犯罪以违反环境行政法为前提，这给人的感觉是生态环境刑法保护了行政利益，因而国外存在所谓行政法益论。然而，该学说从德国传到日本后几乎没有得到日本学者的支持，即使在德国也只是行政法学者所倡导的少数说。日本的中山研一、神山敏雄、齐藤丰治等教授认为，行政法益论的提出原本只是为了"回避法益是保护生态系统还是人类利益的争论"[3]。可问题是，如果将刑法作为实现行政目的的手段和工具，将违反和从根本上动摇法益保护主义。行政法益论的问题还在于其将刑法与行政法的违法性相混同，因为行政从属性原本仅指构成犯罪以违反环境法前置性规定为前提，是仅就构成要件而言，并不涉及不法层面。也就是说，生态环境刑法仅于构成要件层面在概念、术语上有赖于环境行政法的规定而非在违法性层面从属于环境行政法。

---

〔1〕 法国启蒙思想家、古典自然法学代表人物之一孟德斯鸠认为，要想保障自由，必须限制政府权力，防止权力滥用和权力腐败。参见鄂振辉：《自然法学》，法律出版社 2005 年版，第 116 页。

〔2〕 卓英子：《新黑格尔主义法学》，法律出版社 2006 年版，第 3 页。

〔3〕 [日] 中山研一、神山敏雄、齐藤丰治、浅田和茂编著：《环境刑法概说》，成文堂 2003 年版，第 14 页。

为了修正行政法益论的缺陷，出现了修正的行政从属性说，该说着眼于刑法中违反行政义务的规定，常举出的例子是《德国刑法典》第 324 条以下，适用该条的前提是具备了行政法上的法定情形。也因此，有人认为德国污染水体罪保护的并非水体对于人类和环境的功能，而是透过行政法的具体规定而构建的人类生存的自然基础。然而，该论的疑问在于，违反行政法（环境行政管理秩序）只不过是构成要件要素之一，仅仅违反该要素不可能该当构成要件，更不可能在违法性阶层被评价为不法。即使按照构成要件的违法类型说，违反环境法上的义务也依然只是判断违法性的依据之一，在其他必备违法性要素欠缺情形下，不可能直接得出犯罪的结论。并且"将侵害行政法益行为犯罪化，为实现行政目的而将刑法作为手段和工具，从根本上动摇了刑法本来的法益原则和谦抑性原则"。[1]

三、环境行政管理秩序法益否定说

本书不赞成将单纯的环境行政管理秩序作为生态环境犯罪的法益，具有以下几个理由：

第一，单纯破坏环境行政管理秩序的行为在我国不构成犯罪。要构成犯罪还需具备情节、后果、数额、手段等单个或多个要素，这说明，刑法并不惩罚单纯破坏环境行政管理秩序的行为。从我国刑法未将单纯违反环境法的行为规定为犯罪而是附加其他条件的规定来看，我国立法对行政违法和刑事违法显然是做了二元区分的，这是行政法和刑法的目的不同所决定的，仅仅不遵守环境法的行为，并不必然侵害法益，"法律为了保护生活利益而存在，行为义务只不过是反射性地存在而已。……在环境刑法中，保持结果无价值论可能而必要"。[2]违反行政法的行为只有当同时具备一定的后果、情节要素时才被认为对法益形成紧迫的危险，才值得刑法介入。例如，A 企业未取得行政许可往河流排放生产污水，经鉴定排污尚达不到严重污染环境程度，B 企业通过贿赂取得行政许可后往河流排放生产污水，经鉴定达到严重污染环境程度，应如何定性？对 A 企业而言，虽然单纯破坏了环境行政管理秩序，

---

〔1〕〔日〕中山研一、神山敏雄、齐藤豊治、浅田和茂编著：《环境刑法概说》，成文堂 2003 年版，第 14 页。

〔2〕〔日〕町野朔编：《环境刑法的综合的研究》，信山社 2003 年版，第 19 页。

但在犯罪构成上还欠缺其他要素因而不构成环境犯罪。B 企业虽获得排污行政许可但却是通过贿赂取得，如果承认通过骗取、贿赂手段获得的许可因非法而不具有阻却不法的效力，则 B 企业与 A 企业在违反环境行政管理秩序这点上是一样的，不同在于 B 企业具备了"严重污染环境"要素因而构成污染环境罪。因此，判断是否"严重污染环境"并进而判断是否侵害法益，才是认定污染环境罪的关键，单纯违反环境行政管理秩序不可能侵害到该法益。

第二，我国《刑法》第 2 条的规定表明，无论自然犯还是行政犯，其目的都是为了保护法益。我国《刑法》第 2 条规定的既是刑法的任务也是刑法的目的，因为《刑法》分则规定的十大类犯罪本质上都是侵犯法益的行为，"用刑罚同一切犯罪行为作斗争"目的就是预防和打击犯罪行为，从而保护法益。刑罚的目的是预防犯罪，之所以要运用刑罚同犯罪作斗争，目的也是为了保护被犯罪行为所侵犯的法益，其中的"犯罪"既包括自然犯也包括行政犯（法定犯），当然也包含生态环境犯罪在内，因此可以说，生态环境犯罪的目的也是保护法益，而"秩序的概念具有多样性，其内容也非常抽象和宽泛……，并不是所有的现存秩序都可能成为法益"。[1]关于秩序等抽象法益，国外学者也认为，"这样的抽象法益给当时的政府提供了作为执行行政目的的手段而使用刑罚。在这里，本来的法益概念的功能被阻碍，法益概念会堕落"。[2]与日本在刑法典之外规定行政刑法不同，我国刑法是将包括自然犯、行政犯在内的所有犯罪统一规定在同一部刑法典当中，在日本，如果行政刑法有特别规定可以不适用刑法的一般规定。[3]以至于日本有公法专家认为，"行政犯与刑法犯性质不同，不是处罚违反道德行为，而是以为实现行政措施服务的合目的性为主要目的，所以不依赖刑法的一般原则"[4]，可是，我国行政犯立法模式与日本完全不同，类似前述日本公法专家的理解在我国因缺少法律依据而不能成立。无论生态环境犯罪是作为自然犯还是行政犯，其目的都受到我国《刑法》第 2 条的拘束，即都以保护法益为目的，单纯将

---

〔1〕 张明楷：《法益初论》（修订版），中国政法大学出版社 2003 年版，第 173 页。

〔2〕 ［日］中山研一、神山敏雄、齐藤豊治、浅田和茂编著：《环境刑法概说》，成文堂 2003 年版，第 17 页。

〔3〕 《日本刑法典》第 8 条规定："本编的规定也适用于其他法令规定的犯罪，但其他法令有特别规定的，不在此限。"

〔4〕 ［日］藤木英雄：《行政刑法》，学阳书房 1977 年版，第 8 页。

环境管理秩序作为刑法的目的，在我国找不到法律依据。

第三，刑法支持环境行政管理活动只是手段而目的依然是保护法益。刑法不仅是行政法的保障法，也是民法等部门法的保障法，当民法上的利益得不到实现时也需要刑法来保障。例如，对于拒不执行民事判决的行为，刑法就设置了相应的拒不执行民事判决、裁定罪，很显然，这不是刑法在维护某种抽象的秩序，而是为了敦促义务人积极履行民事义务，从根本上来说是为了保障民事权益得到实现，这是该条文的目的，立法不可能脱离法条的目的来设置刑法规范。还可以反过来说，刑法维护某种秩序只是手段，最终目的还是要保护行政法、民法等第一次规范没能完成保护的社会生活利益。刑法对环境行政管理活动的支持也是如此，但这并不等于刑法将行政管理秩序当作法益，不能将手段等同于目的。例如，按照刑法和司法解释的规定，仅仅违反国家规定，排放、倾倒有毒物质或者其他有害物质尚不足以构成污染环境罪，还需具备一定后果或情节才构成犯罪，例如致使公私财产损失 30 万元以上；致使乡镇集中式饮用水水源取水中断 12 小时以上，等等。〔1〕此外，我国并不处罚形式犯，司法实践中对于单纯未取得许可（违反行政法规范）从事处置危险废物经营活动但并未严重污染环境的，不认定为污染环境罪。〔2〕这说明，刑法要求行为人遵守行政法规范的目的是防止一定的后果和情节发生（保护法益），保护法益才是刑法的目的，而督促国民遵守环境行政法规范只不过是一种手段。与前述讨论相关的话题是，如何理解生态环境犯罪的行政从属性。其含义仅指生态环境刑法构成要件中的概念、术语、行政法规、命令来源于行政法，而在违法性层面刑法的判断依然是独立的，其并不意味着刑法是行政法的工具，"法律的工具主义观念在很多方面都有一种强有力的破坏法治理念的趋势"。〔3〕行政法以增进社会福利为目的，而刑法以保护法益为目的，当然，部分生态环境刑法在保护法益的同时，的确在客观上起到了支持了环境

---

〔1〕 参见最高人民法院、最高人民检察院《关于办理环境污染刑事案件适用法律若干问题的解释》（法释〔2023〕7 号）第 1 条第 9、第 10 项的规定。

〔2〕 参见最高人民法院、最高人民检察院《关于办理环境污染刑事案件适用法律若干问题的解释》（法释〔2023〕7 号）第 7 条规定："无危险废物经营许可证从事收集、贮存、利用、处置危险废物经营活动，严重污染环境的，按照污染环境罪定罪处罚；……"

〔3〕 〔美〕布赖恩·Z. 塔玛纳哈：《法律工具主义：对法治的危害》，陈虎、杨洁译，北京大学出版社 2016 年版，第 3 页。

行政管理的效果，但支持行政管理只是手段，目的依然是保护法益。姑且不论生态环境犯罪有自然犯化的倾向，例如，倾倒含铅、汞、镉、铬、砷、铊的污染物，或者向饮用水水源保护区排放含传染病病原体的废物、有毒物质等符合构成要件的行为，原本在道德观念上就应受到谴责。如果按照自然犯是"其自身为恶"（mala in se）即根据普通人的道德观念来判断其为恶的行为，而行政犯在普通人的道德观念上并不被认为是理所当然的恶，而是"被禁止的恶"（mala prohibita）的区分标准，[1]前述排污、倾倒污染物行为因道德观念上值得谴责而更倾向于自然犯。可是，即使是生态环境犯罪中属于行政犯的部分，其成立条件依然不能脱离法益，区别在于自然犯多属于侵害法益的实害行为，而行政犯多属于给法益带来危险的行为。本质上二者都是基于法益而构建的犯罪类型，单纯的环境行政管理秩序可以成为生态环境刑法实现法益保护的手段，但不能成为生态环境犯罪的法益本身。

第三节　风险控制法益论

一、社会学的风险社会理论简介

"我们生活在一个风险社会，这件事早已是老生常谈。但是具体而言，这又是什么？风险社会一词有多种观点。"[2]环境哲学也在研究风险，"没有一个概念像风险一样对现代环境法的发展如此重要"。[3]

"风险"一词最早起源于欧洲开辟新航路时代，一开始在商业领域用来强调交易不确定带来的危险。15世纪中期，开始把可以管理和控制的危险理解为风险。随着保险制度出现，风险概念中加入了可能的经济损失估算，从此开始把风险和人类无力改变的自然规律区分开来，强调人类秩序理性与行为可塑性的一面。对风险概念进行系统阐述的是德国社会学家乌尔里希·贝克（Ulrich Beck），贝克在其著作《风险社会：新的现代性之路》中阐述了风险

---

〔1〕　参见［日］藤木英雄：《行政刑法》，学阳书房1977年版，第7页。

〔2〕　［德］阿图尔·考夫曼：《法律哲学》，刘幸义等译，法律出版社2011年版，第319页。

〔3〕　Dale Jamieson ed. , *A Companion To Environmental Philosophy*, Blackwell Publishers Ltd, 2001, p. 334.

社会理论，将后工业时代人类存续面临的困境及可能的生存威胁情况用"风险社会"一词概括。[1]为说明环境污染给人类带来的风险，贝克引用了德国环境顾问理事会的研究报告，他指出"'经常能在母乳中发现β-六氯环乙烷、六氯苯和DDT，其浓度令人担忧。'（环境顾问理事会，1985：33）这些有毒物存留在杀虫剂和除草剂中，但它们早已被禁止流通"。[2]贝克认为："工业导致的环境污染和自然破坏首先出现在高度发达的社会，并对人们的健康和共同生活造成了各种影响。"[3]按照贝克的分析，前述现象都可以归入前现代的阶段。工业化和资本化累积的各种负面效应导致生态系统的崩溃成为可能或现实。

德国社会学家乌尔里希·贝克风险社会理论的主要内容：一是风险的全球性和普遍性。现代社会的技术进步和工业化进程带来了巨大的风险。许多风险是人类活动特别是科技和工业发展造成的，这些风险不可避免地伴随现代化进程而产生。现代社会的风险，如环境污染、核泄漏、基因工程等，具有全球性和普遍性。这些风险不仅影响某一特定区域或人群，而且跨越国界，影响全世界。二是随着风险增多，人们的风险意识也在增强。个体和全社会都越来越关注风险问题，风险意识的提升影响着人的行为和社会政策。三是风险分配不均。风险并非均匀分布，贫穷和弱势群体往往暴露于更大的风险之中，而富裕和有权势的群体则往往有更多资源来避免或转移风险。

按照这一逻辑推演，我们似乎可以得出一个阶段性结论，即传统的社会治理方式和法律制度可能难以有效应对风险，而需要新的治理方式和新的法律框架来应对风险。如上所述，现代社会的风险具有普遍性和全球性，特别是生态环境风险，如果不以风险控制作为法益，似乎就无法有效应对风险社会下的环境问题。如果不在污染发生前进行控制，等到实际的环境污染和健康损害发生时刑法再介入，恐为时过晚。不但如此，预防原则似乎更支持将风险控制作为法益的结论。按照这一逻辑，将"生态环境风险"纳入刑法保

---

〔1〕　参见［德］乌尔里希·贝克：《风险社会：新的现代性之路》，张文杰、何博闻译，译林出版社2018年版，前言第2~4页。

〔2〕　［德］乌尔里希·贝克：《风险社会：新的现代性之路》，张文杰、何博闻译，译林出版社2018年版，第11页。

〔3〕　［德］乌尔里希·贝克：《风险社会：新的现代性之路》，张文杰、何博闻译，译林出版社2018年版，第12页。

护法益，可以强化预防措施，防止潜在风险演变为实际损害。比如，对于排放有毒废物的企业，即便暂未造成明显污染，但只要其排放行为对环境构成重大风险时刑法似乎就可以启动。并且，将"生态环境风险"作为法益也似乎能够增强刑法对潜在犯罪的威慑力，使得相关企业和个人更加谨慎，避免触碰法律红线。

或许正是基于风险社会理论及其推演出的前述逻辑，我国学者提出，在风险社会视阈下环境刑法应预防化并扩张危险犯立法。[1]有学者认为"在各种风险增多的情势下，我国环境刑法也应树立防控环境风险的理念，并以此为核心，对我国的环境刑法做出符合发展趋势的调整"。[2]有学者提出，"环境刑法应在风险防范理念下，扩充法益、引入危险犯"[3]，还有学者主张，"风险社会中，环境犯罪立法的目标不是如何减少犯罪数量，而是如何降低犯罪风险"。[4]

二、环境风险控制法益论否定论

前述学者观点难以为本书全部认同，本书反对将风险控制作为生态环境刑法的目的，理由如下：

第一，法学不同于社会学，不能将社会学上的结论直接用于法学。本质上，贝克的风险社会理论是一套关于社会结构和组织变迁的理论，挑战了工业社会既有的运行逻辑，然而，即便在社会学研究者看来，也需要对贝克的风险社会理论进行批判性反思。[5]有学者认为"现代主义者贝克的直观的理论反思建立在混淆风险和外部性的基础上"[6]。其实，贝克所谓生态系统行

---

[1] 参见张道许：《风险社会视阈下环境刑法的发展变化与立法面向》，载《江西社会科学》2019年第9期。

[2] 苏彩霞、邓文斌：《环境风险防控理念下我国环境刑法的调适》，载《环境保护》2014年第10期。

[3] 范红霞、李巧玲：《生态风险社会背景下中国环境犯罪的刑法规制》，载《求实》2015年第1期。

[4] 邓琳君、吴大华：《风险社会语境下环境犯罪的立法思考》，载《中国社会科学院研究生院学报》2013年第6期。

[5] 参见张宪丽、高奇琦：《社会风险化还是心理风险化——对贝克风险社会理论的反思》，载《探索与争鸣》2021年第8期。

[6] 王赟、程薇瑾：《从贝克到吉登斯：风险社会理论中的认识论差异》，载《社会科学研究》2022年第3期。

将崩溃的观点，只不过是一种预言，包含各种变数而非必然结果。更为关键的是，环境风险本质上表现为一种有害于人类的自然现象，认识环境风险原本应建立在自然科学基础上，可是，社会学中的风险并非自然科学概念，其未建立在自然法则基础上，只能理解为一种社会现象。不同的主体、不同的情境、不同的阶段、不同的认知程度，都会影响对风险的判断从而得出摇摆不定的结论，这与法律追求安定性的要求相去甚远。最为重要的是，法益作为犯罪所侵害（或威胁）的利益，必须具有可侵害性，也因此法益被称为保护法益。所以，法益在现实中必须是可能受到侵害或威胁的利益，反之，如果不可能遭受侵害或威胁，就没有保护的必要，而风险本身不可能被侵害或威胁，不具有价值也不是一种利益，不可能成为法益。不但如此，由于刑法具有谦抑性、最后手段性特点，并由罪刑法定主义、法益保护主义、责任主义、刑法的自由保障机能来维持其手段的正当性。不可想象将社会学概念直接用于刑法学，用风险理念主导刑法并将其改造成单纯风险控制的工具会带来怎样的"风险"。

第二，如果将刑法作为风险控制的手段，会使得刑法偏向社会安全防卫而背离其机能并引发新的社会风险。刑罚以预防犯罪为目的，且预防可以分为一般预防与特殊预防，在犯罪未发生前不可能针对具体的犯罪人进行特殊预防，而针对普通大众所进行的一般预防会面临将人当作工具的质疑，其背后的理念与风险社会的理念如出一辙。如果将风险社会理论的内容照搬过来作为抑制生态环境犯罪的刑事政策依据，不可避免会让其刑事政策偏向社会防卫，使得刑法背离补充性、最后手段性，越位到最前沿成为社会控制的手段，违背刑法自由保障机能和人权保障机能。在德国，即使倡导预防性刑法的代表性学者德国马普外国刑法与国际刑法研究所所长乌尔里希·齐白教授也仅是通过研究危险犯、预备犯立法以实现对法益超前保护来推进以预防为导向的刑法，其研究范围主要包括恐怖主义犯罪、严重危害国家暴力犯罪等十分有必要超前保护的特殊犯罪类型，以预防为导向的刑法并不针对所有犯罪类型。[1]因为现代刑法处罚的必须是个人意志支配下的可选择性行为，否则将违背责任主义。例如，构成犯罪的排放污水、废气都必须是意志自由选

---

〔1〕　参见［德］乌尔里希·齐白：《全球风险社会与信息社会中的刑法：二十一世纪刑法模式的转换》，周遵友等译，中国法制出版社 2012 年版，第 197~225 页。

择下的行为，单纯风险社会理论影响下的刑事政策、立法与司法，会背离刑法的机能，混淆刑事不法与行政不法，让立法充满正当性危机，带来新的风险。刑法的法律后果最为严厉，其核心任务是通过保护法益来维护社会秩序和正义。如果将刑法直接用于风险控制，可能导致刑法在保护法益与预防潜在风险之间失去平衡，偏向社会安全防卫，从而使得刑法体系失去其应有的稳定性和可预见性。例如，在某工业园区内，A工厂储存了大量化学试剂，这些试剂虽然存在一定的泄漏风险，但储存措施得当，未实际造成污染。如果仅因为潜在风险而对A工厂进行刑事处罚，这不仅会引发企业对刑法的不信任，还可能导致其他企业为避免刑事责任而过度防范，甚至减少必要的生产活动，影响经济发展。

第三，不宜将风险控制作为生态环境刑法的目的还在于难以合理说明其正当性。为了对抗生态风险，刑法无疑是最容易被人想到的，由于风险什么时候发生、以什么形式、什么样的规模发生都很难预知。环境哲学的研究也能佐证这一点，环境哲学的研究认为，"风险"概念是从金融领域借用而来的，指的是可量化的不利结果概率。金融领域的"风险"是一种精算概念，也就是说，风险衡量标准的依据是对定期发生事件的长期统计数据分析。由于统计数字相当可靠，因此人们可以准确地预估风险并为自己投保，以防范火灾、洪水、地震、灾难性疾病或车祸等风险。然而"风险"概念转移到环境领域后就成为难以捉摸的概念。该术语有时指史上前所未有的事件的发生可能性，例如核电站熔毁、遗传物质从人工改造物种转移到野生物种，或二氧化碳和其他温室气体在地球大气中积聚的影响。有时风险是指人类、动物、植物或生态系统接触有毒和危险物质的可能性，而这些物质的含量远低于可以直接观察和测量的水平。就环境化学物质而言，风险可能来自在组织或食物链中逐渐积累，或多次接触的协同效应。在所有这些情况下，都不可能收集到统计数据，不能可靠地估计危害概率。环境风险只能根据不完整的数据进行预测或通过模型评估，而这些模型都非常不完美。[1]尽管如此，风险一旦来临将不可逆转地给人类带来巨大损失或灾难，因此，容易想到生态环境刑法是预防性的，希望制定一部旨在预防风险的刑法。可是，即使是呼吁发

---

〔1〕 According to Dale Jamieson ed. , *A Companion To Environmental Philosophy*, Blackwell Publishers Ltd, 2001, p. 334.

展风险社会刑法的德国的阿尔布雷希特（Peter-Alexis Albrecht）教授也认为，"解决风险社会问题的手段并非刑法，而是更为有效的政策，其最重要的组成部分是公开性的树立。因此，他并非呼吁发展'风险社会的刑法'，而是恰恰明确地反对动用刑法手段来抗制'新风险'"。[1]这是因为，预防刑法理念下国家对未来可能但未必一定出现的危害后果进行提前干预，于是，刑法就变成了社会防卫的工具。此外，罪刑法定要求刑法具有明确性，而通过刑法所控制的所谓造成风险的行为，其侵害或威胁的法益内容究竟是什么，并不明确，且由于行为规范内容不明，作为担保行为规范实施效果的裁判规范无法发挥作用，结果使得刑法的射程因边界不清而难以被预测。其结果是，法益原有的功能丧失，刑法自由保障机能不断弱化，容易演变成社会控制的工具。

第四，将刑法作为风险控制手段会让处罚过于提前从而压缩国民的自由空间。刑法一旦颁布，受刑法规制的不仅仅是企图犯罪的人还包括为数众多的普通人，刑法的规制效果能否达成，取决于普通人如何理解合法与不法的边界并据此调整行为。而风险的内容不但根本无法事前通过法规范用文字表述固定下来，而且其具有的不确定性会让法规范无法跨越纯粹形式上宣示的阶段而进入实质性发挥机能的阶段。例如，D国为了控制环境风险，将累积犯作为风险控制的手段，规定国民排放的生活污水，只要与若干家庭排放的生活污水共同造成环境污染，就构成生态环境犯罪，该做法必然导致正常的生活行为被抑制，国民的自由空间被压缩。将刑法作为风险控制的手段背离了刑法的最后手段性、谦抑性，妨碍了刑法自由保障机能的发挥，使得法益保护主义、责任主义的基本原则难以得到贯彻。"在运用刑法与风险作斗争时，必须保护法益关系和其他法治国的归责原则。在无法做到这一点的地方，刑法的干涉就必须停止。"[2]如果将刑法作为风险控制手段，会让处罚过于提前，从而压缩国民的自由空间。刑法的介入最佳时机应是在不法行为发生之后，而非对尚未发生的潜在风险进行干预。反之，刑法过早介入会对个人和企业的自由权利产生过度限制，处罚的提前意味着刑事干预的提前，这与刑

---

〔1〕［德］埃里克·希尔根多夫：《德国刑法学：从传统到现代》，江溯等译，北京大学出版社2015年版，第248页。

〔2〕［德］克劳斯·罗克辛：《德国刑法学总论——犯罪原理的基础构造》（第1卷），王世洲译，法律出版社2005年版，第19页。

法的谦抑性原则相悖，可能造成不必要的社会恐慌和对合法行为的过度限制。如居民 B 在家中储存了用于清洁的化学品，这些化学品（清洁用品）在特定条件下可能对环境造成污染风险。如果因为该潜在的环境风险而对居民 B 进行刑事处罚，无疑会让普通民众感到不安，进而压缩了国民自由生活的空间。因此，不能片面考虑预防风险的工具效用，不宜将生态环境刑法作为单纯风险控制的手段。

事实上，将刑法作为风险控制手段与刑法规定不符。就法律依据而言，我国《刑法》第 2 条的规定表明，保护法益既是刑法的任务又是刑法的目的，没有任何刑法条文内容表明刑法的目的是控制风险。不但如此，刑法分则有关环境资源犯罪的条文都表明该节犯罪的目的是保护法益而非控制风险。生态环境犯罪法益包括生物多样性与生态平衡、野生动物资源、自然保护地、农用地、矿产资源，人类的生命、身体、健康等，而不包括抽象的风险控制。

在结果无价值论看来，即使是抽象危险犯，也应考察行为对法益造成了现实的抽象危险，以此来维持犯罪与法益侵害（或危险，即结果无价值）之间的关联性，从而避免犯罪认定流于形式。[1]因此，即使是危险犯也须围绕法益去判断是否形成危险，而不能脱离法益去评价所谓的危险。刑法分则任何一个条款都要受到罪刑法定原则和法益保护原则的约束，即只有在法律有明文规定和侵害法益（包含实害或危险）的情况下，才能进行刑事处罚。因此，如果在解释论上将风险控制作为刑法法益，实际上是对刑法基本原则的背离，可能导致司法任意性。例如，在某生态保护区内，C 企业计划开发一项具有一定环境风险的项目但尚未实施。如果仅基于风险而对 C 企业刑事处罚，则必然违反法益保护主义。刑法介入的时机应当是在 C 企业实际违反环保法规并至少具有抽象的危险时，才宜启动，而不是在风险阶段就进行干预。

应当指出的是，本书虽然反对将风险控制作为生态环境刑法的目的，但却主张发挥刑罚的积极的一般预防功能。因为虽然刑法的目的不是预防犯罪，但刑罚的目的却是预防犯罪。当然，此时的预防体现的是刑罚的目的，而非刑法的目的，刑法的目的依然是保护法益。

---

[1] 参见［日］关哲夫：《危险社会中法益概念的作用》，载《国学院法学》2015 年第 53 卷第 3 号，第 57 页。

第四节　超个人法益论

一、法益概念的演化

超个人法益并非常见概念，在国外，一般在"国家法益"和"社会法益"总称的意义上使用超个人法益的概念，主要是为了将"个人法益"和"个人法益以外的事物"相区分。[1]生态环境刑法保护的是单纯的个人法益还是超个人的法益？该问题的另外一种表述是，生态环境犯罪的法益是以个人利益还是整体利益为基础？不同回答代表了不同法益观，于司法实践也产生不同效果。例如，Y将自家树林里已枯死的树木砍伐后进行焚烧，之后将焚烧物冲入涵洞造成水源污染但未对周边人群身体、健康造成损害，是否构成犯罪涉及对法益的理解。其砍伐自家枯死树木只涉及个人法益，自损行为不应作为犯罪处理，关键是焚烧物被冲入涵洞单纯造成环境污染，但并未对人的身体、健康造成损害结果，该如何评价？这涉及对刑法保护超个人法益的理解，为讨论该问题，有必要从法益概念的发展过程说起。

法益概念萌芽于18世纪末到19世纪初的启蒙时代，形成于19世纪中后期，从时间上看，当时刑法尚未规定环境犯罪，也不可能讨论（生态）环境犯罪的法益是否包括超个人法益这一问题。从内容上看，现代刑法理论形成之初，注重生命、身体、健康、财产等个人法益而缺少对超个人法益的关注，这一点与古典刑法以研究人身、财产犯罪为核心是相对应的。相对于超个人法益，个人法益存在时间更早、更具奠基性，最早可以追溯到启蒙时代的自由与人道主义思潮，保护个体的生命、健康、自由与财产成为法律的核心任务。早期的法益理论建立在黑格尔学说基础之上，后期经过维也纳学派的发展，受到德国新康德派价值哲学的影响经历了法益概念的精神化。[2]到纳粹德国时期，个人法益理论被国家意志所替代，连概念都被否定，法益也以民

---

〔1〕　[日]原田保：《刑法中的超个人法益的保护》，成文堂1991年版，第9页。

〔2〕　康德法学思想是建立在先验唯心主义哲学观的基础上的，康德本人把他的哲学称之为"先验唯心主义"，19世纪末20世纪初德国法学家鲁道夫·施塔姆勒创立的新康德主义法学即以此为基础而建立。在该哲学思想影响下法益概念呈现精神化特点。参见刘建伟：《新康德主义法学》，法律出版社2007年版，第5~9、28~32页。

族作为法的最高价值。其哲学背景是 20 世纪 30 年代新黑格尔主义和现象学兴盛而新康德主义由盛转衰，德国纳粹上台后对自由主义的法益理论进行了猛烈攻击，让法益理论遭遇空前的危机。纳粹法学认为："自由主义、民主主义和社会主义的出发点都是个人，都过分重视个人权利。法西斯主义则不同，它的出发点不是个人，而是社会集体，……在自由主义看来，个人是目的，社会是工具，国家应该为个人服务；而法西斯主义则相反，主张社会是目的，个人是工具。"[1]德国纳粹当初排斥建立在自由主义基础之上的个人法益而对法益进行整体观察的做法，后来被证明是错误的。从二战结束到 20 世纪 50 年代末，以个人法益为基础的法益理论得到复兴。

应当指出，个人法益才是法益的基石。维护任何国家法益和社会法益，最终仍然是为了维护国民的利益。学者陈志龙在讨论界定法益须遵循的原则时指出，法益概念必须和国家保护法及国家意识分开。基于政治或经济上的考量来界定法益，是在刑法理论不发达的国家最常犯的观念错误，这种观念误解了刑法的本质，认为刑法是统治者的控制工具。他还说，基于政治与经济上的考量来界定法益，将产生国家法益与社会法益，从而使刑法的本质主要在于保护个人法益的思想遭受否定，德国纳粹时代的法益概念便是如此。[2]陈志龙关于界定法益概念应遵循原则的论述明显是针对前述德国关于法益概念的长期论争而提出的，其中不乏合理之处。应当说，现在已经很少有人反对超个人法益的存在，只不过学者一般强调须限制超个人法益，认为"超个人法益（包括国家法益、社会法益等）应当是可以还原为个人利益的法益"。[3]因此，"在一定层面，我们可以将法益分为个人法益与超个人法益，但它们最终都是人的法益，超个人法益与个人法益从根本上说是一致的"。[4]从世界范围考察，《德国刑法典》修订过程中，也曾试图让公众摆脱从纯个人权利观察环境的视角，引导公众承认环境包含超个人法益，即便如此，德国现行环境刑法包含个人权利的事实并未改变。[5]从本质看，环境犯罪有时侵害的是个人的生命、身体与健康，而有时侵害的是"作为人类各种生活条件的集合的

---

〔1〕 史广全：《法西斯主义法学思潮》，法律出版社 2006 年版，第 158 页。

〔2〕 参见陈志龙：《法益与刑事立法》，台湾大学丛书编辑委员会 1992 年版，第 38 页以下。

〔3〕 张明楷：《法益初论》（修订版），中国政法大学出版社 2003 年版，第 166 页。

〔4〕 张明楷：《法益初论》（修订版），中国政法大学出版社 2003 年版，第 167 页。

〔5〕 参见［日］伊东研祐：《环境刑法研究序说》，成文堂 2003 年版，第 27~28 页。

环境，不是其固有价值中的纯净水或洁净空气"〔1〕，和德国相似，日本持生态学的法益论的学者也认为环境犯罪的法益并不应当局限在个人法益，而应当是集合性法益。与生态学的人类中心的法益论的不同在于，其更加强调生态系统对于人类社会具有所谓的社会性的自然利用。也就是说，自然资源是人类永续发展的前提，并非用之不竭，在自然资源被过度消耗的今天，减少其破坏是具有社会意义的，因此，刑法的保护就有了正当性。

二、个人法益与超个人法益

不同于个人法益，超个人法益具有明显的公共性特征，例如，公共安全、司法制度、金融秩序等体现社会功能的法益可以被纳入超个人法益范畴。值得一提的是，日本学者所指的超个人法益是一个总括性概念，主要包括"国家法益"和"社会法益"两类，学者原田保在论文《刑法中的超个人法益的保护》中并未提及生态环境犯罪。〔2〕但从生态环境犯罪既保护身体、健康、财产等个人法益也保护生态学法益内容来看，其法益必然有一部分属于超个人的法益，这点毋庸置疑。

（一）个人法益与超个人法益的关系

可以肯定的是，生态环境刑法不可能不保护超个人的法益。就超个人法益与生态学的人类中心法益论的关系，一方面，生态学的法益论无疑是支持将生态学的法益作为人类整体的利益加以保护，而不局限于保护单个人的生命、身体、健康、财产，也因此，在此类生态环境犯罪的构成要件上不以对人的生命、身体、健康、财产造成实际损害作为犯罪的成立条件，而是只要对生态环境资源造成具体的危险即构成犯罪。换言之，与生态学的法益相对应的生态环境犯罪形态是危险犯。另一方面，就人类中心的法益的保护而言，即便是法兰克福学派的学者，也承认所谓"超个人法益"。因此并非主张以保护人的生命、身体、健康为主的人类中心法益论者，就不承认个人法益以外的法益类型，只不过他们提出在超个人的法益与个人的法益之间，必须具有派生关系，即只有当超个人法益能够被还原为个人法益的前提下，才具有正

---

〔1〕　〔日〕伊东研祐：《环境刑法研究序说》，成文堂 2003 年版，第 30 页。
〔2〕　日本学者原田保将国家法益分为 10 类，将社会法益分为 12 类。参见〔日〕原田保：《刑法中的超个人法益的保护》，成文堂 1991 年版，第 7~75 页。

当性。换言之，超个人法益的存在，必须是以服务于个人法益为目的的。

当然，关于对超个人法益能否再进行分解，存在争议。反对的观点认为，超个人法益具有不可分性，其只能为社会成员所整体利用，而不可能再划分为若干独立的利益状态而由特定人所持有。

值得讨论的是环境媒介的属性，空气、水、土壤、动植物等环境媒介一旦遭到破坏，必然影响人类生存，加之自然资源的有限性和难以再生性，环境媒介所代表的自然资源在刑法上也就具有特别的保护价值。应该说，该主张是生态学的法益论与生态学的人类中心法益论都赞成的观点，分歧在于，空气、水、土壤等生态环境资源可分还是作为一个整体不可分，这涉及其与人类的生命、健康的关系，如果空气、水、土壤等生态环境资源可以分配给具体的人，则空气、水、土壤可视作是人的财产利益，属于个人的法益；反之，如果认为空气、水、土壤等生态环境资源不能分配给具体的人而只能作为一个整体加以保护，则空气、水、土壤等生态环境资源就属于超个人的法益。

然而，问题的实质可能并不在于是否可分，而在于超个人法益能否被还原为个人法益。可是，这一问题也并不简单，因为倘若超个人法益与个人法益之间可以清晰地厘清还原关系，则创造"超个人法益"的型态便显得多余。对此，本书发表观点如下。

第一，超个人法益具有相对独立性。超个人法益具有独立于个人法益的特性。其保护的对象不是个体的健康和安全，而是整个社会的可持续发展和生态平衡。有必要指出，超个人法益并不是在任何场合都等于某些特定群体的集体利益，将特定群体的集体利益不加区分地等同于超个人法益是十分容易陷入的认识误区。正如哈耶克所言："人们常常错误地认为，所有的集体利益都是该社会的普遍利益；但是在许多情形中，对某些特定群体之集体利益的满足，实是与社会普遍利益相悖离的。"[1]因此，需要明确的是，超个人法益不同于某些特定群体的集体利益，因为将特定群体的集体利益与超个人法益混为一谈，可能会忽视社会整体的环境保护需求。例如，B工厂非法将有毒废物排放到附近河流中，影响水质并导致河流污染，威胁下游两个村庄几

---

〔1〕 ［英］弗里德利希·冯·哈耶克：《法律、立法与自由》（第2、3卷），邓正来、张守东、李静冰译，中国大百科全书出版社2000年版，第9页。

百人饮用水安全。尽管行为对两个特定村庄村民的用水产生危险，但这还不是超个人的法益，站在超个人法益的角度，其关注的是行为对下游水体生物多样性以及整个生态系统稳定性所产生的影响，而非直接受害人群的保护。明确这一点，目的是正确地进行法益衡量。如非法采矿罪不仅破坏了当地的自然景观，还导致了土壤侵蚀、水源污染和生物多样性丧失，非法采矿案件中的超个人法益是整个生态系统的健康与可持续发展，而非单一（特定）群体的利益。虽然非法采矿可能会对某些特定群体的经济利益产生短期影响，也可能解决一些就业问题，带来一些经济效益，但从超个人法益的角度来看，这种行为对生态系统长远的破坏性影响远远超过了特定群体所获得的收益。

反之，如果我们将非法采矿的影响仅仅视为对某个特定社区的经济利益的损害，就容易陷入将特定多数人的利益等同于超个人法益的误区。比如，某个特定社区可能因非法采矿获得了短期经济利益，但从超个人法益的角度来看，这种行为对生态造成的破坏、对资源的长期负面影响以及对未来世代的长期影响其实更加严重。这表明，超个人的法益并不仅是指某些特定多数人群体的利益，而是指涉及整个生态系统的长远稳定和资源的可持续利用，已超越了特定的地理区域和人群。如果我们将非法采矿的影响仅仅视为对某些特定人群经济利益的损害或对人的身体、健康造成的直接损害，就容易陷入将特定多数人利益等同于超个人法益的误区。

理解这一点，有助于在生态环境刑法立法和司法适用时，更好地平衡个体利益与整体利益，确保社会和生态系统的长远健康。在美国，曾经为了保护一种不起眼的、经济上微不足道的鱼就要阻止数百万美元建设项目的实施。后来科学界的观点发生了变化，认为法案对单一物种的关注是错误的，而应该将注意力转向生态系统或生物多样性保护这样更为系统的目标。后来美国国会对相应的法案进行了修订，允许为了经过批准的"栖息地保护计划"的经济发展而放弃特定的濒危物种。[1]这个例子能在一定程度上说明，当特定多数人利益与整体利益相冲突时，什么样的法益衡量思路是适当的。

就生态环境犯罪而言，生态环境资源的保护不仅关乎当代人的利益，还涉及子孙后代的生存环境，因此具有跨代际的特点。例如，水资源保护不仅

---

〔1〕　According to Dale Jamieson ed. , *A Companion To Environmental Philosophy*, Blackwell Publishers Ltd, 2001, p. 333.

涉及现有居民的饮用水安全，还关系未来几代人的用水需求和生态平衡。如果将水资源保护还原为个人法益，仅关注当代个体的饮水安全，则无法全面反映水资源保护的长期性和公共性要求，只有将其作为超个人法益，才能真正体现出对生态环境的全面保护。

第二，并非所有超个人法益都可以还原。一般认为，能够还原成个人法益的超个人法益才具有正当性。日本的长井圆教授认为，"国家法益"和"社会法益"都是综合法益，如果分析、还原综合性、集合性的环境法益，则其由"不特定且多数"的个人或人格性的生命、身体、自由、财产等法益和作为不可包容的要素的"公共财·自由财"的"生态学法益"构成。[1]本书认为，事实上应当承认有一部分（至少在生态环境犯罪中有一部分）超个人法益难以还原为个人法益，而理论上或实践中很难否定这些超个人法益的存在。超个人法益指的是那些超越个体、关乎整个社会或特定群体利益的法益。正如有日本学者指出的，不仅应承认财产为"个人合法利益"，而且社会合法利益和国家合法利益也应在"个人合法利益"之外被独立承认，作为集体的合法利益。如果采用这样的分类方法，"环境"就不再是归入生命类的合法利益。[2]例如，空气质量、水资源、土壤健康等，均属于整个社会共同享有的资源和环境，无法简单地分配给具体个人。试图将这些超个人法益还原为个人法益，不仅在理论上存在困难，而且在实践中也会导致环保力度减弱。例如，某城市的空气污染问题会显然影响全体居民的健康和生活质量。若将这一问题还原为个人法益，即认为空气污染只是侵害了某些具体个人的健康，那么法律保护的范围将局限于那些能证明自己健康受到影响的个体。这种还原关系不仅忽视了环境问题的普遍性和公共性，也难以对其有效防治和管理。事实上，超个人法益的提出，是为了扩大刑法的保护范围。若将所有超个人法益还原为个人法益，可能导致法益保护不全面或不充分，无法应对现代社会复杂的环境问题。例如，土壤污染不仅会影响周边居民的健康，还对农业生产和生态系统造成长远的破坏，若仅将其视为侵害个体健康的行为，土壤污染防控力度将会受限，而将土壤健康视为超个人法益，才能超越仅保护单个人利益的局限，更好地保护包括子孙后代利益在内的整体生态利益。

---

[1] 参见［日］长井圆：《未来世代的环境刑法2》，信山社2019年版，第53页。
[2] 参见［日］町野朔编：《环境刑法的综合的研究》，信山社2003年版，第199页。

超个人法益与个人法益之间的还原关系并不总是清晰明确。超个人法益的提出，是为了解决现代社会中超越个人利益的公共利益的法律保护问题。试图将所有超个人法益还原为个人法益，既不符合实际，也无法充分体现法律对难以归结为个人利益的公共利益保护。因此，承认超个人法益，在生态环境犯罪中具有特殊意义。

（二）个人法益与超个人法益的冲突

个人法益与超个人法益间的冲突常见于环境保护与经济发展之间的矛盾。个人法益主要指法律所保护的个人的健康、安全和财产等利益，超个人法益则涉及社会和生态系统的整体、长期利益。两者之间的冲突通常表现为在保护整体生态系统的同时，可能会不当牺牲个体或特定群体的利益。

就个人法益与超个人法益冲突的原因而言，一是个人法益更关注个人当前的健康、安全和财产等，而超个人法益关注的是生态系统的长期稳定健康，二者可能不一致。二是经济发展需要开发自然资源，可能导致环境污染和生态破坏；同时，自然资源开发可能为特定群体带来经济利益但也可能损害个人法益，导致个人法益与超个人法益之间矛盾。

在面临上述两难抉择时，法律需要做出选择。这种选择可能会导致个人法益和超个人法益之间的紧张关系甚至冲突。例如，B 地区富含矿产资源，当地决定对矿产资源进行大规模开发，以促进经济增长和增加就业机会。然而，采矿活动释放的有毒物质、对水源造成的污染威胁到周边居民健康，可能导致呼吸道疾病、癌症等健康问题，威胁个体法益或直接造成损害。不但如此，矿产资源开发容易破坏生态系统平衡，影响动植物的栖息，不仅影响当前环境也威胁未来生态系统健康。在本案中，短期的经济利益和个人法益（如就业和个人经济收入）与长期的超个人法益（生态保护与环境质量）发生了冲突，B 区矿产资源开发虽然能够提供直接的经济收益和就业机会，但其带来的环境污染和生态破坏对个人健康和生活条件构成了威胁。这个冲突体现了在追求经济发展的过程中如何平衡个人法益与超个人法益的问题，为此，生态环境刑法在应对冲突时，应当确保法益之间的平衡，避免过度限制个人的自由和权利。

当个人法益与超个人法益冲突时，通常应优先但不必然保护超个人法益。理由在于，超个人法益涉及公共利益和生态系统的整体健康，对社会的影响更为广泛和深远。例如，某工厂在经营过程中排放废水污染了河流，虽然工厂主辩称其行为是为了保证工人就业（个人法益），但废水排放却对整个河流生态系统造成严重破坏（超个人法益）。根据法益衡量的结果，应当制止工厂的排污行为，保护河流的生态环境和公共健康。当然，如果工厂为了发展当地经济排放工业废水其结果也对整个河流生态系统造成破坏（超个人法益），此时进行法益衡量的结果，如认为保护了更大的法益，则在行政许可范围内经过污水处理之后可以进行一定的排污。

当然，在上述优先保护规则之外还存在合理补偿原则，即在保护超个人法益的同时，也要尽可能保护个人法益，并寻求两者间的平衡（兼顾两者的综合平衡原则），避免过度侵害个体权益。例如，某地政府决定将一片森林划为自然保护区，禁止一切采伐和开发行为。然而，这片森林中有部分居民以采伐和获取森林资源为生。为了平衡居民生计和生态保护，可以采取补偿措施，例如提供替代就业机会、发放补助金等，使居民的生活不至于因保护措施而陷入困境。这就是优先保护规则之外的合理补偿原则。

此外，在处理个人法益与超个人法益冲突时，应依据科学根据确保决策的合理性。例如，某湖泊周边的开发项目可能因破坏湖泊水质而遭到反对。政府在决定是否批准该项目时，应根据环境影响评估报告，科学评估开发项目对湖泊生态的影响，确保决策的科学性、公正性。如经评估表明项目对湖泊的生态影响不可控，应优先保护湖泊生态。

然而，本书认为，前述原则虽具有一定合理性，但在法律上，处理个人法益与超个人法益冲突的最有效原则是比例原则。比例原则是指在处理个人法益与超个人法益冲突时，要求所采取的措施是合理、适度的，不得超出必要的限度，确保在实现公共利益的同时，不对个人法益造成过度的损害。关于比例原则和过度禁止原则，德国法学家齐佩利乌斯有一段经典的表述，他说，某一决定蕴涵着一定数量的利弊，人们可以对该决定不断修正［即对各种决定可能（Entscheidungsalternative）加以比较］，直到在上述利弊间找到最优的、公正的平衡点，最终决定必须利超过弊［"比例适当原则"（Grundsatz der Verhältnismäβigkeit）］。由于不适当的干涉不会带来任何利，它也不可能与其所带来的弊处于适当比例。如果存在多个决定方案，且每个决定方案都利大于弊，则应选择对利益的损害不超过必要限度的决定方案［"过度禁止原则"（Übermaβverbot）〕。[1]

齐佩利乌斯的上述论述提供了一个理解在法律上进行利弊权衡的视角。他强调的比例原则要求在制定法律措施时，要综合评估其带来的好处与负面影响。这种方法有助于确保决策的公平合理性，避免因过度或不足的干涉带来的不必要的损害。当然，该原则允许对决定进行不断的修正和调整，确保最终选择的方案在实际效果上是最优的，这种灵活性有助于应对现实情况的不断变化。例如，在立法时，应用比例原则可以确保生态环境刑法的前置法在保护环境的同时不会对企业或个人造成不必要的负担。通过设定科学合理的排污标准，既能有效减少污染，又不会过度限制企业的发展。齐佩利乌斯所称的"过度禁止原则"要求选择利益侵害最小的方案。即当所有方案都在利大于弊的区间范围内时，仍需优先选择那些对利益损害不超过必要限度的方案。既有助于实现"最小侵害"目标，使法律措施更加精准有效。这也可以有效防止法律措施带来的过度干预，保护个人的基本权利与自由。刑法应完善犯罪构成，合理划定犯罪圈，避免对企业的过度打击，同时实现法益保护的目的。

比例原则包括三个基本要素：适当性、必要性和衡平性。

第一，适当性。适当性要求所采取的措施必须有助于实现所追求的目标，即该措施应当是达成目的的最有效手段。例如，某地为了保护一个重要的湿地生态系统，决定关闭湿地周边所有的农田。适当性要求政府评估该措施是否确实能有效保护湿地生态。如果研究表明，关闭农田确能显著改善湿地生态状况，那么该措施符合适当性要求。反之，如果事实证明其他措施（如限制农田的农药使用、改良农业灌溉系统）同样能达到保护目的，而不必关闭农田，则应选择更适合且影响较小的措施。

第二，必要性。必要性要求所采取的措施必须是在众多可能的手段中，选择对个人法益影响最小的手段。即该措施在实现目的的各种手段中对个人权益的侵害最少。如为了防止某工业区废水污染河流，政府要求所有工厂立即停产整改，必要性则要求政府须考虑是否存在其他有效控制污染且对企业影响更小的措施，例如改进排污设备、加强排污监管等。如果这些措施能够

---

〔1〕　参见〔德〕齐佩利乌斯：《法学方法论》，金振豹译，法律出版社2009年版，第86~87页。

有效控制污染，则无需立即停产，优先选择这些更温和的手段即可。

第三，衡平性。衡平性要求所采取的措施在保护公共利益与"损害"个人法益之间保持合理的平衡。即所追求的公共利益应当明显大于对个人法益造成的损害。某市为了减少空气污染，决定禁止所有私家车在市区行驶。此时需考虑衡平性问题，即要求政府评估该禁令对市民生活的影响，如果禁令对改善空气质量的效果有限，却给市民的出行和生活带来严重不便，则该措施缺乏衡平性。相反，如果实行高峰时段限行、推广公共交通、鼓励绿色出行等措施能够有效改善空气质量，同时对市民生活的影响较小，则应优先选择这些更为衡平的措施。

比例原则在生态环境犯罪中的应用，可以确保在保护生态环境和公共利益的同时，不对个人法益造成过度损害。通过适当性、必要性和衡平性三个要素的综合考虑，可以在具体案件中寻找平衡点，实现法律的公平与正义。

关于超个人法益及其与个人法益的关系，本书认为，单纯讨论超个人法益在生态刑法领域是否值得保护的意义十分有限，有价值的是，研究超个人法益与生态学的人类中心法益论的关系是什么，链接点是什么，是否基于分配的正义。本书认为，以下两个角度值得继续探讨：其一，超个人法益如何为生态学法益论的实质合理性提供解释理由；其二，超个人法益如何为生态环境犯罪的抽象危险犯提供理论根据。以上讨论可以丰富生态环境刑法的犯罪论构造，也是讨论超个人法益的价值所在。

三、超个人法益的限度

不可否认，上述有关个人法益和超个人法益的述评看似有一定道理，然而值得深思的是，多数学说始终难以有效说明，不论从立法技术还是解释学的角度，如何避免将作为行为对象的环境媒介本身直接作为保护法益。因为即使按照生态学的人类中心主义，生态环境犯罪法益中必然存在一部分与人类中心的法益联系并不紧密的部分，如无人居住的沙漠，对于污染沙漠是否构成犯罪争议很大，不少人主张不追究刑事责任的基本理由便是沙漠无人居住不会侵害人的生命、身体与健康，这说明，人类中心法益论的主张在现实中还是有较大影响力的。要解决这一问题，似乎可以将生态环境犯罪法益定义为超个人法益，于是，是否构成生态环境犯罪，将不再需要通过个人利益是否被侵害来判断，前述腾格里沙漠污染案也就有了合适的解决方式。德国刑法中有类似的逻辑，德国多数学说及实务见解都认为，《德国刑法典》第324条水污染罪的不法行为包括所有有害于水域水质的行为，至于是否对人类的生命、身体、健康造成侵害或者危险，则在所不论。[1]

毋庸置疑，承认超个人法益有利于生态环境保护。这不仅表现为违法性判断标准变化使得更多无法证明是否损害个人法益的单纯破坏环境行为被纳入刑法规制范围，还体现在因果关系证明难以及实害结果发生滞后导致环境保护过晚等一系列实务难题的解决。当然，前述分析更多偏向功利主义，侧重眼前问题的解决，对其弊端却有意无意忽略。易言之，虽然基于生态环境犯罪的集合性、累积性特征承认超个人法益，有利于司法实践难题的处理，但同时也面临处罚抽象危险行为时刑罚发动过分靠前、犯罪成立条件无限接近行政违法成立条件、刑法补充性和最后手段性丧失、刑法易成为单纯行政管理工具、侵犯公民自由等问题。

本书认为，在承认超个人法益的同时，必须对其进行合理限制。

第一，就超个人法益与个人法益的关系而言，应当承认个人法益构成超个人法益的基础，并明确只有当破坏环境行为表现为对个人的生命、身体、健康、财产至少形成一定的紧迫危险时，方成立生态环境犯罪。国家由个体组成，国家的存在根本上是为了保护人民的权益，保护好个人法益最终有利于保护超个人法益。作为大自然的一部分，虽然人类活动受自然规律约束，但在自然规律之外，人的活动归根到底是个体意志支配下的行为，离开个体，所谓的超个人就无法捉摸，让个人为他人超出其意志以外的行为承担责任并不符合现代刑法的要求。也因此，即便是主张超个人法益的德国教授也认为只有当对于维持社会共同体机能必不可少时才考虑超个人法益，德国教授指出"这种运作对于维持社会共同体的机能必须是必不可少的。相反，那些模糊法益，譬如对普遍秩序或者社会风气的保护，则不在此列"。[2]

与此同时，超个人法益只是个人法益的集合，并不能简单认为其高于个

---

[1]《德国刑法典》第29章第324条〔污染水域〕第（1）项规定：未经许可污染水域或对其品质作不利的改变的，处5年以下自由刑或罚金刑。参见《德国刑法典》，徐久生、庄敬华译，中国方正出版社2004年版，第160页。

[2]〔德〕乌尔里希·齐白：《全球风险社会与信息社会中的刑法：二十一世纪刑法模式的转换》，周遵友等译，中国法制出版社2012年版，第218页。

人法益。"不应将其视为超越个人而存在的社会利益，而应将其视为个人利益的集合体。"[1]应尽可能把生态环境犯罪的法益优先解释为个人法益，而不要为了解决个案定罪难题去生搬硬套超个人法益理论。在德国，即使现行刑法与旧刑法都将非法侵入住宅罪规定在刑法分则第七章有关公共秩序的犯罪当中，[2]但这并不影响德国刑法理论通说认为非法侵入住宅罪的法益是住宅权，该罪属于对个人法益的犯罪。

第二，原则上，只有当超个人法益能够被还原为个人法益时，才具有正当性。在德国学者马克斯（Michael Marx）看来，"所谓的公共的法益，必须还原为'作为这些法益，即所谓共有者'的各个个人（jedes als einzelnes）"。[3]反之，单纯为了保护超个人法益而制定抽象危险犯立法以回避具体结果和具体危险判断对刑罚启动的限制，并不合适。为此，必须将生态环境犯罪的法益限定在超个人法益中能够溯源到个体生命、身体、健康的部分。具体到司法过程中，如果认为污染环境行为对人的生命、身体、健康构成危险犯，则对其启动刑罚的标准必须有科学上的依据，否则，恣意发动刑罚权，容易侵犯国民自由。

当然，超个人法益能否被还原为个人法益存在不同的理解，反对者或许可以认为，由于生态环境犯罪因果关系的特殊性，最终破坏环境行为对个人法益造成侵害结果的因果流程难以准确判定，这种危害的后果最终作用在谁的身上难以确定。不但如此，如果所有超个人法益与个人法益之间都可以十分清楚地厘清这种还原关系的话，那还有什么必要去创造出一种"超个人法益"的型态？此外，就古典刑法理论而言，其原本就建立在侵害个人法益犯罪的基础之上，但由于犯罪是对法益造成实害或者危险这一命题的存在，以及危险犯立法被确认，故即使是古典刑法理论也不会将犯罪局限于结果犯这一唯一领域，因此，法兰克福学派所称的"与个人法益直接相关"的所指也似乎并不明确。

应该说，反对者的观点具有一定合理性。其一，环境犯罪因果关系往往

---

〔1〕 [日] 曾根威彦：《刑法总论》，弘文堂2001年版，第7页。

〔2〕 德国旧刑法第七章名称为"对公共秩序的重罪与轻罪"，现行刑法第七章名称为"妨害公共秩序的犯罪"。

〔3〕 [日] 伊东研祐：《法益概念史研究》，秦一禾译，中国人民大学出版社2014年版，第320~321页。

涉及复杂的生态系统和多层次的因果链。这种复杂性确实挑战了将超个人法益还原为个人法益的做法，在生态环境犯罪中，个人对环境的依赖和影响间接而长远，这使得将环境侵害后果精确地追溯到个体变得困难。破坏生态环境的行为可能导致广泛的、难以直接量化的损害，因此很难将这种损害精确地还原到特定个人的法益上。例如，大规模森林砍伐可能影响整个生态系统，包括水源、气候调节等，这些影响往往难以归因到具体的个人身上。其二，创建超个人法益的目的在于弥补传统个人法益无法完全涵盖的领域，如生态环境的整体保护。因此，如果所有超个人法益都可以还原为个人法益，那么超个人法益的设立可能就没有实际意义。全球性和长期性环境问题无法仅仅依赖于个人法益的保护来解决。其三，古典刑法理论确实以个人法益为基础，强调犯罪的结果直接影响到个体。然而，随着刑法理论的发展，尤其是危险犯的引入，刑法对犯罪的规制已不再局限于结果犯。古典刑法中的法益保护虽然为犯罪理论提供了基础，但也逐步扩展到对整体法益的保护和潜在危险的预防性规制。

然而，本书认为，即使承认超个人法益的合理性，也不能成为否定古典刑法理论的理由。承认生态学法益并将其作为超个人法益予以保护，有助于保护生态系统的完整性及其功能。例如，刑法对无人居住的自然保护区的保护，就体现了对超个人法益的重视。与此同时，必须坚持对人类利益的保护，因为人类仍然是生态系统的一部分。生态环境刑法在保护环境的同时，需要平衡其与经济活动的关系，确保刑法不会对人类生活与经济发展造成过度干预。因此，当保护人类中心的法益时，超个人的法益要具有正当性，必须能够还原为个人法益；当保护生态学的法益时，此时刑法保护的超个人法益无需还原为个人法益也具有正当性。前述限制超个人法益的逻辑，对司法而言具有以下意义。

第一，当自损行为侵犯超个人法益并符合构成要件时，即使不评价为侵害个人法益也应当处罚。例如，Y在自家数亩树林里砍伐已枯死树木焚烧后用水冲入涵洞，造成水源破坏，其砍伐自家枯死树木行为因损害的是其本人的个人法益，因而不作为犯罪处理，但其焚烧树木并冲入涵洞引起水源破坏，却侵犯了超个人的法益，这构成处罚Y的理由。

第二，被害人对侵犯超个人法益行为的承诺不能阻却违法性。对于以违反被害人意志为前提的侵犯个人法益的犯罪，被害人承诺原本可以阻却违法性。例如 C 承诺他人烧毁自己位于戈壁滩的独立小草屋而阻却违法性，但如其房屋位于闹市区则放火侵害或威胁公共利益，因超出个人法益范围而承诺无效。同理，生态环境犯罪中对于侵犯超个人法益的部分，任何单位和个人都无承诺权，被害人对侵犯超个人（环境）法益的承诺无效。也可以将生态环境犯罪法益理解为双层结构，既包括公民个人的生命、身体、健康（个人法益）又包括生态环境整体利益（超个人法益），二者为择一关系，侵犯二者之一即成立犯罪。

第三，侵犯超个人法益的生态环境犯罪在认定时无需考虑个人法益实际受到的侵害。A 教唆 B 骗取环保部门的行政许可，廉价购买无质检许可证的污水处理设备并进行生产，在污水尚未排入河流时被查获。由于此种类型污染环境罪不是侵犯个人法益的犯罪而是侵犯超个人法益的犯罪，A 的行为虽然没有实际危害到自然人的生命、身体、健康（个人法益），但构成污染环境罪中侵害超个人法益的教唆犯。

第四，生态环境犯罪中的超个人法益只针对侵犯生态学的法益而言。如果就侵犯人类中心的法益而言，仍需根据个人法益进行认定。例如，M 违反国家规定，在非饮用水水源一级保护区、非自然保护区核心区倾倒 2 吨危险废物，就刑法所保护的作为超个人法益的生态学的法益而言，因尚未达到法定的危险程度而不构成污染环境罪。但如就个人法益而论，只要实施污染环境行为，致使公私财产损失 30 万元以上，从侵害人类中心的法益的侵害犯的角度依然可以认定为污染环境罪。[1]

有必要指出，我国司法实践越来越重视超个人法益的保护，新的司法解释不再将"倾倒危险废物行为造成 30 人以上中毒、1 人以上重伤、严重疾病或者 3 人以上轻伤的结果之一的"等单纯侵犯人类中心法益的行为当做"严重污染环境"行为，这表明，在我国司法实务中，人类中心法益论逐渐被生态学的人类中心法益论所取代。

---

〔1〕 参见最高人民法院、最高人民检察院《关于办理环境污染刑事案件适用法律若干问题的解释》（法释〔2023〕7 号）第 1 条第 2 项"非法排放、倾倒、处置危险废物三吨以上的"，应当认定为"严重污染环境"；第 2 条第 9 项"致使三十人以上中毒的"，第 10 项"致使一人以上重伤、严重疾病或者三人以上轻伤的"，应当认定为"情节严重"。

第五章 生态环境刑法的不法

犯罪的本质即不法的本质，不法在犯罪论体系中占有重要位置。就犯罪论而言，大体可以肯定的是新派已经退出了历史舞台，然而，在客观主义内部采用何种犯罪论体系，仍然存在争议，而且这种争论必将长期存在下去，"试图使刑法学在各个方面形成共识，是不切实际的幻想"[1]，可是，一旦讨论"不法"这个生态环境刑法犯罪论中的重要问题，就必然涉及犯罪论体系的选择。关于构成要件与违法性的关系，本书采违法类型说，认为构成要件是违法的类型，构成要件要素是表明违法的要素。与之相应，本书在犯罪论体系上采用不法–有责的犯罪论体系。

第一节　生态环境刑法的不法要素

在阶层犯罪论体系中，按照三阶层犯罪论体系，犯罪成立条件一般分为三层：构成要件该当性、违法性、有责性。在构成要件该当性的基础上，需进一步确认行为是否具有实质上的违法性，即进行违法性判断，只有当行为符合法益侵害的实质要求时，才可被认定为不法。当该行为缺乏违法阻却事由（如正当防卫）时，该行为为不法。反之，如果存在违法阻却事由则不能被评价为不法。如果依据两阶层犯罪论体系，大体可以认为，构成犯罪必须同时符合不法与责任两个阶层的条件。"不法"指行为符合刑法构成要件，具有违法性。"不法"是犯罪成立的核心要件。

生态环境刑法中的不法指的是，行为人违反生态环境行政法律规定，实施了对生态环境法益具有侵害性（或危险性）且不具备违法阻却事由的行为。与传统刑法相比，生态环境刑法中的不法判断具有更多的超个人法益特征，主要体现在对生态系统、自然资源的整体性保护和对未来世代的长远保护上。

---

〔1〕　张明楷：《刑法学》（上）（第6版），法律出版社2021年版，第11页。

例如，企业非法倾倒化学废料，尽管短期内未造成直接的人身损害，但该行为严重污染周边水域，破坏了生态系统。该行为不仅违反了环保行政法（行政不法或形式不法），还对生态系统健康和未来世代的水资源造成了危险（实质不法），构成生态环境刑法中的不法。

这种不法的特殊性在于，它不仅关注当前的生态破坏和由此引发的对人身、财产侵害与危险性，还注重对未来生态系统的保护。换言之，生态环境刑法中的不法更加强调对整体生态环境的维护和对未来利益的保护。

本书采违法类型说，认为构成要件是违法的类型。因而在体系上，生态环境刑法的不法包含构成要件（符合性）、违法性、违法阻却事由。[1]其中，构成要件符合性主要包含行为、行为对象、行为主体、结果、因果关系。[2]

一、行为

生态环境犯罪的行为以违反环境行政法为前提，要求行为既违反环境行政法，又违反刑法；既具有环境行政法上的违法性，又具有刑法上的违法性，具有所谓双重违法性。环境行政法上的违法性通常指的是不遵守污染物排放标准、环境影响评估、污染防治措施等，如超标排放污染物、未按规定进行环保设施建设等。前述违法行为通常会受到环境行政法上的行政处罚。而行为在刑法上具有违法性则具有更高标准，本质上要求行为侵害了刑法所保护的法益，如实施了严重污染环境、破坏自然资源等符合构成要件的行为并对法益形成实害或者危险。

单纯违反环境行政法的行为不构成犯罪，这主要有赖于行政机关的处置处理。环境行政法对此类行为提供了具体的规制框架，行政处罚的目的是对违法行为进行制止、纠正，防止对环境造成进一步的损害。例如，A企业未按规定配置废水处理设施，违反了环保规定，但若该行为未造成"严重污染环境"的后果，则其只应受到行政处罚（如罚款或停业整顿）而不构成刑事犯罪。

---

〔1〕 本书主张违法的本质即犯罪的本质，都是侵犯法益，故违法性的本质在本书第四章讨论。由于违法阻却事由具有相对独立性，故放在本章第四节讨论。

〔2〕 本节重点讨论生态环境犯罪的行为、行为对象与结果，至于行为主体虽属于构成要件要素但因其与普通犯罪无太大区别故不赘述。因果关系由于内容多因而独立安排在第七章讨论。

反之，仅仅造成污染环境后果而没有违反环境行政法的行为也不构成犯罪。在某些情况下，企业采取了符合环境行政法要求的措施，但由于技术或管理原因，仍可能发生环境污染。仅仅因为此类污染结果出现由于不具有行政法上的违法性未必会构成犯罪。例如，B 企业按照规定处理废水，但因设备老化导致泄漏，造成了环境污染。该情况下，如果判定 B 企业遵守环境法规已尽了采取合理防范措施的义务，其行为就不构成刑事犯罪，尽管结果依然是"严重污染环境"。

同时具有行政、刑事两个不同层次的违法行为，是生态环境犯罪行为的一大特色。

为深入探讨生态环境犯罪的行为，有必要继续讨论日本刑法中曾提出的一个重要问题，即能否将单纯违反环境行政法未申报、未获行政许可但没有造成特别环境负荷的行为作为犯罪处理这一话题。[1]关于该行为的性质，本书认为，是否要将单纯违反行政法规的行为（如未申报、未获行政许可）作为刑事犯罪处理，需要慎重考量，不能一概而论。在环境行政法律框架中，规定了多种行为规范，如申报义务、行政许可要求、排放标准等。这些规定旨在管理和控制环境负荷，保护公共环境。实施前述义务违反行为本质上是对行政法规的不服从，可以对其处以罚款、停业整改、吊销营业执照等行政处罚，其目的是对不符合行政要求的行为进行纠正，而非直接进行刑事追责。反之，如果将这些单纯的行政违法行为作为犯罪处理，实质上可能会处罚的是对行政法规的不服从，而非侵犯法益的结果。该做法可能导致刑罚滥用，对行为人的自由权利造成不必要的影响。

当然，也许可以从保护超个人法益的目的并通过抽象危险犯的方式来规制、处罚前述行为，然而，即使要当作抽象危险犯处理也必须以科学经验法则为基础，并考量以下因素：其一，科学经验法则。如果科学研究和经验法则表明，单纯的行政违法行为（如未申报或未获行政许可）有可能对环境犯罪保护的法益形成抽象的危险，即使未造成明显的环境负荷或损害，也可能考虑其犯罪化。这种判断是基于对潜在风险的评估，如未申报可能隐藏了未受监管的污染活动，对环境形成长期的潜在威胁。其二，应明确造成实害和

---

〔1〕 参见［日］长井圆：《未来世代的环境刑法 2》，信山社 2019 年版，第 43 页。

潜在抽象危险之间的区别。只有当科学证据表明违法行为确实对法益形成了抽象的危险时，才应考虑将其作为犯罪处理。这样可以避免刑法的过度扩张，确保刑法仅适用于真正具有严重社会危害的行为。

本书认为，对于未申报、未获行政许可等违反行政法规行为是否应刑事处罚，判断的标准在于其是否构成抽象危险犯。只有那些经过科学评估后被认定为对生态环境具有潜在重大危险的未申报、未获行政许可行为，才可能被作为犯罪处理。如 M 企业未对其排放的废气进行申报，而经过科学评估认定该废气对环境具有潜在的危险性（含有高浓度的有毒物质），极有可能造成不可逆的大气污染。在该情况下，可以考虑将其作为犯罪处理，以防止潜在的环境危害。反之，如未申报行为的危险性极小，则不应入罪。例如，N 企业未按规定向环保部门申报其废水排放情况，但其废水处理设施正常运转，排放物质符合标准，没有对环境造成实际损害。根据科学评估，N 企业的未申报行为虽违反行政法，但不会对法益形成抽象的危险。此时，将该行为作为犯罪处理可能过于严苛，通过行政法纠正和处罚即可。

此外，生态环境刑法应始终保持其对生态环境行政法的补充性。尽量用行政法来纠正、处置违规行为，只有当行政法难以发挥效用且行为对法益具有危险性并符合构成要件时，才宜发动刑法。

二、行为对象

生态环境刑法行为对象的特殊之处在于，其行为对象所保护的土壤、大气、水体等同样也是民法、行政法所保护的对象，该现象源于环境法制的多层次性，每一层级的法律都有其特定的保护目标。

关于生态环境刑法中行为对象的法律保护具有多层次性，生态环境法律制度由多个层级和领域组成，各自从不同角度对生态环境和自然资源加以保护。民法主要关注私产和私权的保护，包括自然资源的所有权和使用权。如民法上的侵权行为可以涉及对他人土地的污染、对资源的破坏等，其保护主要着眼于个体权利或利益的恢复，强调对私人财产和生活环境的保护。而行政法则集中于环境行政管理，如环保法规规定了排污许可、污染物排放标准等，其保护旨在规范和管理环境利用行为，确保公共环境质量与安全。而刑法针对的是严重侵害法益的行为，如污染环境、破坏生态资源的符合构成要件的行为，刑法的保护关注于对犯罪行为的惩罚和对犯罪人刑事责任的追究，以实现对生态环境的整体保护和公共利益的维护。

生态环境犯罪行为对象还具有交叉性和重叠性。土壤、大气、水体等环境媒体在不同部门法中涉及不同层面的保护目标。民法保护民事权利，行政法确保规范和监管，而刑法则惩罚那些侵害或威胁生态环境法益的行为。这种民、行、刑的交叉保护有助于对生态环境与自然资源系统、全面的保护。此外，民法、行政法、刑法的交互作用使得对环境资源的保护更为全面，行政法设定环境保护的行政管理和行政处罚标准，民法为因环境污染造成损害的个人提供救济和补偿，而刑法则对犯罪行为进行刑事制裁。此种交互作用有助于形成从个体到社会，从规范到制裁的综合性、多维度环保法律框架。

随着公害犯罪、环境犯罪向生态环境犯罪的演进，其行为对象范围也逐步从生命、身体、健康、财产扩展到独立的自然资源、生态环境。传统刑法中杀人、伤害的行为对象主要关注对个体人身的直接侵害，受害者的损害通常通过赔偿来弥补，但伤亡和创伤的恢复往往是有限的。而生态环境刑法不仅关注个体对环境资源的破坏，还强调对不依赖于人类的独立的生态系统的保护。与传统刑法中以人身和财产为主要保护对象不同，生态环境刑法更关注环境资源和生态系统本身，其行为对象包括土壤、大气、水体以及生态系统和自然资源，对象的扩展体现了生态环境刑法对大自然本身的重视。

究其背后原因，与生态环境刑法承认生态学法益并逐步扩张其保护范围密切相关。生态环境刑法承认并逐步扩展生态学法益的内涵，将包含生态系统结构功能、生态平衡、物种多样性等在内的生态学法益都包含在内，对这些法益的保护不限于直接消除污染，还考虑生态系统的恢复。这体现了对整个生态系统的重视。

不但如此，生态环境犯罪行为对象与人身犯罪等传统犯罪行为对象不同还在于，杀人、伤害行为对行为对象所造成的损害通常通过判决赔偿损失来弥补，造成的死亡几乎不可恢复、伤残等结果往往难以平复如初，更不要说对死者家属和伤者造成的心理创伤，而生态环境刑法强调对生态学法益"恢复损害"，这种修复措施不仅关注受害者的补偿，还重视对生态系统的整体修复。可以通过刑事判决要求犯罪人植树造林、清理污染物、修复受损生态系统等。例如，A工厂非法排放有毒废水，导致河流严重污染。判决不但应当判处其刑罚，还应责令其恢复被污染水体，进行必要的生态修复等。再如，B企业非法砍伐森林，导致生态系统严重破坏。判决除应追究其刑事责任以外，还应要求该企业植树造林、恢复受损森林和相应生态功能。总之，在执行刑罚同时，需恢复、减少犯罪行为对生态功能造成的损害。

有必要讨论的是，虽然行为对象（保护对象）同样是大气、水体、土壤、矿藏、野生动植物等，但学界提出的问题是"大气、水体、土壤、矿物或野生动植物等，是作为其自身受到保护，还是因为对人类生活有用而受到保护"。[1]这实际上提出了一个生态环境犯罪法益的内在价值与工具价值的根本性问题。即，刑法对大气、水体、土壤、矿藏、野生动植物等环境元素的保护是基于其自身的内在价值，还是仅仅因为它们对人类有用而受到保护。这涉及刑法保护生态环境的法理基础、目的和方法论。

在理论层面，工具价值的保护以人类的需求和利益为中心，认为自然环境的主要价值在于其对人类生活的贡献，主张环保的目的是确保人类的长期福祉。例如，如果认为水体的价值主要体现在它为人类提供饮用水、灌溉水源和工业用水等功能上，则我们看重的是它的工具价值。与之不同，内在价值的保护强调自然界的自有价值，认为即使自然资源对人类没有直接用途也应受保护。这种观点认为自然界有其存在的权利和尊严，环境保护不仅仅是为了人类的福祉，也是在尊重自然的独立价值。例如，保护濒危物种不仅仅是因为它们对生态系统的重要性，还因为它们本身作为生物的存在值得尊重。可以认为，注重内在价值的观点更倾向于生态中心主义，而注重工具价值的观点更倾向于人类中心主义。从前文分析可以看出，本书是基于生态学的人类中心主义的立场，因此在本书看来，一方面，刑法应积极支持环境资源管理、污染控制和可持续发展，通过前置法规定环保标准、排放限制和资源利用政策来保证人类的生活质量和经济发展。另一方面，刑法应重视对生态系统完整性和自然存在权利的保护。作为结论，本书必然支持刑法对濒危物种、自然保护区、原始森林甚至对沙漠的刑法保护。

内在价值与工具价值的区分揭示了刑法保护生态环境的不同理论基础。理想的生态环境保护应当将两者结合起来，既尊重自然环境自身的价值，又

---

〔1〕 ［日］长井圆：《未来世代的环境刑法2》，信山社2019年版，第53页。

考虑其对人类社会的实际贡献。

值得讨论的是生态环境刑法行为对象与法益的关系。事实上，生态环境刑法的行为对象与其保护的两类法益分不开，在针对侵害犯的场合，生态环境刑法以保护人类中心的法益为主，即保护人的生命、身体、健康，而在抽象危险犯的场合，其以保护超个人的法益为主，即空气、水源等难以分配给当代具体个人的法益以及未来世代人的利益，正所谓如果说"'传统法益论'完全建立在'共时'社会的基础上，那么在一个同样面向子孙后代的'历时'社会中，它就不再适用了，因为'不特定多数'已经不是'个人法益'本身了。但是，当然，不特定的子孙后代的生命也会成为'环境法益'的保护对象"。[1]

三、结果

什么是结果（危害结果）刑法理论上存在不同的表述，分歧在于行为造成的现实危险状态是不是结果。本书认为，结果包含侵害犯意义上的结果和危险犯意义上的（危险）结果，即结果是行为对法益所造成的现实侵害与现实的危险状态。也就是说，本书将危险犯的"危险"也作为一种结果。

生态环境犯罪结果的判断离不开法益，如前所述，生态环境犯罪的法益分两类，一类是人类中心的法益，另一类是生态学的法益。

大体可以认为，人类中心的法益主要对应侵害犯，当行为对人的生命、身体、健康或财产造成现实侵害时，即认为结果（危害结果）已经出现。如实施了我国《刑法》第338条的环境污染行为，"致使三十人以上中毒""致使一人以上重伤、严重疾病或者三人以上轻伤的""致使森林或者其他林木死亡五十立方米以上，或者幼树死亡二千五百株以上的"[2]或者"违法所得或者致使公私财产损失三十万元以上的"。[3]

当然，人类中心的法益主要对应侵害犯这一结论并不绝对，有时候，人类中心的法益也对应抽象危险犯，即犯罪的成立不以对人的生命、身体、健

---

〔1〕　［日］长井圆：《未来世代的环境刑法2》，信山社2019年版，第53页。

〔2〕　参见最高人民法院、最高人民检察院《关于办理环境污染刑事案件适用法律若干问题的解释》（法释〔2023〕7号）第2条第9、10项和第7项的规定。

〔3〕　参见最高人民法院、最高人民检察院《关于办理环境污染刑事案件适用法律若干问题的解释》（法释〔2023〕7号）第1条第9项。

康或环境造成实害为成立要件。例如，实施了《刑法》第338条规定的行为，具有"排放、倾倒、处置含铅、汞、镉、铬、砷、铊、锑的污染物，超过国家或者地方污染物排放标准三倍以上"的情形，即构成"严重污染环境"。[1] 此时，法律推定其只要实施相应的行为即具备抽象的危险，而无需造成任何现实的侵害结果。由此观之，同样是《刑法》第338条中的"严重污染环境"这一要素，司法解释分别将其解释为针对人类中心法益的侵害犯与抽象危险犯。这说明，对于人类中心的法益的保护既可以设置侵害犯加以保护，也可以设置抽象危险犯加以保护，当法律认为行为对人的生命、身体、健康法益造成了抽象的危险时，也可以提前进行规制。

关于对生态学的法益的保护，由于其常表现为超个人的法益如空气等，难以对应到具体的个人（个体），因此常常通过设置抽象危险犯进行保护。例如，在饮用水水源保护区、自然保护地核心保护区等依法确定的重点保护区域排放、倾倒、处置有放射性的废物、含传染病病原体的废物、有毒物质，即使未造成任何现实侵害，也可认定该行为对饮用水水源保护区、自然保护地核心保护区整体的生态环境造成抽象的危险，因而构成污染环境罪的危险犯。[2] 其背后法理在于考虑到生态环境犯罪的特殊性在于其危害显现的潜伏期较长且具有累积效应，污染的后果常常需要很长时间才得以显现，如某些致癌物质的作用可能需要长期暴露才能导致癌症，难以证明污染物对水源保护区造成了现实的侵害。

第二节　生态环境案件不法的竞合

一、民行刑不法竞合问题之提出

竞合不仅发生在刑法内部，也发生在民法、行政法与刑法之间，环境案件的不法竞合即法律责任的竞合，指的是环境案件的特殊性使得在同一个环

---

〔1〕　参见最高人民法院、最高人民检察院《关于办理环境污染刑事案件适用法律若干问题的解释》（法释〔2023〕7号）第1条第3项。

〔2〕　参见最高人民法院、最高人民检察院《关于办理环境污染刑事案件适用法律若干问题的解释》（法释〔2023〕7号）第1条第1项。

境案件中通常涉及多个法律责任的竞合。该竞合通常包括：①民事不法（民事责任）、行政不法（行政责任）的竞合；②民事不法（民事责任）、刑事不法（刑事责任）的竞合；③行政不法（行政责任）、刑事不法（刑事责任）的竞合；④民事不法（民事责任）、行政不法（行政责任）、刑事不法（刑事责任）的竞合。

民事、行政责任的竞合在环境案件中较为常见。例如，一家工厂非法排污导致周边居民财产受损和健康受害，居民可以通过民事诉讼要求赔偿，同时环保部门也可能对该工厂进行行政处罚。这里民事责任关注的是受害者权益的恢复，而行政责任关注的是公共权力的行使和环境保护的行政秩序。不但如此，行政、刑事责任的竞合更是频繁出现在环境案件中，甚至可以认为行刑竞合是环境犯罪的基本存在形式。上述工厂如果因非法排污造成重大环境污染，环保部门除了行政处罚外，还应当将案件移交司法机关追究其刑事责任。行政责任的目的是制止和纠正违法行为，刑事责任则着重于惩罚和预防具有严重社会危害性的行为。此外，民事、行政、刑事责任的竞合在重大环境案件中尤为复杂。对于一个严重污染环境、造成大规模损害的企业，受害居民可以提起民事诉讼要求赔偿，环保部门可以施行行政处罚，而司法机关则可以追究企业的刑事责任，民、行、刑竞合体现了法律对环保的多层次要求。

要深入讨论生态环境刑法的不法，需要从立法目的、行为本质和法律关系的性质等方面，明确民事不法、行政不法与刑事不法的界限，以更好地协调和适用各类法律责任，保障环境保护的法律效果。

二、民事不法与刑事不法

理解民事不法与刑事不法及其关系，需要考察各自的立法目的，行为本质、法律关系和规范层次。

第一，立法目的在法律中居于核心地位，"若立法目的消失，则法律本身也消失"。[1]德国拉伦茨教授进一步认为，即使是相同的概念但在民法、刑法等不同法领域中，也可能具有不同的意义。这种差异可能是由于有关概念在

---

〔1〕　［德］伯恩·魏德士：《法理学》，丁晓春、吴越译，法律出版社 2013 年版，第 392 页。

不同法律规则中所起的不同作用造成的，或者是由于这一法律规则的不同的目的造成的。[1]就立法目的而言，民法的立法目的在于调整平等主体之间的财产关系和人身关系，保护私人权益，促进社会公平和正义。民事不法行为指的是违反民事法律规范，侵害他人合法权益的行为，主要涉及个人权利和财产利益的纠纷，其核心在于侵权和违约，强调对受害者权益的恢复和补救。而刑法的立法目的在于保护国家、社会和公民的基本利益，刑事不法行为是指违反刑法规定、具有严重社会危害性的行为，其核心在于行为（客观）的社会危害性和刑法上的可非难性

第二，就行为本质而言，民事不法的本质是对私权的侵害，如侵权、违约等，强调权益的恢复和损害赔偿；而刑事不法的本质是对法益的严重侵害，具有社会危害性和刑法上的可谴责性。

就民事不法与刑事不法的区分标准而言，民事不法的行为本质是对私权的侵害，包括侵权和违约，其主要目标是恢复受害者权益与补偿损失，法律后果主要是赔偿和补救措施。而刑事不法的本质在于对法益的严重侵害，主要目标在于通过刑事处罚保护法益并通过刑罚预防犯罪。例如，X 工厂排放废水导致某农民的农田受到污染，农作物减产。农民可以向法院提起民事诉讼，要求 X 工厂赔偿因污染造成的经济损失。但是，如果 X 工厂排放的废水不仅污染了农田，还导致大量鱼类死亡，严重破坏当地生态，有关部门调查发现工厂明知废水有毒仍长期排放，此时，工厂有关行为人构成污染环境罪，需要追究其刑事责任。

通过上述分析可以看出，民事不法主要关注私权的保护和损害赔偿，而刑事不法则强调对法益的侵害。

第三，就法律关系的本质而言，民事不法主要涉及私人之间的平等法律关系，注重保护私人权益和财产利益，核心在于个人与个人之间的权利义务关系；而刑事不法则涉及国家与犯罪行为人之间的关系，强调对法益的保护，核心在于对严重危害社会行为的制裁和预防。

就民事不法与刑事不法的区分标准而言，民事不法是对私权的侵害，如侵权、违约，主要涉及个人权益的损害；而刑事不法则是对社会公共利益或

---

[1] 参见［德］卡尔·拉伦茨：《德国民法通论》（上），王晓晔等译，法律出版社 2013 年版，第 101～102 页。

个人基本权利的严重侵害。就法律后果而言，民事法律后果主要是赔偿和恢复原状，目的是补偿被害人；刑事法律后果则是惩罚和预防，目的是制裁犯罪行为。

生态环境犯罪中的侵权行为与一般环境民事侵权行为的差异在于：其一，一般环境民事侵权行为的不法是由民事行为本身所产生的，而环境犯罪中的民事不法是由环境行政法宣告违法的、导致人的生命、身体、健康、财产、野生动植物资源、自然保护地、农用地、矿产资源等相关民事权利被侵害的行为[1]，以及一部分原本从事有益于人类的活动因而性质上属于被允许的危险行为，以及虽具有一定程度阻却不法的性质但最终没能阻却不法而被宣告为侵犯法益的行为。其二，一般环境民事侵权行为是特定侵权人与被侵权人之间的关系，而生态环境犯罪中的侵权是不特定多数人的民事权利受到侵害，不排除加害人即被害人的情形。其三，一般环境民事侵权行为的侵害对象、侵害结果、因果关系一般都比较明确，而在生态环境犯罪中，由于犯罪的潜在性、累积性、间接性，其污染波及范围宽，延续时间长、污染链条长、受害人众多，因果关系判定相当困难。其四，一般环境民事侵权行为的侵害内容往往比较单一，一般为人身侵权或财产侵权、而生态环境犯罪中的侵权内容往往具有复合性，在一个犯罪案件中，往往涉及身体、生命、健康、财产等多个民事权利以及自然资源、生物多样性等多元利益受到侵犯。其五，一般环境民事侵权往往与国际性无涉，一般发生在一国境内，具有地域性，而生态环境犯罪所导致的侵权通常既有国际性又有地域性。

通过上述分析可以归纳出民事不法与刑事不法各自的侧重点。民事不法主要涉及私人之间的平等法律关系，侧重私人权益的保护；而刑事不法则涉及国家与犯罪行为人之间的关系，强调对社会公共利益和秩序的维护。

三、行政不法与刑事不法

在生态环境犯罪中，最具理论争议的是行政不法与刑事不法的界限，学说上有量的差异理论，质的差异理论，质量差异理论。

---

〔1〕 民事不法由环境行政法来宣告违法，这可以算得上行政法对民事不法违法性的一种阻却，根源在于环境法基于法益衡量的结果，通过行政许可让一部分原本侵犯民事利益的污染行为"合法化"从而不被认为侵犯了民事权利。

（一）学说分歧

1. 量的区别说

量的区别说认为行政不法与刑事不法的区别，仅是量的差异而非质的差异。换言之，认为两者在行为方式上仅仅是行为的轻重程度不同，持此观点学者认为行政不法只不过比具有刑事不法的犯罪行为造成了更轻的损害，具有更轻的危险性，刑事不法属于高度可责的行为，而行政不法只是违反行政秩序，属于轻微违法行为。主张该理论的学者有德国的贝林（Beling）、迈耶（Mayer）、绍尔（Sauer）等。

该理论认为，行政犯与刑事犯不具有本质上的差异，不法的行为究竟属于刑事犯还是行政犯，区别的标准仅仅在于不法行为对法益的侵害程度。也即是，认为行政犯并非一种完全无视社会伦理的评价，而是与刑事犯一样也具有社会伦理非难性，只是危害程度比刑事犯轻。

本书认为，量的区别说存在以下缺陷。其一，量的区别说认为行政犯与刑事犯没有质的区别而仅存在量的差别，可是该学说却未进一步阐明究竟要到达何种程度的"量"，才属于刑事不法意义上的"量"。其二，如果认为行政犯与刑事犯完全不存在质的差异，那么行政犯与刑事犯将成为同义词。该说由于并未具体说明刑事犯与行政犯的差异，难以成为有说服力的学说。

2. 质的区别说

质的区别说认为刑事犯与行政犯具有本质上的差异，其差异在于有无社会伦理上的可非难性。该说认为刑事犯属于自然犯，具有社会伦理上的可非难性；而行政犯则具有法定犯的性质，其行为在本质上并不违反道德伦理，国家之所以处罚违反行政义务的行为，仅仅是出于国家行政管理上的目的而作出的行政秩序罚，属于对违反行政义务的警告，这与刑罚所具有的伦理上的非难性在性质上并不相同。该理论在德国学术界与实务界曾一度受到重视。

质的差异理论主张行政不法与刑事不法具有质的差异，即行政不法与刑事不法具有本质上的不同，属于不同种类的违法行为，在质的差异理论内部，由于学者观察角度不同，存在不同学说。

对此，本书认为，法律虽然具有自然法学派所重视的先验性基础，但同时是文化的产物因而具有进化的可能，这种进化史随着伦理观念的演进而逐渐影响规范的形成。某一行为究竟属于刑事不法还是行政不法，可能随时间推移而产生流变，行政不法、刑事不法都并非固定不变的概念，而可能双向流动。如醉酒驾驶在入刑前只不过被认为是违反了行政法上的义务，属于行政不法行为，但后来认为其具有刑法上的抽象危险从而被规定成为犯罪，便具有了刑事不法的属性。这在包括生态环境犯罪在内的行政犯领域并不罕见，且并非所有行政犯都具有伦理上的可谴责性，因此，质的区别说具有一定合理性。

3. 质量兼采说

质量兼采说是前述两种学说的折中说。该说认为，刑事不法与行政不法在质、量上均有差异。刑事不法在质上具有较深的伦理非价与社会伦理非难性，在量上，具有较高的侵害性或危险性；而行政不法从质上考察，其伦理可谴责性较低，或不具有社会伦理非价性，在量上，不具有重大侵害性或危险性。

前述学说中的"质""量"应基于法学的非自然科学属性，讨论时不能脱离价值判断。就生态环境犯罪而言，一般认为其属于行政犯而非自然犯，或称之为法定犯。但这一界定仅是相对的，对社会伦理非价性的评价、何谓可能造成高度侵害或危险，虽可理解为"量"的问题，但在理解时不可能脱离人的价值判断，且这种价值判断并非一成不变而是随着时代变迁而变化，例如，对污水不经处理直接排放、倾倒进入河流，在今天看来已经具有了伦理道德上的可谴责性，社会大众对该行为的非价判断已经发生了质的变化，由行政不法转化成刑事不法，这可称之为法定犯的自然犯化，是量变导致质变的结果。当今社会价值观的变迁速度超过了以往，这导致对行为的价值评判不可能永远不变，刑事不法与行政不法的界限也不可能永远不变。不但如此，这种变化还是双向的，有些刑事不法可能质变为行政不法，这被称为自然犯的法定犯化。环境不法行为中，行政不法质变为刑事不法的较多，而刑事不法质变为行政不法的较少。

质量兼采说是目前的多数说。

（二）关系评析

行政不法指违反行政法的规定而产生的不法，违反行政法的后果由相应的行政法加以规定，被称为"行政罚"，在行政法上，由于其属于破坏行政秩序而产生的处罚后果，故又被称为秩序罚。

构成生态环境犯罪以违反环境行政法为前提，生态环境犯罪既具有行政不法，又具有刑事不法，是刑事责任与行政责任的竞合。要理解生态环境案件中行政不法与刑事不法的关系，也可以从行政法规制与刑事法规制的关系入手。关于二者的关系，日本的立石雅彦教授将其分为行政独立型刑事规制（公害罪法）与行政从属型刑事规制。后者又可再分为相对行政从属型（类似于德国刑法中环境犯罪的规定）和绝对行政从属型（违反行政秩序的刑罚）。[1]其中，争议较大的是绝对行政从属型，典型的例子是对未经行政许可的行为和违反申报义务的行为予以定罪，而且在未申报时行为就已经既遂了，这会被认为是混淆了行政不法与刑事不法，使得刑法的介入过于靠前，与刑法的最后手段性相矛盾。

一般认为，行政法、刑法在我国法律体系中属于平行的部门法，也有一种观点认为，"刑法与其他部门法都是处于宪法之下的子法，但刑法与其他部门法又不是平行并列关系，刑法保障宪法与其他部门法的实施，故刑法在法律体系中处于保障法的地位"。[2]该观点具有合理性，因此也可以说，刑法是环境行政法的保障法，就二者的关系而言，虽然各自按照不同原理构建起了独立的学科和逻辑知识体系，但在生态环境犯罪（行政犯）领域内，[3]对完全相同的行为不能也不应该出现相矛盾的评价，同一个行为不应当在环境法上是适法行为但在刑法上却是犯罪行为。基于法秩序统一性原理，虽然"有民法、行政的非法，也有刑法上的非法，但违法性在整个法律秩序中被认为是统一的"。[4]

我国没有统一的环境法典，有关环境行政法规范被分别规定在法律、行政法规、地方性法规、规章当中，环境行政法规范也分两个层面：一是全国人大及其常务委员会制定的法律；二是行政机关制定的行政法规、行政规章、行政命令等。环境行政法规范体系内容非常庞大，不仅有全国性的法律、法规，还有地方性法规、地方规章，各级环境行政主管部门根据这些法律规范进行环境行政管理、开展执法活动，作出行政许可、行政处罚等具体行政行

---

〔1〕 参见［日］町野朔编：《环境刑法的综合的研究》，信山社 2003 年版，第 326 页。

〔2〕 张明楷：《刑法学》（上）（第 6 版），法律出版社 2021 年版，第 24 页。

〔3〕 此处的生态环境犯罪是就其中的行政犯的部分而言，本书认为，生态环境犯罪不单纯是行政犯（法定犯），有些生态环境犯罪具有自然犯的属性。

〔4〕 ［日］林干人：《刑法总论》，东京大学出版会 2008 年版，第 37 页。

为。不但如此，这些规范还通过生态环境刑法构成要件中指引向行政法的部分，进入刑法中影响犯罪成立条件，大体可以说，在生态环境犯罪中，行政不法构成刑事不法的前提，限制了刑罚处罚范围。例如，污染环境罪通过规定"违反国家规定"的内容，使刑罚的启动必须基于违反环境行政法的规定，反之，即使客观上对环境造成了污染但并未"违反国家规定"的，依然不构成污染环境罪。再如，非法采矿罪以"违反矿产资源法的规定"为前提，如果并不具备该要件，而仅仅是擅自进入国家规划矿区采矿，即使情节严重也不构成非法采矿罪。不但如此，在具体环境案件认定中，也要基于一定的行政行为（如行政许可、行政处罚等）来决定行为是否成立生态环境犯罪。这给人的感觉是，刑罚是为了保证环境行政措施执行效果而提供的具有实效性的担保手段。[1]

可是，这并不等于生态环境犯罪的刑事不法由行政不法所决定，前述观点由日本学者提出，但并不适用于我国。在日本，行政犯并未被统一规定在刑法典中而是单独分散进行规定，这些单独规定的内容被称为行政刑法，《日本刑法典》第8条就明确规定，本编的规定适用于其他法令规定的犯罪，但其他法令有特别规定的，不在此限。因此，行政刑法完全可能在刑法典之外作出不适用刑法典的特别规定。日本学者藤木英雄就认为，行政犯以实现服务行政措施的合目的性为主要目的，所以不依赖于刑法的一般原则。[2]可这一结论与我国立法明显不符。我国实行统一的刑法典立法模式，各种犯罪都被统一规定在刑法典中，包括生态环境犯罪在内的各种犯罪在解释论上都受《刑法》第2条关于刑法任务（目的）的规定的约束，生态环境犯罪的目的和其他犯罪一样都是保护法益，而对环境行政管理秩序的维护只不过是实现法益保护目的的手段。犯罪的本质即违法性的本质，生态环境犯罪的刑事不法才最终决定生态环境犯罪是否成立，而行政不法不过是认定生态环境犯罪是否成立的参照系。

---

〔1〕　参见［日］伊东研祐：《环境刑法研究序说》，成文堂2003年版，第44页。

〔2〕　［日］藤木英雄：《行政刑法》，学阳书房1977年版，第8页。

第三节 刑民行制裁并科与双重处罚禁止

一、刑民行制裁并科的理论争议

生态环境犯罪是典型的行政前置犯罪类型，刑事、民事、行政责任相互交织，在环境案件中刑事、民事、行政制裁能否并科，是值得讨论的话题。问题的焦点在于，法律上有所谓双重处罚禁止原则，当刑行责任竞合时，是否有可能违反双重处罚禁止原则？

从根本上讲，该问题涉及刑、民、行关系及其本质问题，是法学中一个比较复杂的问题，学界和实务界对这个问题一直在进行着讨论，也存在一些误区。常见的误区是过去有人认为，刑法要严格区分罪与非罪、此罪与彼罪，要严格区分刑事责任、行政责任和民事责任，这给人的感觉是，刑事违法、行政违法、民事违法截然对立，实则不然，本书从以下两个方面进行探讨。其一，在没有法定犯（行政犯）的时代，主要是针对民事违法与刑事违法的关系进行讨论，一些传统意义上的强奸、杀人、伤害等犯罪无疑是侵犯了民事权利，民事违法与刑事违法属竞合关系，在这点上几乎没有人质疑。此外，吸毒、卖淫等是对行政法（律）的违反，这点也几乎没有人质疑。其二，进入法定犯的时代，刑事违法、行政违法、民事违法的关系就变得复杂了。部分犯罪以违反行政法为成立的前提，如经济犯罪、交通犯罪、环境犯罪，在这些犯罪类型中行政违法与刑事违法是竞合关系而非互斥关系，只有在嫖娼、违反交通信号指令等（不构成犯罪的）一般违法行为与犯罪行为之间才会谈及如何界分。与此同时，环境犯罪、交通犯罪等行政犯还可能侵犯到民事权利因而存在民事违法，此时必然会探讨刑事、行政、民事违法之间的关系问题。就三者关系而言其实也是（包容）竞合关系，例如，一个非法排污行为导致下游5人中毒，其必然是民事违法（侵犯身体、健康权）、行政违法（违反环境行政法）与刑事违法（违反刑法构成犯罪）的包容竞合。[1]既然是竞合，就没有必要去谈区分。

---

[1] 这种关系并不同于司法实践中常说的"民刑交叉""刑行交叉"关系，因为所谓交叉的称谓只是实践的约定俗成而并未揭示出三者关系的本质。

其背后的理论根据是违法性理论，存在"法秩序统一性原理""违法相对论"等学说的分歧，违法一元论在德国处于通说地位，而在日本，则存在违法多元论、违法相对论、缓和的违法一元论之间的对立。林干人教授主张，"法秩序基本上是统一的"[1]，而前田雅英教授则认为，在刑法的违法性判断中，完全不考虑其他法领域中被认定为违法的情形很不合理，刑法上的违法性判断资料也应参考其他法领域的内容。但是，从根本上来说，刑法的违法性必须以反映达到值得处罚程度的法益侵害性为核心，进行独立的判断。在这个意义上，仅把刑法上的违法性称作违法性就足够了。不但如此，日本最高法院至今仍维持着违法相对论的主张。[2]在这个意义上，前田雅英教授的主张与林干人教授刚好是对立的。

二、刑民制裁并科时的双重处罚禁止

刑民制裁并科时的双重处罚禁止原则与法秩序统一性原理密切相关，法秩序统一性原理认为，如果某一行为在民法或行政法上被视为不具有违法性或不侵害法益，那么在刑法上也应视为没有违法性。该原理的核心在于，法律作为一个整体应当形成协调、统一的体系，使各个部门法能够相互支持，而不是相互冲突和矛盾，确保对相同行为的法律评价和对同一法益的保护即使在不同法律部门中也能保持一致性，以确保法律效力的统一、权威和公信力。就我国的法律体系而言，如果一个行为在《民法典》或《行政处罚法》中不被认定侵犯他人利益或社会秩序，那么在刑法上也不宜对该行为施加刑事处罚。例如，X 企业根据环保法与行政许可法获得了排污行政许可，在符合相关排污要求前提下排放废水，尽管 X 企业的排放行为带来一定污染，但根据法秩序统一性原理，由于在行政法框架下已被视为合法，尽管造成一定污染，刑法也不应将 X 企业的排污行为当作犯罪处理。总之，法秩序统一性原理通过限制刑法适用的边界，避免刑法对已被其他法律部门认可或规范的行为进行相反的干预，从而防止法律体系内部割裂，保障了法律适用上的系统性与一致性。在法秩序统一性原理的基础上，禁止各部门法对同一行为进行重复评价和追究。一方面，刑法、行政法禁止对同一行为进行重复追究，

---

〔1〕　[日] 林干人：《刑法总论》，东京大学出版会 2008 年版，第 222 页。
〔2〕　参见 [日] 前田雅英：《刑法总论讲义》，东京大学出版会 2006 年版，第 93 页。

表现为"双重处罚禁止"。若某行为已受到行政处罚，除非构成犯罪，否则刑法不应再进行处罚；另一方面，在民法中，对同一侵权行为也不允许进行重复性评价，避免同一损害被重复追索。[1] 禁止重复评价与追究原则体现出在法秩序统一性原理之下，不同法律部门间的协调性，避免了权力、救济的叠加与浪费。

（一）行政罚与刑事罚并科中的双重处罚禁止

下文对行政罚与刑事罚并科中的双重处罚禁止及其例外进行讨论。在以下情形下，当行政罚与刑事罚并科属于双重处罚，应予禁止。其一，行政处罚与刑事处罚完全重叠时。若行政处罚和刑事处罚都针对同一行为且保护法益相同，假如并科则会导致重复评价和不当加重惩罚。此时，刑法的补充性作用要求刑罚应作为最后手段，避免与行政处罚重叠。其二，刑事罚本身已充分实现法益保护的目的。此时如再另行行政处罚则会导致惩罚过重、责罚不相适应。例如，Y因污染环境罪被判处6年有期徒刑并处罚金20万元，且应赔偿污染损失。此时，如果环保行政部门根据环境行政法所进行的罚款数额能够被20万元罚金所覆盖，则不能另行对Y处以罚款的行政处罚，否则违反双重处罚禁止原则。

然而，行政罚与刑事罚并科并不必然违反双重处罚禁止原则，下列情形即为例外：（1）当保护法益不同时所进行的并科。例如，M企业因违法排污造成多人中毒，被检察机关起诉至法院，最终企业负责人也被判处自由刑和罚金刑。此时，在刑事诉讼所保护的生态学的人类中心法益之外，环保机关为了从源头上切断污染源，当M企业技术整改多次不达标且符合吊销许可证法定条件时，是可以对M企业处以吊销营业执照行政处罚的，这并不违反双重处罚禁止原则。（2）行政罚和刑事罚分别针对行为的不同方面。一个犯罪行为可能涉及多重违法性特征，只要处罚范围不重复，就不构成双重惩罚。例如，N工厂未经审批擅自排污，环保局对其处以罚款和停业整顿的行政处罚。与此同时，由于其排污严重污染环境，符合污染环境罪的构成要件，N工厂负责人被判刑。此时，行政罚是对企业未获环保审批资质违规而进行的

---

[1] 即使在刑事诉讼程序中也不例外，如在一起伤害刑事案件中，如果通过刑事附带民事程序被害人已获得民事赔偿，基于刑事伤害本质是侵犯民事权益（身体权、健康权），因此被害人无权在刑事程序之外提起一个民事诉讼来要求被告人另行民事赔偿。

处罚，而刑事罚则针对企业严重污染环境行为，二者并科是合理的。

值得讨论的是两种看上去违反"双重处罚禁止原则"但实则并不违反"双重处罚危险禁止原则"的特殊情形。

第一种情形：行政处罚后再进行刑事处罚并不违反"双重处罚禁止原则"。这是因为行政罚和刑事罚在保护法益及功能上不同，环境行政罚以维护公共秩序、维护环境资源管理为主要目标，而刑事罚则旨在对具有严重社会危害性的行为进行惩治。因此，行政罚先行并不妨碍后续对具有严重社会危害性的行为实施刑事处罚。例如，在一起非法排放有毒废水的案件中，H 工厂因超标排放废水被环保局处以罚款并责令整改，后续又发现其排放有毒废水涉嫌构成犯罪，便将其移送至有关部门追究刑事责任并最终做出有罪判决。此时，行政罚的目的是促使企业守法，而刑事罚则是为了保护法益，两者在法益和处罚力度上不同。因此，先行行政处罚后再追究刑事责任并不构成重复处罚。

第二种情形：无罪判决后仍然可以行政罚，这不违反"双重处罚禁止原则"。在刑事诉讼中被判决无罪，有时是因为行为不符合犯罪成立条件，有时是因为证据不足，刑事上被宣告无罪并不表明行为完全合法，如果违反行政法规仍然可以对其进行行政处罚。例如，某工厂因证据不足被法院宣告无罪，即便如此，该工厂未经审批排放废水已经违反环境行政法，因此环保部门可以对该工厂进行相应的行政处罚，不受刑事无罪判决影响，因为行政处罚的标准和目的不同于刑事处罚，故也不违背双重处罚禁止原则。

总之，生态环境案件中的行政罚与刑事罚并科以及无罪判决后的行政罚，均不违反"双重处罚禁止原则"。同时，通过对严重违法行为的双重法律追责，有助于分别实现刑法、行政法的目的。

（二）刑民竞合生态环境犯罪案件中的双重处罚禁止

生态环境犯罪案件中刑事责任与民事责任的竞合确实存在是否会涉嫌"重复评价"、违反"双重处罚禁止原则"的争议问题，这源于刑事责任与民事责任在生态环境犯罪案件中同时产生，生态环境刑法保护的法益常常是民法上的民事权利或利益（身体权、健康权、环境利益等），犯罪行为也是侵权行为，并产生侵权之债，侵权之债不仅指向受害人，也在一定程度上涉及社会整体利益。在此背景下，刑事罚金和惩罚性民事赔偿能否同时适用成为讨论的焦点。

关于二者性质上的不同，罚金旨在体现对犯罪的报应，具有惩罚意义。就民事责任的性质而言，在大陆法系民法理论中，通说认为民事责任具有补偿性。"民法同刑法不同，它主要调整 对已造成的损害如何予以公正的补偿。"〔1〕但近年来，随着我国对惩罚性赔偿金制度的引入，以及《消费者权益保护法》《食品安全法》《民法典》对惩罚性赔偿金制度的具体规定，于是有人呼吁在环境法治领域也建立相应的制度。但本书认为，在推行一项制度之前首先要审慎地进行论证，鉴于生态环境犯罪案件的特殊性，要避免因并科而带来双重处罚禁止问题。因为"惩罚性赔偿"不同于普通民事赔偿是以补偿性为主，惩罚性赔偿具有明显的惩罚性，罚金与惩罚性赔偿金的并科，既不同于普通民事责任与惩罚性民事赔偿的并科，也不同于补偿性民事责任与罚金的并科，其特别之处在于罚金和惩罚性民事赔偿金在保护法益、承担责任的层次上均涉及生态环境法益的双重保障。以下对这三种情形本书逐一进行分析。

1. 普通民事责任与惩罚性民事赔偿的并科

普通民事责任与惩罚性民事赔偿的并科通常适用于民事侵权案件，其中普通民事赔偿旨在填补受害人实际遭受的损害，而惩罚性民事赔偿则作为附加赔偿，主要用于加重加害人的经济负担，体现对恶意侵权行为的警示。虽然普通赔偿与惩罚性赔偿都属于民事责任范畴，但前者具有补偿性，后者具有惩罚性。惩罚性赔偿的目的在于预防潜在的类似行为，特别是当行为人的故意或过失行为达到一定程度，甚至具有一定恶性时，通过增加其经济负担来遏制未来类似的侵权行为。例如，A工厂因为没有尽到污染物处置义务导致村民鱼塘被污染，村民通过民事诉讼获得普通赔偿金以弥补鱼塘损失，但A工厂并未整改到位第二次对鱼塘造成污染，为惩戒此类恶意行为，法院可以追加惩罚性民事赔偿金。

2. 补偿性民事责任与刑罚的并科

在刑事和民事责任的并科情形下，民事责任通常为补偿性赔偿，目的在于填补受害人的实际损失，而刑罚则为刑法意义上的惩罚措施。这种并科在实践中常见，具有合理性，因为刑罚的目的在于预防犯罪，而补偿性民事责

---

〔1〕 ［德］卡尔·拉伦茨：《德国民法通论》（上），王晓晔等译，法律出版社2013年版，第51页。

任则侧重于弥补被害人的损害。例如，邓某未经许可排放污水导致 5 户村民及所养家禽中毒，法院认定其构成污染环境罪，对其判处刑罚。民事责任方面，邓某需赔偿 5 户村民医疗费用及家禽中毒死亡带来的经济损失。在该情形下，刑罚惩戒其犯罪行为，而民事赔偿则用于弥补受害人的具体损失，刑罚和民事责任共同构成对行为的全面评价。二者并科关键在于刑罚和民事责任的性质不相同，二者相对独立且互不影响，常适用于犯罪同时产生经济损失的案件。

3. 罚金与惩罚性民事赔偿的并科

在刑事案件中，罚金是刑法对行为人施加的经济性制裁，意在体现国家对犯罪行为的谴责和惩罚，具有强烈的威慑和惩戒作用。而惩罚性民事赔偿金则主要针对受害人所遭受的损害，通过对行为人的经济处罚增加行为成本，以补偿受害人、警示潜在违法人员，并在一定程度上弥补环境修复资金的不足。在生态环境犯罪案件中，罚金与惩罚性民事赔偿金均是针对行为人的违法行为施加的惩罚性措施，二者在性质上都具有惩罚性，因此，如果在罚金之上再叠加惩罚性民事赔偿，将导致行为人因同一违法行为承担双重责任。例如，甲被法院以构成污染环境罪判处 100 万元罚金，同时被责令赔偿财产损失。在甲支付罚金、赔偿财产损失以后，被污染区域的公众向法院提出惩罚性民事赔偿请求，法院是否应当支持？在本案中，由于罚金已对该行为的社会危害性进行过评价，在此基础之上，再叠加惩罚性赔偿必然加剧惩罚效应，形成对行为人同一行为的不当重罚，导致重复评价，违背了"双重处罚禁止原则"。

不但如此，罚金与惩罚性民事赔偿金的并科缺少法律依据。虽然《民法典》第 1232 条承认了惩罚性赔偿规则，[1] 但该规范只是授权性规范，并非一概要适用该条规定，而应当区分侵权人（被告人）已被判处罚金等刑罚还是未被判处罚金等刑罚，对于被告人已被判处与其所造成的生态破坏后果相适应的罚金刑的，则不适用《民法典》第 1232 条。即使在广泛接受惩罚性民事赔偿制度的英美法系国家也因其涉及双重犯罪评价而被否定，如美国的路易斯安那、马萨诸塞、内布拉斯加、华盛顿州。当然，"在大陆法系看来，无论

---

〔1〕 参见《民法典》第 1232 条规定："侵权人违反法律规定故意污染环境、破坏生态造成严重后果的，被侵权人有权请求相应的惩罚性赔偿。"

怎样，惩罚性赔偿金都是不可理解的和不足取的"。[1]

综上，惩罚性民事赔偿金与罚金并科，在生态环境犯罪案件中显现出双重处罚的潜在问题。由于两者均具有惩戒性且主要依赖于经济手段，当罚金等刑事财产刑已足额有效地起到了惩戒作用，继续适用惩罚性民事赔偿金就会在实际效果上造成重复评价，为避免违反双重处罚禁止原则，司法实践中应避免将二者并科。同时，由于补偿性民事责任与刑罚并科能在刑事责任与民事责任并行基础上实现惩罚与补偿的共存，法理上并不存在问题，因此实践中可以多采用此种并科方式。

第四节　生态环境犯罪的违法阻却事由

鉴于构成要件具有违法的推定机能，行为一旦符合了刑法构成要件的内容原则上就具有了违法性。然而，即使是符合犯罪构成要件的类型化行为，在具有否定违法性的例外情况时（在刑法上将其命名为违法性阻却事由），该行为也不违法因而不构成犯罪，这同样适用于行政犯。[2]生态环境犯罪无疑构成行政犯，因此，当具备违法阻却事由时行为即使符合构成要件也不构成犯罪，大陆法系刑法理论对违法阻却事由的类型存在多种分类，我国理论通常将违法阻却事由分为法定的违法阻却事由与超法规的违法阻却事由，法定的违法阻却事由指正当防卫、紧急避险，而超法规的违法阻却事由则包括自救行为、义务冲突、职务行为、执行命令、被害人承诺、正当业务行为。[3]本书认为，由于生态环境犯罪是行政犯、行政许可、遵守法令行为、正当业务行为等并未被刑法规定的阻却事由事实上起到阻却犯罪的效果，而法定的正当防卫作为违法阻却事由在生态环境犯罪中却十分罕见，为突出生态环境犯罪违法阻却事由的特点，故本书未采用前述分类，而将生态环境犯罪中常见的违法阻却事由分为行政许可、法令行为、正当业务行为、义务冲突并进行重点讨论。

---

〔1〕　陈灿平：《刑民实体法关系初探》，法律出版社 2009 年版，第 93 页。

〔2〕　参见［日］藤木英雄：《行政刑法》，学阳书房 1977 年版，第 68 页。

〔3〕　参见陈兴良：《教义刑法学》，中国人民大学出版社 2017 年版，第 378~379 页。

一、行政许可

行政许可是国家行政机关依据法律、法规的规定，对特定主体的特定活动予以批准或准许的一种行政行为。作为生态环境犯罪的违法阻却事由的行政许可，是指当某项资源开发或生产活动经过合法的环境行政许可程序批准后，即使造成资源破坏或环境污染，其行为在法律上也被视为合法。该许可制度在客观上阻却违法性的法理基础在于信赖保护原则，旨在保障行政相对人的合法权益和经济活动的正常运行。

那么，反过来讲，是否未经行政许可便一律构成犯罪？实则不能一概而论，因为未经行政许可而从事环境类营业只违反了环境行政法，如果处罚该行为无异于承认形式犯具有可罚性，而且在我国，严格区分一般违法行为和犯罪行为，当仅违反行政许可要求而未对法益造成侵害时不能认定其在刑法上具有违法性。在国外，对该行为也不作为犯罪处理。日本学者以德国判例为例进行了说明，认为"如果将其作为故意犯或过失犯进行处罚，则将单纯不服从行政规制作为形式犯。因此，德国的判例将这种行为作为不可罚（无罪），以避开行政从属犯（法定犯）的短处"。[1]

从另外的角度考察，即使取得了行政许可，也可能存在例外情形。尽管行政许可具有阻却犯罪成立的效力，但在以下情形下，即使有行政许可也不能阻却犯罪成立。

第一，行政许可行为本身违法。如果环境行政机关在作出行政许可决定时，违反了法定程序或超越了法定权限，则该许可行为无效。如某地方政府违反国家环保法律，未经必要的环境影响评估程序就批准某工厂的建设许可，则该许可因违法而无效。基于该许可而实施的排污行为也就不具有违法阻却事由。

第二，被许可主体通过违法方式获取行政许可。如果行政许可是通过行贿、欺诈等违法犯罪手段取得的，则该许可无效。如某企业通过贿赂环保部门官员获得排污许可，该许可因其取得过程违法而无效，即使获得了排污许可，但企业的排污行为仍有可能构成生态环境犯罪。

---

〔1〕　［日］长井圆：《未来世代的环境刑法2》，信山社2019年版，第43页。

第三，被许可人超出许可范围活动。即使行政许可程序合法，若被许可人超出许可范围开展活动，其超出许可范围的部分行为也并不具有违法阻却效力，仍可能构成生态环境犯罪。例如，某企业获得的排污许可仅限于特定污染物的限量排放，但由于其实际排放量大大超过许可范围因而构成超量排放的生态环境犯罪。

当然，如果不属于前述情形，当行政许可仅存在瑕疵时，能否阻却生态环境犯罪成立需要具体情况具体分析，如果瑕疵是轻微的程序性错误，不影响许可的实质合法性，则可能仍能阻却犯罪成立。然而，如果瑕疵影响到许可的实质合法性，导致许可行为无效，则不能阻却犯罪成立。例如，某国某废弃物处理厂在申请建设许可时，提交的部分文件存在格式上的轻微错误，但不影响环境评估结果和许可实质内容。可以认定该程序性瑕疵不影响许可的有效性，废弃物处理厂在许可范围内的生产活动即使造成污染，也不构成犯罪。但若该瑕疵影响了环境评估的真实性和完整性，则废弃物处理厂的行为可能构成生态环境犯罪。

二、法令行为

法令行为是指基于成文法律、法令、法规的规定，作为权利行使或承担义务所实施的行为。法令行为源于法律的规定，"《日本刑法典》第35条规定，根据法令或作为正当业务而实施的行为，不处罚。将正当业务行为和法令行为并列规定为合法行为"。[1]与日本刑法明文规定法令行为不同，我国刑法中并未明文规定法令行为而是在其他法律中予以规定，在法理上，法令行为之所以能阻却违法是基于法秩序统一性原则，在理论上将其作为违法阻却事由。由于法令行为是法律本身所允许乃至鼓励的、形成法秩序的一部分的行为，因而被视为合法行为，其法理基础在于合法性原则和信赖保护原则。合法性原则强调行为只要符合现行法律的规定，即被视为合法行为，不应受到刑事追究；信赖保护原则则基于在保障公民和法人在依据现行法律、法令、法规行事时，基于其对行为合法性的合理信赖，因此不应因这些行为被处以刑罚。

---

[1] [日]曾根威彦：《刑法学基础》，成文堂2001年版，第56~57页。

（一）法令行为阻却生态环境犯罪成立的情形

第一，基于政策的合法行为。在某些情况下，法律基于政策上的考虑，经过法益衡量，将某种原本可能侵害法益的行为规定为合法，这种行为被视为违法的一种合理例外，其法理依据来源于比例原则。例如，一些国家法律允许农民在特定条件下使用农药，即便这些农药可能对环境造成一定的影响，但该许可是基于农业生产和食品安全的政策考虑，前提是通过严格的审批和监管程序以确保农药使用在合法和可控范围内进行。基于此，符合条件的农药使用行为即使造成环境污染，也不会被视为生态环境犯罪。

第二，特别规定下的合法行为。某些行为原本具有犯罪性，但法律特别规定在特定条件下允许其存在，使之成为合法行为。这种情况常见于环保法律法规中的豁免条款或特别许可制度，其法理依据是法定例外。法定例外是指法律明确规定在特殊情形下，可以偏离法律基本规则的适用，法定例外允许在特定条件下不适用某些规定，从而实现法律公平与真正的目的，典型的法定例外是正当防卫。刑法通常规定禁止侵害他人，但在遭受非法侵害时，法律允许正当防卫，这便是一种法定例外，这种例外允许行为人在特定情况下偏离刑法对侵害行为的禁令，从而免于刑事责任。有必要指出，法定例外不等于法定豁免，但法定豁免同样可以属于特别规定下的合法行为，法定豁免指某些法律对特定人群或情境完全不适用，如某些国家的税法规定对特定慈善机构或非营利组织给予税收豁免。在这种情况下，特定组织不需要按照一般税法规定纳税，这便是一种法定豁免。例如，一些国家规定，一些小型公共基础设施建设项目在特定情况下可以豁免环评程序，这些豁免项目虽然可能对环境造成影响，但经过严格的法律审核和评估程序后，如认为其对环境造成的影响在可接受范围内，可以被法律例外允许。

第三，权利（义务）行为。法律规定的作为公民的权利或义务的行为，因其受法律明确保护或强制性要求，不应被视为犯罪。这种行为体现了法秩序统一性原理和权利保障原则。瑞士允许家庭在冬季使用一定量的木材取暖，尽管燃烧木材可能产生一定的环境污染，但这种权利行为因涉及公民的基本生活需求和生存权而受法律保护，在权利范围内，家庭供暖即使产生一定环境污染也不会被视为犯罪。

（二）法令行为不能阻却生态环境犯罪成立的特例

第一，超越法令授权的行为。如果行为超出了法令授权的范围，即使原本的法令行为本身是合法的，超出部分也不能享受法令行为的合法性保护。例如，A 化工企业获得合法的排污许可，但排污量超出了许可规定的范围导致河水污染，尽管 A 企业拥有合法许可，但超出许可这部分的排放行为仍然可以被认定为生态环境犯罪。

第二，法令行为的滥用。如果法令行为被滥用用来掩盖实际的违法行为，即使表面上符合法令的规定但实质上仍构成犯罪。例如，B 企业为掩盖其违法行为，利用合法的废弃物处理许可证，实质上处理了非法有毒废物，该企业处理废物的行为导致了严重污染，由于该企业滥用了许可行为，所以尽管其持有许可证，但并不能阻却违法性，其行为仍然可以被认定为生态环境犯罪。

第三，通过违法手段实施的法令行为。例如通过行贿或欺诈手段获取许可，则该许可无效，依据该许可实施的行为仍构成生态环境犯罪。例如，C 企业通过行贿获得了废水排放许可，最后导致水源严重污染，由于许可是通过非法手段获得的，应认定该许可无效，不能作为阻却犯罪成立的事由，C 企业的排污行为有可能被追究刑事责任。

值得讨论的是，当法令行为出现瑕疵时，能否阻却生态环境犯罪的成立？这需要具体分析。如果瑕疵是轻微的程序性错误，不影响行为的实质合法性，仍然可能阻却犯罪成立。[1]例如，M 化工企业在获得排放许可证时，因行政部门工作人员疏忽而未事先公告，导致公告程序略有瑕疵。但 M 企业的排放行为符合环境法规定的排放标准。在该情形下，虽在许可证获取程序中存在轻微瑕疵，但由于排放行为符合法定的排放标准，因此属于实质合法的法令行为，仍然可以阻却环境犯罪的成立。这里的程序性瑕疵并不影响企业排放行为的合法性，因此可以认定该行为不构成犯罪。

然而，如果瑕疵影响到行为的实质合法性，导致行为违反环境保护的实质规定，则不能阻却生态环境犯罪的成立。例如，某采矿公司在申请开采许

---

〔1〕 轻微的程序性错误通常指对实施行为的行政许可过程中的一些不重要或不严重的程序缺陷，这些缺陷不影响行为的实质合法性，也不改变行为的基本性质。因此，尽管存在轻微瑕疵，该法令行为依然能够阻却环境犯罪的成立。

可时未按规定提供环境影响评估报告，导致行政部门在没有充分审查环境影响的情况下错误发放了开采许可。该公司在开采过程中，因缺少妥善的环境防护措施，导致矿区周边的水源和土壤受到严重污染。在该情况下，由于开采许可证发放过程存在实质性瑕疵——缺少环境影响评估报告，使得该行为缺乏合法性基础。因此，即便该公司获得了形式上的开采许可，该行为仍无法以法令行为为依据阻却环境犯罪的成立，公司依然可能被追究污染环境罪的刑事责任。

三、正当业务行为

"基于社会生活上的地位，反复、持续实施的行为，称作业务。但是只有'正当地实施的'业务才能被正当化。"[1]在日本学者看来，所谓的正当业务行为，指的是在一般社会生活上被认定为正当业务的行为，但是，其性质不能像法令行为那样推定具有强烈的正当性，因此，为了将业务行为正当化，原则上必须要求对方"同意"。[2]正当业务行为之所以能够阻却生态环境犯罪的成立，关键在于其"正当"性，而非基于单纯的"业务"性质。正当业务行为是指在社会生活中，被认为符合社会规范和道德标准的业务活动，其法理基础主要包括社会相当性和信赖保护原则。日本的西原春夫教授对正当业务行为被视为合法行为的理由解释是："这些行为，即使是侵害刑法上的法益，在人类社会生活的运营上也是不可或缺的，正因为被甘愿接受，才被认为是合法的。"[3]

"正当"意味着行为符合社会普遍认可的伦理道德标准和公共利益，不违背基本的法律和社会秩序。正当业务行为由于其正当性和必要性，应当被社会所接受和容忍，因此在某些情况下应当被视为合法行为，即便其对环境造成了一定的破坏。

尽管正当业务行为可以阻却生态环境犯罪成立，但必须限定在"正当"的范围内。只有那些在社会上被普遍认可和接受，且不违背法律和社会秩序的业务行为，才属于阻却犯罪的事由。这些"正当"的业务包括：①合法的

---

〔1〕　[日] 前田雅英：《刑法总论讲义》，东京大学出版会 2006 年版，第 307 页。
〔2〕　参见 [日] 曾根威彦：《刑法学基础》，成文堂 2001 年版，第 57 页。
〔3〕　[日] 西原春夫：《刑法总论》，成文堂 1978 年版，第 232 页。

业务行为。指依据法律和社会规范所进行的商业活动，如合法的废物处理业务。②必要的业务行为。即出于公共利益或在紧急情况下实施的行为，如为了控制病虫害而喷洒农药、从事废物处理业务。冬季撒布除冰盐，尽管在一定程度上对环境造成负面影响，但由于其符合社会公共利益，被视为正当业务行为。在法律许可范围内实施必要的业务行为，不会被视为生态环境犯罪，然而，一旦超出"正当"的范围，即使是业务行为也可能构成犯罪。

以下超出正当范围的业务行为，即使仍然属于业务活动，也可能构成生态环境犯罪。通常包含以下情形：①过度行为。即在业务活动中，过度排放污染物或使用有害物质。例如，农民为提高产量而过度使用未经许可的农药，导致土壤和水源污染。虽然农业生产是正当业务，但滥用农药的行为超出正当范围，构成生态环境犯罪。②非法行为。指那些在业务活动中违反环保法规造成环境污染的行为。例如，某工厂为降低成本，私自排放未经处理的废水导致河流污染，尽管这些工厂的主要业务是正常的生产活动，但其排污行为违反法律规定，即使其属于业务行为也仍然不构成阻却犯罪的正当化事由。

四、义务冲突

义务冲突是指存在两个以上不相容的义务，为了履行其中的某种义务，而不得已不履行其他义务的情形。义务冲突阻却犯罪的法理基础在于法益衡量原则，"不管怎么说，在被称为义务冲突的情况下，实质上法益衡量和危险衡量应该被认为是问题，从这个意义上来说，可以消除为实质的违法判断"。[1]对前述法益衡量和危险衡量的理解是，当行为人面临多种义务且无法同时履行时，法律认可其履行重要义务而放弃次要义务的行为，从而阻却犯罪的成立。阻却不法的义务冲突的成立条件：①存在两个或两个以上的作为义务；②行为人无法同时履行这些义务。行为人的选择只能在合法义务之间进行。例如，P废物处理公司的管理人员有责任确保工厂安全运行（环境保护义务），同时也有义务在紧急情况下遵守工厂内的紧急疏散程序。如果突发火灾，管理人员为了保护员工的生命安全，可能不得已放弃某些环境保护措施，这时放弃环境保护义务可以被认为是在履行更为重要的生命安全保护义务。③履行重

---

〔1〕〔日〕林干人：《刑法总论》，东京大学出版会2008年版，第183页。

要义务而放弃非重要义务。在义务冲突的情况下，行为人必须选择履行更为重要的义务而放弃次要义务。为了保护更为重要的法益，法律认可这种权衡和选择。例如，Q 化工厂同时具有环境污染控制义务和紧急事故处理义务，当发生化学泄漏威胁到周边居民安全时，Q 化工厂的管理者可能需要放弃一些环境保护措施，集中资源处理事故和疏散居民。放弃次要的环保义务以履行更为重要的公共安全义务，可以阻却生态环境犯罪的成立。

问题在于等价法益的情况，当履行的两种义务所保护的法益具有等价性时，履行任何一种义务都可以阻却违法。在这种情况下，行为人可以根据实际情况选择履行其中任何一种义务，而不必考虑伦理的因素。例如，M 工厂同时负有定期处理废水（环境保护义务）和确保生产线安全运行（安全生产义务）的责任。某一天废水处理设备出现故障，立即修复设备可能导致生产线暂停并危及工人安全，工厂管理者应选择暂缓废水处理，优先修复生产线，以保证工人安全。此时，两种义务具有等价性，履行任何一种义务都能阻却违法。

需要注意义务冲突与紧急避险的区别。紧急避险是一种作为的形式，行为人为避免紧迫的危险主动采取措施。换言之，面临危险的本人可以选择承受危险，不实施紧急避险，而义务冲突是一种不作为，行为人因履行某项义务而不得已不履行其他义务，负有义务的人必须履行其中的某项义务，没有选择的余地。关于二者关系实则主要体现为作为形式的不同，紧急避险适用于作为形式的情形，而当出现不作为的情形时，则适用义务冲突理论来解决。对此，日本学者前田雅英指出："义务冲突是指紧急状况下被要求履行数个义务而不能同时履行的情形，这在不作为犯的情形中成为问题。这是作为紧急避险的一种类型来处理的，在实际履行的义务中，如果选择的是价值更低的义务，则不作为犯不被正当化。"[1]例如，N 化工厂发生化学品泄漏，厂长必须选择是立即启动环境保护措施（如启用紧急储存罐）还是优先组织员工疏散。若厂长选择优先组织员工疏散而放弃部分环境保护措施，则其行为属于义务冲突。反之，若 N 化工厂厂长在化学品泄漏时采取紧急措施组织人员保护环境但有可能导致员工受伤，则属于紧急避险。

---

〔1〕　〔日〕前田雅英：《刑法总论讲义》，东京大学出版会 2006 年版，第 358~359 页。

第六章　生态环境刑法的行政从属性

与前述讨论过的法益、不法紧密相关的话题是生态环境刑法的行政从属性。"行政从属性"（Verwaltungsakzesorietät）是指所要保护的环境和应避免的行为内容依赖于行政法律规范或命令、禁止等行政行为，刑法对该违反行为处以刑罚，是许多环境刑法中常见的现象。[1]本章就此展开讨论。

第一节　行政从属性的定义与学理分类

刑法的行政从属性（die Verwaltungsakzesorietät）概念源自德国刑法，后来传到日本，日本没有详细讨论行政从属性的概念到底是所谓的概念从属性（die Begriffsakzzesorietät）、行政法规从属性（die verwaltungsrechtsakzzesorietät）还是行政行为从属性（die verwaltungsaktsakzzesorietät），在日本，有关行政从属性讨论的中心是其存在方式和程度，以及行政从属性在理论上、实践上、法技术上是否必要，是否优选。一般认为，此概念虽并非环境刑法领域所固有，但环境刑法的行政从属性是逻辑的必然要求。[2]

在犯罪论体系中，行政从属性是就刑法构成要件对行政法、民法的从属性关系而言的，因此，也可以说，行政从属性就是构成要件的行政从属性。在三阶层犯罪论体系中，行政从属性属于构成要件符合性当中讨论的内容，在两阶层犯罪论体系中，行政从属性属于不法阶层讨论的内容。因此，也可以反过来说，行政从属性是构成要件行政从属性的简称。

从"构成要件行政从属性"的字面含义来讲，可以将其拆分为"构成要件""行政"和"从属性"三个词，其中"构成要件""行政"是对"从属性"的修饰，"从属性"是中心语，意思是附随或者参照。构成要件的从属性

---

〔1〕　［日］町野朔编：《环境刑法的综合的研究》，信山社2003年版，第39页。
〔2〕　参见［日］伊东研祐：《环境刑法研究序说》，成文堂2003年版，第63~65页。

的意思是刑法构成要件附随、参照民法、行政法的内容，分别构成民法的从属性和行政法的从属性。

一、概念从属性、行政法规从属性与行政行为从属性

在日本学者看来，行政从属性一般分为概念从属性、行政法规从属性与行政行为从属性。[1]

（一）概念从属性

概念从属性是指，在（生态）环境刑法中使用环境行政法的概念时，应按照相同的含义进行解释，但在环境行政法的概念本身不明确或过于广泛的情况下，需要从明确性的理论和实质适当的角度进行探讨。《德国刑法典》与环境犯罪有关的第329条中"防止空气污染或噪音的特别保护区""动物、植物""水或矿泉保护区"的概念界定就分别来源于《联邦环境保护法》《联邦自然保护区法》和有关水或矿泉保护的法规。我国刑法虽然使用了野生动物的概念但刑法本身并没有对其内涵进行阐释，野生动物到底指什么，需要到作为行政法的《野生动物保护法》中去寻找其概念内涵。[2]

然而，所谓概念从属性的分类其实没有独立存在的价值，因为概念不可能独立构成一个完整的命令性规范、禁止性规范或其他指引性规范，本质上，所谓的概念从属其实属于"行政法规从属性"。在德国，曾经将"概念从属性"单独列出来作为行政从属性的独立类型，与从属于行政处分、法规命令、行政规则、行政契约等各种从属类型并列。可是，后四者都是行政行为的类型，而"概念从属性"无法与之并列，所谓的概念从属性，其实是从属于法规命令（或行政法规）。因而没有单独作为一种类型的必要。

（二）行政法规从属性

行政法规从属性是指环境刑法中行为的可罚性取决于违反行政法规。

在德国，该从属性被称为构成要件从属于法规指示，指构成犯罪以违反

---

〔1〕 参见［日］中山研一、神山敏雄、齐藤丰治、浅田和茂：《环境刑法概说》成文堂2003年版，第38页。

〔2〕 参见我国《野生动物保护法》第2条第2款规定："本法规定保护的野生动物，是指珍贵、濒危的陆生、水生野生动物和有重要生态、科学、社会价值的陆生野生动物。"第3款："本法规定的野生动物及其制品，是指野生动物的整体（含卵、蛋）、部分及衍生物。"

行政规定作为成立要素。其在我国生态环境刑法中也非常普遍，例如，构成污染环境罪、非法处置进口的固体废物罪以"违反国家规定"为构成要素；非法捕捞水产品罪以"违反保护水产资源法规"为构成要素；非法狩猎罪以"违反狩猎法规"为构成要素；非法占用农用地罪以"违反土地管理法规"；非法采矿罪、破坏性采矿罪以"违反矿产资源法的规定"为构成要素。法规指示不仅包含违反法律法规还包含违反行政命令，例如，构成非法狩猎罪不但要求违反狩猎法规，还要求行为发生在禁猎区、禁猎期或使用禁用的工具、方法进行狩猎，其中，对于禁猎区、禁猎期或者使用禁用的工具则是通过行政命令的方式来颁布，各地方可以根据其野生动物保育的具体情况制定适应当地野生动物保护的关于"禁猎区、禁猎期或者使用禁用的工具"的具体标准并通过行政命令的方式颁布。针对这种从属于行政命令的现象，日本学者认为"这说明刑罚权的行使不仅从属于行政法规，而且从属于命令这一行政行为，是双重的行政从属"。[1] 前述以行为人违反行政机关基于法律授权而颁布的法规或命令作为构成要件内容之一的情形，就是构成要件行政从属性中的法规指示。

（三）行政行为从属性

行政行为从属性是指生态环境刑法中，某些行为的可处罚性取决于行政机关的禁止或允许。该类型的从属性最受争议，被认为是对罪刑法定原则的挑战。因为，一个抽象的刑法规范竟然留有一个空白部分需要行政权来填补，而且是由行政机关针对具体个案所单方对外作出的生效行政行为。将行政行为（处分）作为犯罪成立要件的一部分，被认为是对罪刑法定原则的最大挑战，因而备受争议。

当然，对前述争议也可以做这样的解释。从表面来看，透过刑法构成要件中的行政行为，原本应当属于立法机关的权力被委任给了行政机关，这可能会对法治国原则造成破坏。然而，实质上来说，刑事法的立法者没有放弃自己的责任，因为立法者实质地掌握了刑法犯罪构成的内容，是否构成犯罪的最终判定权仍然属于立法机关而非行政机关。而且行政的介入是经过立法的事先授权的，"从这个观点来看，不是事后发动刑罚，而是事先行政介入，

---

〔1〕 ［日］町野朔编：《环境刑法的综合的研究》，信山社 2003 年版，第 10 页。

刑法起到支持环境行政保护的作用。这样，刑法在进行环境保护时，其行政从属性也可以说是必然的"。[1]本书认为，行政行为从属性是生态环境刑法在环境保护与经济发展之间寻找平衡。某些排污行为虽然对环境造成一定影响，但只要在合理范围内并经过行政行为赋予其许可效力，就能将这部分促进经济发展行为排除在犯罪圈之外，避免不当阻碍经济活动的正常开展。不仅如此，环境行政机关拥有专业知识和监管能力，有能力科学评估排污行为的环境影响，作出合理的许可决定。刑法只不过是通过行政行为从属性来体现行政机关的专业判断，确保处罚的科学性和准确性，以保障环境保护与经济发展的双重目标。

二、绝对从属性、相对从属性

在德日刑法中，按照行政从属性的程度不同，对行政从属性存在不同分类。德国刑法学教授海涅（Heine）根据环境刑法中行政从属性程度，将其分为绝对独立刑法模式、绝对从属刑法模式、相对行政从属刑法模式。[2]与之不同，日本的京藤哲久教授按照刑法与所追求的环境行政目的的关联性，将刑法分为①绝对的行政独立刑法；②绝对的行政从属刑法；③相对行政从属刑法；④行政从属形式犯刑法（违反申报义务等）四类。并认为行政从属形式犯刑法不可取。[3]按照以上分类标准，如果一方面排除形式犯，另一方面将与行政目的无任何关联性的所谓"绝对的行政独立刑法"排除在行政从属性讨论范围之外，按照行政从属性的程度进行分类，可以将行政从属性分为绝对从属性与相对从属性。

（一）绝对从属性

在绝对从属性下，"刑罚法规被用于保证行政规制的实效性"。[4]行为之所以受到刑罚处罚，并不在于其危及了环境法益，而在于其违反了行政命令，通过刑事制裁以达成行政目的，因而该论受到质疑。

---

〔1〕　［日］町野朔编：《环境刑法的综合的研究》，信山社 2003 年版，第 39 页。

〔2〕　参见 ［日］山中敬一：《德国环境刑法的理论与构造》，载《关大法学论集》1991 年第 41 卷第 3 号，第 511~512 页。

〔3〕　参见 ［日］町野朔编：《环境刑法的综合的研究》，信山社 2003 年版，第 328 页。

〔4〕　［日］町野朔编：《环境刑法的综合的研究》，信山社 2003 年版，第 328 页。

当构成要件绝对从属于行政时，刑法虽然不会变成行政法的一部分，但却维持了行政的决定，单纯不服从行政管理的行为可能该当刑法上的构成要件而变成犯罪行为。在绝对从属性之下，刑法将迷失其法益保护的目的而依附于行政法，成为确保行政执行贯彻行政法目的的工具。按照日本学者神山敏雄的理解，如果以环境行政等抽象的法益来定义环境犯罪的话，法益概念以及犯罪概念就会空洞化，这就不能发挥刑罚权保障国民权利自由的功能。[1]

这点是最受到诟病的，因为脱离了刑法法益会让立法成为形式犯，而这一概念在法治国语境下是不应当被承认的。[2]行政的要素构成要件直接决定刑事不法的内容，容易使行政权侵入立法权，给人的感觉是，与传统刑法所要求的法益保护主义对应的法益侵害、罪刑法定主义对应的构成要件明确性形成紧张关系。

一般来说，国民对于能够做什么不能够做什么，什么是刑事不法应当通过刑法来获悉，可是，在绝对从属性之下，存在的疑问在于，决定犯罪的权力将从立法机关转移到行政机关，立法机关通过诸如制定行政法规等抽象行政行为以及行政处分等具体行政行为来影响制定犯罪成立条件这项原本属于立法权的内容。

绝对从属于行政的犯罪的构成要件通常规定在行政法当中，立法者在行政法当中设立刑罚规范的目的在于用刑罚确保行政法的执行，日本的行政刑法就没有规定在该国刑法典当中而存在于刑法典之外。就我国刑法而言，无论是行政刑法还是普通刑法，其对应的犯罪类型都统一规定在《刑法》中，都受到《刑法》第2条的指引以保护法益为任务，生态环境刑法也不例外，在我国没有典型的绝对从属性立法。

（二）相对从属性

对相对从属性的理解离不开对生态环境刑法法益的理解。生态环境刑法大体上保护两种法益：一种是对环境媒介、动植物资源的保护；另一种是对人类的生命、身体、健康法益的保护。为了经济的发展，人类不得不通过环

---

〔1〕 参见［日］中山研一、神山敏雄、齐藤豊治、浅田和茂编著：《环境刑法概说》，成文堂2003年版，第17页。

〔2〕 关于形式犯的问题，本书将在第九章生态环境犯罪的类型中展开，在此不赘。

境行政法允许一定程度污染的存在，这些影响犯罪成立条件的环境行政法构成生态环境刑法的前置法，这大致可分以下两种情形：①违背环境行政法的命令；②违背环境行政法上的义务，如不服从环境行政法要求行政相对人应遵守的义务。

与绝对从属性立法通常规定在行政法中不同，相对从属性立法通常被规定在刑法中，是否违反行政法这一要素只是被用来协助判断法益是否受侵害。刑法构成要件中之所以纳入了行政法的要素并非保障行政法目的的实现，而是将对环境行政法义务的违反作为判断刑法违法性的参考标准。

在绝对从属的类型之中，刑事制裁的目的是实现行政法上的目的；而在相对从属的类型当中，刑事法规范为主，行政法规范为辅。行政法规范中的义务要求，是用来确认构成要件行为已达到违法程度的判断方法之一。那么，刑法为何需要以违反行政法义务作为判断刑事违法性的依据？这是由生态环境犯罪行为与结果间因果关系认定难的特殊性所致，此时的"违反行政法上的义务"成为一个确认因果关系的推定，从而规避因果关系证明难的司法困境，以便确保刑法目的的实现。因此，相对从属性在犯罪构成要件上是以行政法为辅、刑法为主的行政从属性类型。

三、作为合法化要件的行政从属性、作为区分从属对象的行政从属性

按照从属于行政的功能进行区分，可以将行政从属性分为"依据合法化要件的种类区分行政从属性"以及"依据所从属的规范区分构成要件行政从属性"。

（一）作为合法化要件的行政从属性

作为合法化要件的行政从属性指的是行政从属性作为犯罪阻却事由的情形。表现为经过行政许可的行为阻却构成要件，即刑法条文构成要件中"未经许可"等表述属于构成要件要素，当得到行政机关的许可或者核准时，则阻却构成要件阶层的该当性。

（二）作为区分从属对象的行政从属性

根据构成要件所从属的对象，可以再区分一种类型。其一是构成要件从属于行政法规范，指立法者在构成要件中留有空白并指定该空白必须由行政法来加以填补；其二是构成要件从属于行政处分，即授权行政机关作出行政

处分来填补法条中的空白，在具体个案中，如果行政机关根本没有作出过任何行政处分，则犯罪构成要件必然不该当。反之，则该当。

第二节　行政从属性在犯罪论中的定位

一、阻却构成要件与阻却违法性之争

行政从属性指依据刑法条文的规定，某行为的可罚性取决于行政法或行政行为、行政命令。需要讨论的问题在于，这种依赖行政法、行政行为、行政命令而阻却犯罪成立的事由，在犯罪论中应居于何种地位。易言之，遵守行政法或行政命令的行为究竟是因为阻却构成要件而不构成犯罪，还是因为阻却违法性而不构成犯罪，存在以下学说分歧。

（一）将行政许可及行政法义务视为构成要件要素

刑法的行政从属性分别表现为空白构成要件与法规指示的形式，并且在立法上，常常将诸如"违反国家规定""违反行政法规"或"违反行政机关的行政处分"之类的表述规定在罪状之中，与罪状中的行为、结果等并列作为构成要件的内容，正是由于这样的立法表述，行政许可和行政法上的义务都没有在违法性层面被讨论，而被当成构成要件要素。

（二）根据行政法或行政法义务在相关规范中的地位进行个别认定

该观点认为并非所有规定在构成要件中的要素均属于构成要件要素，立法者有时候会把阻却违法的事由规定在构成要件之中。因此，刑法罪状中的行政法规或行政法义务究竟属于构成要件要素还是违法阻却事由，需要进行个别性判断。日本山中敬一教授在论及德国环境刑法中行政从属性要素（如"未经许可"）的性质时指出，如果行为对法益的侵害仅仅是因为其违反了行政法规，那么该行政要素倾向于限定构成要件的范围；反之，如果行为本身已对法益构成侵害，但行政许可例外地允许了此种侵害，则该行政要素更多地表现为正当化事由。[1]原则上，如果构成要件的实现以欠缺特定的行政许

---

[1] 参见［日］山中敬一：《德国环境刑法的理论与构造》，载《关西法学论集》1991 年第 41 卷第 3 号，第 550 页。

可或违背特定的行政法规为前提，则行政许可或行政法规所规定的义务能够阻却构成要件；如果构成要件以行为未经行政许可（欠缺法律上的依据）为前提，则未经行政许可属于违法的要素。例如《德国刑法典》第 324 条第 1 项规定："未经许可污染水域或对其品质作不利的改变的，处 5 年以下自由刑或罚金刑。"[1] 这属于行政法对污染水域或使水质恶化的行为所设的例外规定。换言之，任何人都不得污染水域或使水质恶化，除非行政法有特许的规定，可以例外地颁发污染特许证。因此，污染水域在德国刑法中原则上是一种违法行为，但在例外获得特许时便可阻却违法。

（三）根据属于防止的禁止性规范还是抑止的禁止性规范来判定

所谓防止的禁止性规范，是指通过明确禁止某些行为，从而预防这些行为的发生，避免它们造成法律所不容忍的结果。其核心目的是通过提前限制潜在危险行为以避免犯罪发生，关注的是犯罪发生之前的行为管控，强调预防的作用。此种规范在刑法中常体现为禁止某种行为，以防止因为该行为可能引起危害后果。禁止交通违法行为是为了防止交通事故发生，禁止非法持有枪支是为了防止枪击事件发生，防止的禁止性规范不仅聚焦于行为本身，还注重通过法律手段避免其引发的社会危害。例如，刑法禁止非法持有、买卖毒品，目的是防止毒品流入市场进而避免更严重的涉毒犯罪、暴力犯罪等。由于其具备事前排除法益受侵害的可能性，因此所谓"防止的禁止性规范"由于其具有预防功能因而具有阻却构成要件要素的性质，不容许行为人违反行政法而侵害法益。

防止的禁止性规范的缺点在于防止的禁止性规范可能会限制个人的自由和行为选择，尤其是在一些边界不明确的领域容易过度管制，产生刑法过度规制的风险。

抑止的禁止性规范与防止的禁止性规范的不同之处在于，它不仅禁止某些行为的发生，而且旨在抑制已存在的犯罪行为或非法活动的继续。其目的是降低已经发生或即将发生的社会危害，从而抑制犯罪行为的扩展或犯罪后果的加剧。例如，国外有刑法规定"禁止虐待动物"并对已经发生的虐待行为进行处罚，其目的不仅在于禁止虐待行为的继续，还通过处罚来抑制潜在

---

[1]　参见《德国刑法典》，徐久生、庄敬华译，中国方正出版社 2004 年版，第 160 页。

的违法行为，减轻或防止危害进一步扩大。

本书认为，将行政法义务区分为防止的禁止性规范或抑止的禁止性规范，不但未使概念的区分变得更加清晰，反而增加了判断困难，故本书不建议采用此分类标准。

二、个别判断之提倡

要评析和回应前述争议，必须回到构成要件与违法性的关系上加以讨论，关于构成要件与违法性的关系，本书采违法类型说，认为构成要件是违法的类型，因此构成要件要素是表明违法的要素。也可以反过来说，不法是指符合构成要件且违法。那么，什么样的事实应评价为不法，在林干人教授看来，"所谓不法，是指违反评价规范，内容不具正当性（结果没有保全其他优越利益），类型化的法益侵害或危险"。[1]因此，构成要件欲彰显的在于法益被侵害的事实，而"阻却违法"则属于例外允许法益被侵害的事实存在，我们在判断某一要素究竟属于阻却构成要件或阻却违法性时，亦应采用此标准。

本书认为，行政从属性在犯罪论中的定位究竟属于构成要件要素还是阻却违法的事由，应进行个别判断。原则上，若以欠缺特定的行政许可或违反有关行政法规作为成立犯罪的前提时，该特定的行政许可或违反有关行政法规所规定的义务则属于构成要件要素；若刑法规定的犯罪构成以无权或无故实施某行为为前提，该无权或无故则属于违法的要素。就我国立法而言，基本上将"违反国家规定"作为成立（生态）环境犯罪的条件之一，[2]如不具备这一要素，则属于构成要件要素的欠缺。如擅自进口固体废物罪以"未经国务院有关主管部门许可"作为构成犯罪的成立条件之一，如欠缺该要素，则属于欠缺违法的要素，不具有实质的违法性。

---

〔1〕 ［日］林干人：《刑法总论》，东京大学出版会2008年版，第37页。
〔2〕 有时候也采用"违反矿产资源法的规定""违反狩猎法规""违反野生动物保护管理法规""违反森林法的规定"的表述，这些表述本质上与"违反国家规定"同属一种类型。

第三节　行政从属性与法益保护

一、行政从属性与松弛法益的保护

行政从属性立法在行政犯中是常见的立法技术，在传统的人身犯罪、财产犯罪中几乎难以见到，这与传统人身财产法益清晰明确而行政犯通常与伦理道德的关联较为松弛、法益内容不明确有关。

从立法的目的来说，为实现刑法的目的，立法者需要对刑法所保护的法益及其内涵进行准确描述。对于生态环境犯罪中侵害生态学法益的不属于结果犯的部分，[1]其构成要件要素的内容表述与人的生命、身体、健康、财产关系较为松弛甚至可以不发生任何关联，使得构成要件内容模糊，是否侵害法益不易判断。出于立法技术的考虑，生态环境犯罪法益是否遭受侵害，其判断就交由环境法来补充，或者基于某些专业性和精确性的原因，将该工作交给行政机关由其作出行政行为来补足。但是，这仅仅是出于抽象危险犯立法的特殊性，而将专业性判断委任给了行政法或委托给行政机关。但即便如此，对法益内容的描述依然属于立法权，仍然需要由立法机关在立法中明确描述构成要件的内容。

为了实现这一目标，不得不依赖于行政从属性立法，通过行政从属性立法将抽象的生态学法益具体化，避免立法松弛所带来的构成要件明确性问题。例如，生态学的法益常对应抽象危险犯，刑法应如何去保护未来世代的利益，不但法益内容抽象，构成要件内容也极其抽象，如果不借助行政从属性对其构成要件要素进行具体描述如规定"违反野生动物保护法的规定""违反森林法规"等，就很难捉摸生态学的法益的具体内容，更不要说准确的刑法适用了。

不仅如此，行政从属性还能让行为人准确认识到自己的行为可能侵害法益从而规范自己的行为。例如，野生动物犯罪有时与伦理的关系较弱，对于

---

[1]　刑法中存在一类侵犯生态学的法益的犯罪，刑法往往将其规定为抽象危险犯，其犯罪构成要件要素的内容与人的生命、身体、健康没有关联，这类犯罪往往需要设定具体的行政从属性要素来减缓构成要件的模糊性。

麻雀、野猪是否属于"三有动物",人类的认识也处于摇摆之中,可是立法必须具有确定性,构成危害珍贵、濒危野生动物罪虽然不要求认识到珍贵、濒危野生动物的具体名称、种类,但要求必须认识到对象是珍贵、濒危野生动物,这只能借助行政从属性立法方式,通过野生动物保护法规来细化禁止性规范和授权性规范。再如,人类需要在发展经济和保护环境之间寻求最佳平衡点,不可能为了保护环境而完全禁止环境资源的开发利用,为了实现这一目标,企业等主体就必须清楚地识别(生态)环境犯罪罪与非罪的界限,倘若在构成要件中没有"违反国家规定"等具体的描述,人类就不可能知道自己行为的边界,在正常利用环境资源时反而畏手畏脚,难以有效促进经济的发展。

二、基于行政从属性的法益判断

生态环境犯罪不是典型的自然犯而是倾向于同时具备法定犯与自然犯属性的犯罪类型,对于诸如(生态)环境犯罪这类构成要件具有行政从属性的犯罪类型,是否有必要在其违法性本质的层面进行探讨,日本的伊东研祐教授通过对法益概念进行理论学史的分析,从结果无价值论、行为无价值论这一对于刑事制裁发动具有决定性作用的视角和框架进行了梳理总结,为今后刑事不法论的发展奠定了基础。[1]

最早的(生态)环境刑法不一定具有行政从属性的立法特征,这是由于在早期其表现为公害犯罪,受自由主义刑法影响,早期公害犯罪的法益保护以保护个人法益为主,公害犯罪表现为危害人的生命、身体、健康的行为,对环境媒介的破坏只不过是构成公害犯罪的条件之一,即公害犯罪是通过侵犯水、土壤等环境媒介进而侵犯人的生命、身体、健康,倘若行为仅仅侵犯了环境媒介而没有侵犯人类中心的法益则不可能成立公害犯罪,单独侵犯环境本身的行为在当时并没有被当作犯罪处理。后来,生态学的法益才逐渐得到承认,环境犯罪的法益才从个人的法益扩展到超个人的法益,出现了"环境意识的增强,正在引导人们远离这种纯粹的个人权利(individualrechtlich)思维方式,而承认环境权为超个人法益(Universalrechtsgüter)"[2]这样的观

---

〔1〕 参见[日]伊东研祐:《环境刑法研究序说》,成文堂2003年版,第6页。

〔2〕 [日]伊东研祐:《环境刑法研究序说》,成文堂2003年版,第28页。

念。此时，立法者已经意识到有必要将生态学的法益作为超个人的法益进行
独立保护。

然而，行政从属性立法却让法益的判断变得不那么明确，刑法立法通过
将"违反环境行政法"这一要素作为构成生态环境犯罪的前置条件，从而出
现了行政从属性的立法，以至于"刑法对这样的行政环境保护活动起到了
'侧面援助功能'（flankierende Funktion），与公害犯罪处罚法那样'行政独
立'的公害刑法不同，环境刑法具有'行政从属'"[1]。有时候行政从属性
立法技术与生态环境犯罪法益之间的关系可能比较松弛，一般而言，生态环
境犯罪的抽象危险犯不应当等同于一般的环境行政违法行为，这是违法相对
性所决定的，行政法上的违法性并不等于刑法上的违法性，在自然犯的领域
这一原则贯彻较好，可是一旦到了行政犯的领域就不一样了，由于法定犯的
法益难以被准确描述，法益对构成要件要素的解释指导机能弱化，常常是通
过行政法的认定来替代刑法构成要件的判断。这导致法益在行政犯认定中的
机能遭到弱化，在解释构成要件的过程中常常忽略法益对构成要件要素解释
的指导机能。例如，最高人民法院、最高人民检察院《关于办理环境污染刑
事案件适用法律若干问题的解释》（法释〔2023〕7号）第1条第6项规定
"二年内曾因在重污染天气预警期间，违反国家规定，超标排放二氧化硫、氮
氧化物等实行排放总量控制的大气污染物受过二次以上行政处罚，又实施此
类行为的"应当认定为《刑法》第338条的"严重污染环境"。可是，这一
解释并未考虑污染环境罪的法益是什么，受到行政机关两次以上行政处罚只
是刑法中的处罚阻却事由，是指对已经成立的犯罪阻止其刑罚发动的事由。
处罚阻却事由是消极的客观处罚条件，根据通说，处罚阻却事由只有阻止刑
罚权发动的功能，对犯罪本身是否成立并无影响。因此，该司法解释表述的
内容很难被视为是对"严重污染环境"的恰当解释。

基于行政从属性的法益判断是否意味着法官的工作变得简单，只需根据
行政法或行政行为来判断是否构成犯罪即可，从形式上看结论似乎的确如此，
因为如前所述，使用构成要件行政从属性这一立法技术的目的，部分是为了
规避法益内涵描述不清楚、法益侵害结果难以说明的困难。既然采用了这样

---

〔1〕　[日] 町野朔编：《环境刑法的综合的研究》，信山社2003年版，第10页。

的立法技术，是否就意味着法官仅需要审查行政处分是否存在或者是否违反国家规定即可？其实不然，行政从属性的立法技术只是为了提高立法效率，并不意味着在具体的法律适用中就可以抛弃刑法实质判断的教义学理论，因此，司法人员在办理涉行政从属性的环境案件时依然不应当放弃对法益是否被侵害（或面临危险）所进行实质性判断。

三、行政从属性与行政法益论

关于环境刑法的法益，存在行政法益论的观点。该论重视行政管理的目的，认为环境刑法的处罚范围大部分依赖于政府的决定。[1]在德国，该学说属少数说且支持者以行政法学者为主，在日本几乎没有学者支持该论。[2]就我国而言，有学者认为："由于'妨害社会管理秩序罪'以保护行政管理秩序法益为主要目标，从而环境刑法在立法体系中就具有鲜明的行政属性。"[3]虽然这种观点只是少数学者的主张，并未得到多数人的肯定，但在司法实践中却得到了普遍响应，其主要逻辑是，既然环境犯罪被规定在妨害社会管理秩序罪下作为该章的一节，那么其所保护的自然也应当是社会管理秩序，否则没有必要将环境犯罪规定在刑法分则第六章之下，该认识看上去似乎有依据但其实却是建立在对行政从属性与法益关系错误认识的基础之上的。

本书认为，行政从属性立法方式并不能得出其保护的法益是行政法益，对行政法益论应予否定。

第一，行政法益论将刑法的违法性与行政法的违法性相混同。在日本，不少学者持违法相对论主张，认为行政法上的违法性判断和刑事法上的违法性判断做相对化理解，这点和我国比较相似，这是理解行政从属性的关键。日本支持违法相对性论的学者认为："在某种意义上，法秩序应当具有统一性，但其同时又认为，规范之间的矛盾只要在法秩序目的所必要的范围之内消除就够了，没有必要将其绝对排除。"[4]似乎违法相对性论也在一定程度上赞成法秩序的统一性，那么，违法相对性论和违法一元论究竟有哪些具体区

〔1〕 参见［日］中山研一、神山敏雄、齐藤豊治、浅田和茂编著：《环境刑法概说》，成文堂2003年版，第13~14页。

〔2〕 参见［日］町野朔编：《环境刑法的综合的研究》，信山社2003年版，第54页。

〔3〕 崔庆林、刘敏：《环境刑法规范适用论》，中国政法大学出版社2018年版，第135页。

〔4〕 ［日］曾根威彦：《刑法学基础》，成文堂2001年版，第202页。

别呢？基本上可以通过对以下两个问题的回答来辨析：①在民法或者行政法中被禁止的行为，当符合刑法上的构成要件时，该行为是否属于刑法上的不法行为？②反之，如果一个行为符合刑法的构成要件，但在民法或者行政法中被认为正当，是否在刑法上也要认定为正当？缓和的违法一元论对第二个问题持肯定回答而对第一个问题持否定回答，违法相对性论则对前述两个问题都持否定回答。也即是说，在刑法、行政法这两个不同的法领域，违法性是有所差异的。这是基于我国法律严格区分行政违法和刑事违法这个前提，刑事制裁应基于对具体法益的侵害（或造成危险）而非仅仅是形式上的违法，因此，刑事违法性的认定需要超越行政法规本身，注重法益的实际侵害性。不但如此，行政法的目的在于纠正违法行为，维持行政秩序，而刑法的目的则在于保护法益并通过刑罚预防犯罪。因此，刑法必须紧扣法益保护的要求而非依赖行政法的形式要求。

　　事实上，如果刑事制裁仅以行政法为依据而忽略刑法的目的，可能导致刑罚不公，与法治国原则相悖。因为法治国原则要求刑罚规范具有明确的法益保护目的，并且刑事制裁必须基于法益侵害而非仅仅遵循行政法的规定。在我国，单纯违反环境行政法的行为不构成犯罪，除非还同时具备情节、后果、数额或者手段等要素，从我国刑法未将单纯违反环境法的行为规定为犯罪而附加其他条件的规定来看，我国立法对行政违法和刑事违法显然是做了二元区分的，仅仅不遵守环境法的行为，并不必然侵害法益。例如，A 企业未取得行政许可往河流排放生产污水，经鉴定排污尚达不到严重污染环境程度，B 企业通过贿赂取得行政许可后往河流排放生产污水，经鉴定达到严重污染环境程度，应如何定性？对 A 企业而言，虽然单纯破坏了环境行政管理秩序，但在犯罪构成上还欠缺其他要素因而不构成污染环境罪。B 企业虽获得排污行政许可但却是通过贿赂取得，如果承认通过骗取、贿赂手段获得的许可因非法而不具有阻却不法的效力，则 B 企业与 A 企业在违反环境行政管理秩序这点上是一样的，不同点仅在于 B 企业具备了"严重污染环境"要素因而构成污染环境罪。因此，判断是否"严重污染环境"并进而判断是否侵害法益，才是认定污染环境罪的关键，单纯违反环境行政管理秩序不可能侵害到该法益。

　　第二，将行政从属性理解为刑法是实现行政目的的工具将根本动摇法益保护主义。具有以下两个理由：①行政从属性仅针对构成要件的一部分，并不涉及违法性实质判断的内容。进一步考察，在刑法中，构成要件要素仅仅是判断行为是否符合犯罪类型的标准，而非判定行为是否具有实质违法性的唯一依据。由于行政犯的特殊性，行政法上的权利义务进入了刑法犯罪成立条件之中，但这并不意味着刑法的目的是维护行政秩序。刑法中包含行政法要素，只是为了将某些合理利用自然资源的行为排除在犯罪圈之外，而非是要将违法性判断全部依赖于行政规范或行政命令，仅仅违反行政法具有行政从属性的情形下，推导不出行为具有刑事违法性的结论来。例如，环保法要求企业达标排放，如 G 企业违反排放标准排放构成行政法上的违法，但不构成刑法上的违法，要构成刑事违法，其行为必须进一步对法益造成实质的侵害或危险。因此，刑法中的违法性并不仅仅是在形式上违反行政规定，而是要在实质上判断行为对法益是否造成侵害或危险。试图从行政从属性中推导出刑法的目的在于维护行政管理秩序，显然是一种误解。②将刑法视为实现行政目的的工具将动摇法益保护主义，并破坏刑法的谦抑性。刑法的目的在于保护法益，如果刑法仅仅被视为实现行政目的的工具，将使刑法丧失法益保护的机能，沦为行政管理的附庸。生态环境刑法规范是为了通过规制惩处环境破坏行为来保护法益，而不是为了强化环保部门的管理。如果将刑法工具化，会导致刑法目的的异化，使刑法的基本机能从自由人权保障转向于服务行政，这与刑法的目标背离。如果刑法成为行政的附庸，则刑法的自由保障、人权保障机能将损失殆尽。正如日本学者指出的：“如果我们试图将环境犯罪建立在环境保护、环境管理等抽象法益之上，那么法益与犯罪的概念就会变得空洞，无法再发挥保障人民权利和自由的功能。”[1]因为行政手段主要是通过监管、限制等方式来管理公共事务，而刑法则具有保障个人自由的更高目标，如果刑法被用于服务行政权力的扩张，则刑法将沦为行政的附属。例如，环保部门为管理需要制定了大量的行政规范，如果刑法仅以之作为罪刑依据，就会模糊刑法的目标，将直接导致刑法背离法益保护而成为追求行政效率的工具，损害刑法应有的自由保障与人权保障机能。此外，行政规则并不能涵盖所有具有实质危害性的情形和具有犯罪阻却事由的情形，如果仅以行政机关设定的标准为依据，可能导致刑事责任被过度追究。例如，企业如果单纯

---

[1] [日]中山研一、神山敏雄、齐藤豊治、浅田和茂编著：《环境刑法概说》，成文堂 2003 年版，第 17 页。

因无法达到所谓新技术标准而被视为犯罪，则意味着刑法只是在执行行政管理的目标而已，刑法的法益保护主义将被彻底破坏。

第三，刑法虽然客观上起到支持环境行政管理的作用，但这并不等于生态环境刑法的目的就是保护行政管理秩序本身，将刑法作为行政管理的手段并不具有正当性。日本长井圆教授就提出，只要将环境刑法作为行政管理的手段而使用刑罚，就常常与刑法的"最终手段性""补充性""谦抑性"产生紧张关系。这件事不容忽视，这里面涉及环境刑法的核心。[1]长井圆教授观点的核心是说，环境行政管理活动（秩序）并非刑法上的法益。从根本上来说，这仍然是刑法作为后盾法来保障民事权益的实现，这个民事权益在刑法上被称为法益，这才是刑法的立法目的。

与该立法目的相对应，行政从属性立法是刑法对某些行为的判定参照行政法的规定，这种立法方式仅是立法技术，而非刑法的最终目的。行政从属性立法的主要功能是简化立法，使刑法可以借用行政法中已有的规范作为依据，它提供了一种途径来确定哪些行为应受刑事处罚。然而，这只是刑法处理生态环境犯罪的一种技术手段，真正的立法目的仍然是保护刑法上的法益，而非维护行政管理秩序。此外，为了确保刑事制裁的正当性，刑法对行为的定性评价必然要保持其独立性，体现在它不能完全依赖于行政法而必须独立评估行为的社会危害性是否达到刑事处罚的条件，而这些处罚条件已超越了行政法的范畴。行政从属性立法只是为了便于识别和定义犯罪行为，这并不等于刑法的最终目的就是维护行政管理秩序，刑法应参照行政法的禁止或授权规范，对行为是否侵犯法益进行独立的判断。也可以反过来说，刑法只是通过维护某种秩序最终是要去保护行政法、民法等第一次规范未能完成保护的社会生活利益。刑法对环境行政管理活动的支持也是为了实现刑法保护法益这个目的，而非将行政管理秩序当作法益，手段与目的不能混同。例如，按照刑法和司法解释的规定，仅仅违反国家规定，排放、倾倒有毒物质或者其他有害物质尚不足以构成污染环境罪，还需具备一定后果或情节才构成犯罪，如致使乡镇集中式饮用水水源取水中断12小时以上，等等。[2]此外，我

---

〔1〕　参见［日］长井圆：《未来世代的环境刑法2》，信山社2019年版，第12页。

〔2〕　参见最高人民法院、最高人民检察院《关于办理环境污染刑事案件适用法律若干问题的解释》（法释〔2023〕7号）第1条第9、第10项的规定。

国并不处罚形式犯，司法实践对于单纯未取得许可（违反行政法规范）从事处置危险废物经营活动但并未严重污染环境的，不认定为污染环境罪。[1]这说明，刑法要求行为人遵守环境行政法的目的是防止一定的后果和情节发生（保护法益），保护法益才是刑法的目的，而督促国民遵守环境行政法规范只不过是一种手段。

第四节　行政从属性与生态环境刑法立法

一、行政从属性与构成要件明确性

行政从属性使得生态环境刑法构成要件的内容依赖于环境行政法的规定，这是否会使得生态环境刑法的构成要件丧失明确性？

关于罪刑法定原则的实质内容，一般认为"可以从（1）刑罚法规用语明确，和（2）内容适当，这样两个方面来加以寻求"。[2]罪刑法定主义之所以要求成文法主义并对明确性提出要求，是因为需要让国民事先知道什么样的行为是犯罪，不但如此，"其成文法的规定，还需要在具备通常判断力的普通人能够容易理解的程度上具体地表示用于判断什么是被处罚的行为的标准。这就是规定的明确性、处罚的明确性"。[3]"在理论上没有争议的是，不确定的刑法规定是违反宪法的，因此是能够无效的。"[4]

一般认为，"就犯罪的成立要件而言，其解释范围，必须局限在一般国民的预测可能范围之内，当一般国民从该法条用语当中不能明白刑罚法规要禁止什么的时候，该刑罚法规就是不明确的，是违宪而无效的"。[5]行政从属性立法方式容易让人对刑法的明确性产生疑问，根本原因在于刑法要对抽象的

---

〔1〕　参见最高人民法院、最高人民检察院《关于办理环境污染刑事案件适用法律若干问题的解释》（法释〔2023〕7号）第7条规定："无危险废物经营许可证从事收集、贮存、利用、处置危险废物经营活动，严重污染环境的，按照污染环境罪定罪处罚；……"

〔2〕　〔日〕曾根威彦：《刑法学基础》，成文堂2001年版，第10页。

〔3〕　〔日〕藤木英雄：《行政刑法》，学阳书房1977年版，第32页。

〔4〕　〔德〕克劳斯·罗克辛：《德国刑法学总论——犯罪原理的基础构造》（第1卷），王世洲译，法律出版社2005年版，第100页。

〔5〕　〔日〕曾根威彦：《刑法学基础》，成文堂2001年版，第10页。

生态学法益加以描述比较困难，不得不借助于环境行政法的规定，但即使是借助于行政从属性立法方式，依然难以完全消除构成要件内容不明确的问题。其一，刑法虽然以统一法典的形式出现，对一般人而言要准确知悉其内容都很不容易，更何况环境行政法分散在大量的法律、行政法规、行政规章当中，一般人要知悉其内容十分困难。例如，哪些龟类、鸟类属于珍贵、濒危野生动物？不少人难以准确把握；其二，生态环境刑法中存在一部分与具体行政行为相关的犯罪类型，例如以违反行政义务为前提的犯罪、以行政许可为违法阻却事由的犯罪，其是否构成犯罪，只能在个案中加以判断，对于行为人而言不但无法事前预知相关具体行政行为的效力，即使是事中要准确判断并理解、遵守有关规范也面临认识困难，这缘于生态环境犯罪中存在大量法定犯，其与一般人的道德观念并不契合，因而对自己行为的社会意义的认识不够。可是刑法要求行为人准确了解其行为的社会意义并作出相应的适法行为，与该标准相比，前述生态环境刑法构成要件的内容似乎仍然不明确。

即便如此，本书依然认为前述因行政从属性产生的所谓构成要件不明确的问题，其实并不是问题，行政从属性立法也并不违反刑法的明确性原则。这是由于生态环境犯罪的涉事主体绝大多数为专业领域的从业人员，环境行政法所规范的对象大部分是相关领域的特定人员，而非像自然犯那样多涉及普通民众，这些特定企业及其专业人员有时甚至排他性地掌握了这个领域的科技知识，因此，"像企业给一般公众造成损害的这类案件，尤其是当这个企业排他性地独占了科学技术知识，掌握着犯罪证明的关键，对这类案件，对企业一方来说，即便是拥有强大调查权的国家，也不好说就是强者"。[1] 因此，在污染环境案件中，判断构成要件是否明确的标准不应依据普通人的认识，而应当考量环境领域从业人员的实际认知，按照高于普通人的专业认知标准进行判断。依据我国《环境保护法》《大气污染防治法》《水污染防治法》等，与环境污染相关的生产行业有严格的行业准入制度，除了要求获取行政许可以外，还要求从业者接受专门培训、具备相应资质。因此，作为构成犯罪前提的前置行政法对专业人员来说是知晓的、具有预测可能性的，在这个意义上来讲，行政从属性立法方式并不违反刑法的明确性原则。"德国法

---

〔1〕　〔日〕藤木英雄：《公害犯罪》，东京大学出版会1975年版，第67页。

律首先在宪法层面肯认了环境犯罪刑事立法依靠行政管理法规的模式符合法律的明确性原则、分权原则，在具体法条规定层面则针对具体犯罪行为所侵害法益的不同要求，就不同破坏、污染环境的行为详尽列举可予免责的情形。"[1]事实上，德日刑法中，生态环境犯罪立法的明确性已经不是问题。

二、行政从属性与刑法的稳定性

环境问题与工业化进程常常紧密相关，经济社会发展要求法律与之相适应与刑法作为基本法要求—具有定稳定性二者之间存在紧张关系。一方面，为了人类的存续不可能不开发利用自然资源，在经济社会发展的不同阶段，人类对自然资源的需求是不相同的，刑法作为保障法应当适应该变化，以实现不同时代的任务与目的。将生态环境刑法构成要件的内容指引到环境法，是增强刑法社会适应性的重要途径；与此同时，刑法又必须保持自身稳定，避免改动频繁而丧失法的安定性，这就面临一个新课题，即刑法如何在适应法治新目标时保持自身稳定。对此，行政从属性立法方式就可以使刑法既避免频繁修改又能及时应对各种新问题。

改革开放以来，我国环保立法迅猛发展，立法机关制定颁布了大量有关生态环境保护的基本法、单行法、行政法规，还有数量庞大的部门规章、地方性法规和地方性规章，即使不考虑地方性法规、地方规章，只将环保法律、法规、部门规章与生态环境刑法前置法有关的内容都纳入《刑法》中，那么，刑法将面临频繁修改。然而，刑法频繁修改可能会导致刑法不稳定从而影响刑法的实施，而通过行政从属性立法来填补刑法的空白构成要件，能够保持刑法的稳定性，同时有效应对新的环境问题。以下将从理论角度分析这一问题，并通过例子进行说明。

一方面，在法治社会，刑法的稳定性至关重要。作为制裁后果最为严厉的法律，刑法关系到自由保障与人权保护。因此，刑法应尽量保持稳定避免修改过频，确保公众对刑法的认知、遵守。频繁修改作为基本法的刑法规范，可能会使公众和司法机关都难以及时适应新的法律变化，影响司法的连贯性。在生态环境犯罪领域，刑法的修改常常涉及新兴环境问题（如新型污染物）

---

[1] 刘斌斌、李清宇：《环境犯罪基本问题研究》，中国社会科学出版社2012年版，第41页。

出现或对现有规定的细化，从联合国环境署采用"Emerging pollutants"这个词来表述新型污染物可以看出，新型污染物带有不断"涌现""出现"的特点。例如，随着科学研究的不断深入，全氟辛酸及其盐类、短链氯化石蜡、三氯杀螨醇、得克隆及其顺式异构体等新型污染物的新种类被不断发现并不断被纳入生态环境刑法的规制范围，我国《重点管控新污染物清单（2023年版）》第5条明确规定，"本清单根据实际情况实行动态调整"。[1]刑法作为基本法，不可能根据一个动态调整的清单来随时修改刑法条文，然而，由于生态环境问题复杂、未知领域多，刑法也不应成为处理这些问题的唯一工具，特别是当专业问题与行政管理密切相关时，频繁修改刑法反而可能造成立法与实际需求之间的脱节。

　　另一方面，行政从属性立法可以有效避免刑法频繁修改。行政从属性立法是指根据现实情况的变化，及时调整环境行政法相关内容，并通过刑法的空白构成要件来间接体现到刑法具体罪名的犯罪构成之中。通过行政从属性立法将环境行政法的内容体现在刑法之中被认为是一种极为有效的方式，对生态环境犯罪立法来说行政从属性难以避免。在日本学者看来，"环境一旦遭到破坏，就很难恢复。无论如何保护必须事先进行。从这个角度来看，不是事后发动刑罚，而是事先行政介入，刑法起到了支持行政上环保的作用。这样，刑法在保护环境的同时，其行政从属性可以说是不可避免的"。[2]具体而言，行政从属性立法能够在不修改刑法条文前提下，通过调整行政法规、规章来实现对刑法犯罪构成内容的修改，例如，《重点管控新污染物清单（2023年版）》属于部门规章，而修订频繁的《中国严格限制的有毒化学品名录》在法律层级上则低于规章仅属于规范性文件，尽管如此，其却对生态环境刑法的规制范围起到关键限定作用，行政从属性立法有助于在及时反映环保新需求的同时避免刑法频繁修改。再如，非法占用农用地罪并未列出所有可能的违法类型，在法律适用时，只需要通过将农业农村部或生态环境部颁布、修改的规章、规范性文件内容纳入《刑法》第342条构成要件中"违反土地管理法规"的范畴，就可以在刑法适用时直接体现土地保护的新变化，在不必频繁修改刑法的前提下确保刑法更为有效地应对生态环境新问题。

---

〔1〕　参见《重点管控新污染物清单（2023年版）》（生态环境部等令第28号）第5条。

〔2〕　［日］町野朔编：《环境刑法的综合的研究》，信山社2003年版，第39页。

不但如此，生态环境犯罪构成要件的行政从属性立法通过将违反行政法义务作为成立犯罪的前置条件，不仅能够保持刑法简洁性，还能够提高刑法对社会生活变化的适应性。以下从两方面进行分析。

第一，保持刑法的简洁性。刑法作为调整社会关系（或者说保护法益）最为宽泛的法律，既要能够有效应对复杂的环境问题，又不能让法条膨胀，变得过于冗长繁杂，需在一定程度上保持法条的简洁。但是，生态环境犯罪作为科技发展所伴生的犯罪，涉及大量的技术性前置规范，如果刑法将这些技术性规范都一一体现在刑法条文中，将导致刑法条文变得极为繁杂冗长，甚至淹没了必要的犯罪成立要件，反而不利于国民的阅读和遵守。而通过行政从属性立法就可以将变动性强的技术性规范都规定在环境行政法当中，刑法仅规定犯罪成立的条件和刑罚，这样可以避免刑法文本过分膨胀。例如，《德国刑法典》第325条只规定了构成环境犯罪的基本要素，对于何谓"严重违背行政法义务"则规定在环境行政法当中，通过环境行政法来进行补充。[1]这使得刑法不必涉及过于细致繁琐的规定，而只规定基本的犯罪成立条件和刑罚，保持了刑法的简洁性。

第二，提升刑法适应社会变化的能力。环境领域的技术发展和污染类型的不断变化，要求生态环境刑法具有高度的适应性。然而，如果每次技术调整都必须修改刑法以应对新的环境问题，会使得刑法囿于修改程序严格、修法耗时长而难以及时应对新的环境问题。在这方面，行政机关通常具有较强的专业性和实时响应能力，依赖行政机关的灵活快速响应来应对新问题，通过行政法规对排放标准、禁止对象、限制标准等进行的快速调整，并通过空白构成要件体现在刑法中，可以确保刑法对新的环境风险和挑战作出迅速响应。作为结果，刑法只需规定构成生态环境犯罪的基本要素，大量的易变动的内容只需通过"违反国家规定"这一要素体现在刑法中，"国家规定"一旦修改，自然就影响到刑法构成要件的内容，这样就能在不修改刑法的前提下提升刑法应对社会变化的适应性。

总之，通过生态环境犯罪构成要件的行政从属性立法，能够有效保持刑

[1]《德国刑法典》第325条第2项规定："严重违背行政法义务，在设备，尤其是工厂或机器的运转过程中，向设备范围之外大量释放有害物质，处5年以下自由刑或罚金刑。"参见《德国刑法典》，徐久生、庄敬华译，中国方正出版社2004年版，第160页。

法的稳定与适应性。其中，行政法发挥着重要的补充作用，刑法只聚焦成立犯罪的基本要素，而将细节性、技术性问题交给行政法去规定。此种模式既符合法律稳定性、简洁性的需求，又能让刑法适应社会生活的快速变化。

三、行政从属性与刑法的弹性

生态环境犯罪是科技发展的产物，与环境科学和技术应用息息相关。与此同时，刑法是国家对社会生活中最严重危害行为进行规制的最后屏障，其稳定性和明确性是法治的基础。然而，这种稳定性也导致刑法在应对快速变化的科技发展时显得迟缓。例如，刑法的修订过程需要经过严格的修法程序，而科技的更新换代往往以月甚至以周为单位，这种时间差可能导致刑法难以迅速、灵活应对新型污染物和新兴环境问题。这一问题可以通过在行政法规或规章中规定有关科技内容，并通过行政从属性立法体现在刑法中以实现对新环境问题的刑法规制，并增强刑法的弹性，具体体现在以下方面：

第一，对环境技术标准的动态适应。生态环境犯罪的认定往往依赖具体的技术标准，例如，"废水排放限值"用于定义某种污染物在废水中的最高允许浓度；"空气污染指数（API）"用于衡量特定地区的空气污染程度；"噪声分贝标准"用于界定超标噪音是否构成环境污染。然而，技术标准会随着科学研究和技术手段的进步不断更新，如排放标准可能因新发现的毒性数据而收紧，而刑法条文却难以将这些技术参数及时纳入。如果通过行政从属性立法，刑法可专注于原则性和框架性规定，将技术性细节留给前置法，从而保持自身体系的稳定性和对环境技术标准的动态适应性。

第二，对新型污染物及时进行刑法规制。科技进步带来许多新型污染物，这些污染物具有复杂的特性和潜在的危害。例如，纳米材料被广泛用于电子、化妆品、医疗等行业，但其对水体生态系统的长期影响难以估量；微塑料来源于塑料制品降解及纺织纤维洗涤，被发现能够侵害海洋生物乃至人类健康。PFAS 类化学物质俗称"永远的化学物质"，被用于防水、防油等产品，难降解且具有严重的生物积累性。由于刑法中没有对具体污染物的技术性定义，使得此类污染物难以被刑法直接规制，然而，可以通过修改行政规范来及时更新技术认定标准，这种模式使刑法在应对复杂且快速发展的科技问题时具有弹性，避免频繁修订法律。

第三，使刑法保持对新型环境问题的应对能力。新兴环境问题往往不可预测，例如，随着碳市场机制的发展，一些企业通过伪造排放指标谋取非法利益；一些企业滥用生物技术，通过基因改造对生物多样性产生破坏性影响。此外，生态环境犯罪的认定往往依赖技术标准，如废气、废水或噪音的具体排放限值，行政法规能够随着技术标准的更新及时反映技术标准的变化，如果刑法将新型危害行为规制留给技术性更强的行政前置法，可以提升刑法的弹性。

当然，行政从属性立法也可能面临一些挑战。一是行政法规要求合法与明确，确保被刑法吸收后不会引发争议，否则有违刑法的基本原则。对此应明确前置法的范围，前置法需来源于有权机关制定的法规或规章，避免刑法引用非权威性文件。[1] 二是避免责任扩大化。与刑法具有谦抑性不同，为及时应对社会变化，行政法具有一定的扩张力，要根据刑法目的进行目的解释或限缩解释，避免刑法适用范围过度扩张。

总之，行政从属性立法在应对新型污染物、新型环境问题以及环境技术标准调整等方面，展现出极大的优势，能够让刑法动态适应科技发展带来的新问题，同时避免了刑法因频繁修订而导致的不稳定性。该模式是现代刑法适应科技时代环境问题的必然选择，有助于保持刑法的稳定性、简洁性，同时让刑法更具弹性，以应对科技发展带来新型生态环境犯罪的挑战。该模式既满足了刑法的权威性要求，也提升了其应对社会变化的能力，是生态环境刑法的重要特点。

第五节　行政从属性下刑法与行政法的关系

一、从行政法与刑法的关系理解行政从属性

就行政法、刑法在一国法律体系中的地位而言，一般认为二者是平行的部门法，或认为刑法是行政法的保障法。就行政法与刑法的关系而言，虽然各自按照不同的原理构建起了独立的学科和逻辑知识体系，但对同一个法律

---

〔1〕 应当对《刑法》第96条中的"违反国家规定"进行解释，"国家规定"不应当包括根据该规定制定的地方性法规和地方规章以及层级更低的规范性文件。

体系下发生的完全相同的行为，不能出现相矛盾的评价，同一个行为不应当在行政法上是适法行为但在刑法上却是犯罪行为。在法秩序统一性原理下，"有民法、行政的非法，也有刑法上的非法，但违法性在整个法律秩序中被认为是统一的"。[1]

　　我国没有统一的行政法典，因此行政法可以分两个层面：①全国人大及其常务委员会制定的行政法律，其立法主体和制定刑法的立法主体相同，都是全国人大及其常委会；②行政机关制定的行政法规、行政规章、行政命令等。对前者行政法律而言，其与刑法一样都是由立法机关制定的，所以行政权没有直接侵入刑法立法的过程。但对后者而言，则是立法者在刑法中留下了待补充的内容，这些内容允许行政权介入进行填补。

　　行政从属性可能面临的担忧是，刑法是否会成为行政法的工具？由于行政权能够通过抽象行政行为与具体行政行为影响生态环境刑法构成要件的内容，这样的立法结构很容易让人觉得行政权决定了刑罚权的启动与否。例如，环境行政法通过规定"违反国家规定"的内容，使刑法必须基于环境行政法的规定才能启动或不启动刑罚，不但如此，在具体环境案件罪与非罪的认定中，也需要基于一定的行政行为（如行政许可、行政处罚等）来决定行为是否构成犯罪。这给人的感觉是，生态环境刑法似乎是为行政机关的执法活动提供担保而存在。在日本，学者指出，以行政法学者为主所主张的行政性的（administratdy）法益构成是人类中心主义法益构成的亚种，属于少数说，但在日本有影响力，主张刑罚是为环境行政措施执行提供实效性担保的手段。[2]可是，这一结论并不能适用于我国，在日本，行政犯并未被统一规定在刑法典中，而是被单独规定，如果行政刑法有特别规定可以不适用刑法的一般规定。[3]以至于日本学者认为，"行政犯与刑法犯性质不同，不是处罚违反道德行为，而是以为实现行政措施服务的合目的性为主要目的，所以不依赖刑法的一般原则"[4]。然而，我国实行统一刑法典立法模式，无论是所谓行政犯还是自然犯都被统一规定在同一部刑法典当中，都受到我国《刑法》第2条

---

〔1〕　［日］林干人：《刑法总论》，东京大学出版会2008年版，第37页。

〔2〕　参见［日］伊东研祐：《环境刑法研究序说》，成文堂2003年版，第43~44页。

〔3〕　参见《日本刑法典》第8条规定："本编的规定也适用于其他法令规定的犯罪，但其他法令有特别规定的，不在此限。"

〔4〕　［日］藤木英雄：《行政刑法》，学阳书房1977年版，第8页。

关于刑法目的（任务）的约束，即使认为生态环境犯罪是行政犯，其目的也与自然犯无异，都是为了保护法益，无论是保护生态学的法益还是人类中心的法益，保护该法益才是最终目的，而对环境行政法所规定的行政管理秩序的担保只不过是为了实现法益保护这一目的的手段。换言之，日本学者关于环境刑法行政从属性表明刑法为行政机关的环境执法活动提供担保而存在的说法，在我国找不到法律依据，前述日本学者的结论也不能适用于我国。

二、行政从属性与刑法的独立评价机能

刑法行政从属性遇到的最大的批评是其会使刑法丧失独立评价的机能，而这种批评是和法治国原理以及刑法的人权保障机能相联系的。一种声音认为："行政从属性的特性有违背法治国家刑事法原理原则之嫌，对于刑事被告人权之保障。恐有受行政机关侵害之虞。"[1]还有一种声音认为，破坏环境的行为是否成立犯罪，其判断标准完全依赖行政机关对行为性质的认定，因而认为我国刑法在环境犯罪上已经丧失独立评价的功能。[2]上述担心实则没有必要。

如前所述，行政从属性仅仅存在于构成要件层面，因而行政从属性的全称为构成要件的行政从属性，在违法性层面并无行政从属性的说法。就刑法理论而言，从根本上判断一个行为是否构成犯罪取决于犯罪的本质（即违法性的本质），"关于违法性的本质，①行为无价值论以规范论为前提研究违法本质论，相反地，②结果无价值论以法益论为前提探求违法的实质"。[3]但无论是根据规范论还是法益论，是否违法都不可能仅由构成要件来决定，因此，仅仅在构成要件层面对概念、术语、行政要素从属，虽然对违法性有一定影响但尚不足以使刑法丧失独立评价机能，理由如下：

在违法性问题上，我国法学理论采违法相对性论立场具有合理性，不会影响刑法对犯罪的独立评价机能。从根本上讲，刑法的违法性与民法、行政法的违法性是不同的。行政法对行政违法行为进行规制，是为了维护行政秩序，增进社会福利。民法调整规制民事不法行为，主要是为了对被害人的损

---

〔1〕 郑昆山：《环境刑法之基础理论》，五南图书出版公司 1998 年版，第 214 页。

〔2〕 参见徐平：《环境刑法研究》，中国法制出版社 2007 年版，第 51 页。

〔3〕 ［日］曾根威彦：《刑法学基础》，成文堂 2001 年版，第 87 页。

害进行救济和赔偿，而刑法的目的是保护法益。"在刑法上被认定为违法的行为，在民法及其他法领域一定是违法的，但在民法及其他法领域被认定为违法的行为，在刑法上并不当然就是违法的。违法相对性论，在日本居于通说地位。"[1]我国采用违法相对性论的观点，区分刑事、行政、民事的违法，认为他们不仅有程度上的区分还存在质的区别。根据实质的违法性论的观点，违法性不仅是形式上违反民法、行政法与刑法，而且实质上是违反法律背后的目的规范或者侵害（威胁）法益。于是，违法就有程度上的区分，即使违反了环境行政法，其与违反刑法也具有质和量的区别，即使违反了刑法所从属的概念、术语、行政要素等，也依然是行政法上的违法而不能认定为犯罪。生态环境刑法"违反国家规定"的空白构成要件指向了环境行政法，即使符合了环境行政法的规定，由于刑法与环境行政法的违法性不但具有量的区别还具有质的区别，仍然要进一步进行刑法上的违法性判断，而这一独立的判断过程必然不会使刑法丧失独立的评价功能。

不但如此，刑法独立的规范保护目的，使得刑法不会丧失独立性，不会因为行政从属性而产生处罚上的空白。可能有人会认为，行政从属性有时会给认定犯罪带来困难，一个行为是否构成生态环境犯罪，很大程度上取决于环境行政法的规定，如果完全以环境行政法的规定作为认定犯罪的前提，则对于新型犯罪，刑法根本无法发挥法益保护机能。可是，事实并非如此，随着生态学的法益被越来越多的人接受，刑法中侵犯生态学法益类型的生态环境犯罪数量、种类越来越多，且往往采用抽象危险犯立法方式，这使得生态环境犯罪的犯罪圈范围有扩张趋势，"违反国家规定"要素反而成了限缩处罚范围的要素。在生态环境犯罪司法实践中，尽管刑法会参照行政法规中"违反国家规定"的规定并将其作为构成要件要素，但这并不意味着刑法的评价功能被削弱或完全依赖于行政规定。相反，刑法需要在行政法规的基础上，结合生态学法益的实际保护需要，进行独立的、全面的法律评价。

这意味着，刑法在处理生态环境犯罪时，必须超越单纯的行政违法性判断，深入考虑行为对生态环境的实害或危险。即使行为本身可能符合行政法规中的"违反国家规定"的标准，刑法依然需要独立分析该行为是否危害生

---

〔1〕　张明楷：《外国刑法纲要》（第3版），法律出版社2020年版，第115页。

态环境，是否达到刑事制裁的必要性和正当性。这种独立的评价功能有助于确保刑法在实现法益保护目的的同时，不受限于行政法规的约束。例如，S公司因未按行政法规的要求报告污染物排放情况而被认定为违反了"国家规定"，尽管行政违法行为已成立，但刑法需要进一步评估该公司实际排放的污染物是否对生态环境造成了实害或危险，比如是否造成大气污染、对植物生长和人类健康是否造成实害或危险，是否满足刑法其他构成要件要素。即使S公司的行为在形式上符合行政违法标准，刑法依然需进行深入评估，以确定是否符合刑法对于生态环境犯罪的认定标准，并决定是否需要进行刑事处罚，这种独立评价能够真实体现和实现刑法的目的。

三、行政从属性下行政法益论的证否

(一) 立法缺陷导致章节归类错误时对法益应实质解释

在外国刑法中，有关生态环境犯罪的法益存在所谓行政法益论，该论重视行政管理的目的，认为环境刑法的处罚范围大部分依赖于政府的决定。[1]在德国，支持该学说的以行政法学者为主且属少数说，在日本几乎没有学者支持该论。[2]我国学界支持行政法益论的声音比较微弱，但在司法实践中得到了响应，主要原因是由于刑法将环境资源犯罪规定在妨害社会管理秩序罪下作为该章的一节，这被认为其法益也应当是社会管理秩序，由于有所谓"依据"，因而容易被司法实践所接受。

问题是，以上认识是建立在对法益错误理解的基础之上的。刑法的目的具有"整体目的""分则各章目的""具体条文的目的"三个层次，原则上讲，具体条文的目的要体现分则各章的目的；分则各章的目的要体现刑法的整体目的。但却存在例外的情形，即当立法缺陷导致章节归类错误时，对该章节犯罪的法益应抛弃形式理解而进行实质的理解。

针对前述形式理解，本书从实质理解的角度提出以下批判。

一方面，前述认识忽略了生态环境犯罪的立法目的。保护环境资源不仅关乎行政秩序，更直接关系到人类的生存环境与可持续发展。因此，刑法的

---

〔1〕 参见［日］中山研一、神山敏雄、齐藤豊治、浅田和茂编著：《环境刑法概说》，成文堂2003年版，第13~14页。

〔2〕 参见［日］町野朔编：《环境刑法的综合的研究》，信山社2003年版，第54页。

目的在于弥补行政管理可能无法充分实现的环保目标，而非简单维护和支持行政管理。试比较以下两个案例。案例一：C 工厂非法排放废水污染河流，尚未对鱼类或人类身体健康造成侵害，环保局对其进行了行政处罚；案例二，D 工厂非法排放废水污染河流，造成了大规模的鱼类死亡并威胁到居民饮水安全而被追究刑事责任。从上述案例不同处理结果可以看出，案例一没有动用刑法手段来支持行政管理，案例二则动用了刑法手段来支持行政管理，区别在于案例一没有对刑法所保护的生态学的人类中心主义法益造成实害或危险，但案例二却造成了实害或危险，因而启动刑法。这说明，刑法的目的并非为了支持行政管理而是要保护行政管理秩序之外的独立的法益。

另一方面，前述认识将手段性与目的性混为一谈。虽然刑法确实可以起到支持环境行政管理的作用，但这种支持仅仅是手段，刑法的最终目的仍然是保护环境和人类的生存利益。在这点上与行政法有本质的区别。行政管理的手段往往是直接的、即时的，而刑法则在于通过严厉的制裁手段来实现更广泛、更深远的法益保护目的。在某些情况下，企业可能会通过贿赂等手段取得行政许可以逃避行政监管，例如，F 化工厂贿赂环保工作人员取得排污许可，进而实施排污行为严重污染环境。如果仅从支持行政管理的角度来形式地看待本案，既然排污行为已获得行政机关许可，刑法似乎也应当承认和支持该基于行政管理的排污许可。然而，事实上刑法不可能支持这样的行政许可的结果，必然是要启动刑法来打击严重污染环境的环境破坏行为。这进一步说明，刑法的目的不是辅助行政管理，而是为了确保即使在行政管理失效的情况下，仍然能够通过刑事手段保护法益。

在本书看来，前述机械、形式地认为环境犯罪立法目的是保护行政管理秩序法益的观点，虽然符合刑法文本的表面逻辑但却存在严重的理论误区。将生态环境犯罪的法益机械地、简单地归结为行政管理秩序，实质上是将刑法的独立性和功能性降格为行政法的附庸，无视刑法对法益独立保护的目的，前述理解如果用于实践将会削弱刑法的机能，让刑法的目的不能实现。例如，R 企业未经环保部门审批，在自然保护区内开展业务活动，如果仅有上述违法开展业务活动的违反行政法的行为，还不足以侵犯污染环境罪的法益，只有当 R 企业倾倒污染物达到一定数量或具备一定情节，或者非法采矿导致大片森林被毁，野生动植物栖息地受到严重破坏时，才达到刑事处罚的标准。

反之，若 R 企业仅仅因为未获得行政许可而受到刑事处罚，则不但处罚的正当性存疑，刑法的目的也不能实现。

总之，将生态环境犯罪的法益机械地理解为行政管理秩序，是对刑法目的的误解，也混淆了刑法的手段（支持行政）与目的（保护法益）的关系。司法实践应摒弃机械的法律解释方式，而应立足于刑法目的，在立法缺陷导致章节归类错误的情形下抛弃形式解释，对《刑法》分则第六章第六节的法益进行实质的理解。

（二）行政从属性下的行政法益论容易滑向一元的行为无价值论

"关于违法性的实质，存在行为无价值论和结果无价值论的对立。"〔1〕张明楷教授认为行为无价值论有多种含义。他分别从评价基准、评价对象两个角度对行为无价值论进行了分析。其中，评价基准问题与本书要讨论的话题密切相关。张明楷教授认为所谓的评价基准即"无价值"是何含义？他认为在评价基准上主要存在三种观点：一是行为"无价值"是指行为违反社会伦理秩序；二是行为"无价值"是指行为缺乏社会相当性；三是行为"无价值"，是指行为违反法规范，或者违反了保护法益所需要遵守的行为规范。〔2〕可见，行为无价值论是与规范违反说紧密联系的理论。在日本曾根威彦教授看来，一元的行为无价值"这个理论彻底贯彻了规范违反说，认为只有行为无价值决定违法性，结果只是偶然的产物，仅仅是客观的处罚条件而已"。〔3〕在强调违法性的本质是行为对规范的违反这方面，一元的行为无价值论与二元行为无价值论方向完全一致，张明楷教授更是断言，"当今刑法理论中的行为无价值论与结果无价值论之争，基本上就是这种二元论中的行为规范违反说（以下表述为行为无价值论）与结果无价值论之争"。〔4〕

前述争议焦点大体可以表述为，如何理解行为无价值论与规范违反说的关系。一方面，行为无价值论认为，刑法之所以惩罚犯罪是因为行为本身的违法性，即行为本质的"恶"是违法性的根据。〔5〕这种观点容易将刑法的处

〔1〕［日］林干人：《刑法总论》，东京大学出版会 2008 年版，第 32 页。

〔2〕参见张明楷：《刑法学》（第 6 版）（上），法律出版社 2021 年版，第 142~143 页

〔3〕［日］曾根威彦：《刑法学基础》，成文堂 2001 年版，第 81 页。

〔4〕张明楷：《刑法学》（第 6 版）（上），法律出版社 2021 年版，第 145 页。

〔5〕主张一元的行为无价值论的学者已经很少，所谓行为无价值论指的是二元的行为无价值论，即既主张行为无价值论又主张结果无价值论的立场。

罚范围扩张到单纯的法律形式层面，而忽略了刑法在实质上应当保护什么、惩罚什么。另一方面，规范违反说是与行为无价值论紧密相关的学说。规范违反说认为，行为之所以构成犯罪，是因为它破坏了规范。因此，违法性的本质是违反了法律所设定的行为准则。行为无价值论实际上是规范违反说的另一种理论表述，即通过行为对规范的违反来确定行为的"恶"。在这个框架下，行为无价值论的核心是关注行为伦理和规范上的恶，而非行为对法益所造成的侵害或危险结果。因此，在强调犯罪的本质是对规范的违反这一点上，行为无价值论与规范违反说具有一致性。

　　在逻辑上，接下来要讨论的是，行政从属性下的行政法益论为何容易滑向一元的行为无价值论。行政法益论认为刑法的目的在于保护行政管理秩序或行政法益，而非古典刑法所保护的生命、身体、财产、自由等法益，这种观点在实践中容易滑向一元的行为无价值论，原因在于行政法益论强调行为对行政秩序的违反，而非造成实际的侵害或危险"结果"。例如，某企业超标排放污染物违反了环保法规且构成行政违法。如果将行政法益论贯彻到底，则刑法对行为的评价依赖于其对行政法规的违反，而非行为对环境造成的具体的实质性侵害，这和依据行为无价值论得出的结论如出一辙。因为在这种情况下，犯罪的认定更多取决于行为本身是否违反了规范，而非行为对法益造成的侵害或危险。

　　这一倾向的问题表现在以下几个方面：其一，行政违法成为构成要件的核心。在行政从属性下，行政犯更多关注行为是否违反了行政规范。具体到环境犯罪、经济犯罪、食品安全等领域，犯罪认定往往依赖于行为是否符合行政法规的要求，而不一定关注法益侵害结果或危险。于是，刑法容易回归到"一元的行为无价值"的判断标准之下。其二，对侵害结果和危险的忽视。一元的行为无价值论认为，行为的结果只是偶然的产物，而非决定违法性的核心，这种观点容易在行政从属性下得到强化，使得行政犯的重点被放在是否违反行政规范，刑法的重心被转移到判断行为是否符合行政法的要求，而不是行为是否产生了严重的实际侵害结果或危险。其三，法益保护主义被削弱。行为无价值论主张犯罪的本质在于对行为规范的违反，而非侵害法益。如果刑法更多地被用作维护行政秩序的工具，法益保护主义的核心理念将被削弱，刑法的重点将转向对行为规范的维护，而非对法益的实质性保护，形式犯会变多。在环保领域，刑法可能会因为企业单纯违反环保规定而介入，而非基于对环境犯罪法益的实质损害，这使得行政法益论向一元行为无价值论的倾斜表现得更为显著。

在本书看来，前述倾向因其存在明显问题因而并不值得肯定。因为其逻辑经不起进一步的追问，刑法为何要求行为人遵守规范？其背后的目的是什么？一元的行为无价值论难以回答，而结果无价值论却能给出妥当的答案，即法律要求人遵守规范的目的是防止一定后果发生，即保护法益，保护法益才是刑法的目的，而督促国民遵守行政规范只不过是一种手段。正如日本学者所指出的，法为保护生活利益而存在，行为义务不过是反射性存在而已。……在环境刑法中，保持结果无价值论可能而必要。[1]

---

〔1〕 参见［日］町野朔编：《环境刑法的综合的研究》，信山社 2003 年版，第 19 页。

第七章 生态环境刑法的结果归属

"当某种行为与结果存在何种关联时，该结果能否在法律上被评价为由该行为引起，能否作为整体责任评价的对象？这就是对行为的'结果归属'（也可以表述为'结果归因于行为'）的问题。"[1]本章名称正是在前述定义意义上使用了"结果归属"而未使用因果关系概念。当然，如果本章标题使用"生态环境刑法的因果关系"或"生态环境刑法的客观归责"的表述也是可行的，虽然在德日刑法中，将传统因果关系作为综合性"客观归属"问题来讨论的观点近年也很有力。[2]

然而，本书认为，采用"结果归属"的表述有助于更加凸显刑法对行为与结果关系的法律评价功能，并避免"因果关系"这一术语可能引发的误解。其一，在刑法中，除了要具备自然因果关系的基础含义外，还需要对行为是否应当被法律归责进行评价。采用"结果归属"称谓有助于突出刑法的评价功能，不仅仅关注自然因果，还涉及行为与结果在刑法上是否应当被归责为一体。易言之，刑法探讨的并非仅仅是客观上的因果链条，而是法律上是否合理地将某一结果归因于某一行为。其二，采用"结果归属"能更好体现刑法的价值判断。在某些情形下，即便行为在物理上导致了结果，但由于生态环境犯罪多重介入因素等原因的存在，法律可能认为该结果不应当归属于行为人。在该情形下，"因果关系"可能无法充分涵盖这些复杂的法律判断，而"结果归属"则更为适合，它包含了对行为和结果之间是否存在法律上的合理联系的审查。其三，使用"归属"概念有助于区分客观归责与主观归责。刑法中的责任归属包括客观归责（如结果归属）和主观归责（如故意或过失主观要件）。采用"结果归属"一词有助于清晰地界定此问题属于客观归责的范畴，从而与主观归责相区分。该区分在刑法理论中具有重要意义，因为它明

---

〔1〕 〔日〕铃木茂嗣：《刑法总论（犯罪论）》，成文堂2001年版，第47页。
〔2〕 参见〔日〕铃木茂嗣：《刑法总论（犯罪论）》，成文堂2001年版，第47页。

确了不法判断的不同层次，有助于避免混淆行为的客观违法性与行为人的主观罪责。

不但如此，"结果归属"概念不仅能涵盖因果关系的核心内涵，还能涵盖客观归责（客观归属）的内涵，而因果关系与客观归责的结合更能揭示出"归责"的本质，不少学者在讨论刑法中的因果关系时就将二者并列起来论述，这体现出单纯的因果关系或者单纯的客观归责似乎都难以涵盖所要讨论问题的全部内容。本书认为，使用"结果归属"概念优于同时使用因果关系和客观归责概念。其一，在刑法中，因果关系是判断行为与结果关系的基础性要素。然而，尽管因果关系是判定责任的必要条件，但并不是充分条件。也就是说，因果关系只是进一步探讨是否应当在客观上将某结果归属于某行为的前提但并非全部要素，因此，因果关系只是"结果归属"的基础，它并不能完全涵盖刑法评价中所有的必要因素。其二，客观归责或客观归属的概念，超越了简单的因果关系，涉及对行为与结果之间法律上是否应归责的进一步审查，该审查包含行为的危险性、因果链的断裂等。而"结果归属"这一概念，正是通过将因果关系与客观归责整合在一起，实现了对行为与结果之间法律归责的全面评价。在"结果归属"下，首先需要确定因果关系的存在，而后进一步进行客观归责。其三，"结果归属"概念可以完整体现因果关系与客观归责的结合。一方面，它承认因果关系在归责中的重要性；另一方面，它通过客观归责确保只有同时具备法律合理性，结果才会被归责于行为人。例如，A 工厂排放了少量有害物质到河流中，这一行为与后续的水体污染结果之间存在因果关系。然而，如果该河流已经受到多家企业长期污染，且污染结果并非单纯由 A 工厂的行为引发，那么，尽管因果关系存在，刑法上是否应将污染结果归责于该工厂，还需进一步考虑行为是否具有实质性危险，是不是污染结果的主要原因，以及是否有其他介入因素导致了污染的最终结果，等等。只有当这些因素在刑法上都得到合理确认以后，才可以将结果归责于 A 工厂，从而确保归责的正当性。

综上，"结果归属"既包含了因果关系的基础又包含了客观归责的要素，有助于刑法全面合理地进行评价和归责。

第一节　生态环境犯罪的因果特殊性

一、生态环境犯罪的特殊性

生态环境犯罪是伴随科技进步和工业发展而产生的，与传统犯罪相比，它具有以下特殊性：

（一）隐蔽性和长期性

生态环境犯罪的隐蔽性体现在结果的滞后发生和难以直接观测上。这类犯罪往往披着合法业务的外衣，其利用科技手段和复杂的商业链条增加发现难度生态环境犯罪，有的化工厂多年内逐渐排放未经处理的、有毒废物、工业污染物，初期可能不会引起注意，但随着时间推移，排放物在水体中的积累会导致严重污染。

不但如此，生态环境犯罪的危害结果常常在不同的时空逐步显现。比如，非法倾倒的有害废物可能在地下水系统中扩散，最终污染下游地区的饮用水源，而这种影响可能在数年后才被发现。例如，在日本，曾发生过"水俣病"事件。这是由于长期排放的甲基汞污染了水体，导致附近居民在多年后才表现出中毒症状，通过母体摄入被有机汞污染的食物后通过胎盘引起胎儿中枢神经系统障碍，严重危害了当地人的健康和生命安全。而排放初期行为并未引起足够重视，直到后期严重危害显现才被揭露。

生态环境犯罪的长期性表现为其对生态系统和人类健康的危害，往往要经过长期积累才显现出来，这种长期性不仅增加了犯罪的治理难度，还对社会经济和公共健康造成长期负面影响，其污染环境和破坏生态带来的影响往往持续多年甚至数十年。例如，土壤污染一旦发生后修复可能需要数十年时间，期间对农作物和生态系统的影响难以避免。

（二）广泛性和复杂性

生态环境犯罪的广泛性体现在其影响范围广泛，涉及多个领域和多种形式。这类犯罪不限于某一特定区域或行业而是遍布全球，涉及空气、水、土壤、森林等多种环境要素以及野生动植物非法贸易，非法采矿等，其常常超越国家和地区的边界，对全球生态环境造成影响。非法砍伐森林不仅破坏了当地生态系统，还对全球气候变化产生影响；过度捕捞某一国家的渔业资源会对整个区域的生态平衡产生破坏。与此同时，生态环境犯罪还涵盖多个领域，包括非法排放污染物、非法倾倒废物、非法采矿、盗伐森林等，这些行为往往同时涉及多个产业和行业。在东南亚地区，非法采伐和走私木材问题严重，马来西亚、印度尼西亚等国的热带雨林遭到大规模非法砍伐，木材通过非法途径流入国际市场，对全球环境和生物多样性造成重大威胁。[1]

生态环境犯罪的复杂性表现为其行为手段复杂、涉及主体多样，以及法律适用难度大。这种复杂性不仅增加了发现和打击生态环境犯罪的难度，也对法律体系和执法机构提出了更高的要求。不仅如此，生态环境犯罪涉及的法律法规复杂多样，包括国际法、国内法和地方性法规，执法过程往往面临证据收集难等挑战。

（三）跨国界和国际性

生态环境犯罪的跨国性体现在其犯罪行为和后果往往跨越国界，不受单一国家管辖范围的限制。由于环境问题具有全球性，犯罪行为在一国发生，但其影响却能扩展至多国，甚至全球范围。具体表现为：①污染的跨国传播。工业污染、核泄漏等生态环境犯罪行为的影响往往不局限于一个国家。例如，空气污染可以通过大气扩散到邻国，水污染可以通过河流、海洋扩散到国际水域。1986年的切尔诺贝利核事故，虽然发生在乌克兰，但核辐射污染波及欧洲多个国家，对全球环境和公共健康造成了严重影响，展现了生态环境问题的跨国性。②非法跨境贸易和走私。非洲象牙走私案件常常涉及多个国家，从非洲的偷猎、到亚洲市场的销售，跨越了多个国家和地区，导致象牙市场的非法交易网络复杂且难以根除。

---

〔1〕 关于如何评价热带雨林遭大规模砍伐，有少数观点认为，对埃博拉病毒的藏身之处——刚果的雨林而言，如果这些雨林被毁，埃博拉病毒可能也会随之消失，因此生物多样性可能具有负价值。参见 Sahotra Sarkar, *Environmental Philosophy*: *From Theory to Practice*, Wiley Blackwell, 2012, p. 45. 本书认为该观点及理由很难成立，因为不能为了倒洗澡水而把澡盆里的孩子一起倒出去了，生态多样性的价值不应被简单否定。

二、生态环境犯罪因果关系的特殊性

(一) 因果链条复杂

生态环境犯罪通常具有复杂的因果链条,不同于一般犯罪中直接和单一的因果关系,生态环境犯罪的因果关系常常表现为间接、多层次和多因素交织,行为与结果之间的因果关系难以直观地确定。

第一,多层次多因素交织。生态环境犯罪的因果链条往往涉及自然环境、经济活动、社会行为等多个层面,工厂排放污染物会导致河流污染,并进一步影响下游居民的健康生计。这里的因果关系不仅包括工厂的排污行为,还与水流的传播、居民生活习惯等互相交织。在日本水俣病事件中,工厂排放的有机汞污染了水域,鱼类体内积累高浓度汞,最终通过食物链影响到当地居民,导致严重的健康问题,复杂的因果链条涉及工业活动、水域生态、食物链和人类健康多个环节。

第二,间接性和延迟性。生态环境犯罪的因果关系通常表现为间接性和延迟性,犯罪行为的危害结果可能在时间和空间上都有显著延迟和分散。例如,温室气体排放对气候变化的影响往往在数十年后才显现,并且影响范围广泛。温室气体排放导致的全球气候变暖现象是一个典型例子,由于温室气体在大气中的长期积累,其对全球气候的影响呈现逐步累积、迟延显现的特征。

(二) 科学证明难

生态环境犯罪的因果关系需要科学证据的支持,但由于涉及复杂的环境系统和长期的时间跨度,科学证明的难度显著增加。确定行为与结果间的因果关系,往往需要跨学科的科学研究和综合分析,这给法律上的证明带来巨大挑战。

一方面,生态环境犯罪的因果关系需要长期的科学监测和数据积累才能确定,单一的实验或短期观察难以提供充分证据。典型的是土壤污染与地下水污染犯罪的因果关系确定,例如,位于某工业区的 B 企业多年来持续非法倾倒有害化学废料,导致该地区土壤中重金属和其他有害物质含量逐年增加。几十年后,附近居民发现地下水受到污染,导致多名居民出现健康问题,如癌症和其他慢性病,然而,要确定地下水污染与 B 企业的非法排放行为之间的因果关系并不容易。环境科学家需要在受污染的土壤和地下水中长期监测有害物质的迁移路径、浓度变化以及其在环境中的累积效果，通过多年的数据积累，才能分析出有害物质从土壤渗入地下水的时间、速度以及影响程度。仅凭单一的实验或短期观察，难以确定土壤污染是否直接导致地下水污染以及这些污染是否足以对人体健康产生严重影响。因此，需要进行多个科学实验、流行病学研究并构建预测模型，才能逐步建立污染物迁移和人体健康之间的因果链条。在法律层面，证明 B 企业的行为直接导致了地下水污染并进而引发健康危害，往往需要多年积累的科学数据作为证据，以支撑存在因果关系的结论。

另一方面，生态环境犯罪因果关系的确定需要自然科学、法学等多个学科的合作，通过综合分析来确定因果关系。这种跨学科研究的复杂性和专业性增加了法律证明的难度，在欧洲，许多环境案件都依赖环境科学家提供专业证据，需要环境科学家提供污染扩散模型并开展数据分析，来确定污染源和污染结果之间的因果关系。

（三）多重责任主体

生态环境犯罪因果关系的复杂性还体现在责任主体的多重性。不同于一般犯罪中相对单一的行为人，生态环境犯罪常常涉及多个责任主体，责任分担复杂，这使得因果关系的确定更加复杂，需要综合考虑多个行为主体的共同作用等因素。

生态环境犯罪常常涉及多个企业或个体的共同犯罪行为或同时犯行为。多个企业共同向同一水域排放污染物，使得污染源的确定和责任分担复杂化，例如，某些工业区多个企业共同排放污染物导致水源污染的案件中，在确定因果关系时需要综合分析各企业的污染"贡献"，进而分配和确定客观责任归属。

同时，在生态环境犯罪中，一些政府监管不力与企业违法也常常交织，使得责任主体复杂化。政府的监管失职可能成为犯罪行为得以实施的重要因素，法律追责需要同时考虑政府和企业责任。在印度的某些矿业污染案件中，企业的非法采矿行为与政府监管失职交织在一起，导致严重的环境污染。在认定时，需要同时考虑企业的直接责任和政府的间接责任，确定因果关系和责任分担。

第二节　传统因果关系论

因果关系的全称是行为与结果之间的因果关系。行为可分为广义的行为与狭义的行为，日本学者举的例子是，在甲杀害乙的情况下，甲的行为既可以指外部杀人行为本身，也可以指包括乙死亡在内的整体。在行为人的外部举止本身被称为行为的情况下，称之为狭义的行为；在包含由该行为产生的结果的情况下，称之为广义的行为。甲方以杀人的故意取手枪，扳动扳机使子弹发射是狭义的行为，而将子弹飞出、命中乙导致乙受伤并死亡这一系列事件称之为广义的行为。[1]本书采狭义的行为的观点，与此同时，刑法中的行为并非物理意义上的行为，而是具有社会意义的行为，因此，判断因果关系需要将因该行为而导致的结果纳入一并考察，以判断该行为的社会意义。

因果关系的概念，不一定是刑法学固有的概念，在哲学、文化、科学领域也在使用，与之不同，刑法上的因果关系强调行为与结果的法律责任和归因，关注证据和可预见性。而哲学上的因果关系探讨事件之间的逻辑联系和本质属性；自然科学上的因果关系通过实验和观察验证因果联系，强调实证性和可重复性；宗教文化上的因果关系涉及信仰和道德，强调超自然力量和伦理结果。这些差异反映了基于特定的研究目的和价值观，各个领域对因果关系的不同理解。

当然，如前所述，虽然刑法上的因果关系不等于哲学、文化、科学上的因果关系概念，但刑法上的因果关系理论在一定程度上的确是吸收参考了哲学知识。古希腊亚里士多德的四因理论是古希腊哲学中的经典思想，广泛影响了后来的哲学、科学和神学讨论。亚里士多德提出了四因理论，用于解释物质世界中事物的存在和变化。四因理论包括质料因、形式因、动力因和目的因，从不同角度解释了事物的生成和变化。[2]这些"因"被亚里士多德用于解释事物的存在和变化原因，是理解亚里士多德形而上学体系的核心概念之一。此外，自然主义哲学家通常强调世界上的因果关系基于自然法则，并

---

〔1〕　参见［日］西原春夫：《刑法总论》，成文堂1978年版，第91页。
〔2〕　在《物理学》中，亚里士多德探讨了不同类型的"因"以及它们如何解释事物的本质和变化。参见［古希腊］亚里士多德：《物理学》，张竹明译，商务印书馆1992年版，第48~61页。

不依赖于超自然或形而上的解释，这观点强调因果关系建立在观察和经验基础之上。休谟在《人类理解研究》中探讨了经验主义的因果关系，即因果关系的基础在于经验和观察，而不是内在的逻辑必然性。[1]哲学中自然主义的因果关系关注自然现象之间的直接联系，如事件 A 直接导致事件 B 的发生，而实质性因果关系则考虑更广泛的社会和道德背景，关注行为的实际社会效果。大陆法系刑法不仅考虑自然主义的因果关系，还引入实质性因果关系的考量，例如，在环境犯罪中，排污行为不仅要被认定为污染结果的自然原因，还要考虑其在社会道德和法律规范上的实质性影响。

条件说是基于古典哲学和逻辑学产生的基本概念，其认为产生结果的所有必要条件于结果之间都具有因果关系。条件说主张，如果没有某一行为，结果就不会发生，则该行为被认为是该结果的原因。例如，在交通肇事案件中，条件说被用于判断肇事行为是否为导致受害人死亡的必要条件。与此同时，刑法因果关系在确定某行为是否为导致结果发生的直接动力时，在逻辑上与"动力因"有相似之处。例如，在判断某一行为是否导致他人死亡时，刑法理论往往探讨该行为是否为死亡结果的"动力因"，即推动力。

刑法因果关系理论还吸收了科学上的因果链条与条件理论。科学中的因果链条理论强调通过实验和观察确定因果关系，该理论要求精确的数据和逻辑推演，以确保结论可靠。在复杂的环境犯罪案件中，因果链条原理被引入，用于通过科学方法验证行为与结果之间的关系，如通过长期数据监测和实验研究的结果来证明某行为与污染结果之间的因果链条。不但如此，统计学和概率论也可以被用于处理复杂如大规模污染行为的因果关系，特别是当直接因果关系难以确定时，统计模型和概率分析可帮助评估某行为与结果之间的可能性与关联性，这在现代流行病学因果关系学说中有所体现。

与英美法系因果关系理论不同，大陆法系因果关系理论体系性更为完整，哲学思辨意蕴更强，对此，美国学者指出，"与对因果关系研究只作些零散贡献的英美法学者有所不同，大陆法系的法理学家毫不犹豫地将相当复杂的哲学原理适用于法律"。[2]本书在讨论因果关系理论时也主要以大陆法系因果关系

---

〔1〕 参见［英］休谟：《人类理解研究》，关文运译，商务印书馆1957年版，第35~38页。

〔2〕 ［美］H. L. A. 哈特、托尼·奥诺尔：《法律中的因果关系》（第2版），张绍谦、孙战国译，中国政法大学出版社2005年版，第391~392页。

理论为主。

在自然科学中，因果关系通常被称为"因果法则"或"因果律"，该术语被用于描述自然界的因果关系，即一个事件（原因）如何引发另一个事件（结果）。该因果关系是科学研究的基础，特别是在物理学、化学、生物学等领域常通过观察、实验和理论推导来揭示验证因果律。而刑法上的因果关系与自然科学上的"因果法则"或"因果律"不同，刑法上的因果关系并非自然的、物理意义上的概念，而具有个别化、类型化的特点。耶塞克也认为，"因果关系的自然科学的范畴，只能提供外部的框架，而不能提供结论性答案。完全可能出现这样的情况，某人对结果的发生不负责任，尽管其行为与结果的产生之间存在因果关系"。[1]因此，就因果关系的逻辑性而言，如果基于刑法上因果关系固有、独特的功能，可以将其理解为如果没有一定的先行事实，则没有一定的后行事实的关系，也可将其称为逻辑因果关系。所以即使在物理意义上承认因果关系，也还不能说立即存在因果关系。这样，为了在逻辑因果关系内部寻求刑法学固有因果关系范围的理论被称为"因果关系论"。[2]

一、条件说

条件说又称为平等原因说或全条件同价值说，"其承认所有先前行为对结果发生起原因力，如果没有该行为，则该结果不会发生（所谓的必然条件关系 conditio sine qua non）的一种因果关系的学说"。[3]条件说的特点在于，将逻辑因果关系几乎等同于刑法因果关系。日本的判例广泛承认条件说，只在很少的情形下采用相当因果关系说。日本的井田良教授在论述条件关系的本质时，就认为"条件关系的存在是肯定刑法上因果关系的事实前提"。[4]

当然，前述 Conditio sine qua non 公式也存在缺陷，在认定因果关系时，如果按照若无行为则不发生结果的逻辑，则行为与结果之间仅具有自然法则上关联的情形也被认为具有因果关系。这就不当扩大了因果关系的范围，不

---

〔1〕　［德］汉斯·海因里希·耶赛克、托马斯·魏根特：《德国刑法教科书》（上），徐久生译，中国法制出版社 2017 年版，第 376 页。

〔2〕　参见［日］西原春夫：《刑法总论》，成文堂 1978 年版，第 93 页。

〔3〕　［日］西原春夫：《刑法总论》，成文堂 1978 年版，第 93 页。

〔4〕　［日］井田良：《刑法总论的理论构造》，成文堂 2005 年版，第 48 页。

但如此，条件说欠缺对行为重要性的区分，具有混淆主要原因与次要原因的缺点。

所谓的条件关系采用假定消去法的公式来表示，一个经典的说法是"假定没有该行为，就不会随着这样的经过而产生那样的结果"。[1]除开所谓因果关系的断绝的情形，应当肯定行为与结果之间的条件关系。例如，B 给被害人 A 服用到达致死量的毒药，在毒药开始起作用之前，无关的 X 射杀了被害人 A，即使不服用毒药，A 也同样会被射杀，此时，B 的行为和 A 的死亡结果之间原本就没有条件关系（所谓因果关系的断绝）。

条件说者主张等价说，即只要具有条件关系就认为有刑法上的因果关系，容易扩张刑法因果关系的范围，因而受到质疑。日本的曾根威彦教授就认为："如果说只要有条件关系，就马上说具有刑法上的因果关系的话，那么，因果关系所具有的限制将结果过分归属于行为的机能就不能充分发挥，刑法因果关系的认定范围就会过广。"[2]例如，母亲生了孩子，孩子长大后犯了杀人罪，根据条件说，不得不承认生孩子和受害者的死亡之间具有因果关系。为了对因果关系范围过广进行限制，日本学者提出须进一步查明行为者是否有故意、过失。如果行为者的母亲对被害人死亡没有故意、过失，即使采取条件说，也不会扩大责任的范围。[3]可是，在本书看来，因果关系作为连接行为与结果的要素，属于不法的内容，原本应当在客观不法的阶层中被排除，如果犯罪在（主观）责任阶段才被排除，则就（客观）因果关系本身来说还是被扩大了。

对于（生态）环境犯罪结果犯的因果关系认定的学说而言，可以将条件说分为以下几种情形加以讨论：

（1）累积的因果关系。生态环境犯罪具有累积性且往往多个条件、多个因素共同导致一个结果，即所谓累积的因果关系。最典型的累积因果关系常常出现在环境污染案件中，依据条件说，众多因素全部都是导致结果的条件且作用相等。很显然，与普通人身犯罪相比，生态环境犯罪特殊性导致原本独立的多个因素偶然地存在于一个案件之中，其因果关联性更加复杂。在生

〔1〕 〔日〕井田良：《刑法总论的理论构造》，成文堂 2005 年版，第 49 页。
〔2〕 〔日〕曾根威彦：《刑法学基础》，成文堂 2001 年版，第 179 页。
〔3〕 〔日〕西原春夫：《刑法总论》，成文堂 1978 年版，第 95 页。

态环境犯罪中，尤其是涉及累积性因果关系的环境污染案件，条件说确实存在一定缺陷。该学说认为，只要某一行为是结果发生的必要条件之一，那么二者间就具有因果关系。按照条件说的逻辑，任何一个导致结果的先前行为都可以被视为具有因果关系。这会导致以下问题：一是因果关系过度扩张。在生态环境犯罪的结果往往在多个因素共同作用下发生，而前述因素之间的作用力并不一定相等。例如，在水污染案件中，不同污染源对水质的影响可能存在显著差异，但条件说可能会忽视这种差异，导致所有污染源都被视为等同的因果条件，可能导致不公正的客观归责。二是难以确定主责方。在累积性因果关系情况下，多个因素共同导致了环境污染。如果按照条件说的逻辑，这些因素被同等看待，无法体现出实际差异，导致责任分配不清。三是条件说忽略了环境犯罪中累积性因果关系的复杂性。环境污染通常是一个累积过程，多种污染物质在时间和空间上逐渐累积，最终导致生态系统的破坏。而条件说过于简单化地将这些行为视为同等的因果条件，而未能考虑累积效应所带来的复杂性。例如，如果某条河流的水质逐年恶化，最终导致鱼类大量死亡并影响人类，按照条件说，所有排污行为都是同等重要的因果条件，这就忽略了各个行为在持续时间、污染物种类和累积效应上的客观差异。

（2）择一的因果关系。表现为两个以上各自独立的条件，单独均足以造成结果发生但在具体案件中共同造成了污染结果。例如，M 工厂、N 工厂均向河流排污，无法查清到底是谁造成了污染结果，根据条件说，两个工厂的行为都是结果发生的条件，都和结果发生具有刑法上的因果关系，而不问谁先造成污染谁后造成污染，谁中断了谁的因果关系。其缺陷表现在以下方面：其一，无法有效区分多个独立行为在导致结果发生时的因果贡献。在择一因果关系中，两个或多个独立的行为单独就可以导致结果发生，但在实际情况中，它们共同作用导致了结果。在以下案例中，条件说无法区分两者的行为对污染结果的具体贡献。如果 M 工厂的污染行为本身已经足够导致河流污染，而 N 工厂的行为只是锦上添花或仅是辅助作用，条件说仍然会认为两者对结果具有相同的因果关系。其二，可能导致客观责任分配不合理。假设 M 工厂的污染行为已经使河流达到了污染的临界点，而 N 工厂的排污行为只是进一步恶化了已经被污染的河流，根据条件说，两个工厂都会被认定为对污染结果负有相同的因果关系责任。其三，忽略了因果关系的时间和逻辑顺序。两个独立行为可能在时间上并不完全同步发生，也可能其中一个行为在逻辑上更早导致了污染结果。假设 M 工厂首先排污，使得河流环境恶化到几乎无法恢复的状态，然后 N 工厂再进行排污，进一步加剧了污染。而条件说不考虑谁先谁后，也不考虑其中某行为是否已经中断了其他行为的因果链条，该缺陷使得它在处理复杂的因果关系时显得过于简单，无法准确反映实际情况。

（3）新型环境污染因果关系。将条件说应用于无经验可供参考的新型环境污染物案件的因果关系判断，容易过度扩大因果关系范围，具有以下缺陷：其一，忽视科学证据与经验判断。条件说认为只要行为是结果发生的一个必要条件，就可以认定存在因果关系。然而，在面对新型环境污染物时，由于缺乏科学论证和经验判断的支持，导致因果关系认定变得不确定。例如，A 污染物在 C 国首次出现，且未列入危险物品目录，就当时的环境科学而言，无法提供足够的证据证明其危害性。条件说可能会因为 A 污染物与环境恶化的时间和空间上的一致性，而认定其与污染结果之间具有因果关系，尽管科学上对此尚无定论。该做法忽视了因果关系认定中应考虑的科学证据因素，容易扩大因果关系范围。其二，缺乏对不确定因素的处理机制。面对新型污染物时，往往存在大量科学上的不确定性。这种不确定性可能来自对污染物性质、影响机制和长期后果的不完全了解，而条件说并未考虑如何应对这些不确定性，而是简单地将行为与结果之间的时空关系作为因果关系的依据。该做法在面对新型环境污染物时显得过于机械和片面，容易导致错误的法律结论。其三，可能导致刑法的过度干预。在新型污染物案件中，科学界和监管机构可能尚未充分了解污染物的性质和潜在危害，如果根据条件说将所有与结果存在条件关系的行为进行结果归责，可能导致刑法对社会生活的过度干预，可能导致企业和个人在法律边界不明确的情况下，受到不公正的惩罚。这种情况不仅违背了刑法谦抑性原则，还可能阻碍技术创新，产生社会不安定因素。

（4）假定因果关系。该因果关系主要适用于不作为犯场合，不作为以存在作为义务为前提，假设行为人有能力实施能够被期待的某行为，且如果其实施该行为则结果不会发生，可是行为人却没有作为，则不作为与结果之间具有因果关系。这种理论在实际应用中会出现一些问题，特别是在不作为犯罪的场合。例如，某工业区的工厂每天将废水排放到河流中，这些废水含有大量有毒物质。按照条件说，如果该工厂不将废水排放到河流中，那么河流就不会受到污染。假设当地有一项法规要求工厂必须处理废水后才允许排放，而工厂没有处理废水就直接排放以致于污染发生。根据条件说，如果工厂遵守法规处理废水后再排放，则河流污染结果不会发生，因此，工厂的不作为（不处理废水）被认为是污染发生的条件，根据条件说就应当肯定因果关系的成立。可是，这里的假设存在缺陷，前述理解忽视了污染的因果机制是多层次的，涉及工厂的具体操作、废水处理的技术水平、法规的执行力度等多个因素。问题在于，如果我们只以工厂的排放行为作为唯一原因，那么我们会忽略可能存在的其他因素，比如环境管理机构的监管失职、法规执行不到位等，这些因素也可能是污染的原因之一。此外，条件说可能忽视了实际情况中的复杂性，例如污染的累积效应、不同污染源的综合影响等，河流污染常常并非单一行为导致，即使工厂处理废水，其他因素（如污水处理设施运行状况、废水排放量、其他污染源等）也会影响最终的污染程度。因此，条件说将污染结果完全归因于工厂的不作为是不准确的，条件说未能考虑到环境污染案件的复杂性，导致因果关系认定不够全面。

（5）超越性因果关系。系指在一项条件已发生而其结果尚未出现之前，另外一个更强有力的条件介入。例如，新建成的甲化工厂刚排放废水不久，附近乙化工厂发生爆炸，大量废水、废气外溢给多数人的生命、身体、财产、健康造成损害。根据条件说，甲、乙二工厂均为行为的原因，即使乙工厂存在超越性因果关系，但甲工厂仍须负责。该种将有实质支配作用的条件与无实质支配作用的条件同等看待，是否合理值得反思。

因此，条件说在实际应用中存在将复杂的因果关系简化为单一条件的问题。对于不作为犯，特别是涉及环境污染的场合，条件说的应用需要考虑更广泛的背景因素，而不仅仅依赖于行为的存在与否。

为了深入讨论条件说在环境污染案中的不足，兹再举一例，X 企业通常负有防止污染的义务，包括事前配置排污设施的义务。现查明，X 企业虽未配置必要的排污设施，但却系 Y 企业的操作导致了污染发生，根据条件说，即使污染是由 Y 企业造成的，但由于 X 企业未履行其配置排污设施的义务，按照条件说，X 企业的不作为（即未配置排污设施）与污染结果之间仍然具有刑法上的因果关系。通过以上分析，可以看出条件说存在如下缺陷。

第一，忽视因果关系的复杂性。条件说强调任何一个条件的存在都可被视为造成结果的原因，这种观点过于简化了因果关系。在实际中，污染事件通常由多个因素共同造成，如 X 企业未配置排污设施可能会对污染的发生产生影响，但污染的直接原因却是 Y 企业的行为。条件说未能有效区分和评价这些复杂因素。在本案例中，尽管 X 企业未配置排污设施，但污染实际上是由 Y 企业的操作失误造成的，如果按照条件说，会将 X 企业的不作为直接与污染结果相关联，这便忽略了 Y 企业作为主要污染源与结果之间的直接因果关系，会导致对 X 企业不作为与结果间的因果关系判断不够准确全面。

第二，不当扩大了因果关系范围。条件说可能会将因果关系的范围扩展到所有可能的条件，而忽视了这些条件的实际影响力。在环境污染问题中，过分关注 X 企业未配置排污设施的行为而忽视了 Y 企业行为对污染结果的直接影响，可能导致责任的错误归属。因为即使 X 企业未配置排污设施，如果 Y 企业的操作本身已经对环境造成了直接的严重污染，X 企业的不作为也并非直接导致污染的唯一因素，将 X 企业的不作为与污染结果直接挂钩，可能会掩盖 Y 企业在造成污染中的作用。

第三，认定过分形式化。尤其是在未考虑所有相关因素的情况下，根据条件说理论，一旦认定未履行排污设施配置义务与污染结果之间具有因果关系，就会忽略 X 企业在环境保护中的"作为"。如果 X 企业已经采取了其他合理措施来防止污染，未配置排污设施可能是由于某些不可抗因素或特定情况导致，仅以未配置排污设施来认定其与污染结果之间的因果关系，会忽视实际情况的复杂性和多重因素的影响，容易不当扩大因果关系范围。

条件说理论在环境犯罪案件中的应用存在较大局限性，它过于简化了因果关系，未能充分考虑实际情况的复杂性和多重因素的相互作用，忽视了复杂环境案件中动态因果关系的考量，并不适应环境犯罪案件。以至于"'条件关系'（conditio sine qua non）思想实际上已经被放弃"。[1]

二、原因说

原因说承认先行各种事实中原因与条件的区别，其中"前者即原因具有

---

〔1〕 ［德］汉斯·海因里希·耶赛克、托马斯·魏根特：《德国刑法教科书》（上），徐久生译，中国法制出版社 2017 年版，第 384 页。

对后行事实发生的原因力，因此成立因果关系，与此相反，条件对后行事实不具有原因力，因此对于后行事实不能建立因果关系"。〔1〕该说又被称为个别观察说。

就原因说的学术史进行考察，原因说深受 19 世纪后半叶支配欧洲思想界的自然科学的影响，判断是否是结果的原因时，自然科学的依据成为决定性标准。可是，刑法上的因果关系并非单纯物理意义上的因果关系，而具有社会意义，不应当单纯由自然科学力量的强弱来判定，也不可能这样去判定。就原因说产生的特定历史背景来说，其产生的背景就是针对条件说认定因果关系范围过宽这一问题，为了将条件说限制在一定范围内而产生的，因此，原因说否定所有条件在刑法上具有均等的价值，这是其当时的学术价值所在。

可是，原因说对于何种条件会成为原因，却不能给出妥当的标准，且实践中发生的案件，条件与结果都为多个，且具备相同的原因，很难厘清其中的关联性。批评者认为："结果的发生并不总是只依赖于单一的条件，应该承认多个条件的竞争的共同原因的情况也不少，另外，对于最终条件等，常常缺乏重要性。这样，原因说也缺乏妥当性，现在看不到赞成者。"〔2〕

原因说的缺陷还在于，为了解决条件说对因果关系无限追溯甚至可以将杀人犯的母亲判定为对杀人行为具有条件关系所存在的问题，原因说主张只将决定性的条件解释为对结果的原因，其"主张了最终条件说、优越条件说、最有效条件说、因果力解放条件说等各种各样的见解，但都在其基准上缺乏明确性，仅停留在少数说"。〔3〕原因说所提出的标准虽然以追求精确性为目标却难以实现。因此，原因说虽具有学说史意义，但至今已无人支持。

从提出原因说的目的来看，其提出目的在于发现主要原因以避免条件说扩大化，尤其对于因果关系中断理论的应用具有积极的意义。可是，导致结果的各种条件并非各自独立而可能互相交织，在一般的人身犯罪中尚难以区分何者为主要原因，更何况对于因果关系原本就复杂的生态环境犯罪，要认定何者为主要原因更加困难。也因此，原因说仅具有学术史的意义。随着相当因果关系说的抬头，原因说开始式微而至完全消失，迄今几乎没有人再主

---

〔1〕　［日］西原春夫：《刑法总论》，成文堂 1978 年版，第 96~97 页。

〔2〕　［日］大塚仁：《刑法要论（总论）》，成文堂 1993 年版，第 75 页。

〔3〕　［日］铃木茂嗣：《刑法总论（犯罪论）》，成文堂 2001 年版，第 48 页。

张原因说。

三、相当因果关系说

关于前述条件说与原因说存在的不足，我国陈兴良教授深刻指出，"无论是条件说还是原因说，都是一种存在论的因果关系理论，也就是把因果关系看作是一个事实问题予以把握的。因此，主张上述学说者，都坚持原因与责任的二元区分观点。"[1]"相当因果关系说认为，按照一般人的社会生活经验，如果能够认定某行为导致某结果的发生通常是相当的，那么在这种情形下承认刑法上的因果关系。"[2]相当因果关系说在二战后的日本曾经处于通说地位。该说以行为时为标准，从一般人的视角来判断相当性，在已经具有条件关系的行为中来锁定适当的因果关系范围。

与条件说不同，相当因果关系说并不认为所有条件说认为的因果关系都是刑法上的因果关系，只有在社会经验法则上具有相当性的部分，才称之为刑法上的因果关系。这与条件说将所有在论理上可以发生结果的条件行为都视为原因不同。相当因果关系说与原因说所依据的个别观察方法也不同，前者认为，应根据一般的经验与知识进行经验法则上的判断，如认为其对于结果发生相当，该行为即为法律上的原因。换言之，如果根据经验法则判断某条件对于结果的发生属"必然条件""或然条件"或"可能条件"时，则该条件对结果的发生即为相当。反之，若该条件对于结果的发生，根据日常生活经验判断为偶然事件、非类型化的因果历程，则该条件对于结果发生并不相当，两者间无因果关系。

然而，相当因果关系说并不排斥条件关系，仍然以条件关系为前提并以此为基础讨论因果关系，该说原本是为了防止条件说不当扩大因果关系范围而产生的理论。目前已与构成要件理论结合了起来，采用构成要件理论的学者差不多都主张相当因果关系说。

就相当因果关系说的判断基础而言，其指的是将何种基础事实作为判断结果可能性的依据。例如，甲将乙打伤，乙没有及时就医致其伤口恶化，后来乙前往就医时，碰巧被医院天花板掉下来砸死。其中，乙没有及时就医、

---

〔1〕 陈兴良：《教义刑法学》，中国人民大学出版社 2017 年版，第 291 页。
〔2〕 ［日］前田雅英：《刑法总论讲义》，东京大学出版会 2006 年版，第 175 页。

就医时医院天花板掉落将其砸死，这两件事是否应当作为判断相当性的事实基础，存在不同的学说。

针对上述议题，相当因果关系说可以具体分为三种学说：①专门以行为人在行为当时认识到的情况以及可能认识到的情况为基础来判断的"主观说"（宫本）；②以行为当时客观存在的情况以及可预测的行为后的情况为基础进行判断的"客观说"（小野、平野）；③以行为当时普通人可预测的情况及行为人特别知道的情况为基础进行判断的"折中说"（团藤、大塚）。三种学说互相对立，到现在为止折中说占据着通说地位，不过，现在客观说也变得相当有力。[1]

（一）主观说

主观的相当因果关系说将行为人在行为时所认识到的情形作为判断的事实基础，至于是否为一般人所能认识则在所不问，该说将行为人主观认识的有无作为判断因果关系的根据。例如，甲明知乙患有血友病而打伤乙，由于血友病患者负伤会伴随出血从而导致死亡，对甲而言是认识到乙患有特殊疾病这点的，而不论一般人能否认识到这点，因而应肯定甲的伤害行为与乙的死亡结果间具有因果关系。反之，如果甲并不知道乙患有血友病，则甲的伤害行为与乙的死亡结果之间并无因果关系，即使普通人能够认识到乙患有血友病也在所不问，只考虑甲能否认识。主观说的问题在于，将因果关系是否存在这一客观判断取决于行为人的主观认识，将因果关系判断这一原本属于"不法"的问题与认识这一属于"责任"的问题相混淆，因此，虽然"在过去，曾经有人提倡完全以行为当时行为人所认识到的情形作为判断基础的'主观相当因果关系说'（主观说），但是，将其作为考虑客观归责的相当因果关系的理论，并不妥当，因此，现在几乎没有人支持这种观点"。[2]

（二）客观说

客观的相当因果关系主张将行为当时在客观上存在的情形以及行为后所发生的偶然事情作为行为者行为当时当然能预见的事实而将其作为判断的基础，前者如被害人具有血友病特殊体质，后者如被害人受伤后因贫穷无钱治

〔1〕参见［日］铃木茂嗣：《刑法总论（犯罪论）》，成文堂2001年版，第48页。
〔2〕［日］曾根威彦：《刑法学基础》，成文堂2001年版，第179页。

疗。该说立足事后站在第三者的角度进行客观判断，因此又被称为"客观的事后预测"，其在判断方法上并不依据行为人的主观认识和预见，而基于客观的、事后的立场，以判定行为当时行为人可以预测的一切事实。曾根威彦教授认为："客观说，是最适合于从客观立场出发，实现归属限定作用的因果关系的本质学说。"[1]

反对的观点认为："根据客观学说，因果关系的范围过大，实际上有可能得出与条件学说没有太大差别的结论。"[2]

（三）折中说

折中说在相当因果关系学说中曾占支配地位。折中说主张："应当以行为当时一般人所能认识到的事实，以及一般人虽然不能认识但行为人所特别认识到的事实为基础，判断有无相当性。"[3]换言之，应当将行为人的主观认知与行为当时的客观情况结合起来判断，不仅要考虑行为当时一般人能否预见后果，还要考虑行为人是否有特别的知识经验。如果行为人基于这些特别知识从而利用了被害人的特殊情况，那么即便结果对普通人而言是不可预见的，行为与结果之间仍具有相当因果关系。反之，若行为人和一般人都无法预见结果，行为与结果之间则不存在因果关系。

例如，H 化工厂排放废水时含有高浓度的有害化学物质。工厂管理者知道废水排放地的土壤有特殊的化学敏感性，且排放地点靠近一条重要的地下水脉，污染有可能迅速扩散，危害附近的生态系统。普通人可能无法意识到这种敏感性和扩散风险，但该工厂负责人由于具有化学和环保专业知识，知道这样的排放会对地下水造成不可逆的污染。但 H 工厂为降低处理成本，仍然进行非法排放，结果导致地下水严重污染，影响了周围居民的饮用水安全和生态系统稳定。按照折中说，尽管普通人可能不会意识到废水的特殊扩散风险，但由于 H 化工厂管理者具备特殊的专业知识并充分认识到污染的危害性，因此管理者的行为与地下水污染之间具有相当因果关系。

该判定模式体现了折中说，即不仅考虑客观条件，还考虑行为人主观上的特殊认识。在折中说之下，行为人的主观认知和专业知识成为决定行为是

---

[1] ［日］曾根威彦：《刑法学基础》，成文堂 2001 年版，第 180 页。
[2] ［日］大塚仁：《刑法要论（总论）》，成文堂 1993 年版，第 76 页。
[3] ［日］曾根威彦：《刑法学基础》，成文堂 2001 年版，第 179~180 页。

否具有相当性的关键因素。

可是，折中说与主观说一样，使因果关系的有无取决于行为人与一般人认识的有无，这与因果关系的客观性相矛盾。西原春夫教授提出了批评折中说的见解，他认为，在一般人和行为人都无法认识到的场合，折中说所得出的结论与主观说得出的结论相同。[1]平野龙一对折中说也进行了批判，他认为，"折中说在相当性判断的基础上考虑主观的东西，是混淆了责任和因果关系"。[2]正因为折中说存在的缺陷，客观说成为有力的学说，事实上取代了折中说而占支配地位。

四、重要性说

重要性说可以说是由相当因果关系说修正而来，是由德国学者麦兹格（Mezger）所提倡，又称为法之重要关系说。重要性说明确区分由条件说认定的因果关系与具体结果的发生在法律上的重要性。

重要性说认为因果关系包含两个问题：一是行为与结果之间的因果关系；二是该因果关系是否重要，由具体的构成要件内容确定。重要性说严格区分因果与归责，认为刑法之所以处罚某行为，是因为该行为所造成的结果在刑法上具有重要性，因而产生具体结果的条件亦必须在刑法上具有重要性，才能认定为原因。[3]以非法填埋有害废物为例，H化工厂将大量有毒废物非法填埋在一片荒地中，后该有毒废物被发现，周围村民饮水后产生腹泻。在本案中，非法填埋有毒废物行为导致地下水一定程度污染，行为与结果之间的因果关系较为清楚。然而，在重要性说看来，这还不够，还需判断产生结果的条件是否"重要"。如果填埋行为导致的污染是微小的、短期的，且对周围环境未造成明显的长期破坏，那么这一因果关系在刑法上不具备足够的"重要性"；相反，如果污染对周围生态系统、饮用水安全造成了重大且持久的影响，则产生结果的条件具有"重要性"，应当肯定其因果关系。重要性说根据条件说判断有无因果关系，根据一定的标准来判断是否应客观归责，这与客

---

〔1〕　参见〔日〕西原春夫：《刑法总论》，成文堂1978年版，第98页。

〔2〕　〔日〕大塚仁：《刑法要论（总论）》，成文堂1993年版，第76页。

〔3〕　重要性说不像相当因果关系说那样，将因果关系限定在相当的范围内，而是在承认条件说所确定的条件关系的基础上，按照具体的构成要件的意义与目的，以及构成要件理论的一般原理，确定结果归责的范围。

观归责理论采取了相同态度。但由于重要性说仅将构成要件作为客观归责的标准，因而受到客观归责理论的批判。关于重要性说在犯罪论体系中的地位，刑法学者麦兹格将犯罪的成立要件分为行为、违法、责任三要素，按照该观念，构成要件与行为并非一体，构成要件仅是违法性的根据，在犯罪论上也并不居于核心地位。麦兹格认为行为是犯罪论的基础，构成要件则归属于违法性理论，而行为则包含了结果。即犯罪结果是指总体的、外部的构成要件的实现，包含行为人身体举动以及因而惹起的外部结果。因此，在麦兹格所理解的重要性说看来，因果关系应归属于不法（违法性阶层），这与一般学说将因果关系归属于构成要件不同。

五、客观归责理论

客观归责理论又称客观归属理论。客观归责理论论者当初提出该理论并非为了解决因果关系问题，而是为了排除导致结果的各个行为因素中的意外的、不可预估的成分，以避免不合理的刑事处罚结果。简言之，客观归责理论的产生是为了限制条件说因果关系认定过宽所产生的缺陷，从而限制构成要件适用范围。

早期的客观归责理论不愿承认该理论是为了解决因果关系问题而产生的，更不愿承认客观归责理论是因果关系理论的下位概念。由于客观归责理论取代了很多补充因果理论的地位与功能，因而在犯罪论的客观构成要件中，和因果关系居于平行并列地位。在顺序上，经过条件说检验因果关系后，再根据客观归责理论的判断规则对因果关系进行第二次检验，如第二次检验仍有因果关系，则属于客观归责的因果关系。于是，客观归责不再作为判断行为与结果之间因果关系的标准，而成为独立构成要件的判断标准，已脱离了因果理论范畴。到今天，越来越多人认为客观归责已成为一个超越因果关系、超越客观构成要件、超越违法性的概念，是一种总称和综合性概念。日本的前田雅英教授就认为，在日本，客观归责理论得到大力主张，影响着以相当因果关系说为核心的日本因果关系论。同时，在日本，客观归责理论是违法（义务违反）关联的理论、保护范围（目的）论等的集合体。[1]

---

〔1〕 参见［日］前田雅英：《刑法总论讲义》，东京大学出版会 2006 年版，第 177 页。

　　本书认为，尽管早期的客观归责理论并未将自己视为因果关系的下位概念，然而，随着理论的发展，客观归责理论被理解为涵盖了因果关系的部分内容，尤其是风险的评估。因为，客观归责理论强调的是行为对法定结果的风险贡献及其实现，而不仅仅是单纯的因果链条。它包含了对风险的制造和风险实现的评估，因此，尽管它在理论上与因果关系平行并列，但在实践中，它对因果关系的判断仍然具有重要作用。

　　客观归责通说认为，如果行为制造了为法所不容许的风险且此风险实现了构成要件结果，则对该行为所导致的结果可进行归责。这一定义涵盖了所有客观构成要件要素，甚至包括违法要素，且行为本身还包括违法性判断即法所不容许的风险。而客观归责要素对客观构成要件的功能在于对"制造风险"和"风险实现结果"的归责，这仍然属于因果关系。客观归责理论将行为制造可以导致结果发生的风险具体化为归责的要素，要证明因果关系只需证明"风险"部分即可，至于"风险实现结果"部分则以相当因果理论所提出的"是否偏离常轨"的相当规则判断即可。因而如果将因果关系和客观归责要素各自独立，因果关系以条件理论为架构，客观归责要素以相当因果理论为架构，则客观归责只须证明"风险性"就够了。其结果是，客观归责并不只是限制构成要件适用范围的要素，实际上有透过"风险"概念，简化因果流程证明的作用。

　　应当说，客观归责理论不仅关注行为是否制造了非法风险，还关注该风险是否实现了结果。换句话说，客观归责理论通过关注行为产生的风险和风险的实现，简化了因果关系的证明流程，它允许通过评估行为制造的风险来判断因果关系，而不是单纯依赖传统的条件理论。在环境犯罪案件中，客观归责理论对于因果关系的认定具有重要作用。例如，A公司未经许可向河流排放有毒废水，导致河流生态系统遭到严重破坏，A公司的行为制造了明显的环境风险，最终这些风险导致了生态损害。其一，关于"制造风险"，A公司未经许可排放有毒废水，制造了对河流及其生态系统的风险，这是客观归责理论的第一个要素，表明行为本身具有一定风险。其二，关于"风险实现"，河流的生态系统最终遭到破坏，显示出A公司制造的风险已经实现了。这是客观归责理论的第二个要素，通过对实际损害的评估，确认了风险的实现。

在本案中，客观归责理论简化了因果关系的认定。传统的因果关系理论可能需要详细证明排污行为与生态破坏之间的复杂因果链条，而客观归责理论关注的是行为是否制造了非法风险以及该风险是否实现了结果，这种方法使得因果关系的证明过程更加直接、清晰。

当然，也有日本学者认为没有必要像德国那样使用客观归责理论，主张所谓客观归责理论在实际应用上与相当因果关系并无太大不同。日本学者大塚仁就指出："有代替因果关系而使用客观归属（objektive Zurechnung）的观念的立场。主要目的是抑制因条件说而导致的因果关系范围的扩大，但实际应用与相当因果关系说没有太大差别。没有必要特别使用这个观念吧。"[1]

总之，尽管客观归责理论在早期未被视为因果关系理论的下位概念，但它在现代刑法理论中已经成为因果关系判断的重要组成部分。通过关注行为制造的风险和该风险的实现，客观归责理论提供了一种有效手段来简化因果关系的证明过程。在生态环境犯罪案件中，客观归责理论帮助我们清楚地识别和证明行为与损害之间的因果关系，通过这种方式，客观归责理论不仅补充了传统的因果关系理论，还提供了更为直观、有效的因果判断标准。

第三节 流行病学因果关系理论

流行病学（Epidemiology）又称疫学。其来自希腊文 Epidemiology，[2] 按照学者的理解，"'epidemic'"可译为'时疫'或'流行'，所以过去认为流行病学的基本内容是研究疾病如何流行，为何流行，如何预防和控制。现行的牛津医学词典采用 Parkin（1873 年）的话，将流行病学定义为'处理流行'的一门医学学科"。[3] 将流行病学上认定因果的方法应用于生态环境犯罪，称之为流行病学的因果关系（或疫学的因果关系），即"即使某个因子与基于该因子的疾病的关系不能从医学、药理学等的观点规律性地证明，在通

---

〔1〕 ［日］大塚仁：《刑法要论（总论）》，成文堂 1993 年版，第 77 页。

〔2〕 将该词拆分成字根 Epi＝among 在……之中，demos＝people 人群，logos＝doctrine 学问，可以看出 Epidemiology 的含义是研究发生在众人当中之事的学问。

〔3〕 潘小琴、肖斌权编著：《环境污染的流行病学研究方法》，人民卫生出版社 1997 年版，第 1 页。

过统计、大量观察在其间确认高度的盖然性时，也可以肯定因果关系"。[1]尤其针对生态环境犯罪这种未知领域较多的犯罪类型，有必要采用流行病学的因果关系。

一、流行病学因果关系学说的起源

流行病学因果关系学说的起源与生态环境犯罪的以下特征分不开。①环境污染潜伏期长。有时要很多年以后污染后果才得以显现，更难证明被害人生命、身体、健康受到的侵害系多年前的某一次排污或某几次排污所导致。②污染后果的多因性。人群接触到污染物后，有可能当时身体、健康受到影响，也可能一段时间后才发现身体、健康受到侵害，但也可能不一定是某排污行为导致的，这使得流行病的传播过程具有不确定性，进一步增加了因果关系的认定难度。③因果关系认定离不开生物学知识与科技。在大多数环境污染案件中，需要通过流行病学调查，借助医学和生物学知识，才能对发病机理有准确的认识。可是，一旦出现医学界认识都十分有限的新病原体时，由于并不掌握新污染源（传染源）的传播途径及发病机理，如果仍然运用传统的因果关系学说，则难以发现和认定因果关系。

基于生态环境犯罪的以上特征，如果依然固守传统因果关系学说，先要通过在医学上查明损害由某排污行为所致，并经特定途径传播给被害人从而产生身体、健康损害，还要进一步证明导致疾病原因的物质是什么，通过实验证实该损害确由该物质引起。如工厂排放污染物的数量，污染物扩散后被稀释的程度，食用被污染鱼贝类、粮食中的污染物含量，被害人群的摄取量等等，按照传统因果关系学说都必须加以证明，才能判定刑法上的因果关系。为应对前述问题，优势证据说、事实推定说等盖然性因果关系开始被提倡。

优势证据说认为，因果关系的确认不需要绝对的证明，而是需要根据现有证据的总体量和质量来判断某种因果关系的可能性。换句话说，证据需要足够强大，以至于比其他可能性更具说服力，这个学说强调的是证据的相对优势。例如，某地出现了由于工业废气导致的空气质量下降，并且长期暴露于这种废气中的居民患有呼吸系统疾病。虽然并不能完全排除其他因素的影

---

〔1〕［日］大塚仁：《刑法要论（总论）》，成文堂1993年版，第77页。

响，但如果综合考虑工业废气的化学成分与居民患病症状之间的相关性、类似情况在其他地方也导致了相似健康问题、环境监测数据显示空气污染水平与健康问题发生率之间显著关联，在这种情况下，即使无法绝对证明因果关系，也允许我们基于这些证据的整体强度来判断环境污染与健康问题之间的因果关系。但由于"这种证明方法并非绝对的科学，因此优势证据说并未被广泛地应用"。[1]

事实推定说通过对观察到的事实进行推理，从而推断因果关系的存在。该学说强调根据现有事实来推断因果关系，侧重从大数据和观察中推导出因果关系。我国有学者比较肯定事实推定，指出"刑事推定应以任意性推定、事实推定、可以反驳的推定为主，以强制性推定、法律推定、不可反驳的推定为辅"。[2]如某化工厂因违规排放有害物质，导致附近河流严重污染。研究人员通过以下方式进行事实推定：一是监测数据。即检测河流中污染物浓度与化工厂排放的污染物种类和浓度是否相符；二是生态影响。即对受污染河流的生物进行调查，发现水生生物减少与污染物浓度升高的相关性；三是趋势分析。分析污染物排放增加前后，生态系统状况是否显著恶化。根据这些事实，虽然可能无法直接证明每一项污染行为都导致了具体的生态影响，但通过对所有事实的综合推理，可以合理地推断出化工厂的排放行为与环境污染之间存在因果关系。

优势证据说和事实推定说都提供了处理盖然性因果关系的有效工具，尤其在生态环境犯罪的研究和判定中，这两种学说能够帮助研究者在面对复杂的环境问题时，通过相对优势的证据或逻辑推理来判断因果关系的存在。易言之，"关于法律上的因果关系，需要根据流行病学的方法去认识某种物质所造成的某种危害的盖然性，如能加上动物实验数据，并结合其他盖然性的补充资料，就可以充分断定因果关系了"。[3]通过这些方法，能够作出更加科学合理的判断。

基于前述背景，流行病学因果关系得以产生。

---

〔1〕 胡向阳、尤伟、栾兴良：《环境污染健康损害因果关系鉴定研究》，世界图书出版公司 2014 年版，第 206 页。

〔2〕 蒋兰香：《污染型环境犯罪因果关系证明研究》，中国政法大学出版社 2014 年版，第 163 页。

〔3〕 ［日］藤木英雄：《公害犯罪》，东京大学出版会 1975 年版，第 41 页。

二、流行病学因果关系学说的理论基础

流行病学因果关系是指在流行病学研究中，通过系统的观察和数据分析确定某一因素（如暴露于某种环境污染物）与特定疾病或健康结果之间的因果联系。它关注群体中因果关系的统计关联，而非个体层面的直接因果关系，流行病学因果关系不仅需要观察因素与结果之间的相关性，还需要从时间关系、关联强度、剂量反应关系、一致性、合理性、无机会性、无干扰性等方面来确认因果关系。例如，一项流行病学研究发现，长期暴露于某种工业废气（如二氧化硫）与呼吸系统疾病（如慢性支气管炎）之间存在显著的统计关联。现应用流行病学因果关系标准来进行判断，就时间关系而言，暴露于二氧化硫的工人在暴露开始后几年内出现了慢性支气管炎的症状，符合时间关系的要求；就关联强度而言，长期暴露于二氧化硫的工人比未暴露者的患病风险显著增加；就剂量反应关系而言，二氧化硫暴露浓度越高，患慢性支气管炎的风险越大，表明剂量反应关系；就一致性而言，在多个地区和不同研究中均观察到类似的关联结果，这支持因果关系的一致性；至于合理性，已有生物学研究支持二氧化硫对呼吸道有害，与现有医学理论相符；关于无机会性，研究排除了其他可能的影响因素（如吸烟、空气湿度等），确保观察到的因果关系不是偶然结果；就无干扰性而言，研究控制了其他可能的干扰因素，确认二氧化硫暴露与疾病之间的直接关系。

流行病学因果关系的理论基础建立在几个关键的流行病学与统计学理论上。这些理论使得流行病学因果关系成为环境污染、公共卫生研究等领域中不可或缺的工具。以下是流行病学因果关系的主要理论基础：

（一）因果推断的理论框架

主要理论为布拉德福德-希尔因果关系准则，由流行病学家布拉德福德·希尔（Sir Austin Bradford Hill）提出。[1]"1956年，希尔正式提出布拉德福

---

〔1〕　布拉德福德·希尔（Sir Austin Bradford Hill）是英国流行病学家和统计学家，被认为是现代流行病学和因果推断理论的重要奠基人之一。布拉德福德·希尔的工作为流行病学和公共卫生研究奠定了重要的理论基础，他证明的吸烟与肺癌之间因果关系的研究被认为是公共卫生领域的经典案例，为禁烟政策的制定提供了科学依据。布拉德福德·希尔的研究使得因果推断的方法更加系统化和科学化。他的准则至今仍然被广泛应用于各种健康和环境研究中。

德·希尔标准，也称作因果推断标准的 Hill 准则，包括 9 项原则：力量（效应量）、一致性（可重复性）、特异性、时效性、生物梯度、合理性、连贯性以及实验和类比。该标准用于建立推定原因和观察效应之间因果关系的流行病学证据，被广泛应用于公共卫生研究。后来学者也对该标准进行一定的修订，但至今仍称作 Hill 准则。"[1]有必要指出，该准则后来被修改，有不同的归纳表述，但总体而言，关联强度、一致性、特异性、时间顺序、剂量反应关系、生物学合理性、实验性、类比性、以及一致性等内容被保留延续下来。虽然上述准则不是绝对的，但它们提供了一个系统的框架来评估因果关系。关联强度指暴露与疾病之间的关联是否显著；一致性指不同的研究和不同的群体是否观察到类似的结果；特异性指某个暴露是否仅与特定疾病相关；时间顺序指暴露是否发生在疾病发生之前；剂量反应关系指暴露量的增加是否导致疾病风险的增加；生物学合理性指是否有生物学机制解释暴露与疾病之间的关系；实验性指是否有实验数据支持暴露与疾病之间的因果关系；类比性指是否可以将其他已知的因果关系类比到当前情况；一致性指不同研究结果的一致性。

前述准则帮助流行病学家从统计关联中推断因果关系，尽管这些准则在实际应用中可能存在一定的限制，但它们为因果推断提供了理论上的指导，并使得流行病学研究能够系统地评估暴露与疾病之间的关系。

（二）因果模型的理论基础

主要模型如下：①因果链模型。描述因果链中的多个环节，强调暴露、机制和疾病之间的渐进关系。例如，污染物暴露通过复杂的生物机制影响健康状况，最终导致疾病。②多因子因果模型。考虑到环境健康问题通常是由多种因素共同作用造成的，因此流行病学研究经常使用多因子因果模型。这些模型综合考虑了多种环境暴露和个体易感性因素的相互作用。③有向无环图（DAG）。用于表示因果关系的复杂性，有助于识别潜在的混杂因素和偏倚。DAG 可以帮助研究者在设计研究时明确因果关系的路径，并进行更精确的统计调整。

---

[1] 陈啸、吴俊、叶冬青：《随机临床试验的先驱：奥斯汀·布拉德福德·希尔》，载《中华疾病控制杂志》2018 年第 8 期。

（三）公共卫生理论

主要内容包括：其一，环境暴露与健康结果的关系。流行病学研究假设环境暴露与健康结果之间存在潜在的因果关系，这一理论基础支撑了流行病学因果关系的应用。在流行病学研究中，环境因子的剂量研究者或许并不知道。流行病学研究中的"暴露"通常单纯采用"环境浓度"或其他未知暴露的标记物。[1]其二，预防原则。即使因果关系证据不完全，基于流行病学数据实施预防措施也是合理的。这一理论支持流行病学因果关系在公共卫生政策中的应用。

公共卫生理论强调流行病学因果关系在保护和改善公众健康中的重要性，即使存在证据的不确定性，预防和干预措施依然具有合理性和必要性。

有必要指出，在"因果模型的理论基础"中，因果链模型与流行病学因果关系的关系最为紧密。因果链模型详细描述了因果关系渐进的过程，强调暴露、机制和疾病之间的联系，在流行病学研究中扮演了重要角色。

三、流行病学因果关系判断方法

（一）流行病学因果关系的判断要件

流行病学因果关系的下述四个要件在（生态）环境犯罪和公害犯罪的因果关系判断中具有重要意义。这些要件提供了用于评估某因素与疾病之间因果关系的标准，尤其在无法进行严格实验时，可通过统计和观察来推断因果关系。

1. 时间条件

要确定某因素是否导致某种疾病，必须确认该因素的暴露发生在疾病发作之前，即原因必须先于结果发生，这是因果关系的基本要求。统计分析和流行病学研究通过追踪数据（如暴露历史和疾病发作时间等），验证因素的暴露是否发生在疾病出现之前，以排除反向因果关系或其他干扰因素。例如，流行病学研究表明石棉纤维会导致肺癌，长期接触石棉的工人较早地暴露于石棉纤维，而肺癌的发病时间通常在暴露后多年，因此，石棉暴露发生在肺癌发作之前，符合时间上的因果关系要件。

---

〔1〕 参见［美］Dean Baker、［西］Mark J. Nieuwenhuijsen 编著：《环境流行病学：研究方法与应用》，张金良、张衍桑、刘玲主译，中国环境科学出版社 2012 年版，第 245 页。

2. 剂量-反应关系

剂量-反应关系指当因果关系存在时，随着因素暴露程度的增加，疾病发生率或严重程度也应该增加。其支持因果推断，并且通过统计分析可以量化暴露剂量与健康结果之间的关系。联合国环境规划署、国际劳动组织与世界卫生组织合编的《环境流行病学研究方法指南》"研究设计"部分记载了剂量-反应关系研究，《指南》指出，"大体上讲，当提示有某种环境因子危害时，最有效的方法是进行流行病学调查，把注意力集中到危险人群。对物理因素（噪声）的研究，如在年轻的大学生中对'流行'音乐接触的调查（Hanson 及 Fearn，1975 年），就是这种例子。这种研究是在选定的组中进行剂量-反应关系研究，一般还包括相应的对照组，即不接触可疑因子的组。"[1]流行病学研究通过分析不同暴露剂量和疾病发生率之间的关系来评估剂量-反应关系，剂量-反应关系增强了因果关系的可信度，研究表明，吸烟的数量和频率与肺癌发病率之间存在明显的剂量-反应关系，吸烟者的吸烟量越大，患肺癌的风险越高，这就支持了烟草使用与肺癌之间的因果关系。

3. 暴露减少-疾病减少

"个体的健康风险评价通常称为'健康风险评估'（Health Risk Appraisals，HRA）或'健康危害评估'（Health Hazard Appraisals，HHA），是对研究因素导致个体患病的可能性进行估计的过程。"[2]按健康风险评估理论，"暴露-反应关系是对某生物体（或研究人群）吸收某物质的总量以及该物质所引起的效应变化之间的定量关系。暴露-反应关系多来源于毒理学或流行病学研究的结果"。[3]如果减少暴露后，疾病的发生率或严重程度也随之减少，这进一步支持了因果关系的存在。这种观察可以证明暴露与疾病之间的因果关系而不仅仅是相关性。通过长期跟踪暴露减少后疾病变化的数据，可以验证暴露与疾病之间的因果关系是否成立，例如，研究发现，减少环境中的铅污染会使得儿童智力发展问题减少。这表明减少铅暴露有助于降低相关疾病的发生

---

〔1〕 联合国环境规划署、国际劳工组织、世界卫生组织合编：《环境流行病学研究方法指南》，方企圣等译，人民卫生出版社 1985 年版，第 3 页。

〔2〕 ［美］Dean Baker、［西］Mark J. Nieuwenhuijsen 编著：《环境流行病学：研究方法与应用》，张金良、张衍燊、刘玲主译，中国环境科学出版社 2012 年版，第 243 页。

〔3〕 ［美］Dean Baker、［西］Mark J. Nieuwenhuijsen 编著：《环境流行病学：研究方法与应用》，张金良、张衍燊、刘玲主译，中国环境科学出版社 2012 年版，第 245 页。

率，支持了铅暴露与智力发展问题之间的因果关系。

4. 生物学机制

要确认因果关系，还需要有生物学机制来解释为什么某因素会导致某种疾病，生物学机制为其提供了理论基础。在进行环境暴露评估时可以建模研究，模型可分为确定性模型和随机性模型。其中，确定性模型即物理模型，其描述的是变量间的数学关系，并且基于对这些关系的物理、化学和生物学机制的认识。[1]流行病学研究和实验研究相结合，可以帮助我们确定某因素导致疾病的生物学机制。尽管在流行病学研究中可能难以进行实验，但生物学理论和实验数据可以支持因果关系。例如，二氧化硫（SO_2）被认为会导致呼吸道疾病，因为SO_2会刺激呼吸道，引起炎症和其他健康问题。生物学机制解释了SO_2暴露与呼吸道疾病之间的因果关系，支持了流行病学研究结果。

（二）流行病学因果关系的判断基准

流行病学因果关系的判定基准按照其必要性进行划分，可分成三个层次即必要基准，次要基准，其他基准。

1. 必要基准

流行病学因果关系的必要基准即时序性（temporality），是判断因果关系的核心要素之一。这一基准要求因果关系中的"原因"必须在"结果"发生之前。时序性确保因果关系的正确性，因为只有在"因"先于"果"发生的情况下，才能合理地推断两者之间的因果关系。

因果关系本质上要求"原因"必须在"结果"之前发生。如果"结果"出现在"原因"之前，那么"原因"显然不能对"结果"产生影响，因此这个因果假设被否定，这是因果推理的基本逻辑要求。在流行病学研究中，时序性是验证因果关系的基本基准，有学者按照不同标准归纳出六条标准，包括关联的强度、关联的稳定性、关联的时序性、分布的符合性、医学及生物学的合理性、剂量—反应规律。其中"关联的时序性"即指病因发生在前，人群反应结果在后。[2]通过时间序列数据和追踪研究，研究人员可以确认因

---

〔1〕参见［美］Dean Baker、［西］Mark J. Nieuwenhuijsen编著：《环境流行病学：研究方法与应用》，张金良、张衍燊、刘玲主译，中国环境科学出版社2012年版，第42、245页。

〔2〕参见胡向阳、尤伟、栾兴良：《环境污染健康损害因果关系鉴定研究》，世界图书出版公司2014年版，第58页。

果关系。例如，流行病学研究表明，吸烟通常发生在肺癌症状出现之前，大规模前瞻性研究如美国国家癌症研究所对吸烟者和非吸烟者的健康状况进行了跟踪研究，结果显示，吸烟者肺癌发病率在他们开始吸烟之后的几年显著增加。这个时序性验证了吸烟（原因）发生在肺癌（结果）之前，支持了吸烟与肺癌之间的因果关系。再如，流行病学研究评估了砷暴露与皮肤癌之间的关系，研究人员通过追踪长期暴露于砷环境的个体后发现，皮肤癌的发生时间通常在砷暴露之后而非之前，帮助确认了砷暴露是皮肤癌的原因之一。

反之，如果发现结果发生在原因之前，说明这个因果关系不成立。当然，时序性只是判断因果关系的必要条件之一而非充要条件，因为"在先者并不一定是后者之因，'蛙鸣而雁至'，虽年年如此，但蛙鸣无论如何不是雁至之因。"[1]

2. 次要基准

在流行病学因果关系的判定中，次要基准是进一步验证因果关系的重要工具，其帮助排除其他可能的解释因素以确保因果关系的准确性。

（1）一致性。一致性指的是在不同的研究背景下得出的结果都指向相同的因果关系。因果关系在多种不同的条件下都得到证实会增强因果关系的可靠性，一致性是因果推断中的重要标准，它证明了因果关系并非偶然产生，而是在不同条件下重复出现的结果。如果通过不同研究方法和不同群体验证得出相同的因果关系结论，能够更加确认因果关系的存在。例如，通过大量的流行病学研究，验证出在不同国家、不同人群、不同研究方法的条件下吸烟与肺癌之间均存在因果关系，则这种一致性可以增强吸烟作为肺癌原因的可信度。然而，学者也指出，如果"缺乏一致性的联系，尚不能贸然排除因果联系，而只能说明这个问题有待进一步研究，以阐明缺乏一致性的原因。"[2]

（2）合理性。联合国环境规划署等编写的有关资料中，合理性被翻译为plausibility。[3]也有学者将合理性称为医学及生物学的合理性。[4]合理性要求

---

[1] 潘小琴、肖斌权编著：《环境污染的流行病学研究方法》，人民卫生出版社1997年版，第95页。

[2] 潘小琴、肖斌权编著：《环境污染的流行病学研究方法》，人民卫生出版社1997年版，第96页。

[3] 参见联合国环境规划署、国际劳工组织、世界卫生组织合编：《环境流行病学研究方法指南》，方企圣等译，人民卫生出版社1985年版，第343页。

[4] 参见胡向阳、尤伟、栾兴良：《环境污染健康损害因果关系鉴定研究》，世界图书出版公司2014年版，第58页。

新的因果假说与已知的科学定理、理论或已有的研究结果相一致。如果新假说与现有科学知识不冲突，并且能够与现有理论相协调，则表明该假说具有较高的合理性。合理性确保因果关系不仅在统计上显著，而且具有其他基础。合理性基准增强了因果推断的科学性和合理性，例如，铅暴露会对神经系统产生毒害，这与已知的生物学机制一致。研究表明，儿童暴露于铅的环境中，其智力发展会受损，这与铅的已知毒性机制相一致，表明这种因果关系具有合理性。不过，也有学者认为，"生物学合理性是一个相对的概念，许多流行病学关联在一开始被认为是不合理的，但后来又被实验室研究所证实。比如，在日本镉污染地区发生的严重的软骨病，刚开始人们并不知道镉所致骨骼毒性的机制，使该病的病因存在很大的争议。缺乏合理性解释有可能只是反映了医学知识的局限性。"[1]

（3）低偶然性。其要求观察到的结果不能仅仅由偶然性或随机因素导致，偶然结果出现的概率越低，因果关系的可信度就越高。就统计学的显著性而言，百分数水平是一种逆指标（inverse index），用于说明由于偶然性而引起观察效应的可能性大小。例如统计学 5% 显著性水平说明由于偶然性而使效果达到或超过观察值的概率小于 5%（$P < 0.05$），一定的显著性水平常常用来说明效应非由偶然性所引起。低的显著性水平（例如 $P < 0.01$）可以作为一种充分的证据，说明结果非由偶然性所引起，许多人认为当 $P < 0.001$ 时可作为充分的证据用于说明结果非由偶然性所引起。[2]通过统计分析来排除偶然性是检验因果关系的一个关键步骤，要确保观察到的结果不是由随机因素引发，需要进行假设检验和置信区间分析。例如，针对某地区高发癌症的研究发现，其高发率与该地区工业污染显著相关。如果进一步分析表明，这种高发率不是由于随机波动，而与污染物浓度的增加显著相关，则表明结果的出现具有低概率偶然性，从而提高了因果关系的可靠性。

（4）无干扰性。无干扰性要求因果关系的观察结果不能由其他潜在的混杂因素解释，因为混杂因素可能同时影响暴露和结果，从而干扰因果推断。

---

〔1〕　［美］Dean Baker、［西］Mark J. Nieuwenhuijsen 编著：《环境流行病学：研究方法与应用》，张金良、张衍燊、刘玲主译，中国环境科学出版社 2012 年版，第 29 页。

〔2〕　参见联合国环境规划署、国际劳工组织、世界卫生组织合编：《环境流行病学研究方法指南》，方企圣等译，人民卫生出版社 1985 年版，第 270~271 页。

混杂因素是流行病学研究中的常见问题，可能掩盖真正的因果关系。美国环境保护局报告显示，在已登记的农药的 1500 种活性成分中，约 1/3 有胚胎毒性，1/4 可致畸和致癌。虽然关于农药生殖毒性的毒理学研究很多，但有良好设计的流行病学研究却有限，这是因为存在包含"不同农药组合条件下和不同的混杂因素影响下可以有不同的结果"等四个方法学上的困难。[1]通过控制潜在的混杂因素（如在研究设计中加入调整变量），可以减少其对因果推断的影响。早期研究发现高胆固醇水平与心脏病的发生相关，但考虑到混杂因素（如吸烟和高血压）可能同时影响胆固醇水平和心脏病的风险，在控制这些混杂因素的影响后，研究发现高胆固醇水平与心脏病的因果关系依然存在，从而确认了胆固醇作为心脏病的独立风险因素。当然，在判定混杂因素时需要具备一些条件，在该领域，美国学者提出的混杂因素必须是疾病的危险因素、必须与研究人群的暴露因素相关、暴露或疾病不会对混杂因素产生影响等三个必备条件可资参考。[2]

3. 其他基准

流行病学因果关系的判定基准中，其他基准是补充验证因果关系的重要标准，这些基准旨在帮助研究者全面评估因果关系的存在与强度。

（1）相关强度。相关强度指暴露组（存在某种暴露的群体）与非暴露组（没有该暴露的群体）之间的疾病发生率或其他结果的比值，我国学者将其称之为暴露组与非暴露组的均衡可比性。[3]美国学者称之为患病率比，并将其作为效应测量指标。[4]比值越高，表明暴露与结果之间的联系越强，因果关系的可能性也就越高。较强的相关性减少了其他可能因素的解释，增强了因果关系的可信度。高相关强度通常表明暴露因素与结果之间存在显著的联系，例如，吸烟者患肺癌的风险是非吸烟者的 15 倍以上，这种高相关强度就可以

---

〔1〕 参见潘小琴、肖斌权编著：《环境污染的流行病学研究方法》，人民卫生出版社 1997 年版，第 146~147 页。

〔2〕 参见〔美〕Dean Baker、〔西〕Mark J. Nieuwenhuijsen 编著：《环境流行病学：研究方法与应用》，张金良、张衍燊、刘玲主译，中国环境科学出版社 2012 年版，第 23 页。

〔3〕 参见胡向阳、尤伟、栾兴良：《环境污染健康损害因果关系鉴定研究》，世界图书出版公司 2014 年版，第 56~57 页。

〔4〕 参见〔美〕Dean Baker、〔西〕Mark J. Nieuwenhuijsen 编著：《环境流行病学：研究方法与应用》，张金良、张衍燊、刘玲主译，中国环境科学出版社 2012 年版，第 22 页。

增强吸烟导致肺癌因果关系的可信度。

（2）相关的特定程度。相关的特定程度指的是某种结果仅与某种因素相关，如果某一因仅对一种特定的果产生影响，则更能强化其因果关系，如果一个因素仅与一种特定疾病相关，则该特定性可以增强因果关系的确定性。"在刑法中，对这个问题总是得必须给出答案，因为刑事犯罪使用简单词语定义为造成特定损害的行为。在这种案件中，必须要证明在被某一行为和这个特定的结果之间存在着因果关系，借以确定责任的存在。"[1]然而，这一标准在复杂的多因素疾病中可能不总是适用，因为许多疾病可能由多个因素共同引起。

（3）生物学认同性。生物学认同性指因果关系在生物学上具有合理性，即暴露因素与结果间的因果关系机制在生物学上是否能够得到解释。也即，当"暴露与疾病之间的因果关系可以用现有的生物学知识加以解释，这种联系就具有生物学合理性（biological plausibility of association）"。[2]生物学认同性确保因果关系不仅在统计上显著，而且在生物学机制上可以解释，它增强了因果关系的科学性。例如，已知二手烟含有多种有害物质，这些物质对心血管系统具有毒害性，生物学机制解释了二手烟如何导致炎症和血管损伤来提高心脏病风险，这种生物学认同性支持了二手烟与心脏病之间的因果关系。

（4）客观的知识。客观的知识指因果关系的确认必须经过科学研究的验证，因为，"非科学因素可能导致科学证据的弱化，从而导致不必要的问题。比如某个研究的发起人试图影响结果的发布，或者某个调查者认为利益集团和潜在的受影响的社区有可能对调查结果感到不安而没有透露全部的研究结果"。[3]客观知识确保因果关系的确认基于可重复、可验证的科学研究结果。避免了个人偏见或主观意见的干扰。如 HIV 感染与艾滋病之间的因果关系是建立在大量的实验和观察研究基础之上的，利用客观知识进行了广泛的科学验证，最终才明确了 HIV 是导致艾滋病的病因。

---

〔1〕 ［美］H. L. A. 哈特、托尼·奥诺尔：《法律中的因果关系》（第 2 版），张绍谦、孙战国译，中国政法大学出版社 2005 年版，第 73 页。

〔2〕 潘小琴、肖斌权编著：《环境污染的流行病学研究方法》，人民卫生出版社 1997 年版，第 97 页。

〔3〕 ［美］Dean Baker、［西］Mark J. Nieuwenhuijsen 编著：《环境流行病学：研究方法与应用》，张金良、张衍燊、刘玲主译，中国环境科学出版社 2012 年版，第 240 页。

(5) 专家一致法。专家一致法指通过咨询领域内专家的意见来确认因果关系，如果多数专家对因果关系达成一致意见，则该因果关系的确认概率较高。潘小琴教授提到过一个案例，两位眼科医师同时分别独立检查 100 例可疑视网膜炎病例，按病情无、轻、中、重分四类登记，结果两人判断相同的各为 24、18、18、12 例。符合率为 72%。[1]这说明专家判断的一致率相对较高，但却很难达到 100%，因为专家一致法依赖于专家的专业知识和经验，通过集体判断来确认因果关系，而由于专家的学术背景、认知水平、观察视角各不相同，对于疑难争议问题很达成难高度一致。鉴于此，在环境污染与健康损害关联性评估时，其参照或采用的技术标准和技术规范也仅仅采用该专业领域多数专家认可的技术标准和技术规范。[2]当然，专家的共识会增强因果推断的可靠性，特别是在缺乏直接证据的情况下。例如，在研究特定癌症与某环境因素的关系时，初期可能缺乏充足的统计数据，此时可以征求专家意见并汇总已有研究，通过专家们形成的一致意见，确认某种环境因素可能与癌症之间存在因果关系。

四、流行病学因果关系的应用与限制

流行病学因果关系在刑事司法中的应用，存在"盖然"与"实然"的疑问。流行病学因果关系主要被用于健康领域的统计学推断，其目的是在科学证据不完全的情况下，通过大量数据推测因果关系。然而，将这种方法应用到法律实践特别是刑事案件中，可能会面临是否违反"存疑有利于被告"原则的追问。

本书认为，适用流行病学因果关系并不必然违反存疑有利于被告原则。其一，证据标准不同。流行病学因果关系主要基于统计学的"高度盖然性"而非绝对的确定性，它在科学研究中被用于推断因果关系，而在法律领域特别是刑事审判中，要求证据标准具有"超越合理怀疑"的绝对确定性。虽然流行病学因果关系能够为刑事案件认定提供科学依据，但法律要求的是更高

---

〔1〕 参见潘小琴、肖斌权编著：《环境污染的流行病学研究方法》，人民卫生出版社 1997 年版，第 82 页。

〔2〕 参见胡向阳、尤伟、栾兴良：《环境污染健康损害因果关系鉴定研究》，世界图书出版公司 2014 年版，第 77 页。

的证据标准，即必须排除所有合理怀疑，如果达不到证明要求，则不能作为定罪依据。其二，流行病学因果关系不能单独决定案件的结果。在法律实践中，流行病学证据通常与其他类型证据结合使用的。这样可以避免单一证据对被告不公平。与此同时，被告有权对流行病学证据进行质疑和反驳，辩方也可以聘请专家对流行病学证据质疑，保障被告合法权益。

尽管流行病学因果关系不必然违背存疑有利于被告原则，但本书还是认为，在生态环境犯罪案件办理中，需要审慎地适用流行病学因果关系。

第一，流行病学因果关系的适用应当结合其他直接、间接证据。在证明体系上，需要确保所有证据综合起来能够达到排除合理怀疑的程度，而不可能仅凭流行病学确认的事实来作出判决。因为即使在流行病学者看来，"虽然它肯定了肺癌与吸烟之间的联系，但不能证实致癌因子是什么，虽然它很早就分析出水俣病与进食被污染的鱼贝有关，但只有发现甲基汞暴露水平与受害人群中毒的严重程度之间存在相关关系以后，才能最终确定甲基汞是水俣病的病因因子，所以，在环境理化因子健康效应的研究中，单纯的流行病学方法常常不能提供因果关系的可靠证据"。[1]同时，为确保流行病学因果关系在证据链条中占据合理位置，必须将流行病学证据与其他证据整合起来，确保因果关系推断在其他证据中得到印证。

第二，明确应用范围并限定适用条件。立法应明确流行病学因果关系适用的具体情境，比如，它可以在环境污染案件中用于说明污染对健康的可能影响，但不能独立作为定案证据。同时，流行病学因果关系的应用应遵循严格的标准，确保符合科学规范并经过专业审核，并由法律专家和流行病学专家共同对流行病学证据进行审查。

不但如此，本书还认为，流行病学因果关系学说侧重基于统计学来推导行为与结果间的关联，可能会因为条件过于宽泛或滥用科学推论而导致因果关系认定范围过宽，因此其应用还需符合比例原则。比例原则"三要素"——适当性、必要性和狭义比例中的前两个要素对流行病学因果关系适用尤其具有指导意义。

关于适当性，适当性是指所采取的法律措施不但能够达成预定的目标且

〔1〕 潘小琴、肖斌权编著：《环境污染的流行病学研究方法》，人民卫生出版社1997年版，第5页。

所采取的措施是最合理、最恰当的。例如，流行病学研究显示某地区高浓度的污染物与呼吸系统疾病有显著的统计关联，此时面临行政、刑事两种污染应对方式的比较，如果认为使用流行病学因果关系来支持行政前置法制定有关保护公共健康的干预措施（如限制排放或完善空气质量标准）更为适当则应当采用行政规制方式而暂时放弃刑事手段。

关于必要性，必要性要求所采取的法律手段是实现目标最为温和的方法，即对国民权利影响最小的方法。例如，如果流行病学证据显示某些健康问题与环境污染有统计关联，鉴于流行病学因果关系学说侧重通过统计学来推导行为与结果间的关联，结论系"推导"而出且可能会因为条件过于宽泛或滥用科学推论而导致因果关系范围认定过宽。因此，通常应当优先考虑通过行政手段（如改进监管措施）解决问题，刑法作为终极手段，应当在其他手段无效的情况下才适用，如果有更温和、侵害个人权利更小的手段也能实现目标，则没有必要适用刑法。不但如此，若行为只是众多可能因素中的一项，且无统计数据表明其对环境损害结果发生起决定性作用，那么依据"必要性原理"应当限制适用刑法因果关系。例如，某地的 X 企业和当地其他企业一样在生产过程中排放过有毒物质 R，几年后，该地区出现罕见病症，研究表明该病症与长时间暴露在有毒物质 R 之下有一定相关性，但并无证据表明 X企业的排污对病症发生起决定性作用，就不应当认定 X 企业的行为与病症具有刑法上的因果关系。

第八章 生态环境刑法的责任

第一节 责任的基础与内容

一、责任的基础

（一）责任主义

"'无责任无刑罚'，（消极）责任主义是近代刑法学产生的基本原理之一，至今为止，它不仅是刑法的解释，还一直是限制立法的原理。"[1]

之所以要讨论责任的基础和责任主义，是因为针对（生态）环境犯罪存在一种客观责任、绝对责任的观念，日本学者认为，"所谓客观责任，一般人在有可能预见到结果的情况下，无论行为人本人是否认识到，这种想法在英国曾被主张，在日本，战后刑事诉讼也被当事人主义化，被告人的内心状况难以查明，因此客观责任一度被主张。特别是，由于夸大国家不应该深入个人内心，就容易倾向于该主张"。[2]可是，虽然出现了结果但当行为人对结果没有认识时，不应当肯定其故意或过失的成立，从构成要件与违法的角度来说，"即便该当了构成要件且违法，但如果属于是不可归咎于行为人责任的非难可能的行为，则不能予以处罚（责任主义）"。[3]这是责任主义的明确要求。只有当行为人具有实施犯罪以外行为的可能性，却依然实施了犯罪行为时，才具有非难的可能性。

在一般的犯罪尤其是在所谓自然犯类型中，责任主义得到了较好贯彻，但对于行政犯情况却并不乐观，在日本学者看来，"行政犯被要求实现政策的

---

［1］　［日］今井猛嘉、小林宪太郎、岛田聪一郎、桥爪隆：《刑法总论》，有斐阁2009年版，第282页。

［2］　［日］林干人：《刑法总论》，东京大学出版会2008年版，第38页。

［3］　［日］前田雅英：《刑法总论讲义》，东京大学出版会2006年版，第53页。

合目的性，即使是没有责任能力的幼儿和精神障碍者，即使没有故意和过失，行政犯也可以成立，甚至可以修改刑法的一般原则（责任主义）"。[1]责任主义对于限制国家刑罚权，保障人权具有重要意义，日本曾根威彦教授就指出，"之所以要贯彻作为制约国家刑罚权原理的消极责任主义原则，就是因为存在在伦理上保证刑罚权行使的'个人尊严思想'。"[2]显然，不能说美国不注重保障人的尊严，"但是在美国，即使是现在，也承认了被认为是绝对责任（absolute liability）、严格责任（strict liability）的想法。例如，在食品制造过程中混入毒物，给多数人的生命、身体、健康带来危险（public welfare offense），无论有无故意、过失都要处罚，这样的话，取缔的效果就会提高"。[3]

可是，前述做法不能说没有疑问，对于连过失都没有的行为也要进行处罚的话，所谓犯罪结果的出现就和行为人的意识没有任何关系了。这可能导致行为人回避违法事实出现的意识降低，不但会出现不公平结果还难以预防类似后果再次发生，因此，不应当承认这种绝对责任、严格责任，处罚完全没有过失的行为，其取缔效果是否真的会提高，值得怀疑。

（二）相对的意思自由论

人是否具有意思自由是个存在争议的话题，这一话题与刑法上的学派之争具有密切联系。

19世纪末到20世纪初，后期古典学派针对近代学派的主张，就刑罚的本质、犯罪论等问题进行了针锋相对的反驳和再批判，二者之间展开了"学派之争"。坚持刑罚是道义报应的古典学派同时坚持行为主义，认为刑罚的轻重应当与违法行为的轻重相适应，古典学派立足现实主义，认为将外部显现出来的违法行为自身作为科处刑罚的基础，具有现实的意义，基于此，古典学派的犯罪论必然是客观主义的。与之不同，近代学派的刑法理论将刑罚看作社会防卫的手段，在其主张的行为人主义下，刑罚的轻重和犯罪人的社会危险性大小成正比。由于近代学派认为行为人所实施的违法行为只具有显示行为人所具有的危险性的意义，因而也被称为征表主义。近代学派在犯罪论上采主观主义。

---

〔1〕［日］长井圆：《未来世代的环境刑法2》，信山社2019年版，第23页。
〔2〕［日］曾根威彦：《刑法学基础》，成文堂2001年版，第50页。
〔3〕［日］林干人：《刑法总论》，东京大学出版会2008年版，第39页。

　　与责任有关争论的焦点是对意思自由的理解，最初古典学派与近代学派存在较大分歧，但进入 20 世纪 20 年代以后，双方终于意识到自身观点的夸张和单纯，学派之争逐渐不复昔日的激烈尖锐，两派的观点开始接近。"的确，无原因的形而上学的意思自由应当被否定，这是事实，但是，人的行动具有由环境和素质所决定的一面，这也是没有办法否认的，在这个意义上，人的社会行为当中蕴含一定的法则性，这是千真万确的。但是，完全否认意思自由的宿命论的人生观，无法为作为谴责根据的责任提供基础，最终还是要承认自我决定意义上的意思自由的作用。"〔1〕当然，我们所处的世界是被规律和法则所支配的，人的意思、人的行为在一定限度内也为环境和条件所决定，因此，意思自由不可能是绝对的，只能是相对的意思自由。尽管如此，在这一范围内，人可以自由地形成意思并在自己意思的支配之下进行一定的选择。例如，行为人可以在自己的意思自由支配下，在合法行为与违法行为之间进行选择，在具有他行为可能性前提下进行选择，这构成了责任的前提，责任有时也意味着期待的可能性，这种可能性构成了谴责的前提。

　　（三）柔软的决定论

　　"所谓决定论，是认为人的决定和行动是由因果因素决定的，因此，通过因果法则可以从原理上进行说明。如果以这样的立场为前提的话，我们的决策和行动是不可能自由的，大概也不会有责任的谴责。"〔2〕按照决定论，我们的世界完全受法则支配，无论是人的意志还是人的行为都不例外，在决定论之下，任何事物都受到法则的支配，包括人类的意思、行为都是可以通过统计、概率来决定的，人的自由意志只不过是幻想。根据社会规范责任论的观点，"人是否自由，不是取决于是否被决定，而是取决于'根据什么'来决定，根据自身的'意思层面或者规范心理层面'来决定的时候，就被认为是自己在决定，就可以说人是'自由'的。"〔3〕相对于社会责任论所采用的宿命论式的僵硬的决定论，社会规范责任论采用了承认自由的柔软的决定论，但柔软的决定论所称的"自由"是外部的自由，是和因果法则同时存在的、意思受到强制意义上的自由，而非意思一定要在必然法则支配下才能实施这

〔1〕　〔日〕曾根威彦：《刑法学基础》，成文堂 2001 年版，第 38 页。
〔2〕　〔日〕井田良：《刑法总论的理论构造》，成文堂 2005 年版，第 222 页。
〔3〕　〔日〕曾根威彦：《刑法学基础》，成文堂 2001 年版，第 41 页。

个意义上的内部的自由。

按照柔软的决定论，人是遵循法则的，在这个意义上是被决定的，但是被决定的人的意思是自由的。换言之，即使被决定了，在刑法上也可以是自由的。虽然环境科学决定了环境侵害行为与对法益的侵害结果（危险）之间的因果律，但在具有他行为可能性的前提下，行为人对于实行还是不实行一定的破坏生态环境的行为，在意志上仍然是自由的。

柔软的决定论中的"柔软"是指被决定与自由意志不相矛盾的部分，按照柔软的决定论，人的决策和行为的选择是自由的，其意思是说该行为并未受到强制，但这并不意味着该行为没有原因，也不意味着它不能用因果法则来解释。在因果性地限制人的决断和行动的主要原因中，必须考虑行为人能否在自由意志支配下进行选择。例如，在其他客观情形相似时，对于要不要直接向河水中排污，甲犹豫不决并且最终没有选择向河水中排污，但乙却毫不犹豫地向河水中排污导致了环境污染的结果。在某种程度上讲，甲乙虽然同样受到客观法则的支配，但在个人自由意志可控的部分做出了不同的选择，乙的行为显然在刑法上具有可谴责性。

二、责任的内容

责任是以对引起违法结果的行为人存在他行为可能性为前提的非难，在今天，这几乎成为共识。可是，在此之前，"与刑法目的的相关，围绕责任本质的讨论从以下方面展开。那就是道义责任论和社会责任论的对立（围绕意思自由的非决定论和决定论的争论），心理责任论和规范责任论的对立（围绕责任的实质的非难可能性的讨论），作为个别行为责任论和性格乃至人格责任论的对立（围绕责任判断对象的讨论）而出现的"。[1]

（一）道义责任、社会责任、规范责任

道义责任论与社会责任论的对立是围绕是否存在自由意志的非决定论与决定论的争论而展开的。道义责任论是旧派刑法的主张，日本学习德国旧派刑法理论并将其引入日本的代表人物是小野清一郎，其刑法理论特色在于，

---

〔1〕　〔日〕今井猛嘉、小林宪太郎、岛田聪一郎、桥爪隆：《刑法总论》，有斐阁 2009 年版，第 278 页。

"将法的本质理解为'道义'本身，认为违法性的本质是对国家法秩序的精神的违反，在责任的领域也强调道义上的非难（道义责任论）"。[1]

道义责任论的引入基本上是与对社会防卫论的批判同时进行的，在责任的问题上，与旧派对立的近代学派主张社会责任论，"近代学派所主张的社会责任论否定自由意思，其以犯罪是由行为人的素质和环境共同作用的结果的决定论为基础，认为'对于由于反社会性格而具有社会危险性的人，作为社会防卫的手段而应科处刑罚的法律地位'就是责任。这里所谓的'责任'，不包括以意思决定自由为前提的'非难'要素在内，责任的大小完全取决于再犯的危险性大小。"[2]社会责任论在本质上否定了意思自由，否定了责任概念，转而重视保安处分。可是，如果这样去否定意思自由，也就否定了人的尊严，这是社会责任论最大的疑问。

与道义责任论和社会责任论不同，"规范责任论是以对行为人的规范消极评价（为避免违法结果而选择的可能性）为责任内容的见解"[3]。在德国，弗兰克教授在《责任概念的构成》中提出的规范性责任论（normative Schuldlehre），认为"责任的本质在于意志形成和意志动作的可谴责性（Vorwerfbarkeit der Willensbildung und Willensbetätigung），也就是说在于对心理事实的从规范角度的价值判断"。[4]规范责任论的提出是与期待可能性分不开的，虽然具有故意、过失，但如果缺少期待可能性，仍然没有责任。与社会责任论相应的社会防卫论思想值得注意，由于担心"风险社会"会给人类带来的巨大风险，人们开始对风险刑法充满期待，有学者基于德国社会学家乌尔里希·贝克（Ulrich Beck）所提出的风险社会理论，倡导风险社会视阈下环境刑法应预防化并扩张危险犯立法。[5]有学者认为，"在各种风险增多的情势下，我国环境刑法也应树立防控环境风险的理念，并以此为核心，对我国的环境刑法做出符

---

[1]　[日] 前田雅英：《刑法总论讲义》，东京大学出版会2006年版，第27页。
[2]　[日] 曾根威彦：《刑法学基础》，成文堂2001年版，第40页。
[3]　[日] 今井猛嘉、小林宪太郎、岛田聪一郎、桥爪隆：《刑法总论》，有斐阁2009年版，第281页。
[4]　[德] 约翰内斯·韦塞尔斯：《德国刑法总论》，李昌珂译，法律出版社2008年版，第219页。
[5]　参见张道许：《风险社会视阈下环境刑法的发展变化与立法面向》，载《江西社会科学》2019年第9期。

合发展趋势的调整"。〔1〕本书并不赞成上述学者的主张，因为，风险刑法理念下的立法与法律适用，会使得刑法偏向社会防卫论，其结果是倒向社会责任论而背离重视人的自由意志和人性尊严的道义责任论。不可以将社会责任论所依托的决定论作为基础，认为人皆为社会所决定，这违背基于意思自由的道义责任，由其进行的社会防卫本质是把人当作工具，从功利主义的立场出发的以预防未来的犯罪为效果的社会责任论仅仅把人当成社会防卫的手段，抹煞了人的主体性。因为"对没有他行为可能性的人处以刑罚，只不过是以刑罚的名义去预防将来的再犯而（前瞻性地）给予一定的处分，对于犯罪这一过去事实（回顾性的）的报应并不被包含在内。将这种效果的实现理解为'刑罚'是不正当的，在今天，决定论以及社会责任论几乎失去了支持"。〔2〕所以，放弃将可谴责性作为责任基础的立场，会使刑法成为社会控制的手段，现代刑法处罚的必须是个人意志支配下的具有他行为可能性的行为，否则便违背责任主义。对生态环境犯罪而言，受到处罚的行为也必须是基于自由意志选择的结果，反之，则会让刑法的正当性充满危机。

（二）行为责任、性格责任、人格责任

行为责任论又称为个别行为责任论，个别行为责任论与人格责任论的对立是围绕责任判断的对象展开的。"个别行为责任论是将责任判断的对象限定为引起违法结果的行为的见解。这源于近代刑法学的基本原理行为主义。"〔3〕按照行为责任论的主张，行为人的思想和人格在责任的判断中不应被考虑，行为责任论是旧派的主张，至今仍处于通说地位。

与之不同，"近代学派的性格责任论是要在犯罪人的危险性格上，建立社会防卫处分的基础"。〔4〕性格责任论的问题在于，在重视行为人性格本身的同时，忽视了行为及行为人的主体性。

在二战前的德国，麦兹格和博克尔曼提出人格责任论，其初衷是弥补行

〔1〕 苏彩霞、邓文斌：《环境风险防控理念下我国环境刑法的调适》，载《环境保护》2014年第10期。
〔2〕 ［日］今井猛嘉、小林宪太郎、岛田聪一郎、桥爪隆：《刑法总论》，有斐阁2009年版，第278~279页。
〔3〕 ［日］今井猛嘉、小林宪太郎、岛田聪一郎、桥爪隆：《刑法总论》，有斐阁2009年版，第281页。
〔4〕 ［日］大塚仁：《刑法要论（总论）》，成文堂1993年版，第142页。

为责任论与性格责任论各自的不足。二战前的日本受到德国学说影响，在这一问题上的立场和德国相同，二战后日本的团藤重光对人格责任论的发展做出了特别贡献。团藤重光认为，责任首先是行为责任，但同时可以考虑人格形成的责任。在概念上，行为责任和人格责任可以被区别，但在现实中难以分割，其整体称之为人格责任。"按照团藤博士的说法，人格责任论在刑法理论上是惯犯加重责任的基础，是故意要件的违法性意识的可能性的理由，说明过失犯的犯罪性，罪数论中包括的一罪的范围的确定，还可以为确立量刑标准等做出贡献。"〔1〕

本书难以认同人格责任论的上述说法，按照该说法，行为人之所以犯罪是因为之前形成的人格有缺陷，而这种有缺陷的人格被直接作为确认犯罪的事实。可是，在刑事审判过程中，通过有限的犯罪事实去回溯并谴责人格的形成是不可能的。"如果维持人格责任论的话，容易得出违法者的人格形成过程应该受到谴责的结论，因为不正当，所以今天人格责任论几乎失去了支持。"〔2〕

第二节　生态环境刑法的故意与过失

故意或过失是承认刑事责任的必要因素，刑法以处罚故意行为为原则，仅在法律有明文规定的情况下处罚过失行为。立足结果无价值论，故意、过失应理解为责任的要素，如果基于行为无价值论，则故意、过失可以理解为违法的要素。

一、故意

生态环境犯罪中存在大量行政犯，关于构成生态环境犯罪是否要求故意以及故意的具体内容，存在一定的争议。

第一，为了实现政策的合目的性，生态环境犯罪可否采客观责任存在不同认识。对自然犯的成立要件来说，主观上要求具备故意，这点没有疑问，但对生态环境犯罪来说，理解却并不一致。如英国 1951 年《河流污染防治

---

〔1〕　［日］大塚仁：《刑法要论（总论）》，成文堂 1993 年版，第 143 页。

〔2〕　［日］今井猛嘉、小林宪太郎、岛田聪一郎、桥爪隆：《刑法总论》，有斐阁 2009 年版，第282 页。

法》和 1974 年《污染管制法》就采用严格责任，在 1972 年英国发生的 Al-phacell v. Woodward 案中也采取了严格责任，认为行为人犯罪的意思（mens rea）并非环境犯罪的成立条件，该案中的工厂不得以不知情或非故意为由免除刑事责任。[1]

不仅仅是立法上和实践中有采取客观责任的做法，在理论上，也有一种主张行政犯（法定犯）不要求罪过的声音。日本有学者就认为："行政犯被要求实现政策的合目的性，即使是没有责任能力的幼儿和精神障碍者，即使没有故意也是过失，即使没有过失行政犯也可以成立，甚至可以修改刑法的一般原则（责任主义）（美浓部 3・110 页，田中 4・175 页）。"[2]还有一种观点认为，违法性认识对于自然犯是不需要的，但对于法定犯却是必要的（牧野英一、市川秀雄）。[3]本书难以认同前述主张，故意是对符合构成要件的违法事实的认识，认识到作为违法类型化的构成要件事实才能够预测实施该行为后的法律后果，即使是对于要求合目的性的行政犯，要对其处以刑罚，也必须遵循责任主义。故意是构成犯罪的必要要素，只有处罚具有故意过失的行为才不会损害行为人的预测可能性，"因此，从罪刑法定主义（作为处罚对象的特定行为的事前告知要求）或责任主义（个别行为责任的原则）来看，故意必须在与行为人认识到的构成要件相应事实相关的范围内得到肯定（故意的构成要件关联性）"。[4]

第二，认识到环境法的禁止性内容是否等于刑法上的故意。提出该问题是与生态环境犯罪的行政犯特点相对应的，生态环境犯罪构成要件事实中的禁止性规范被规定在环境法规当中，而这些禁止性规范所对应的事实属于构成要件的内容，是需要行为人主观上认识到的。不同于杀人、盗窃、强奸等自然犯的构成要件事实，生态环境犯罪的构成要件事实如果脱离环境法规是难以被认识到的，这就产生一个问题：生态环境犯罪故意的内容是否包含对违法性的认识？即如何理解故意与违法性认识的关系，主要存在以下分歧学

---

〔1〕 参见 Alphacell Ltd v. Woodward〔1972〕AC 824，网址：https://www.e-lawresources.co.uk/Alphacell-Ltd-v-Woodward.php，最后访问日期：2024 年 2 月 25 日。

〔2〕 ［日］长井圆：《未来世代的环境刑法 2》，信山社 2019 年版，第 23 页。

〔3〕 参见 ［日］长井圆：《未来世代的环境刑法 2》，信山社 2019 年版，第 23 页。

〔4〕 ［日］今井猛嘉、小林宪太郎、岛田聪一郎、桥爪隆：《刑法总论》，有斐阁 2009 年版，第 114 页。

说：其一，严格故意说，认为故意的成立需要违法性认识；其二，限制故意说，认为成立故意不需要现实的违法性认识，只要存在违法性认识的可能性就足够了；其三，责任说，主张违法性认识可能性不是故意的要件，而是与故意不同的责任要件；其四，违法性认识不要说，认为违法性认识与故意或责任的成立无关；其五，二分说，认为应区分自然犯与法定犯，后者需要违法性认识；其六，过失准故意说。[1]关于违法性认识不要说，其因为无视违法性认识可能性在回避可能性中的意义而存在明显疑问。二分说中自然犯、法定犯的区别本身并不明确，因此很难说何者需要违法性认识何者不需要违法性认识。

严格故意说是道义责任论者常主张的，其认为行为人基于自由意志而选择的行为是其可罚性的基础。严格故意说认为："由于具有'违法性的意识'，所以能够严厉地处罚故意犯，违法性的意识正是'故意与过失的分水岭'。"[2]然而，该说的疑问在于，只对现实中已经具有违法性认识的人认定为故意，这并不妥当。因而这样就很难解释确信犯的处罚根据。不但如此，要求行为人必须现实地认识到环境法规所禁止的内容常常并不现实。这是由于环境行政性法规数量庞杂、种类较多，不仅仅有法律、行政法规，还包括地方性法规、地方政府规章、各级政府的行政命令甚至一般规范性文件，要让行为人认识到规范及其所对应的事实比较困难，面对庞杂的环境行政法规，日本学者认为："即使是优秀的检察官，也会对'杂乱'的刑罚法规的运用感到困难，深切地感受到应该对其进行'分类整理'。所谓'弊病'，是指完全无视作为刑罚法规对象的'市民的立场'。这意味着即使在专家看来，'市民'也不可能知道'杂乱无章'的法规。即使用法规'命令'，命令（信息）也不会传达给'不认识的人'。"[3]

虽然限制故意说存在两种思考方法："第一种认为违法性的认识虽然是必要的，但如果对欠缺违法性认识具有过失，那么要追究故意责任（宫本，第147页，草野，第89页）。第二种则认为，不需要具有违法性的认识，但违法性认识的可能性是必要的（团藤第317页）。"[4]但在实质上，这两种主张的

---

〔1〕 参见［日］铃木茂嗣：《刑法总论（犯罪论）》，成文堂2001年版，第96~97页。

〔2〕 ［日］前田雅英：《刑法总论讲义》，东京大学出版会2006年版，第216页。

〔3〕 ［日］长井圆：《未来世代的环境刑法2》，信山社2019年版，第19页。

〔4〕 ［日］前田雅英：《刑法总论讲义》，东京大学出版会2006年版，第217页。

差异几乎可以忽略，第一种学说意味着，如果注意就应该能够认识到违法性，这等于在说认识到违法性是可能的，这等同于第二种学说。

责任说是不少日本学者支持的观点："责任说这一理论将违法性认识的可能性定位为独立于故意、过失之外的责任要素，认为当欠缺违法性认识可能性时不可罚（福田，第 192 页；平野，第 262 页；西原，第 423 页；曾根，第 169 页；野村，第 304 页；山中，第 617 页）。"[1]然而，前田雅英教授对责任说提出了批评，他认为虽然责任说在批判限制故意说时具有说服力，这是由于限制故意说认为由于具有了违法性认识的可能性，所以存在故意，不过，责任说的问题在于其前提是将故意定义为对构成要件事实的认识，进而形式化地判断故意，在判断故意有无时彻底无视违法性认识可能性是否存在。前田雅英同时认为，在这一点上，责任说与限制故意说、严格故意说没有区别。但是，如果具有实质的故意，那么通常一般人能够认识到该罪的违法性。[2]尽管如此，"在理论上，故意不是必须和违法性认识结合起来理解。虽然违法性认识是在认识事实的前提下产生的。但是，以违法性认识为基础的事实认识的内容和程度，倒不如从故意论中分离出来，作为违法性的认识论或认识可能性论本身进行研究是相当的。从这个意义上来说，'责任说'基本上是妥当的"。[3]事实上，违法性认识可能性并不能全部被包含在对犯罪事实的认识之中。例如，行为人虽然认识到某行为有可能构成环境犯罪，但咨询检察官后得到的回答是目前该行为是正当的，行为人基于对答复的信任实施了相应的行为，在此案件中即使造成破坏环境的后果，行为人的责任也可以被否定。

二、过失

生态环境犯罪是否至少以过失为成立要件，各国立法不同。英国早期采用过失责任，1972 年的 Alphacell 案对于水污染犯罪采用了无过失责任。英国枢密院（House of Lords）则采严格责任（Strict liability），无需犯罪意思（mens rea）即可构成犯罪。但是，如果被告人能证明结果是第三人的行为所造成或存在不可抗力，则可免除被告人刑事责任。Alphacell 案系造纸厂因排

---

〔1〕 ［日〕前田雅英：《刑法总论讲义》，东京大学出版会 2006 年版，第 222 页。
〔2〕 参见［日〕前田雅英：《刑法总论讲义》，东京大学出版会 2006 年版，第 222 页。
〔3〕 ［日〕铃木茂嗣：《刑法总论（犯罪论）》，成文堂 2001 年版，第 98 页。

放废水防污机械出现故障而致河流污染，而 Price v. Cromack 案则为废水从废水池溢出而致河流污染与鱼类死亡。两个案件都与行政管制刑罚适用相关，认为在责任上应以严格责任（Strict liability）为基础，以避免证明过失的举证困难。当然，如果被告人能证明存在不可抗力或可归责于第三人的原因时可免责，该判决使得严格责任在环境管制刑罚适用中成为趋势，似乎只要行政机关主张有客观污染事实就构成犯罪，其被认为建立在客观实体侵害行为事实基础之上，然而立法机关则认为构成犯罪即使不要求有故意，至少需要有轻率、疏忽或违反法令行为。就法院实务而言，一般认为至少要有起码的过失才可以适用刑罚，除非法律有特别规定，才可以按照无过失责任或客观责任处罚。在美国法律实务中，认为要构成环境犯罪需至少有过失，无过失或严格责任的情形通常只规定在个别法规中，很少作为普通刑事制裁的责任基础。与英美法系不同，大陆法系国家一般要求构成环境犯罪需要故意，至少要有过失。德国的环境犯罪被规定在刑法中，适用时受到刑法总则有关责任主义的约束，责任主义的核心理念是"无责任则无犯罪"，要求构成环境犯罪需基于故意或过失且在没有其他责任阻却事由时，才能认定被告人的行为具备阶层犯罪论意义上的责任，试举如下案例予以说明。案例一：A 工厂的负责人明知其排放的废水中含有超标的有毒物质，仍然继续排放，导致河流污染，其行为构成环境犯罪的故意犯。案例二：B 工厂未定期检查其废水处理设施，导致处理设备故障并引发污染事故，尽管 B 工厂并没有主观故意，但由于未尽到应有的注意义务，仍然构成过失环境犯罪。案例三：行为人 C 在法律允许范围内从事环境影响较小的活动，并已采取了合理的防范措施。在该情形下，即使客观上造成一定环境损害，由于不具备责任性条件因而也不构成犯罪。

总体而言，与英美法系注重结果归责的做法不同，大陆法系国家尤其是德国、日本，在环境犯罪的成立要件上强调主观故意、过失和其他责任阻却事由，并通过阶层犯罪论体系严格区分行为的构成要件、违法性与责任性，确保环境刑法适用既能有效打击犯罪，又符合刑法的基本原则。

上述关于生态环境犯罪是否需要过失的不同规定，根源在于生态环境犯罪故意、过失认定难，举证难，所以立法上有的采用了客观责任、有的采用了无过失责任。当然，更多的国家坚持了责任主义，要求必须要有故意或过失才构成犯罪。本书认为，刑事责任与民事责任本质不同，民事责任的目的在于通过赔偿等填补损失，证明标准较低，立法采无过失责任是为了降低证明责任，有利于保护被侵害人利益。而追究刑事责任关乎人的自由等基本人权，不可能采用民事认定标准。生态环境犯罪与其他类型犯罪的本质相同都是侵害法益的行为，原则上处罚故意犯，例外情形下即在法律有明确规定情况下处罚过失犯，不宜采用英美法系的无过失责任。

第三节　生态环境刑法的认识错误

一、空白构成要件的认识错误

空白构成要件，也可称之为空白刑法。在德国，"空白刑法只规定刑罚威慑，关于禁止内容却指明适用由其他部门和在其他时间独立颁布的法律和法规，甚至是行政行为（参见联邦法院刑事判决 6，30，40 等）中的定义"。[1]就生态环境刑法的构成要件而言，其禁止性规范往往被规定在环境行政法中，通过对刑法空白构成要件进行规范补充来让生态环境刑法的禁止性规范变得完整。其中的禁止性规范属于构成要件要素，如果行为人对这部分内容未认识到或产生认识错误，属于事实认识错误还是法律认识错误，在刑法上会产生何种效果，值得研究。

在德国，针对空白刑法提出了如何对待空白规范的问题。帝国法院一般情况下将有关此等规范的内容错误视为排除故意的刑法以外的法错误［帝国法院刑事判决 49，323（327）；56，337（339）］。填补空白的规范被认为是构成要件的组成部分，关于填补空白规范的客观要素的错误是构成要件错误，关于填补规范的错误是禁止错误。[2]在日本，为了区分事实的错误与法律的错误，判例举出的例子和标准是，行为人虽认识到执照尚未下发，但从负责人处得知"已经有执照了"（事实上尚未取得执照），于是继续经营着需要执照才可以营业的公众浴室。最判平成元年（1989 年）7 月 18 日（刑集第 43

---

〔1〕　参见［德］汉斯·海因里希·耶赛克、托马斯·魏根特：《德国刑法教科书》（上），徐久生译，中国法制出版社 2017 年版，第 155 页。

〔2〕　参见［德］汉斯·海因里希·耶赛克、托马斯·魏根特：《德国刑法教科书》（下），徐久生译，中国法制出版社 2017 年版，第 413 页。

卷第 7 号第 752 页）认为，虽然也可以将其视作法律错误，因为既然已认识
到正式的执照未下发，则对无执照已具有认识，是误以为被禁止的无营业执
照"受到许可"。可是，这种错误在无照营业罪中属于事实的错误，从而否定
了故意的存在，可见，日本的判例是将能够否定故意的重要的错误作为事实
错误来对待。认为假如不考虑是否要否定故意这一"效果"上的视角，就不
能推导出区分事实的错误与法律的错误的实质标准。[1]由此可知，虽然事实
错误与法律错误的区分尚需考虑特定前提且界限有时并不清晰，但由于刑法
所指引的行政法规范本质上构成刑法规范的一部分，因此对于填充空白刑法
的其他法规中的内容，应看作刑法本身予以相同对待，犯罪论体系的原理、
刑法的目的都适用于这些刑法之外的行政法规范，按照禁止错误理论来处理，
当错误可以避免时减轻其处罚，当错误不能避免时免除其处罚。这是因为
"对法律上的禁止的认识错误作为这样的错误成立，如果行为人对直接关涉到
他行为的禁止规范不认识（Verbotsnorm nicht kennt）、认为是无效（für ungültig
halt）或者是由于不正确的解释对其适用范围错误想象（Fehlvorstellungen über
ihren Geltungsbereich），并且出于这个原因视自己的举止因此为准许的〔＝直
接的禁止性认识错误（direkter Verbotsirrtum）〕"。[2]换言之，从一般预防的
角度也能释明前述观点的合理性。在一般预防理论看来，刑罚之所以能够发
挥积极的一般预防的作用，是由于法律公开宣示并通过司法裁判让国民认识
到法所禁止或规范的内容，但由于环境行政法的禁止性规范并未载于刑法中，
对一般人而言，刑法积极的一般预防的效果会大打折扣。

　　本书认为，可以一般性地对生态环境刑法中事实认识错误与法律认识错
误的区分标准作如下理解：即行为人对符合环境行政法中禁止性规范的认识
错误，属于事实认识错误；对禁止性规范的评价错误，属于法律认识错误。
但是，考虑到生态环境刑法中刑法与环境行政法分离以及环境法规范的特点，
行为人因为误会了环境法规，结果对于行为的社会意义与法益侵害结果缺乏
认识时，应定性为事实认识错误从而阻却故意成立。如非法狩猎罪规定，违
反狩猎法规，在禁猎区、禁猎期或者使用禁用的工具、方法进行狩猎，破坏
野生动物资源，情节严重的，构成该罪。行为人虽然知道环境法有禁猎期的

---

〔1〕　参见［日］前田雅英：《刑法总论讲义》，东京大学出版会 2006 年版，第 213 页。

〔2〕　［德］约翰内斯·韦塞尔斯：《德国刑法总论》，李昌珂译，法律出版社 2008 年版，第 255 页。

规定，但确信自己狩猎的期间不是在禁猎期，这属于事实认识错误，阻却故意的成立。反过来，如果行为人对行为的社会意义以及法益侵害性均有认识，只是单纯地认为自己的行为并不违反环境法，或者以为自己的行为虽然违反环境法但却并不被刑法禁止，此时属于法律认识错误，单纯的法律认识错误并不阻却故意的成立。

二、规范的构成要件要素的认识错误

（一）规范的构成要件要素与记述的构成要件要素

在生态环境犯罪中，规范的构成要件要素的认识对故意成立的影响是一个复杂的法律问题。

为深入探讨该问题，有必要先对构成要件要素的类型进行分析，构成要件要素可分为规范的构成要件要素与记述的构成要件要素，前者与后者相比，其内涵的确定离不开裁判者的价值判断，因而理解其社会意义更加具有不确定性，"关于规范的构成要件要素的认识，同样的理解也是妥当的，但是到底认识到什么程度才可以说有意义的认识，与记述构成要件要素的情况相比，容易成为微妙而困难的问题"。[1]即便如此，大体可以认为，对规范的构成要件要素的认识错误能够阻却故意的成立。但需要探讨的是，对规范的构成要件要素进行法律判断时，行为人需达何种认识程度方能够阻却故意的成立？作为刑法保护对象的"野生动物"范围，不仅与人类对生态科学的认识深度有关，还涉及人类对野生生物与人类关系的认识，不仅仅与对自然科学的认知有关，其中还涉及一般人的价值判断标准。例如，长久以来，麻雀都被作为害虫因而不可能受到刑法保护，这种观念很深入人心，可后来麻雀被规定为国家二级保护野生动物，虽然该行政规定或许并不符合一般人的生活经验与观念，而且在一个大国，要让一般人都要知悉并接受该行政规定需要一个过程，但就法律后果而言，一旦行政法规生效会立即让猎捕麻雀的行为产生刑法上的不利后果。这就形成一个难题，即如何让一般人立即认识到刑法禁止猎捕麻雀这一《刑法》条文本无的禁止性规范，而只有让一般国民准确认

---

〔1〕〔日〕今井猛嘉、小林宪太郎、岛田聪一郎、桥爪隆：《刑法总论》，有斐阁2009年版，第115页。

识到刑法禁止猎捕麻雀这一规范，刑法机能才能得以正常发挥。如判断得出行为人缺乏认识行政命令可能性的结论，则阻却犯罪故意的成立。

规范的构成要件要素通常涉及法律的价值判断，其含义可能随着社会观念的变化而变化，因此，在理解和应用规范的构成要件要素时，裁判者的价值判断和社会认知起着重要作用。而记述的构成要件要素是客观描述性的，通常包括具体的行为事实和条件，如环境污染的具体情节、物质的种类和数量等。它们较为明确，裁判时不依赖于价值判断。

从构成要件对故意的规制机能出发，对故意的认识内容要求认识到除客观的超过要素以外的全部的客观构成要素的内容。值得讨论的是，鉴于规范的构成要件要素的特殊性，是否要求行为人在主观上认识到规范的构成要件要素的内容？如行为人未认识到该内容是否阻却故意的成立？德国有一种观点就认为："与故意一样，构成要件错误同样可涉及构成要件的全部客观要素，连同构成要件中所包含的法概念（如财产、文书、婚姻、公务员）和其他规范要素（如性行为、人的尊严、秘密）。如果行为人不能在外行的评价范围内正确理解此等要素的内容，即可认定缺乏故意。"[1]可以看出，德国学者认为能够阻却故意成立的要素并未排除规范的构成要件要素。虽然规范的构成要件要素与记述的构成要件要素的区分并无统一标准，但为了研究需要，本书还是打算对生态环境犯罪中规范的构成要件要素进行一些大致的分类。

（1）法律的评价要素。法律的评价要素是指必须参照刑法以外的其他法律进行判断的构成要件要素。如"污染物""有毒有害物质""国家重点保护动物"，需要从刑法以外的法律、法规、技术标准和规定中去寻找判断依据。

（2）包含价值、文化、社会评价的要素。此类构成要件要素须根据伦理、社会、文化的标准来进行评价，例如，刑法中的破坏性采矿罪要求采取破坏性的开采方法开采矿产资源，造成矿产资源严重破坏，何谓"破坏性的开采方法开采矿产资源"，涉及对资源利用的价值评判，需综合考量资源的可持续性、社会需求、生态保护之间的平衡关系。生态环境犯罪中较少涉及此类要素。

（3）量的评价要素。量的评价要素是指需要进行数量上的判断，生态环境犯罪中常见的量的评价要素有"严重污染环境""严重破坏"等，这类要

---

〔1〕 ［德］汉斯·海因里希·耶赛克、托马斯·魏根特：《德国刑法教科书》（下），徐久生译，中国法制出版社 2017 年版，第 412 页。

素涉及对破坏程度、损害结果的价值判断，无法仅凭客观事实明确界定，而必须结合社会观念和法律的价值取向进行判断。例如，A 企业在山区作业过程中排放了大量未经处理的废水。在客观上，废水排放是一个事实，但要判断是否构成"严重污染环境"，则需要根据以下因素判断：一是生态系统的承受能力。在生态系统脆弱地区，轻微污染就可能对动植物生存产生重大影响，而在其他类似污染对环境影响较小的地区，则不构成"严重污染环境"。二是发展经济背景下社会对污染的可容忍度，而这纯粹是一个价值判断而非事实判断，需要根据社会伦理、公众利益等因素进行综合判断。

（4）伴随事实。此类要素涉及对事实的综合判断，如许多生态环境犯罪构成要件中包含"情节严重"或"情节特别严重"，这需要法官根据行为的社会影响、危害程度等具体情节来作出评价。

对前述规范的构成要件要素可举例说明，《刑法》第 338 条污染环境罪规定"违反国家规定，排放、倾倒或者处置有放射性的废物、含传染病病原体的废物、有毒物质或者其他有害物质，严重污染环境的，处三年以下有期徒刑或者拘役，并处或者单处罚金；情节严重的，处三年以上七年以下有期徒刑，并处罚金"。其中就包含了法律的评价要素（废物是否属于"有毒物质或者其他有害物质"，需依据相关法律标准判定）、量的评价要素（排放、倾倒、处置废物的数量是否达到"严重污染环境"的程度），以及伴随事实（行为是否"情节严重"）。

通过对以上要素的分析可以看出，生态环境犯罪中规范的构成要件要素往往涉及复杂的法律、技术和社会价值判断，需要从多个维度进行评估。

（二）规范的构成要件要素的认识错误对犯罪成立的影响

要成立故意犯罪，需要行为人主观上认识到除客观的超过要素之外的全部构成要件要素的内容，因此，有必要讨论对规范的构成要件要素的认识与故意成立的关系。"对于犯罪事实的认识，或者可以说有预见的故意，行为人必须认识到犯罪的实质。也就是说，必须认识到符合构成要件的事实具有犯罪性。"[1]在生态环境犯罪中，规范的构成要件要素往往涉及价值判断，这使

---

〔1〕 〔日〕今井猛嘉、小林宪太郎、岛田聪一郎、桥爪隆：《刑法总论》，有斐阁 2009 年版，第 115 页。

得行为人容易产生错误认识，进而影响故意和犯罪的成立，下文分类别展开分析。

（1）法律的评价要素的认识错误。在非法排放污染物案件中，如果行为人误认为其排放物不属于"污染物""有毒有害物质"或者猎捕的并非"濒危野生动物"，而该认识在当时条件下如果具有合理性，在这种情况下，行为人由于对规范的构成要件要素存在认识错误，就难以认定其"明知自己的行为会发生危害社会的结果"，因而不成立故意进而阻却犯罪成立。必须指出，应当将对法律的评价要素的认识错误与法律认识错误区分开，后者不属于对规范的构成要件要素的认识错误，不能阻却责任，符合一定条件的可以减轻其责任程度，但一般不阻却犯罪成立。

（2）包含价值、文化、社会评价的要素的认识错误。这类要素最典型的是破坏性采矿罪中的"破坏性"要素，该类要素涉及价值判断，对这类要素的认识错误是否阻却犯罪成立，取决于行为人是否具有合理的认知依据。假如行为人没有意识到其行为在社会或文化评价中构成不法（如认为其开采方式是合法的），而这种认识错误又是基于合理的文化背景或认知，则可能会影响其责任的大小。在某些情形下，当价值判断具有强烈的主观性或因社会标准变化产生模糊空间时，可能会减轻责任或阻却犯罪的成立，就前述"破坏性"的认识错误而言，假如行为人有根据地认为其采取的采矿方式不具有破坏性，则这种认识错误可能阻却或减轻责任。

（3）量的评价要素引起的认识错误。量的评价要素如"严重污染""情节严重"等，需要法官根据排放物的数量、危害程度、损害金额等做出判断。行为人对这些量化标准的认识错误（如低估了污染物的排放量或危害性）不能直接阻却犯罪的成立，因为量的评价是一个客观事实问题，即便行为人没有意识到达到了法律规定的严重程度，也不改变其行为的客观危害性，如果认识错误是由于客观情况极端模糊或技术困难，可能会对责任大小有影响，一般不会完全阻却犯罪的成立。但如果认识错误的产生是因为客观标准难以掌握，且行为人在法律范围内采取了合理的结果回避措施，则表明行为人并不希望或放任犯罪结果发生，其行为定性可以适用错误论的有关原理。

（4）伴随事实的认识错误。"情节严重"等伴随事实要求对具体事实与行为后果等的整体社会危害性进行综合判断。行为人若误以为其行为不构成

"情节严重"，通常不能阻却犯罪的成立，因为这种认识错误并不改变行为的客观属性。例如，排放大量污染物的企业主，虽然主观上认为其排放量不足以造成严重危害，但如果其认识并无客观依据则难以阻却责任，只有当其受到信息不对称或技术限制而没能认识到其行为的危害性时，才能阻却责任的成立。例如，D工厂排放的污染物数量在短时间内不可控地急剧上升，行为人对此情形并未认识到且认为新的进口环境净化设备足以消除污染物，未意识到已经达到法律规定的"情节严重"标准，此时故意难以成立，假如刑法规定过失也构成犯罪，则行为可以按过失犯处罚，否则不作为犯罪处理。

第四节　生态环境刑法的违法性认识

违法性认识可能性也被称为违法性意识可能性。"处罚故意犯的场合，在故意之外，是不是要有事实不为法律所允许的意识即'违法性意识（的可能性）'，存在争议。"[1]

一、欠缺违法性认识与责任阻却

生态环境刑法的特点在于刑法本身对构成要件的不完全表述，而将规范内容指引到大量的环境行政法之中。姑且不说普通国民通常不会去读刑法，即使读刑法也难以准确认识到刑法规范所禁止的内容，并且，刑法中"违反国家规定""违反保护水产资源法规""违反狩猎法规""违反土地管理法规""违反矿产资源法的规定"所禁止的内容散见于大量的环境行政法规范之中，使得准确认识法律变得困难。可是，法律规范作为社会规范不像自然因果法则那样可以脱离人而独立运行，法律规范必须借助于人及其认识理解才能发挥效用。反之，如果国民难以认识、理解规范的内容，或者即使小心翼翼但依然会触犯规范，则不会认为结果是自己应得的。于是，刑法规范的效果就会大打折扣。

问题在于，国民没有认识到生态环境刑法的内容是否阻却责任。过去德国帝国法院采用的标准是，行为人对非刑罚法规的认识错误属于事实的认识

---

〔1〕［日］曾根威彦：《刑法学基础》，成文堂2001年版，第107页。

错误，阻却故意的成立；对刑罚法规的认识错误是法律的认识错误，不阻却故意的成立。按照该标准，环境行政法的内容虽然属于非刑罚规范，可一旦通过刑法中空白构成要件的指引，就成为了判断犯罪成立要素的刑罚规范，行为人即使没有认识到该刑罚规范的内容，也不阻却故意的成立。

本书虽赞成该标准，但担心该标准在我国难以得到贯彻。一方面，我国刑法以外的非刑法规范不能规定罪刑条款，这点和日本等国不同，所以前述标准在我国无法完全适用。另一方面，从实质看，刑罚法规与非刑罚法规的区分并不影响故意的成立，刑法是否将构成要件中的禁止性规范指引到行政法仅仅是立法技术问题。虽然生态环境刑法空白构成要件可以采用"违反……规定"的表述，但这只是为了避免条文冗长的技术处理，如果刑法不考虑篇幅，则完全可以将环境行政法的相关内容吸纳到刑法条文中。例如，相关经济犯罪构成要件就直接采用了《公司法》《证券法》的表述。因此，在认识内容上，所谓刑罚法规与非刑罚法规的区分并无意义，采用前述德国标准会导致一些问题。

在法理上，欠缺违法性认识并不能阻却故意的成立。从立法技术看，立法者虽然应该避免不必要的冗长并使刑法规范精简，但不能以生态环境刑法中"空白刑法"多，国民难以认识为由，就主张行为人缺少故意，因为故意以构成要件所描述的事实为认识内容，并不以对法律规范的认识为内容，不能将对故意的认识等同于对违法性的认识。同时，应当将违法性认识与违法性认识可能性区分开来，日本有学者就认为，"为了承认责任，除了故意之外，一般认为虽然不需要违法性的认识，但违法性认识可能性是必要的"。[1]当然，如果采纳违法性认识可能性的责任说，则存在一种因行为人缺少违法性认识可能性而免除责任的场合，责任说在日本得到了较多学者的支持，福田平、平野龙一、西原春夫、曾根威彦、野村稔、山中敬一持责任说，主张将违法性认识可能性定位为故意、过失之外的独立的责任要素，当欠缺违法性认识可能性时，不可罚。[2]例如，当新型危险废物 B 第一次出现时，科学上对该物质尚无研究，经营该物质的 X 公司遂向行政主管部门咨询，得到的答复是 B 物质并不在该国的危险废物目录中，X 公司在遵守了相关环保规范

---

〔1〕 〔日〕林干人：《刑法总论》，东京大学出版会 2008 年版，第 37 页。
〔2〕 参见〔日〕前田雅英：《刑法总论讲义》，东京大学出版会 2006 年版，第 222 页。

的情形下继续生产，生产所产生的 B 物质即使在客观上对环境造成一定污染，也应认定 X 公司不具有违法性认识的可能性。

二、不可避免的禁止错误

德国学者认为，责任概念具有两个要素：第一个要素是成年行为人健全的精神和心理；第二要素是对违法性的认识。完全能够认识禁止命令而仍然决意实施犯罪行为的人，尤其显示出对法律规范的否定意志。与此相反，当存在禁止错误且该错误不可避免时，则不应当对行为人加以非难。[1]《德国刑法典》第 17 条规定了禁止错误，当行为人未认识到其行为的违法性，且该错误认识不可避免时，则行为人对其行为不负责任。如该错误是可以避免的，则减轻处罚。《奥地利刑法典》第 9 条在《德国刑法典》第 17 条的基础上额外规定了禁止错误可避免性的标准，并根据责任原理在该法第 8 条对允许构成要件错误作了规定。[2]在对待刑法中的错误这一问题上与德国刑法最为相似的是瑞士刑法，《瑞士刑法典》第 20 条规定了禁止错误，但对禁止错误的免责条件作了严格规定。[3]葡萄牙刑法将不可避免的禁止错误作为阻却责任的事由[4]，虽然意大利刑法在过去未考虑对刑事法律的禁止错误，但其宪法法院的判决承认了不可避免的禁止错误是阻却责任的事由。从类型来说，禁止错误可分为可避免的禁止错误与不可避免的禁止错误。前者具有可谴责性因而不应免除其责任，而后者则不同，"不可避免的禁止错误不能对行为人加

---

〔1〕 参见［德］汉斯·海因里希·耶赛克、托马斯·魏根特：《德国刑法教科书》（下），徐久生译，中国法制出版社 2017 年版，第 576 页。

〔2〕《奥地利刑法典》第 9 条第 1 项规定：行为人因法律上的认识错误而未认识到行为不法，如果该错误认识不可避免，则对其行为不负责任。第 8 条规定：行为人错误地认为一事实排除行为的违法性的，不得以故意行为处罚。行为人的认识错误因过失造成，且该过失行为应当受刑罚处罚的，以过失行为处罚。参见《奥地利联邦共和国刑法典》（2002 年修订），徐久生译，中国方正出版社 2004 年版，第 4 页。

〔3〕《瑞士刑法典》第 20 条规定，行为人有足够的理由认为，他有权为该行为的，法官以自由裁量减轻处罚（第 66 条）或免除刑罚。参见《瑞士联邦刑法典》（2003 年修订），徐久生、庄敬华译，中国方正出版社 2004 年版，第 7 页。

〔4〕《葡萄牙刑法典》第 16 条规定了对事实情节的认识错误。该条第 1 款规定，对犯罪构成要件的行为要素或者法律要素发生错误认识的，阻却故意；如果行为人必须对禁止有所认识才能合理地认识到行为的不法性，则对该禁止的错误认识也阻却故意。第 2 款规定，如果事物的某一状况是阻却行为的不法性或行为人的责任的事由的，对该事物状况的错误认识属于前款所指的认识错误。参见《葡萄牙刑法典》，陈志军译，中国人民公安大学出版社 2010 年版，第 9 页。

以非难，因为不能够认识行为不法的人，即使违反法律，也没有显示出值得进行非难的法律心理。因此，不可避免的禁止错误，通常应当免除责任"。[1]我国刑法没有规定禁止错误，更不可能对禁止错误进行法律上的分类，理论上的讨论也不够深入，尤其缺乏结合分则具体问题的研究，司法实践通常也不会考虑何种情形属于可以避免的禁止错误，何种情形属于不可避免的禁止错误。[2]本书认为禁止错误问题具有重要理论意义，应从以下角度进行考察。

第一，考察禁止错误发生的原因。如果禁止错误发生的原因可归咎于行为人本人，则应认为该错误可避免，如果禁止错误发生的原因不应归咎于行为人，而是由行为人以外的原因所引起，则该禁止错误属不可避免。例如，工厂相关负责人 F 在处理工业废水时，错误地认为所排放的废水已经达到了环保排放标准，因此继续向河流排放废水，结果导致了严重的河流污染。此时，我们需要考察 F 的禁止错误是否可归咎于其本人，进而决定该错误是否可避免。如果 F 在此过程中没有仔细核查废水处理设施的运行状态，或者明知检测设备老化但没有采取措施进行维修更换，那么这种错误就应归咎于 F 本人，因为他未尽到应有的注意义务，在该情况下，禁止错误是可避免的，F 的行为应当被追责。相反，如果 F 依赖于第三方检测机构的报告，而该检测机构提供了虚假的合格检测结果，导致 F 误以为排放废水符合标准，那么这种禁止错误就不应归咎于 F 本人。此时，错误的发生原因在于检测机构的疏忽或故意误导，而不在于 F 本人。此时，该禁止错误属于不可避免的错误，F 不应因此承担污染环境罪刑事责任。

第二，考察行为人的专业程度。不少生态环境犯罪并非生活领域常见犯罪，而多发生在生产领域，多数应归属于业务型犯罪。既如此，从业人员一般是行业领域专业人员，接受过专业的培训或取得有关资质，对与环境有关的行业规范比较熟悉，一般而言，即使个案出现禁止错误的情形，一般也可以推断行为人所涉及的禁止错误属于可避免类型，不应免除其责任。但是，专业程度是一个相对的和发展的概念，随着新科技、新技术的发展，过去被

---

〔1〕［德］汉斯·海因里希·耶赛克、托马斯·魏根特：《德国刑法教科书》（下），徐久生译，中国法制出版社 2017 年版，第 610 页。

〔2〕该判断对司法实践具有重要意义，就具体的生态环境犯罪案件而言，如果判定属于可避免的禁止错误则行为人的责任应成立，反之，如果判定属于不可避免的禁止错误，则行为人的责任不成立，前者可能构成犯罪而后者不构成犯罪。

认为是专业的问题现在变得不那么专业了，反之亦然。在具体案件中，如果判定行为人所具备的环境专业知识明显滞后于科技，使其对法规范的判断出现不可避免的错误，则不应认定行为人的责任。

第三，考察环境法规范的颁行时间。如果生态环境刑法中"空白构成要件"所指引的环境法规范颁行已久，则行为人自称不知法的辩护理由难以成立。反之，如果新颁布的环境法规范否定了过去长期以来国民习以为常的做法，则新规范颁布之初规范违反者的确情有可原。例如，G 长期在 M 国偏远山坡上倾倒泥土和建筑废料，这种行为在当地司空见惯，且长期没有明确的法律禁止性规定。然而，后来 M 国刑法的前置法进行了修改，规定不得随意倾倒建筑废料，尤其在生态敏感区。G 在新法颁布一年后继续倾倒泥土和建筑垃圾，虽然他声称不知道新法，但由于新法已生效一年，环保部门多次公开宣传该法，因此 G 的辩解难以阻却责任。

三、法益与伦理关联性对违法性认识的影响

生态环境犯罪不同于杀人、放火、强奸、抢劫等传统犯罪，其法益与伦理关联性较弱，常常会影响行为人的违法性认识。如果行为人事实上不知有法律的明文规定，则通常不会认识到行为对法益具有侵害性。也就是说，在行为人欠缺禁止意识的情形下，通常不会自动形成实质的违法性认识，这是生态环境犯罪与一般自然犯的不同，下文对由此引起的问题进行讨论。

（一）能否根据行为人对行为危害性的认识推定其具有违法性认识

一般而言，行为人如果知道法律的具体规定，就可以推定其并不欠缺实质的违法性认识。因为，既然行为人已知悉法的禁止性规范，就表示行为人已了解其行为的社会意义，至于其对条文对应的罪名是否有足够深入的了解，则在所不问。例如，X 知道某行为被野生动物保护法所禁止，就不能轻易否定其违法性认识，即使 X 没有阅读过与该野生动物保护有关的刑法条文，不了解危害珍贵、濒危野生动物罪的内容，也不知道《刑法》增加了非法猎捕、收购、运输、出售陆生野生动物罪，也不影响其违法性认识。

但问题是，能否反过来推定，只要行为人对行为实质上的危害性有足够的认识就可以推定其具有违法性认识？其实，对杀人、放火、强奸、抢劫等自然犯而言，要得出该结论几乎没有问题，行为人只要认识到前述行为的实

质危害性（法益侵害性）即可，无需要求行为人认识到法律是如何具体规定的，就可以推定行为人具有违法性认识。这是因为自然犯与伦理联系紧密，无论在哪个地区，在哪个时代，对杀人都不可能不作为犯罪处理，但行政犯不同，由于与伦理的关联性较弱，如果不查询繁多的环境行政法规，其实很难知悉哪些行为完全被禁止、哪些行为一定程度上被禁止、哪些行为经过批准可以做，在不知法的前提下，法对行为的指引作用就很难发挥出来。在这点上，生态环境刑法规范与规制杀人、放火、强奸、抢劫的刑法规范具有很大不同。

因此，对这个问题不能一概而论，本书大致提出以下两个判断标准。其一，如果行为人是专业人士，或者是与环保有关的生产领域的经营者、技术人员，其对该生产研发领域的专业知识已有一定程度的掌握，甚至是某一方面的专家，其对行为实质危害性的认识可以推导出其具有违法性认识。例如，电解铝厂分管生产的 A 车间主任，对电解铝可能造成的环境污染不可能不知道，一旦对废弃物进行非法倾倒、填埋造成环境污染后果，A 车间主任就不能以不知法为由来为自己辩解。这是对专业人士而言，通过其对行为实质危害性的认识可以推导其具有违法性认识。其二，如果行为人 B 并非某领域的专业人士，可以阶段性推定其对该行业的技术规范和法律规范并不熟悉，推定其不具有违法性认识。但阶段性"推定"仅仅是推定而非事实，如果查明的事实证明 B 具有违法性认识的可能性，则不能阻却其责任。

（二）能否以行为人有知法义务为由推定行为人已知法

知法义务是指法律要求行为人知晓法律并遵守的义务。然而，知法义务只是一种期待而非客观现实，有义务并不意味着行为人对相应法规范已明知，特别是在生态环境这样较为专业的领域，单纯以知法义务来推定行为人对法规内容已明知是不合理的。其一，环保法规认知具有复杂性，环保法规通常具有较高的专业度，涉及大量技术标准和细节。例如，M 制造企业在其生产过程中使用了一种新型化学物质，但该物质的安全性标准和环保要求在行业内尚未普及，M 企业不可能知晓并遵守禁止性规范，不能以企业有知法义务就推定其对法规范的内容已明知。再如，某些环保法规规定了污染物排放的技术规范，但这些技术标准可能并不为普通公众所熟悉，即使公民有知法义务，但对普通公众而言，这些专业技术标准对他们显然是比较陌生的，难以达到像专业人员哪些的熟知程度，推定其"知法"明显不合理。此外，环保法规不断更新和调整，变更内容可能并未及时传达到所有相关人员，也造成虽有知法义务但却不知法。其二，基于公平原则的考量，在刑事司法中，通常需要证明行为人具有主观的故意或过失，以知法义务为由推定行为人对法规内容已明知，尤其是在没有充分证据证明行为人知晓具体法规内容的情况下，这不但等于取消了犯罪成立的有关要素，对行为人也过于苛刻。例如，普通市民 X 因在自家庭院里擅自处理废弃物，未意识到其行为违反了地方环保条例，即便知法义务存在，也应考虑其对特定法律要求的实际认识可能性。不但如此，法律还应当尊重行为人的权利，要求行为人在未证实其明知的情况下承担法律责任是不公平的。法律责任应当建立在行为人有明确的违法认识和过失基础之上，否则，可能导致行为人因无法合理预见法律要求而受到不公正的惩罚。

本书认为，对行为人需区分"环保领域的生产、经营者"和"生活中的普通人"。生产、经营者通常需要具备对环保法规的基本了解，以保证其生产、经营活动符合环境保护要求，其从业人员通常受过相关培训，在法律上有更高的专业知晓义务，以确保企业生产经营活动合法。由于其有更高的知法义务，办案机关可以要求其提供相关的记录，证明其已尽合理努力遵守法规。而生活中的普通人则不同。普通人对环保法规的了解程度有限，主要依赖于公共宣传和教育，其法律知识水平通常低于生产、经营者，法律对普通人的要求应更加宽松，考虑其对复杂环保法规的认知能力和信息获取途径，在生态环境犯罪的法律适用中，对普通人追究刑事责任应更加谨慎，确保其实际了解和能够合理预见其行为的法律后果。

针对生产、经营者，在法律上应明确规定，生产和经营者需对行业相关的环保法规有较高的认知义务，对其违法行为应严格追责。同时，法律也应考虑到实施技术标准的复杂性和所需要的时间，规定合理的过渡期，以便企业适应新法。例如，某工业企业因未能及时获取新出台的环保排放标准而违法排放固体废物，由于企业有较高的知法义务，故法院对其追责是合理的。而针对普通人，法律应采取较为宽松的标准，充分考虑因法规的专业性、复杂性而导致其对新法没有足够认识。例如，某市民违反地方新颁布环保条例随意丢弃电子废物，考虑到该市民可能未能获悉新规内容，法律适用时应审慎评估其对法规的实际认知情况，避免对其进行过度处罚。诚然，单纯的不知法并不足以构成责任阻却事由，但法律应区分专业人士与普通人，定性和处罚时应充分考量普通人对专业法规的实际认知情况，区别对待。

（三）具体的不法与抽象的不法相分离时的判定规则

在司法实践中常常存在具体的不法与抽象的不法相分离的现象，即行为人既不缺少法禁止意识，也不存在实质的违法认识错误。此时，行为人无法知悉其具体行为与法律规范之间的关联性，这种现象使得法的指引作用难以发挥，在生态环境刑法领域尤为突出。例如，邓某为给其幼女治病而在某大众网购平台购买了羊角粉，后邓某被以危害珍贵、濒危野生动物罪起诉，邓某称自己虽然知道野生动物受到法律保护，但由于是在公开网站通过合法渠道购买，所以自己并不知道所网购的是珍贵、濒危野生动物制品。此时，邓某虽然知道法律禁止买卖濒危野生动物这条抽象的法律规范，但却没有将法律规范与自己所实施的购买"羊角粉"的行为对应起来。

前述具体的不法与抽象的不法相分离的现象之所以在生态环境犯罪中比较突出，原因在于生态环境犯罪伦理性弱，行为规范的边界并不像杀人、强奸、抢劫这类自然犯那样清晰。濒危野生动物也与家禽不同，并不为普通国民所熟知，因此一般人对行为对象和具体不法行为的识别能力较弱。珍贵、濒危野生动物种类繁多，一般人不可能熟知其名称、类型、性状，即使有一定了解也难以将眼前所见动物与濒危野生动物对应起来。例如，中华蛩蠊长约 10 毫米，从外观看与普通双尾昆虫无异，但却是国家重点保护的一级濒危野生动物，猎捕或踩死都将领刑。此时具体的不法与抽象的不法相分离就容易产生问题，假如前述网购案中的邓某如能将所购"羊角粉"与《国家重点保护野生动物名录》中的藏羚羊对应起来，相信邓某也不会实施该行为。然而，实践中却屡屡出现具体不法与抽象不法相分离导致的难题，这就引出一个在生态环境刑法的重要问题：即当行为人并不欠缺法规范意识但由于行为对象专业而复杂，结果导致行为人对行为对象的性质难以准确认识时，对其行为（行政犯中的行为）的评价是否应当异于自然犯中的行为的评价？对此问题，本书认为：其一，前述问题本质上是故意的认定和违法性认识可能性有无的判定问题，通常情况下，具体的不法与抽象的不法相分离并不足以影响行为的性质，只有当行为人没有可能认识到行为违法时才阻却其责任。例如，在合法公开的网购平台购买物品，通过其购买的数量、价格、频次基本能判断其对所购物品的认识情况，如果购买人确实没有认识到所购物品系濒危野生动物制品则阻却故意；如果当事人的确没有认识到行为违法的可能性（如语言障碍），则因不具有违法性认识可能性而阻却责任。其二，前述问题本质上是可以通过普法宣传来解决的问题。比如，可以在网购平台、国家森林公园入口展示可能出现的珍贵、濒危野生动物或动物制品音视频、图片和文字介绍，以提醒行为人注意自己的行为，用家喻户晓的"河南大学生掏鸟获刑案"进行普法教育，[1]也有助于解决前述问题。

第五节　生态环境刑法与责任主义

一、生态环境刑法应否放松责任主义

由于生态环境犯罪结果的发生往往具有多因一果的特点，取证难、归因和归责难。因此有一种放松生态环境刑法对责任主义要求的声音，主张在生态环境刑法的归责问题上参考民法上的无过错责任或参考英美刑法的严格责任。这虽然是一种实践中的呼声，但得到了学界一定程度的响应，因而值得重视和讨论。前述放松责任主义，采纳无过错责任或严格责任的主张，意味着即使行为人并无主观上的故意或过失，也可能因环境损害被追究刑事责任。本书不赞成上述主张。生态环境犯罪因果关系复杂归因困难并不应当成为放松责任主义的理由，过于宽松的责任标准会使行为人面临无法预见的法律后果，从而导致司法不公。

在生态环境刑法领域，关于责任主义、无过错责任或严格责任之间的讨论尤为重要，具有很强的现实意义。本书将批判放松责任主义的主张，并论

---

〔1〕　观察我国法治实践，醉驾入刑后的大量真实案例成为最好的普法教材，使一般人认识到"醉驾"已不再是行政违法而构成犯罪。此外，生态环境犯罪领域的"河南大学生掏鸟获刑案"几乎家喻户晓，具有很好的普法价值。其基本案情为：河南郑州大一学生闫某天和朋友王某军暑假期间在老家村口先后掏了两窝"小鸟"（其实为国家二级保护野生动物）共16只，出卖后获利1080元，法院以非法收购、猎捕珍贵、濒危野生动物罪一审判处闫某天有期徒刑10年零6个月、王某军有期徒刑10年，并分别处罚金10 000元和5000元。二审法院对一审判决予以维持。当然，其量刑的妥当性也引起社会关注。

述生态环境刑法应坚持责任主义的理由。

在世界范围内尤其在大陆法系国家，责任主义是刑法普遍明文规定的基本原则，也称罪责原则、责任原则。"在德国，责任原则（Schuldgrundsatz）被视为刑法责任的决定性的主观前提条件。"[1]日本的前田雅英教授进一步认为："对于实施了违法行为的人，要进一步判断是否存在主观上的情况，使得对其施加达到处罚程度的谴责成为可能，这一判断是责任论的实质。"[2]与责任主义被普遍采用不同，客观责任、严格责任仅在例外情形下存在。例如，在法国，客观责任并非原则，只有在法律有特别规定时才可适用，且该国实务倾向于认为至少有过失才可以适用刑罚。瑞士、丹麦、北爱尔兰、意大利、比利时、卢森堡等少数欧洲国家也要求须证明被告人实施了实质的违法行为并至少具有过失，才构成生态环境犯罪。至于德国、日本、瑞典则实行更加严格的责任原则，对生态环境犯罪不采取严格责任。

即使在美国，严格责任（strict liability）也并没有作为一般性的刑事制裁归责根据，而仅仅规定在个别法规中，构成生态环境犯罪至少需具备过失。

就司法实践而言，责任主义具有自由保障机能，对刑法适用具有重要意义。由于生态环境犯罪属行政犯，不像自然犯那样具有高度的伦理性，也因此，一个行为是否构成犯罪一般人有时难以通过道德观念判断，这会让国民在这一领域变得不自由，没有责任主义会让刑法更容易侵入自由的空间。例如，捕杀麻雀是否属于犯罪，在认识上曾发生过反复，导致不少国民不能准确判断麻雀是否属于保护动物。麻雀曾经是"四害"之一，国民被广泛动员起来捕杀麻雀。[3]这场捕杀运动让麻雀在当时险些绝迹，这给国民的感觉是，麻雀不是刑法的保护对象。可是，后来政策调整，麻雀不再是当年的害虫形象，摇身成为非法狩猎罪的保护对象，许多人因捕杀麻雀被追究刑事责任，有数据显示，近五年，因捕杀麻雀被判处非法狩猎罪的仅一审刑事判决书就有 600 余份，判决书涉及我国 27 个省、市、自治区和铁路运输法院。究其原因，国民对捕杀麻雀的性质存在认识误区是主因之一。因为生态环境犯罪立

---

〔1〕［德］汉斯·海因里希·耶赛克、托马斯·魏根特：《德国刑法教科书》（下），徐久生译，中国法制出版社 2017 年版，第 490 页。

〔2〕［日］前田雅英：《刑法总论讲义》，东京大学出版会 2006 年版，第 196 页。

〔3〕1958 年 2 月 12 日，《关于除四害讲卫生的指示》提出要在十年或更短时间内，消灭苍蝇、蚊子、老鼠、麻雀。当时为消灭麻雀几乎动用了能想到的方式，大量麻雀被捕杀。

法大量使用空白构成要件，将构成要件的内容指向"违反国家规定"，刑法本身并不直接规定禁止性规范，一般人即使阅读刑法也难以了解行为规范的全部内容，而环境法规数量庞大，一般国民难以准确查找需要的行为规范，加之绝大部分生态环境犯罪与伦理的相关性很弱，使得一般人如果不依赖精准的法律文本，就会对违法性内容认识不清。

责任主义松弛可能导致无意为之的行为人受到不公正的处罚。案例一：M化工厂因设备老化发生硫酸泄漏，造成严重环境污染。若M化工厂已履行注意义务与结果回避义务只是由于设备老化事故仍然发生。在此情况下，对该厂适用严格责任或无过错责任会导致不公平的惩罚。坚持责任主义，要求检察机关严格审查责任的要素，准确反映行为人的主观态度和责任。案例二：N企业排污造成环境污染，若该企业能够证明其不具有故意或过失，并已采取了合理的排污控制措施，则可以排除其刑事责任，该处理方式能够确保受刑罚处罚的是真正有责任的行为人。

在本书看来，在生态环境犯罪的有责性问题上，仍应坚持古典的责任主义，不应为了迁就取证而放弃责任主义的自由保障底线。尽管无过错责任或严格责任的引入可以在一定程度上简化生态环境犯罪的认定，但却可能导致对无意为之之人不公正的处罚，坚持责任主义是保障人权、确保法律公正的"底线"。

不但如此，由于我国刑法并未明文规定责任主义，责任主义更多停留在理论认识层面，司法实践贯彻不到位。鉴于生态环境犯罪在犯罪对象认识上的特殊性和违法性认识上的特殊性，非常有必要通过责任主义对生态环境刑法的解释适用进行指导，并合理限制处罚范围。

二、生态环境刑法如何贯彻责任主义

（一）将责任主义明确写进刑法，用法律固定下来

实践中，由于取证困难等原因，责任主义已有明显松动。例如，A是生产企业，B是租赁企业，B明知排污设备不合格仍然租赁给A工厂使用，结果造成环境污染，原本只应当追究B企业污染环境罪的刑事责任，因为A工厂对设备不合格并不明知，如果要追究A工厂的刑事责任就会违背责任主义。但实践中责任主义的贯彻却并不严格，使刑事责任范围不当扩张，未来修法

时，宜将责任主义的表述明确写进刑法，用法律形式固定下来。

在生态环境刑法中贯彻责任主义，将其明确写进法律，能够为司法实践提供明确的指导原则，该做法具有重要的意义和价值。其一，确保法律公平公正。通过在法律中明确责任主义，可以确保生态环境犯罪的认定符合罪责法定原则，即只有具有责任的行为人才能被追究刑事责任，这避免了对无主观过错行为人的不公正处罚。与此同时，明确规定责任主义能够防止刑罚滥用，确保对行为人的处罚与其责任程度相符，避免对企业或个人的过度惩罚。其二，能够更好指导司法实践。在法律中明确责任主义，为司法机关提供了统一的判断标准，指导法官和检察官在生态环境犯罪案件中准确评估行为人的罪责，提高法律适用的一致性，减少审理生态环境犯罪案件时的争议。其三，增强法律的透明性与可预见性。明确规定责任主义能够提高法律的可预见性，使行为人能够清楚地了解到，哪些主观要素支配下的行为会导致刑事责任，从而更准确地预见自己行为的后果，更好地遵守法律。

将责任主义写入刑法并用法律形式固定下来，可以通过以下几种途径：其一，在刑法基本原则中增设责任主义原则的专门条款，与罪刑法定原则并列。可表述为：追究刑事责任以责任为基础，无责任则无犯罪，无责任则无刑罚，刑事责任的大小应当与责任大小、主观过错程度（即行为人对行为及后果的主观态度）相适应。贯彻责任主义原则有助于预防"结果责任"，避免无责而归责的情形发生。其二，通过总结司法判例形成指导性案例，规范责任主义及其要素在司法实践中的应用。尤其是在重大环境犯罪案件中，法官可以在判决理由中明确点出追究刑事责任（包含定罪与量刑）所基于的责任主义原理和责任要素，以引导责任主义的正确适用。

（二）完备生态环境犯罪中的责任要素

对责任要素包含哪些内容的不同回答，是区分心理责任论和规范责任论的重要标准。日本大塚仁教授认为，根据对责任因素的理解方式的不同，可以区分心理责任论和规范责任论。心理责任论将责任的实体理解为行为人的心理关系，根据其心理关系的不同，将责任形式分为故意和过失，行为人在具备责任能力以外还具备故意或过失时就可以向其追究刑事责任，这种观点从 19 世纪到 20 世纪初居于支配地位。后来出现的规范责任论则将期待可能性

(Zumutbarkeit) 也作为责任的要素。[1]在今天看来，生态环境犯罪中的责任要素包括责任能力、故意、过失、违法性认识可能性、期待可能性，这点已无争议。

1. 责任能力

关于责任能力、在德国刑法学界，有一种将责任能力视为违法性的前提的主张，代表学者有麦克尔、冯·费尔奈克（Hold von Ferneck）、格拉夫·Z. 多纳、科尔劳斯。[2]这是一种将违法性与责任混同的违法性理论，不代表不法、责任分离的犯罪论体系发展方向。在德国，还有一种认识，认为"责任能力不是对行为的主观反映，故而不是罪责的组成部分，而只是承担罪责的'前提'"。[3]本书认为，主张责任能力是责任的前提并没有错，但责任能力在程度上有大小之分，尤其是我国《刑法》第 16 条、第 17 条的规定表明，不同年龄负刑事责任的范围、程度、大小不同，这表明，仅将责任能力定义为责任的前提是不够的，应当同时考虑责任能力不同（年龄、精神状态）对责任轻重、大小的影响，这决定了对行为人可谴责的程度大小。所以，在这个意义上来说，本书既赞成将责任能力是责任的前提，又赞成责任能力是责任的要素，而且通过前述分析可以看出，二者也并非对立关系。不但如此，责任能力还是责任的阻却事由，在生态环境刑法中，应当充分考量责任能力对刑事责任的影响，同时将故意、过失条款与责任主义原则相关联，完善心理的责任要素。

2. 违法性认识可能性

违法性认识可能性指行为人有可能认识到其行为违反法律，能够合理预见其行为的违法性，这一内容体现了刑事责任应当建立在行为人有可能认识到其行为违法的基础之上的基本要求。反之，如行为人根本没有认识到其行为违法的可能性，就不可以谴责其行为，这有助于避免对无法预见其行为违法的行为人进行不公平的处罚。关于违法性认识可能性，可以在法律中明确规定，只有在行为人有合理预见其行为违法的可能性时，才构成犯罪。刑法

---

〔1〕 参见［日］大塚仁：《刑法要论（总论）》，成文堂 1993 年版，第 143~144 页。

〔2〕 ［德］李斯特著，施密特修订：《德国刑法教科书》（修订译本），徐久生译，法律出版社 2006 年版，第 198~199 页。

〔3〕 ［德］冈特·施特拉腾韦特、洛塔尔·库伦：《刑法总论 I——犯罪论》，杨萌译，法律出版社 2006 年版，第 203 页。

条文可以表述为："对于本法所规定的犯罪，行为人在实施相应行为时，应当具有认识到其行为违法的可能性，否则不应追究刑事责任。"例如，长期以来，某偏远地区农民一直通过焚烧秸秆的方式清理田地，这也是当地传承已久的农业习惯，在实施行为之前，农民并未接收到任何来自环保机构的明确警示，明示焚烧秸秆是对环境有潜在危害的违法行为。因此，在农民的认知中该行为不违法且无害。关键在于，如果有证据证明由于农民受教育水平低且长期生活在信息不发达地区，对焚烧秸秆的环境危害没有认识且难有机会了解到焚烧秸秆是违法行为，就可以认为农民不具备违法性认识的可能性，该要素可以作为责任阻却事由。

3. 期待可能性

从心理责任论发展到规范责任论的标志是期待可能性的出现。期待可能性是指期待行为人不实施不法行为而实施其他适法行为的可能，反之，如果不能期待行为人实施其他适法行为，就不能对其进行刑法上的非难，因而不存在刑法上的责任。"即所谓的心理责任论以故意、过失、责任能力等心理事实被理解为责任的实体，而规范责任论则是在刑法上的责任可以期待合法行为的规范判断成立时，即使具备这样的心理事实，在没有期待可能性的情况下也主张没有责任。"[1]期待可能性不仅存在有无的问题（阻却责任），还存在程度的问题（减轻责任），可以在刑法中规定有关期待可能性的条文，如规定：第X条：因客观原因导致行为人无法实施适法行为，且社会通常无法合理期待其在当时实施适法行为的，行为人不承担刑事责任。如果行为人具备部分期待可能性但因客观因素受到限制，且能够部分实施适法行为的，依法可以减轻处罚。案例一：期待可能性阻却责任案。W小村庄位于山谷中，冬季唯一取暖方式是燃烧木材。在冬季异常严寒天气下，由于当地政府未能及时提供取暖设备，村民在没有其他取暖方式情形下大量砍伐林木获取燃料。尽管砍伐森林在法律上被禁止，但面对严峻的自然条件，村民缺乏其他取暖方式且政府未提供帮助，此时村民无其他合法选择来保障基本的生存权利，要求村民为了守法而挨冻缺乏期待可能性，故村民砍伐林木不构成犯罪。案例二：期待可能性降低减轻责任案。突如其来的洪水威胁到Y工厂的设备安

〔1〕 ［日］林干人：《刑法总论》，东京大学出版会2008年版，第42页。

全，为避免化学物品混合引发爆炸并避免更大范围设备损坏，工厂管理者在紧急情况下将化学物质排入河流，由于时间紧迫，未能像平常那样按照环保要求通过排污系统提前处理和控制化学物质的排放，结果未能避免环境污染。在前述面临洪水的紧急情况下，难以完全期待工厂管理者采取更有效的环保措施，应认定其期待可能性降低，依法减轻其责任。当然，紧急情况下如判定工厂完全没有采取有效环保措施的可能性，则应认定其不具有期待可能性。

完善责任能力、违法性认识可能性、期待可能性具有重要价值。首先，有助于增强法律的可预测性，使国民能够准确认识法律边界，从而更加谨慎，避免犯罪。其次，明确责任要素能够保障个体在守法前提下享有更大的行为自由度，尤其是在合法与非法的边界处获得更多法律自由。此外，完善责任要素还有助于实现刑法正义，通过区分行为人的主观状态、能力及客观条件，避免对无辜者或在不可避免情势下犯错者的过度惩罚。

第九章

生态环境刑法的犯罪类型

德国海涅（Heine）教授认为，根据与保护法益侵害的关系，环境犯罪的规制方式可分为公共危险犯或古典危险犯、环境结果犯、抽象环境危险犯，日本山中敬一教授在其基础上增加了形式犯。[1]本书在其基础之上，将生态环境刑法犯罪类型分为形式犯与实质犯、侵害犯与危险犯、具体危险犯与抽象危险犯、累积犯加以讨论。

第一节　形式犯与实质犯

一、形式犯与实质犯的理解

关于形式犯与实质犯的理论分类，一般认为，"从法益的观点来看，犯罪将以法益的侵害、危险为要件的犯罪区分为'实质犯'（侵害犯、危险犯），与不将其作为必要条件的'形式犯'区别开来"。[2]

日本刑法存在形式犯的概念，日本学者认为"所谓形式犯，例如，是指'取得驾照的人在驾驶汽车等时，必须携带……驾照'（日本道路交通法第95条1项）的命令在形式上违反就成立，甚至不需要发生侵害法益的抽象危险的犯罪"。[3]虽然不携带驾照并不意味着驾驶技术会变差但仍然要受到处罚，其处罚根据并不是根据是否对公共安全形成抽象的危险而仅仅因为单纯违反了行政命令，因而受到质疑。在德国，卡尔·宾丁认为犯罪的根据不是单纯的违反法令，而是侵害了法益，否则就不能成为犯罪，必须对形式犯进行限

---

〔1〕　参见［日］山中敬一：《德国环境刑法的理论与构造》，载《关大法学论集》1991年第41卷第3号，第516页。

〔2〕　［日］长井圆：《未来世代的环境刑法2》，信山社2019年版，第56页。

〔3〕　［日］大谷实：《刑法总论》，成文堂2001年版，第67页。

制以保障国民的权利、自由。[1]形式犯与实质犯的分类虽然在理论上存在较大争议，但其作为立法现象客观存在，例如，《日本大气污染防止法》第6条第1项、第34条规定了有关设置"烟雾发生设施"的申报义务和刑罚，如违反该义务不申报或虚假申报，即使并未直接造成环境污染结果或现实紧迫的危险，也依然具有可罚性。其逻辑是，如果该设施存在缺陷，则其用于作业可能违反有关排放标准，如果认为此时是既遂，则申报就相当于预备，其处罚依据类似于没有取得驾驶证就不能驾驶汽车。

前述观点问题在于，虽然按照要求为防止大气污染应进行申报却没有申报，但这并不等于一定会造成污染，未进行行政申报仅仅是一般行政违法行为，只有当不申报行为与污染结果相结合才会被认为侵害了法益，或者当该行为对法益形成了紧迫的危险时，才可以被认为构成了生态环境犯罪。

站在法益侵害说的角度，任何构成犯罪的行为都是对法益的侵害或者威胁，至少对法益形成抽象的危险是构成犯罪的最低要求，在这个意义上，所有的犯罪都是实质犯，形式犯没有存在的余地，因而本书否认所谓形式犯的概念。

二、本书立场

本书虽然并不赞成形式犯的前述逻辑，但却并不反对实质犯与形式犯的理论分类。因为只有在理论上深刻剖析形式犯的缺陷所在，首先在观念上对形式犯的问题形成共识，才能遏制形式犯对立法的侵蚀。

形式犯最大的问题在于脱离法益侵害（或危险）这个犯罪本质来讨论犯罪的类型。例如，日本有所谓不携带驾照罪，被认为是形式犯的典型，该罪受到质疑和批评的最大理由是虽然没有携带驾照但并不意味着驾驶技术会变差，对公共安全、人身、财产法益不会产生具体的危险，处罚这样的行为只不过是因为其单纯违反了行政法规，通过行政法进行规制足矣，完全没有必要作为犯罪处理。必须指出，形式犯的思维常常体现在生态环境犯罪的立法和司法实践中。例如，N未经特定行政程序，将自然枯死的马尾杉加工成制品出售，从形式上看已该当了危害国家重点保护植物罪中"违反国家规定"

---

[1] 参见［日］长井圆：《未来世代的环境刑法2》，信山社2019年版，第30页。

"非法加工""非法出售"的行为，似乎已可定罪。但冷静反思，却发现该罪法益所保护的珍贵植物资源并未受到侵害因而不应当构成犯罪，但如果只是很形式化地理解法条中的要素，则必然不当扩大处罚范围，这是脱离"犯罪本质是法益侵害"这个实质判断标准的所谓的形式犯思维所存在的最大问题。

同样的，在环境案件中，对于未申报、未许可的行为未造成特别的环境负荷时，不应当做犯罪处理。长井圆教授也指出，将前述行为当作犯罪是将单纯不服从行政规制的行为作为了形式犯，其举出德国将该行为认定为不可罚（无罪），以避开行政从属犯（法定犯）的短处的案例进行论证。[1]因为，犯罪的本质是侵犯（威胁）法益，而不是维护抽象的道德价值或者行政管理秩序，对后者予以行政处罚足矣。

由于形式犯概念的存在能够映衬实质犯的合理性，因此，本书只是不赞成形式犯背后的法理，但却主张通过研究形式犯来揭示其重大缺陷。从这个角度来说，研究和批判形式犯背后蕴含的学术价值和实践意义远远大于简单否定与禁止使用形式犯这个概念。

第二节　侵害犯与危险犯

刑法理论认为，"实质犯可以分为以法益遭受现实侵害为内容的'侵害犯'（如杀人、盗窃等众多犯罪），以及以发生法益侵害危险为内容的'危险犯'"。[2]

一、违法性本质和生态环境犯罪的侵害犯与危险犯

在违法性的本质问题上，存在结果无价值论与行为无价值论的对立。侵害犯所要评价的是结果的无价值，侵害犯是典型的与结果无价值论对应的犯罪类型。对于危险犯当中的具体危险犯而言，由于其也以具体危险的发生作为构成要件要素，因此，在这一点上，也被认为是依托于结果无价值的犯罪类型，在侵害犯和具体危险犯的场合，结果无价值论被认为最具有解释力。

〔1〕　参见［日］长井圆：《未来世代的环境刑法2》，信山社2019年版，第43页。
〔2〕　［日］曾根威彦：《刑法学基础》，成文堂2001年版，第85页。

然而，生态环境犯罪的特殊性在于，无论是采用侵害犯还是具体危险犯的立法类型，都面临行为与污染结果（具体危险）之间的因果关系或客观归责的证明难题，这个难题使得许多国家生态环境刑法立法在侵害犯、具体危险犯之外选择了抽象危险犯立法模式，表现在：①降低了结果要素在构成犯罪中的重要性，更加看重行为本身的危险性；②将生态环境犯罪的法益设定为污染环境行为本身的无价值性（对法益造成危险），即使没有对人的生命、身体、健康等传统法益造成实害，只要在抽象上认为对水体、土壤、大气造成一定的具体的危险，甚至是单纯地违反环境管制行政法规的行为，也会被认为具有抽象的危险。

对抽象危险犯而言，侧重于更加看重行为本身的无价值，虽然对于抽象危险犯而言，也应当在具有侵害环境法益的现实危险之下，即结果无价值的场合下，才成立生态环境犯罪。因为抽象危险犯中的抽象危险是拟制的要素，是允许进行反证的，如不能反证才可以推定抽象危险的存在，反之，则不能认为存在抽象的危险。例如，X 企业生产产品时附带产生某弱碱性固体废物，该企业未经有关部门许可，将固体废物运往无人区倾倒、填埋，经过环境科学程序鉴定该区域土壤呈酸性，往其上倾倒、填埋弱碱性物质对该区域土壤不会造成客观侵害。鉴定意见支持 X 企业的辩护理由，即使认为污染环境罪中"倾倒、处置"固体废物的行为属于抽象危险犯，也应当允许对这一拟制过程进行反证。以此为基础，如果通过环境科学实验得出反证结果，证明不会产生环境污染的具体的、紧迫危险，就不构成生态环境犯罪。当然，未经许可的行为违反了环境行政法，可以进行行政处罚。也就是说，对这类抽象危险中"危险"的判定应当允许反证，如果反证成立则不构成犯罪。

对前述拟制与反证逻辑进行法理分析，如果基于结果无价值论的立场，可以认为生态环境犯罪的抽象危险犯并不是一概不要求判断危险是否存在，而是在承认拟制的前提下允许对个案中的情形进行反证，如果判定行为当时根本不存在任何危险，即使该情况属少数也不能认为存在紧迫的危险。因为即使是抽象的危险犯其成立要素也并非不要求危险，而是其危险与行为同时发生，因此危险的判断也可以说是对行为本身危险性的判断。国外学者认为"就所谓抽象危险犯的情形，如果实施了行为，一般来说危险会同时发生，因此也可以说处罚的是具有危险的行为。但是，极少数情况下，即使实施了行为，也可能完全没有发生危险"。〔1〕这更证明，即使是对于被拟制的抽象的危险犯，也是允许进行反证的，如果反证成立，则不构成抽象危险犯。

当然，前述认为生态环境犯罪抽象危险犯中的抽象危险是拟制的要素这一理解，并非没有缺陷。从罪刑法定主义、责任主义的要求出发，前述拟制并不妥当，对这样的没有侵害法益（或威胁法益）的行为科处刑罚，显然是不妥的，因为本质上所谓的形式犯只满足行政处罚的条件，在生态环境犯罪类型中应当绝对排除形式犯的存在。

二、生态环境犯罪中侵害犯与危险犯的界分及其特殊性

对实质犯进一步分类，可以分为侵害犯与危险犯。"以侵害法益为内容的犯罪称为侵害犯，以发生法益侵害危险为内容的犯罪称为危险犯。"〔2〕本书对危险犯的理解与国内权威教科书对其含义的界定不同，国内教科书一般认为，危险犯是指"以行为人实施的危害行为造成法律规定的发生某种危害结果的危险状态作为既遂标准的犯罪"。〔3〕本书所指危险犯是就成立犯罪的情形而言，并非就既遂标准而言。根据《日本大气污染防止法》第3条、第13条、第33条之二的规定，违反一定的排放标准即视为对法益形成危险，对违反者可直接进行处罚而无需要求实害结果出现。

由于侵害犯和危险犯的区分与法益内容密切相关，因此就具体生态环境犯罪的个罪而言，同一个罪名针对生态学或人类中心的不同法益和构成要件，可能出现结果犯（针对人类中心的法益或生态学的法益）、具体危险犯（针对生态学的法益）与抽象危险犯（针对人类中心的法益）并存，或者危险犯（针对人类中心的法益）与侵害犯（针对生态学的法益）并存的情形。这是生态环境犯罪"双重法益"在犯罪类型上与一般犯罪最大的不同之处。当然，这种根据法益划分犯罪类型的方式在危害公共安全罪中也理论上存在。例如，如果将放火罪的法益视为对财产的损害则放火罪是针对财产的危险犯，如果将放火罪的法益理解为公共安全则放火罪属于针对不特定多数人的生命、身

〔1〕［日］林干人：《刑法总论》，东京大学出版会2008年版，第106~107页。
〔2〕［日］林干人：《刑法总论》，东京大学出版会2008年版，第106页。
〔3〕高铭暄、马克昌主编：《刑法学》（第3版），北京大学出版社、高等教育出版社2007年版，第162页。

体、财产的危险犯。但从立法将放火罪纳入危害公共安全罪来看，按照体系的解释应当将放火罪的法益理解为针对不特定多数人的生命、身体、财产的危险犯，如果放火对人的生命、身体、财产造成了具体的损害结果则在已构成危险犯的基础上加重处罚，或者构成法定刑升格的情形。

而生态环境犯罪的不同在于，针对同一个犯罪可能同时是危险犯或侵害犯。例如，就污染环境罪而言，可以存在以下两种情形。第一种情形：如果以对人的生命、身体、健康造成实际侵害作为该罪的保护法益，则没有造成前述实际损害的不构成污染环境罪，此时该罪是侵害犯；反之，如果只要求对空气、水质、土壤等环境媒介形成实害或具体的危险就构成犯罪，则该罪针对生态学的法益是侵害犯或具体危险犯，针对人的生命、身体、健康的保护则属于抽象的危险犯。这在理论上可以被理解为对生态环境保护的早期化，避免保护过晚所带来的生态环境损害不可逆、修复成本高的问题。

第三节　具体危险犯与抽象危险犯

一、具体危险犯与抽象危险犯的分类标准

在德国学者看来，如果对危险犯进一步分类，大体上可以把危险犯分为具体的危险犯与抽象的危险犯。[1]日本学者也认为，危险犯可以进一步细分为具有发生法益侵害的高度可能性且以发生危险为构成要件要素的"具体危险犯"，以及只要具有侵害法益的可能性就够了，没有将发生该种危险作为构成要件要素的"抽象危险犯"。[2]可见，虽然对危险犯的分类存在不同认识，但总体上将危险犯分为具体危险犯与抽象危险犯这点已形成了共识。

关于具体危险犯与抽象危险犯，从形式上看，刑法条文要求以发生危险作为犯罪成立条件的是具体危险犯，刑法条文不要求以发生危险作为犯罪成立条件的是抽象危险犯。一般而言，我国刑法分则条文中"足以发生……危险""危害公共安全"的表述是典型的具体危险犯，而抽象危险犯则一般只

---

〔1〕　参见［德］克劳斯·罗克辛：《德国刑法学总论——犯罪原理的基础构造》（第1卷），王世洲译，法律出版社2005年版，第274~281页。

〔2〕　参见［日］曾根威彦：《刑法学基础》，成文堂2001年版，第85页。

有行为类型并不附加上述类似表述，例如，"盗窃、抢夺枪支、弹药、爆炸物的""醉酒驾驶机动车的""武装掩护走私、贩卖、运输、制造毒品的"就属于抽象危险犯。然而，与法条文字的形式表述不同，在实质上，"与这种形式上的区别相对，实质上应认为，具体危险犯要求出现法益侵害的现实的、具体的危险，而抽象危险犯只要求出现法益侵害的抽象的危险就足够了"。[1]

对具体危险犯而言，判定标准是依据行为是否实际造成危险，即行为的危险性是否已经具体化为现实中的风险。例如，S 工厂生产过产生大量有毒废物，为节约成本，工厂决定在夜间将废物倾倒在附近的一个空地上，废物累积达到一定数量标准。该情形下，虽然尚未有居民因饮用污染水而直接受害，但如果制定倾倒废物的行为本身已经对环境和居民健康形成了现实的、具体的危险，则构成具体危险犯。然而，抽象危险犯是法律拟制的产物，一般情形下所谓"抽象危险"属于不需要实际判断的内容。这类犯罪着重于行为本身潜在的危险性，而不必去具体判断危险是否存在，更不要求结果实际发生。基于对这些行为的潜在危险性的评估，法律通过设定特定的行为标准，直接将某些行为规定为犯罪，以下是抽象危险犯与具体危险犯的比较。

比较项目	抽象危险犯	具体危险犯
危险判断	不需实际判断是否存在危险	需要判断是否存在具体的危险
结果要求	不要求实际结果发生	须存在实际的、具体的危险
法律性质	法律拟制，原则上实施行为本身即构成犯罪	需根据行为导致的实际情况来具体判断
行为判断	侧重行为本身的潜在危险性	侧重行为导致的具体危险

为说明抽象危险犯，特举出如下案例。T 企业违反国家规定，在 C 市饮用水水源保护区倾倒、处置含有传染病病原体的废物。即使倾倒、处置行为并未对环境和人身造成实际损害，但由于在水源保护区实施倾倒、处置含有传染病病原体的废物的行为，原本就具有极高的危险性，对生态环境和公众

---

〔1〕 ［日］前田雅英：《刑法总论讲义》，东京大学出版会 2006 年版，第 102 页。

健康造成潜在的威胁，刑法不会等到实际侵害结果已发生才介入对法益的保护，而是将上述行为直接规定为抽象危险犯，对具有高度危险性的行为进行刑法规制以实现对生态环境的提前保护。

与之不同，具体危险犯在判断标准上强调行为的现实危险性，即行为是否可能造成特定的具体损害。生态环境犯罪中，具体危险犯通常涉及需要具体判断的、极有可能实现的环境损害，如有毒废物泄漏导致的健康风险。而抽象危险犯的判断标准则侧重于行为本身的潜在危险性，即使没有具体损害发生，只要实施了法律上推定具有普遍危险的行为，仍可认定为犯罪。在生态环境犯罪中，抽象危险犯主要指那些因违反环保标准而有潜在危险的行为。总之，具体危险犯关注实际损害，需要具体判断，而抽象危险犯则侧重于行为的潜在风险，不需要具体判断。

实害犯是生态环境犯罪中最为传统的犯罪类型，后来出于规制无实害结果但对法益具有危险性的行为类型，立法规定了具体危险犯与抽象危险犯，尤其是伴随科技发展产生了扼制新型生态环境犯罪的需求，但存在因果关系证明难的问题。生态环境犯罪采用抽象危险犯规制模式成为一种不可避免的立法模式，生态环境犯罪抽象危险犯的主要问题并不在于是否违反责任主义或无罪推定原则，而在于客观方面如何评价法益侵害性。例如，工厂非法排放、倾倒、处置危险废物 3 吨以上是否一定具有法益侵害性？是否考虑土壤酸碱度等倾倒场所实际情况？对"危险行为"的评价是否集中在单纯的客观不法方面而与责任主义无关？与此同时，如果承认抽象危险犯的"危险"是立法的拟制，那么是否允许通过"专家论证""鉴定意见"等对例外的情形进行反证？本书认为，生态环境刑法是建立在环境科学基础之上与自然科学联系紧密的学科，一个命题在科学上是否有意义，应当通过其是否具有反证的可能性来确定。无论是哥白尼提出"日心说"推翻主导欧洲人宇宙观长达一千四百年的由克罗狄斯·托勒密提出的"地心说"、爱因斯坦结合空间、时间提出的"四维时空"以否定牛顿提出的"三维空间论"，还是观察者在大洋洲发现"黑天鹅"从而推翻"所有天鹅都是白色的"这一命题，都是通过在科学上理性验证命题并证伪而实现的。"科学研究之历史，就长期间而言，乃系一连串'认错'的历史，伟大的科学家经过不断的发现与验证，固然作出了伟大的发现，亦常犯下伟大的错误，此皆有赖于科学具有'反证可能性'，才能致此。"〔1〕德国的拉伦茨认为，"法学上的拟制是：有意地将明知为不同者，等同视之"。〔2〕既然实质上并不等同，就应当拟制在本质上是法律推定，按照德国科殷的观点，过去19世纪的理论认为法制完美无缺，但迄今观念已不同，一旦法律出现漏洞，可以通过类推的结论或通过反证来加以弥补。〔3〕生态环境犯罪中抽象危险犯立法也是建立在当下自然科学对生态环境的认知基础之上的，这种"认知"不可能永远正确、永恒不变，科学的进步必然不断挑战和突破这种"临时正确的认知"，因此，这种基于"临时正确的认知"基础之上的立法推定相当于德国魏德士教授所称的"可以驳回的推定"。他在《法理学》中说，"可以驳回的推定（widerlegbare Vermutung）或曰'简单'的推定是分配陈述责任（Darlegungslast）与证明责任（Beweislast）的立法技术工具。如果想要反驳它，就要承担证明的风险。"〔4〕而该反证如果成立，在法律效果上则是驳回或推翻了过去的所谓推定。

二、生态环境犯罪中抽象危险犯问题辨析

抽象危险犯真正的问题在于立法者可能创设一种与法益保护无关的犯罪类型，通常存在于形式犯、法益松弛或者处罚单纯违反行政命令行为等场合。

前述担忧应当说有一定合理性，其所称"形式犯"其实是一种脱离法益的"犯罪类型"，其担忧点在于生态环境犯罪的抽象危险犯可能导致立法者创设与法益保护无关的犯罪类型，或将不具有实际危险的行为纳入处罚范围，通常是将纯粹违反环境行政命令的行为作为刑事犯罪，从而造成法益保护的松弛。这点从生态学法益内容抽象可得到印证，生态环境犯罪的保护法益涉及对未来世代利益和整体气候等抽象法益的保护，立法可能将一些缺乏现实危害性的行为纳入处罚范围，导致法益抽象化和保护范围扩张。与此同时，抽象危险犯容易将一些仅仅违反行政规范的行为纳入刑事处罚范围，从而创设一种与法益保护无关的"犯罪"类型，或者说创设若干种脱离人身、财产

〔1〕 杨仁寿：《法学方法论》（第2版），中国政法大学出版社2013年版，第17页。
〔2〕 ［德］卡尔·拉伦茨：《法学方法论》，陈爱娥译，商务印书馆2003年版，第142页。
〔3〕 参见［德］H.科殷：《法哲学》，林荣远译，华夏出版社2002年版，第222~223页。
〔4〕 ［德］伯恩·魏德士：《法理学》，丁晓春、吴越译，法律出版社2013年版，第64页。

传统法益的抽象法益，将单纯违反环境行政命令的行为纳入处罚范围（即处罚所谓形式犯），导致法益松弛。

然而，前述的担忧在某种程度上来说或许也没有必要，或者说其担忧不是没有办法解决，因为其忽略了抽象危险犯旨在防范潜在生态环境风险的机能。生态环境问题的复杂性和潜在危险性要求法律突破传统结果犯的框架，反思仅仅依据实际侵害结果认定犯罪的传统模式，可以认为，抽象危险犯是一种不得不采用的立法类型。其实，真正的问题不在于是否承认抽象危险犯本身，而在于如何理解"对法益造成危险"的标准，如何避免将不具有抽象危险的行为纳入处罚范围。换言之，抽象危险犯的关键在于基于自然科学制定合理的标准来界定行为是否具有潜在危险，避免将纯粹的形式犯当作为犯罪处理。应当承认抽象危险犯在生态环境保护中的重要性，尤其是在预防潜在生态环境风险方面的作用。

当然，在承认抽象危险犯对生态环境犯罪规制的积极的一面的同时，也应当对生态环境犯罪中的抽象危险犯进行适度规范。

一方面，应在立法中引入科学评估机制并避免形式犯立法。针对行为对未来世代和整体生态利益的抽象危险，以环境科学为基础制定相应评估标准，让标准既有自然科学基础又合理兼顾价值评判。环境哲学的研究告诉我们，"标准制定已被证明是一个价值导向的过程，需要专家和规范判断。从风险评估开始，标准制定的每一步都包含价值选择。这些选择包括如何评估工业活动的经济效益、是否权衡风险与效益，以及在制定标准时应如何规避风险。"[1] 既无法离开价值判断，那么构成抽象危险犯的"严重污染环境"的入罪标准就需要以环境科学实验数据为基础，兼顾科学基础与价值判断，并且，入罪标准应当随着科学技术的发展而适时修订，以确保刑法能适应科学技术的发展。与此同时，还要避免形式犯立法，正如日本学者所主张的，应当将连对法益的抽象危险都欠缺的"形式犯"（也被称为"单纯行为犯""单纯不服从犯"）从刑法中排出。[2] 不得将单纯违反行政法而没有侵害（或威胁）法益的行为规定为犯罪。例如，P 公司未取得环保部门的排污许可证

––––––––––––––––

〔1〕 Dale Jamieson ed., *A Companion To Environmental Philosophy*, Blackwell Publishers Ltd, 2001, p. 338.

〔2〕 参见［日］长井圆：《未来世代的环境刑法 2》，信山社 2019 年版，第 57 页。

（违反行政法），但排放的物质符合国家标准，未对周围环境或公众健康造成实害或危险，若将其作为犯罪处理，则属于形式犯，不能成立。

另一方面，司法实践应重视专家意见，允许对抽象危险犯进行反证。因为抽象危险犯毕竟是法律拟制，这一拟制结论的妥当性有可能随着科学的发展而被突破，或者在个案中面临与自然客观事实相矛盾的"拷问"。因此，应当鼓励引入环境科学、生态学等领域的专家意见，专家提供的科学证据可以帮助判断某行为是否真正具有"危险"。同时，应当允许对结论进行科学反证，通过客观合理评估行为的危险性，帮助法庭做出公正的判决。例如，q 工厂因处置危险废物而被控污染环境罪，由于处置危险废物可能对资源和生态构成威胁，因而被法律拟制为具有危险性。然而，公司聘请了环境科学专家进行检测，结果表明该公司倾倒的危险废物经处置后含有的污染物浓度很低，且排放区特殊的土壤酸碱环境能够自然净化这些微量污染物。专家意见作为反证，表明该行为在客观上不产生法律拟制的"危险"，从而推翻抽象危险犯的法律拟制，有助于个案的正义。

第四节　累积犯

刑法教科书很少提累积犯，在生态环境刑法领域累积犯概念却引起很大关注。1986 年，L. 库伦（Lothar Kuhlen）提出了"累积犯"（Kumulationsdelikte），并将其作为新的犯罪类型。即个别犯罪行为不需要达到法益侵害或危殆化程度，但只要该犯罪行为大量进行，就属于引起法益侵害或危殆化的犯罪类型。[1]可以肯定的是，累积犯不同于刑法中的累犯、惯犯，后二者是针对同一行为人的行为所进行的评价，而累积犯却是对不同的人实施的类似行为进行的评价，生态环境犯罪具有累积效应，因而在生态环境犯罪中讨论累积犯具有意义。

一、累积犯解读

"环境犯罪的特征是，每一种行为都不会造成很大的实际危害，但其累积

---

〔1〕　参见［日］长井圆：《未来世代的环境刑法2》，信山社 2019 年版，第 50 页。

起来会造成全球性的破坏。"[1]对于累积性污染环境现象，传统刑法理论在归责方面存在难题，德国的雅各布斯（G. Jakobs）教授指出，环境损害往往是多次"微小侵害"累积的结果，[2]对此，德国学者库比策尔（Kubiciel）则认为传统法益理论在环境刑法中面临难以描述和归责的困境，这一观点可见于德国学者库比策尔等人的批判性论述。[3]现实问题在于，环境污染往往由大量污染行为累积而成，这使得污染的客观归责变得困难，企业往往基于既然大家都排污也就不在乎多我一个的心理，或者基于排污隐蔽难发现的心态，为降低废水处理成本追逐个人利益而"随波逐流"。为防止污染规模化，一些人认为国家有必要通过刑罚手段禁止上述行为，包括禁止那些在刑法上没有危害的单个行为，目的是避免规模性的环境利用行为导致的累积效应，以最终避免对环境累积产生的侵害。针对结果犯对环境保护过晚过迟，有一些学者认为抽象危险犯是抗制生态环境犯罪的最好手段，可是，这一见解在德国受到一些学者的质疑，认为对环境保护而言，抽象危险犯不是最为靠前的方式，累积犯才是更好的应对方式。1986 年，库伦借用累积犯（Kumulationsdelikt）概念，第一次为《德国刑法典》第 324 条提出了一套完全独立于传统犯罪类型的规范正当性依据与法释义结构，希望能解决累积污染因果关系评价的难题。[4]为了论证累积犯理论的意义，库伦教授举出的案例是：甲住在小溪旁的独栋小屋，该小溪与该地区的排水通道并未连通。甲将自家生活所产生厨余废水直接排放到小溪内。此废水属于有机物可以通过微生物进行分解，不会对水体造成污染。依据客观经验，并考虑河水的容量与流速等，甲向小溪排放厨余废水的行为不会造成水体污染而威胁到人类或动植物的生存条件。针对该倾倒厨余案，如果根据累积犯的逻辑，即使行为人甲倾倒的厨余垃圾可以被水生物分解而不会对水体的品质造成危害，也构成《德国刑法典》第

---

〔1〕 [日] 中山研一、神山敏雄、齐藤豊治、浅田和茂编著：《环境刑法概说》，成文堂 2003 年版，第 61 页。

〔2〕 参见 [日] 川口浩一：《环境刑法总论的基本问题（1）》，载《关西法学论集》2015 年第 65 卷第 4 号，第 1197 页。

〔3〕 参见 [日] 川口浩一：《环境刑法总论的基本问题（1）》，载《关西法学论集》2015 年第 65 卷第 4 号，第 1199–1200 页。

〔4〕 库伦教授针对环境犯罪提出的累积犯概念，被认为不同于抽象危险犯，受到 Hefendel, von Hirsch, Wohlers 等教授的支持。

324 条第 1 项的水污染罪。

　　按照累积犯的逻辑，即使个别行为没有表现出法益侵害的危险性，依旧属于可罚的不法行为。理由在于，假设我们不及时采取刑事手段制裁此种具有危险的行为，那么，可以预见到会有更多的人随之实施同类行为，累积犯的规范目的在于防堵可能发生的"溃堤效应"（Dammbruch），避免发生无法挽回的生态系统崩溃。在累积犯的支持者看来，环境污染法益侵害的结果或危险往往源自众多的污染行为，一般的结果犯、具体危险犯或抽象危险犯似乎难以有效抗制这类累积型犯罪。提出该问题是同德国立法分不开的，《德国刑法典》第 324 条第 1 项规定，擅自污染水体，或其他使水质有害变更的，处五年以下有期徒刑或罚金。然而，有日本学者认为，《德国刑法典》第 324 条的规定不应被表征为新类型的犯罪，累积犯（Kumulationsdelikt）的尝试也是不必要的。[1] 德国实务始终没有从抽象危险角度论证"有害变更"对水体生态功能的影响，而是基于人类或动植物保护立场，倾向于将其理解为一种引起人类或动植物损害的抽象可能性。但这样的解释方法使得污染水体行为的可罚性被提前到结果出现之前，为了避免刑罚扩张带来的问题，德国学者库伦认为在规范技术上有必要在条文中纳入所谓的微量条款，对污染结果的程度和范围进行修正，以此阻却"排放"行为的构成要件该当性。

　　根据前述内容，可以概括出累积犯的概念。累积犯指的是即使个别行为本身并未表现出对法益的实际侵害或危险，但若这些行为累积可能导致法益的严重侵害，也应当被认定为刑事犯罪的一种类型。这是基于累积犯关注的是行为的累积效应和其对法益的潜在威胁，而不仅仅是个别行为的即时影响，累积犯具有以下特征：其一，个别行为的危害性不显著。累积犯的核心特征是单个行为不会立即或明显地对法益造成损害。在前述案例中，甲将厨余废水排放到小溪中，这种行为单独看上去不会导致明显的水体污染。其二，关注累积效应。累积犯关注的是一系列行为的累积效应。即便单个行为的危害性不大，但如果这种行为广泛存在或持续进行，其累积效应可能会对法益造成严重威胁，累积犯的目的是预防这种潜在的危害。例如，甲住在小溪旁，将厨余废水直接排放到小溪中，虽然这种废水能够被水生物分解，并不会立

---

〔1〕 参见 ［日］ 伊东研祐：《环境刑法研究序说》，成文堂 2003 年版，第 34 页。

即对水体造成污染，但如果所有邻居都效仿甲的行为，逐渐累积的废水会导致水体质量恶化，最终可能严重威胁到人类和动植物的生存条件。其三，着眼于预防未来的危险，累积犯的逻辑在于预防和控制未来的危险。通过对个别行为的刑事制裁，可以防止更多类似行为的发生，从而避免导致生态系统崩溃等不可逆转的损害。这种预防性措施旨在阻止行为的"溃堤效应"。虽然甲的单一行为不会立即造成污染，但考虑到所有类似行为的累积效应，可能会对生态系统造成不可逆的损害。因此，即使个别行为未表现出明显的危害也需要被刑事制裁，以防止潜在的累积效应对法益的严重侵害。第四，累积犯的规范目的在于避免因个别行为的累积而对法益造成重大危害。在环境保护中，这种规范目的是防止小规模的污染行为累积成大规模的生态灾害。

累积犯的核心在于防范单一行为的累积效应带来的法益损害或危险，其特征包括个别行为的即时危害性不显著、关注行为的累积效应、预防未来的危险以及具备明确的规范目的。按照日本学者的理解，"危险这个概念一般是不明确的，而且证明也很困难。特别是在污染行为的情况下，危险不是由一个行为引起的，而是由反复发生的行为引起。每个行为本身并不一定是危险的。其聚集才对人的生命健康造成危害。"[1]这一概念在生态环境刑法中饱受争议。

二、累积犯问题辨析

（一）累积犯与抽象危险犯关系辨析

累积犯指即使个别行为本身不表现出对法益的实际侵害或危险，若这些行为累积可能导致法益的严重侵害，也应当被认定为刑事犯罪。在日本，对"累积危险犯"的定义不尽相同，但多将其在与抽象危险犯的对比关系中进行讨论。有学者认为"累积危险犯"是抽象危险犯的一种类型，认为累积危险犯是仅凭其自身的单独行为不能侵害或危及法益，只有通过其与同类他人的多数单独行为一起才能造成法益危害的犯罪类型。[2]从日本学者对累积危险犯的界定可以看出，其所称"累积危险犯"其实就是累积犯。本书认为，二

---

〔1〕 ［日］长井圆：《未来世代的环境刑法 2》，信山社 2019 年版，第 50 页。
〔2〕 参见［日］长井圆：《未来世代的环境刑法 2》，信山社 2019 年版，第 63 页。

者在潜在危险性和预防功能方面具有相似性，但二者的差异性更加明显。

累积犯关注行为的累积效应及其对法益的潜在威胁，旨在防止未来可能的严重危害；而抽象危险犯不需要实际发生法益侵害结果，只要行为本身具有一定的法益侵害的可能性，即构成犯罪，抽象危险犯关注的是行为对法益造成的潜在危险，而不是实际的损害结果。其特征包括行为的潜在危险性足以构成犯罪、不要求实际发生具体的损害结果、注重行为本身给法益带来的危险。

那么，累积犯是否属于抽象危险犯的一种？二者的相似性包括：①潜在危险性。累积犯和抽象危险犯都关注行为的潜在危险性，累积犯考虑的是多个单独看似无害的行为的累积效应，而抽象危险犯关注单一行为的潜在危险性。②预防功能。两者都具有预防性。累积犯预防由于行为累积导致的严重危害，而抽象危险犯则预防潜在的法益侵害，防止可能的损害发生。

差异性在于：第一，累积犯特别强调行为的累积效应，即多个类似行为的合成效果；而抽象危险犯则关注单一行为的潜在危险性，并不考虑行为的累积效应。例如，某人每天将少量的垃圾倾倒在一个小溪中，虽然单次倾倒不造成污染，但长期下去，所有邻居都进行类似行为，可能导致溪水严重污染。这种情况下，单独行为的累积效果形成对环境的严重危害，符合累积犯的特征。第二，抽象危险犯关注的是单个行为本身是否具有对法益的潜在威胁，不考虑是否存在其他行为的累积效应。而累积犯则专注于一个行为集合如何累积形成对法益的严重威胁。例如，X 未经许可在保护区进行废物处理，虽然未造成实际污染，由于 X 的行为具有潜在的法益侵害危险，构成抽象危险犯，由于在特定区域内难以将类似行为集合形成累积污染效应，故 X 不属于累积犯。

累积犯从属于抽象危险犯还是独立于抽象危险犯，涉及"累积危险犯"概念是否成立，显然，按照前述对累积犯属性的探讨，其不属于结果犯或具体的危险犯。累积犯仅凭行为人自身的行为不能侵害法益或对法益形成危险，只有同时与其他多数人的行为结合才能造成法益侵害或对法益形成危险。但从结局上看，最终处罚的是行为人个人，不需要与他人的同类行为形成共犯的关系，所以可以称其为同时正犯（又称为同时犯）。关于累积犯与广义的共犯、同时犯的关系，日本长井圆教授认为累积犯在法律或理论上并不构成广义的共犯（共同正犯、教唆犯、帮助犯），而是一种历时性的"同时犯"（单独正犯）。[1]德国耶塞克教授认为同时犯并非共同犯罪，因为"共同正犯的必要的主观部分是共同的行为决意"。[2]他理解的同时犯是"如果数人共同导致了构成要件该当的结果，而又没有共同的犯罪决意，是同时犯（Nebentäterschaft）。同时犯很少出现于故意犯罪中，而经常出现于过失犯罪中，这是因为数人过失地共同犯罪是一种日常现象，而这里是不存在共同正犯问题的"。[3]可以看出，耶塞克教授显然认为共同正犯包含了主观要素，这与本书所持正犯、共犯概念只体现对行为的客观评价而并不包含对行为人主观责任要素的评价并不相同，相同的是，耶塞克教授也认为同时犯不属于共同正犯。有必要指出，本书所称同时犯、正犯、共犯概念是阶层犯罪理论下违法性阶层之下的概念，只体现对行为的客观评价而并不包含对行为人主观责任要素的评价，基于此，本书所使用的共同犯罪概念也仅仅是违法性层面的"犯罪"概念而非违法、有责同时具备意义上的"犯罪"概念。在我国，也有学者用不法层面的"犯罪"概念来定义同时正犯，如张明楷教授认为，"同时正犯，是指二人以上在没有意思联络的情况下，同时对同一客体实行同一犯罪的情形。"[4]德国冈特·施特拉腾韦特、洛塔尔·库伦教授也是在这个意义上使用同时犯概念的，他们认为，数个犯罪参与者互不依赖地致力于实现同一个犯罪结果时，就构成了同时犯。其中"互不依赖"只能被理解为缺乏共同正犯之间的联系。德国学者举出的例子是，数个行为人相互都不知道他人的行为，却偶然追求同一个犯罪结果。如数人都不约而同地向主管官员行贿以让他撤回行政行为，这数人就构成同时犯。[5]由于同时正犯中的各行为人之间没有意思联络，所以不成立共同犯罪，各行为人仅对自己的行为与结果负责。各行为人虽然对于最终结果在客观上具有因果性，但不能独自包揽他人的违法结果，

---

〔1〕 参见［日］长井圆：《未来世代的环境刑法2》，信山社2019年版，第51页。

〔2〕 ［德］汉斯·海因里希·耶赛克、托马斯·魏根特：《德国刑法教科书》（下），徐久生译，中国法制出版社2017年版，第920页。

〔3〕 ［德］汉斯·海因里希·耶赛克、托马斯·魏根特：《德国刑法教科书》（下），徐久生译，中国法制出版社2017年版，第922页。

〔4〕 张明楷：《刑法学》（第6版）（下），法律出版社2021年版，第507页。

〔5〕 参见［德］冈特·施特拉腾韦特、洛塔尔·库伦：《刑法总论I——犯罪论》，杨萌译，法律出版社2006年版，第317页。

每个人只对自己的行为因果贡献部分来负责，虽然被称为同时正犯（同时犯），但各单独行为不需要在时间上"同时"进行，前后进行就足够了。

日本长井圆教授认为，累积犯的讨论涉及对侵害公益、集体法益的危害是否值得刑法保护这个根本性问题，以及"预防原则"和对子孙后代的保护问题。[1]这种理解当然不能算错，但并不全面，一种犯罪类型是否成立显然不能只考虑公益、集体法益，还应当考虑行为是否达到可罚的程度以及责任主义等因素，至于预防原则这个刑罚理论就更不能作为犯罪论的支柱了。本书认为，如果一定要为累积犯寻找法理依据，则其与抽象危险犯的法理近似但又不完全相同，且并不以多人共同造成结果为限，处罚的仅仅是行为对法益造成的抽象危险本身。问题在于，单个行为本身是否达到刑法可罚意义上的"危险"程度，必须建立在科学的客观基础与合理的价值判断之上。另外，就前述对累积犯的讨论而言，其似乎更像是客观处罚条件，但本书并不认为他人行为对行为人行为性质的影响属于客观的处罚条件。这是因为，累积犯所假设的前提是，累积的结果对法益形成了危险而追究单个人的刑事责任，而非将多数人作为整体来追究刑事责任，而就单个的行为而言，因其行为轻微本身并未达到可罚程度，所以并不满足客观处罚条件的成立要求。

在过去，累积犯之所以被不少学者质疑，是因为累积犯要求行为人对其他人的行为后果承担责任，这被认为违反了责任主义，学者认为，即使从责任主义的角度来看，也不应当肯定累积犯这一范畴的正统性。[2]但是，这是将累积犯视为累积的结果犯而言的，但如果将累积犯视为累积的危险犯，情况则不相同。

对累积的危险犯的主观要件而言，行为人当然需要认识到自己的行为，但是否还要求其认识到其他人也同时或先后实施了相同的行为？如前所述，由于累积犯并非共同犯罪因而不能将共同犯罪的成立条件套用在累积犯的成立条件之上，每个个体只应当对自己单独行为的因果贡献部分承担相应责任。在生态环境犯罪的累积危险犯中，危险（结果）由行为人自己的危险行为所引起，如受处罚的也是因为自己的行为所引起的抽象危险，而非造成多数人协同行为导致的危险，因此，对他人行为的危险认识不构成生态环境犯罪累

---

[1] 参见［日］长井圆：《未来世代的环境刑法2》，信山社2019年版，第51页。
[2] 参见［日］伊东研祐：《环境刑法研究序说》，成文堂2003年版，第38页注（41）。

积犯的必要条件。

累积犯在某种程度上可以被视为抽象危险犯的一种特殊形式，但它并不完全等同于抽象危险犯，累积犯的独特之处在于它关注行为的累积效应，尤其是在处理那些单个行为危害不显著但可能逐渐累积导致严重损害的行为时，具有特定的预防意义。而抽象危险犯则更侧重于单一行为的潜在危险性，累积犯和抽象危险犯在预防法益损害方面有相似之处，但累积犯特别关注行为的累积效应，而抽象危险犯主要关注单一行为的潜在危险性。就预防法益侵害而言，累积犯可以被看作抽象危险犯的一种特殊应用。

（二）累积犯与累计型犯罪关系辨析

累积犯的特点在于，单次行为不构成犯罪，只有当法律认为累积效应对法益形成危险时，才引发对单次行为的刑事追究。累计型犯罪特点在于，单次行为都构成犯罪，对多次行为累计处理。

累积犯与累计型犯罪的相同点在于关注点与目的。累积犯和累计型犯罪都关注行为的聚集效果，两者都考虑行为的多次发生或数量的累积对法益的影响；二者的主要目的都是防止行为因重复性或累积效果对法益造成侵害。

不同点在于本质与适用领域。累积犯关注的是行为的累积效应，即使个别行为不显著危害法益，但其累积效果可能导致严重危害，注重的是行为的整体效果和潜在的长远影响。例如，个体每次向河流排放少量化学废水，单独的行为不会立即污染水体，但若多次排放则可能累积造成严重污染，如果适用累积犯理论来预防和惩治环境污染可以防止未来更严重的污染。当然，单次排污行为是否达到侵害法益（或对法益造成危险）的程度，是累积犯的另外一个问题。而累计型犯罪主要涉及罪数问题，即刑法明确规定以数额或数量的累计来定罪和量刑。在这种情况下，行为的重复或累计会影响犯罪的定罪与量刑，但并不会重新评估行为的总体效果，常适用于量刑时的数额累计，如多次偷猎行为，对其数量累计计算以适用相应的刑罚等级。再如，乙非法捕捞鱼类，每次捕捞的数量都不大，乙每周都进行这样的活动。然而，法律规定非法捕捞的数量达到一定标准才构成犯罪，此时可以将乙捕捞的数量累计计算，即便他每次捕捞的数量不足以单独构成犯罪，但累计起来的数量则可能满足犯罪成立的数额标准并决定其刑罚等级。

此外，二者在主体范围上存在一定差异。累积犯的主体范围可以比较广泛，既可以是同一个人多次实施轻微的、不构成犯罪的行为，也可以是不同的人分别实施相同或类似的行为，这些行为累积起来可能对法益造成侵害或危险。例如，A、B、C、D、E……在没有合意的前提下向河流排污，单独来看，A、B、C、D、E……的行为不会造成重大法益侵害，但这些行为累积到一定程度后，就会对法益造成侵害或危险，在该情况下，A、B、C、D、E……公司均可以成立累积犯。总之，累积犯的主体可以是同一人，也可以是多个主体，只要他们的行为能够在法益侵害的累积效果上共同起到作用，就构成累积犯。累计型犯罪的主体一般只能是同一个人，也就是说，累计型犯罪的"累计"指的是同一行为人多次实施同种犯罪行为，评价时将其作为一个整体处理。如果是不同的人实施相同性质的犯罪行为，则不能称为累计型犯罪，而是需要分别对各自的犯罪行为进行追责。例如，X 公司在一年内多次超标排放有毒废气，每次排放行为本身都单独构成污染环境罪，由于 X 公司多次实施同一种违法行为，法院可以将这些行为累计起来进行加重（或从重）处罚。概言之，累计型犯罪的累计对象只能是同一个主体的多次犯罪行为，不能对不同主体的行为进行共同累计。总之，累积犯的主体范围更为广泛，累积犯可由同一人，也可以由不同的人分别构成；而累计型犯罪的主体范围较为固定，其主体范围被限定为多次实施同一行为的行为人。其背后的逻辑差异在于，累积犯强调行为的整体效果，而累计型犯罪注重单个行为人的责任累积和加重处理。

不但如此，二者的法律评价效果也不相同。累积犯对行为的累积效应系整体评估，避免单一行为因危害微小而被忽视，法律会根据行为的整体效果进行处理，而不仅仅是计算行为的数量。例如，非法排放工业废气即使单次排量小，但若长期累计则可能对生态系统造成严重破坏。而累计型犯罪则是依照法律规定，对多个行为的数量或数额进行累计计算并决定罪名和相应的刑罚，而很少考虑行为的整体效应。

虽然累积犯和累计型犯罪都注重行为的叠加效应，但累积犯侧重于行为累积对法益的整体威胁，而累计型犯罪主要关注行为的数量或数额累计以决定是否构成犯罪和刑罚；累积犯理论能够更有效地应对那些单个行为看似无害但累积效应显著的情况，而累计型犯罪则在罪数问题上有利于处理行为的重复性。例如，X 工厂多次超标排放有毒气体，每次的排放量都超出法定限度，每一次排放行为都独立构成污染环境罪。然而并不会对 X 工厂认定多个污染环境罪，由于工厂在一定期间内连续多次排放，可以将这些行为累计在一起处理，对工厂处以更重的刑罚。

值得讨论的是我国司法解释将二年内曾因违反国家规定，排放、倾倒、处置有放射性的废物、含传染病病原体的废物、有毒物质受过二次以上行政处罚，又实施此类行为的，解释为《刑法》第 338 条中的"严重污染环境"。[1]该规定究竟是基于累计型犯罪的法理还是危险犯的法理？累计型犯罪指的是数额的累计计算，例如，有多次盗窃行为的不认定构成多个盗窃罪，而是以盗窃罪一罪论处，其数额累积计算即可，前述司法解释的基础并非依据累计型犯罪的法理。即使认为其合理，其依据也只能是认为"受过两次行政处罚再实施前述行为"这个行为对生态学的法益具有抽象的危险。事实上，该司法解释存在缺陷，之前受到过行政处罚只表明行为人具有再犯可能性，该情节属于量刑的要素，不属于决定犯罪成立与否的构成要件要素和责任要素，本质上，将非定罪要素（再犯可能性）作为犯罪成立要素违反罪刑法定，不具有正当性。该规定并非依据累计犯的法理，也非依据累积犯的法理。

当然，如果一定要为类似司法解释寻找正当性依据，可以基于分配正义，从生态环境犯罪保护未来世代利益的角度认为类似行为具有抽象的危险。[2]这是因为生态环境犯罪的法益与传统人身、财产犯罪等个人法益不同，其保护的是一种包含未来人利益在内的分配的正义，即使现实中没有危害到人的生命、身体、健康但如果承认刑法对未来世代和未来人利益的保护，则该行为可视作侵害了当代人和未来人的集体法益。

三、本书立场

累积犯的逻辑是要通过防微杜渐，预防累积性的环境损害结果，以避免未来修复的巨大成本。因此，其支持者认为，为了避免修复所需的巨大费用负担，同时避免重大法益侵犯和重罚化这一点上，无论对社会还是对行为人

---

〔1〕 参见最高人民法院、最高人民检察院《关于办理环境污染刑事案件适用法律若干问题的解释》（法释〔2023〕7 号）第 1 条第 8 项。

〔2〕 类似规定可参见最高人民法院、最高人民检察院《关于办理环境污染刑事案件适用法律若干问题的解释》（法释〔2023〕7 号）第 1 条第 6 项、第 10 条第 2 项。

来说都是合理的。[1]然而，累积犯不强调个别行为的危险性，而着眼于众多行为结合后将发生的法益侵害或危险，这就存在正当性问题。累积犯理论使刑法上的违法性理论被虚置，违法性的本质即犯罪的本质，指的是客观的法益侵害或威胁，违法性当然必须达到值得科处刑罚的程度。具有"法益侵害的危险"为刑事制裁提供了正当性依据，为了能够说明抽象的法益如何被侵害或被威胁，对于侵害或危险可能性的判断就必不可少，要求"危险"至少应当是类型化的法益侵害危险，否则，其法理就不应当被承认。

即使认为应当在生态环境犯罪中引入累积犯，用结果犯的理论来解释累积犯也并不合适。如果将累积犯理解为累积的结果犯，将累积形成的结果理解为侵害犯的"侵害结果"会面临责任主义的质疑。原因在于，如果按照库伦教授的累积犯概念，A 的个别污染行为虽然现在不会危害人的健康，但该行为如果被其他人 B、C、D、E……大量重复，就会造成一定的法益侵害，因而 A 的行为可罚。于是，A 为他人行为的结果承担了责任，对 A 的行为的评价违反了责任主义。此外，累积犯会降低构成要件的自由保障机能，使国家权力过度介入市民生活。即使对于排放生活污水这样接近伦理容许界限的行为，国民也会担心因他人同样的行为而让自己受到刑事处罚，就会压抑自己的正常生活行为，最终使得国民的自由活动空间被压缩。

因此，本书主张，对累积犯应区分累积的结果犯与累积的危险犯，前者由于违反责任主义应当被彻底否定。对后者而言，入罪门槛不宜过低，类似德国教授所举出的倾倒厨余垃圾的行为不可能作为犯罪处理，而只能将类型化的达到可罚程度的抽象危险行为作为累积的危险犯处理，对于偶发的，科学难以证明，不具有类型化抽象危险的行为，不能作为累积的危险犯。即使按照累积的危险犯的评价标准，库伦所讲的倾倒厨余垃圾行为也属于不具有可罚性的行为，属于不足以引起法益侵害抽象危险的行为，如果将若干类似行为看作一个整体则会面临和累积的结果犯同样的疑问。日本伊东研祐教授也质疑库伦的累积犯概念，他认为，库伦尝试的累积犯这一新类型的构建是不必要的，因为库伦所说的累积犯并不要求个别行为实现了法益侵害或危险，而只要求该行为大量地进行，就认为引起了法益侵害或危险。[2]本书初步认

---

〔1〕 参见［日］长井圆：《未来世代的环境刑法 2》，信山社 2019 年版，第 68 页。

〔2〕 参见［日］伊东研祐：《环境刑法研究序说》，成文堂 2003 年版，第 35 页。

为，累积犯是基于生态环境犯罪的累积性特征而生的议题，其中，"累积的结果犯"由于违反责任主义应予以否定。至于"累积的抽象危险犯"，如果只将类型化的、达到刑法可罚程度的行为当作累积的抽象危险犯处理，在法理上没有问题。同时，如果能够将极其轻微的环境污染行为排除在刑事处罚范围之外，在这个意义上来说，累积的危险犯概念是成立的。只不过，成立的也仅仅是概念，因为在实质上，其内涵已为抽象危险犯的理论内涵所解释与覆盖，累积犯仍然没有存在的必要。

主要参考文献

外文文献类

Matthias Fritsch, PhilippeLynes, and David Wood eds., *Eco-deconstruction: Derrida and Environmental Philosophy*, Fordham University Press, 2018.

John A. Duerk ed., *Environmental Philosophy, Politics, and Policy*, Lexington Books, 2021.

Stephen M. Gardiner and Allen Thompson eds., *The Oxford Handbook of Environmental Ethics*, Oxford University Press, 2017.

Dale Jamieson ed., *A Companion to Environmental Philosophy*, Blackwell Publishers Ltd, 2001.

David Miller, *Principles of Social Justice*, Harvard University Press, 1999.

Sahotra Sarkar, *Environmental Philosophy: From Theory to Practice*, Wiley-Blackwell, 2012.

DavidSchmidtz and Elizabeth Willott, *Environmental Ethics: What Really Matters, What Really Works*, Oxford University Press, 2012.

Paul W. Taylor, *Respect for Nature: A Theory of Environmental Ethics*, Princeton University Press, 2011.

Melissa K. Nelson and Dan Shilling eds., *Traditional Ecological Knowledge: Learning from Indigenous Practices for Environmental Sustainability*, Cambridge University Press, 2018.

Dölling, Dieter/Entorf, Horst/Hermann, Dieter/Häring, Armando/Rupp, Thomas/Woll, Andreas, Zur generalpräventiven Abschreckungswirkung des Strafrechts-Befunde einer Metaanalyse, Soziale Probleme, Jg. 17, H. 2, 2006.

Albrecht, Hans-Jörg (Hrsg.), Forschungen zu Kriminalität und Kriminalitätskontrolle am Max-Planck-Institut für ausländisches und internationales Strafrecht in Freiburg i. Br. (= Kriminologische Forschungsberichte aus dem Max-Planck-Institut für Ausländisches und Internationales Strafrecht, Bd. 82), Freiburg i. Br.: edition iuscrim, 1999.

Eder, Klaus, Die Zivilisierung staatlicher Gewalt: eine Theorie der modernen Strafrechtsentwicklung, in: Kölner Zeitschrift für Soziologie und Sozialpsychologie, Sonderheft 27, 1986.

Satzger, Helmut/von Maltitz, Nicolai (Hrsg.), Klimastrafrecht: Die Rolle von Verbots- und Sanktionsnormen im Klimaschutz, Schriften zum Klimaschutzrecht, Band 3, 1. Auflage, Nomos, Baden-Baden 2024.

［日］西原春夫：《刑法总论》，成文堂 1978 年版。

［日］曾根威彦：《刑法学基础》，成文堂 2001 年版。

［日］前田雅英：《刑法总论讲义》，东京大学出版会 2006 年版。

［日］林干人：《刑法总论》，东京大学出版会 2008 年版。

［日］铃木茂嗣：《刑法总论（犯罪论）》，成文堂 2001 年版。

［日］井田良：《刑法总论的理论构造》，成文堂 2005 年版。

［日］大谷实：《刑法总论》，成文堂 2001 年版。

［日］大塚仁：《刑法要论（总论）》，成文堂 1993 年版。

［日］曾根威彦：《刑法总论》，弘文堂 2001 年版。

［日］今井猛嘉、小林宪太郎、岛田聪一郎、桥爪隆：《刑法总论》，有斐阁 2009 年版。

［日］原田保：《刑法中的超个人法益的保护》，成文堂 1991 年版。

［日］中山研一、神山敏雄、齐藤丰治、浅田和茂编著：《环境刑法概说》，成文堂 2003
　　年版。

［日］町野朔编：《环境刑法的综合研究》，信山社 2003 年版。

［日］长井圆：《未来世代的环境刑法 1》，信山社 2019 年版。

［日］长井圆：《未来世代的环境刑法 2》，信山社 2019 年版。

［日］藤木英雄：《行政刑法》，学阳书房 1977 年版。

［日］藤木英雄：《公害犯罪》，东京大学出版会 1975 年版。

［日］伊东研祐：《环境刑法研究序说》，成文堂 2003 年版。

［日］今井猛嘉：《环境犯罪》，载［日］西田典之编：《环境犯罪与证券犯罪》，成文堂
　　2009 年版。

［日］川口浩一：《环境刑法总论的基本问题（1）》，载《关西大学法学论集》2015 年第
　　65 卷第 4 期。

［日］川端博、町野朔、伊东研祐：《环境刑法的课题与展望》，载《现代刑事法》2002 年
　　第 2 期。

［日］关哲夫：《危险社会中法益概念的作用》，载《国学院法学》2015 年第 53 卷第 3 期。

［日］山中敬一：《德国环境刑法的理论与构造》，载《关西大学法学论集》1991 年第 41
　　卷第 3 期。

［日］川口浩一：《环境刑法中的预防原则与累积犯》，载《法律论丛》2021 年第 93 卷
　　第 6 期。

［日］北野通世：《抽象危险犯中法益的危殆化构造》，载《法政论丛》2014 年第 60/61 合
　　并号。

中文文献类

（一）法哲学、法理学与法学方法论

[德] 阿图尔·考夫曼:《法律哲学》,刘幸义等译,法律出版社 2011 年版。

[德] 阿图尔·考夫曼、温弗里德·哈斯默尔主编:《当代法哲学和法律理论导论》,郑永流译,法律出版社 2013 年版。

[德] H. 科殷:《法哲学》,林荣远译,华夏出版社 2002 年版。

[德] 汉斯-格奥尔格·伽达默尔:《诠释学 II:真理与方法》,洪汉鼎译,商务印书馆 2017 年版。

[德] 黑格尔:《法哲学原理》,范扬、张企泰译,商务印书馆 1961 年版。

[德] 卡尔·拉伦茨:《法学方法论》,陈爱娥译,商务印书馆 2003 年版。

[德] 拉德布鲁赫:《法律哲学概论》,徐苏中译,中国政法大学出版社 2007 年版。

[德] 齐佩利乌斯:《法学方法论》,金振豹译,法律出版社 2009 年版。

[德] 鲁道夫·冯·耶林、[德] 奥科·贝伦茨编注:《法学是一门科学吗?》,李君韬译,法律出版社 2010 年版。

[德] 伯恩·魏德士:《法理学》,丁晓春、吴越译,法律出版社 2013 年版。

[美] 布赖恩·Z. 塔玛纳哈:《法律工具主义:对法治的危害》,陈虎、杨洁译,北京大学出版社 2016 年版。

[美] 侯世达、[法] 桑德尔:《表象与本质:类比,思考之源和思维之火》,刘健、胡海、陈祺译,浙江人民出版社 2018 年版。

[英] 布莱恩·巴里:《正义诸理论》,孙晓春、曹海军译,吉林人民出版社 2004 年版。

[英] 休谟:《人类理解研究》,关文运译,商务印书馆 1957 年版。

[英] 弗里德利希·冯·哈耶克:《法律、立法与自由》(第 2、3 卷),邓正来、张守东、李静冰译,中国大百科全书出版社 2000 年版。

[英] 戴维·米勒:《社会正义原则》,应奇译,江苏人民出版社 2005 年版。

[荷] 扬·斯密茨:《法学的观念与方法》,魏磊杰、吴雅婷译,法律出版社 2017 年版。

[古希腊] 亚里士多德:《尼各马可伦理学》,廖申白译注,商务印书馆 2003 年版。

陈兴良:《刑法方法论研究》,清华大学出版社 2006 年版。

陈兴良:《刑法哲学》,中国人民大学出版社 2017 年版。

胡玉鸿:《法学方法论导论》,山东人民出版社 2002 年版。

刘瑞复:《法学方法与法学方法论》,法律出版社 2013 年版。

史广全:《法西斯主义法学思潮》,法律出版社 2006 年版。

喻中:《法学方法论》,法律出版社 2014 年版。

卓英子:《新黑格尔主义法学》,法律出版社 2006 年版。

杨仁寿:《法学方法论》(第 2 版),中国政法大学出版社 2013 年版。

(二) 刑法总论与环境刑法

〔德〕汉斯·海因里希·耶赛克、托马斯·魏根特:《德国刑法教科书》(上),徐久生译,中国法制出版社 2017 年版。

〔德〕冈特·施特拉腾韦特、洛塔尔·库伦:《刑法总论 I——犯罪论》,杨萌译,法律出版社 2006 年版。

〔德〕埃里克·希尔根多夫:《德国刑法学:从传统到现代》,江溯等译,北京大学出版社 2015 年版。

〔德〕克劳斯·罗克辛:《德国刑法学总论——犯罪原理的基础构造(第 1 卷)》,王世洲译,法律出版社 2005 年版。

〔德〕李斯特、施密特修订:《德国刑法教科书(修订译本)》,徐久生译,法律出版社 2006 年版。

〔德〕约翰内斯·韦塞尔斯:《德国刑法总论》,李昌珂译,法律出版社 2008 年版。

〔德〕乌尔里希·齐白:《全球风险社会与信息社会中的刑法:二十一世纪刑法模式的转换》,周遵友等译,中国法制出版社 2012 年版。

〔美〕H. L. A. 哈特、托尼·奥诺尔:《法律中的因果关系(第 2 版)》,张绍谦、孙战国译,中国政法大学出版社 2005 年版。

高铭暄、马克昌主编:《刑法学》(第 3 版),北京大学出版社、高等教育出版社 2007 年版。

陈兴良:《教义刑法学》,中国人民大学出版社 2017 年版。

张明楷:《外国刑法纲要》(第 3 版),法律出版社 2020 年版。

张明楷:《刑法学》(上)(第 6 版),法律出版社 2021 年版。

张明楷:《法益初论》(修订版),中国政法大学出版社 2003 年版。

陈灿平:《刑民实体法关系初探》,法律出版社 2009 年版。

付立忠:《环境刑法学》,中国方正出版社 2001 年版。

赵秉志主编:《环境犯罪及其立法完善研究——从比较法的角度》,北京师范大学出版社 2011 年版。

崔庆林、刘敏:《环境刑法规范适用论》,中国政法大学出版社 2018 年版。

胡雁云:《环境犯罪及其刑事政策研究》,法律出版社 2018 年版。

蒋兰香:《环境犯罪基本理论研究》,知识产权出版社 2008 年版。

蒋兰香:《污染型环境犯罪因果关系证明研究》,中国政法大学出版社 2014 年版。

刘斌斌、李清宇:《环境犯罪基本问题研究》,中国社会科学出版社 2012 年版。

吕欣:《环境刑法之立法反思与完善——以环境伦理为视角》,法律出版社 2012 年版。

徐平:《环境刑法研究》,中国法制出版社 2007 年版。

郑昆山:《环境刑法之基础理论》,五南图书出版公司 1998 年版。

张明楷:《集体法益的刑法保护》,载《法学评论》2023 年第 1 期。

张道许:《风险社会视阈下环境刑法的发展变化与立法面向》,载《江西社会科学》2019 年第 9 期。

苏彩霞、邓文斌:《环境风险防控理念下我国环境刑法的调适》,载《环境保护》2014 年第 88 期。

张梓太、陶蕾:《环境刑法的法益初论——环境刑法究竟保护什么》,载《南京大学法律评论》2001 年第 2 期。

（三）环境法、民法、生态哲学与生态伦理学

［美］罗伯特（鲍博）布林克曼:《可持续发展概论》,刘国强译,天津人民出版社 2022 年版。

［美］DeanBaker、［西］Mark J. Nieuwenhuijsen 编著:《环境流行病学:研究方法与应用》,张金良、张衍燊、刘玲主译,中国环境科学出版社 2012 年版。

［美］汤姆·雷根:《动物权利研究》,李曦译,北京大学出版社 2010 年版。

［德］汉斯·萨克塞:《生态哲学》,文韬、佩云译,东方出版社 1991 年版。

［德］卡尔·拉伦茨:《德国民法通论》(上),王晓晔等译,法律出版社 2013 年版。

［法］科琳娜·佩吕雄:《正视生态伦理:改变我们现有的生活模式》,刘卉译,中国文联出版社 2020 年版。

［澳］阿伦·盖尔:《生态文明的哲学基础:未来宣言》,张虹译,天津人民出版社 2021 年版。

何怀宏主编:《生态伦理——精神资源与哲学基础》,河北大学出版社 2002 年版。

余谋昌:《生态哲学》,陕西人民教育出版社 2000 年版。

马兆俐:《罗尔斯顿生态哲学思想探究》,东北大学出版社 2009 年版。

王正平:《环境哲学——环境伦理的跨学科研究》(第 2 版),上海教育出版社 2014 年版。

陈凤丽:《中国传统文化中的生态思想及其现代性》,载沈立江主编:《当代生态哲学构建——"生态哲学与文化"研讨会论文集》,浙江大学出版社 2011 年版。

崔永和等:《走向后现代的环境伦理》,人民出版社 2011 年版。

胡向阳、尤伟、栾兴良:《环境污染健康损害因果关系鉴定研究》,世界图书出版公司 2014 年版。

袁中新主编:《环境伦理与科学》,巨流图书公司 2000 年版。

（四）风险社会、流行病学与其他

［德］奥特弗利德·赫费：《作为现代化之代价的道德——应用伦理学前沿问题研究》，邓安庆、朱更生译，上海译文出版社 2005 年版。

［德］乌尔里希·贝克：《风险社会：新的现代性之路》，张文杰、何博闻译，译林出版社 2018 年版。

［古希腊］亚里士多德：《物理学》，张竹明译，商务印书馆 1992 年版。

潘小琴、肖斌权编著：《环境污染的流行病学研究方法》，人民卫生出版社 1997 年版。

陈啸、吴俊、叶冬青：《随机临床试验的先驱：奥斯汀·布拉德福德·希尔》，载《中华疾病控制杂志》2018 年第 8 期。

联合国环境规划署、国际劳工组织、世界卫生组织合编：《环境流行病学研究方法指南》，方企圣等译，人民卫生出版社 1985 年版。

王赟、程薇瑾：《从贝克到吉登斯：风险社会理论中的认识论差异》，载《社会科学研究》2022 年第 3 期。

张宪丽、高奇琦：《社会风险化还是心理风险化——对贝克风险社会理论的反思》，载《探索与争鸣》2021 年第 8 期。

▼ 后 记

一本书与一条路

当为这部书稿敲下最后一个句点时，窗外已是熹微的晨光。长达六年的求索写作之路，至此仿佛抵达了一处可以稍作停歇的驿站。回望来路，感慨万千。既有前路漫漫的彷徨，亦有孤灯长夜的坚持，更有拨云见日的欣喜。这不仅是一部书稿的完成，更是一名学人对过往十余年人生轨迹的交代。

选择从一名公安民警岗位重返校园，攻读刑法学博士学位，这条路在许多人看来或许并不"经济"。但于我而言，这正是为了回应一个盘桓内心已久的声音——如何让实践的经验与理论的思辨，在自己身上真正地"知行合一"？这本书，便是我选择的道路，也是这条路上的其中一个脚印。

孤灯下的修行

治学之路，注定是一场孤灯下的修行。早在 2020 年我成功申请到国家社科基金项目之前，我便为自己预设了一条"独特"的攀登路线，2018 年，我成功申请到北京市哲学社会科学规划项目，这个项目与我后来主持的国家社科基金项目都属于行政刑法类，当时就计划出版一本行政刑法专著，于是我开始寻找一个适合的切入点，直到我申请到国家社科基金项目，我便将切入点落在了环境刑法。自动笔写作以来，有四个春节是在故纸堆与文献的陪伴下度过的。窗外传来远处稀疏的爆竹声，窗内只有我与键盘的微光为伴，寒来暑往，灯火为证，书桌上的资料越堆越高，而我的世界却越来越小，小到只剩下行政刑法这一个天地。

然而，生活并非总能让你安然于"洞穴"之中。我永远记得一个初春的午后，四岁的女儿举着一幅稚嫩的水彩画跑到我跟前，画上是一个巨大的机器人，旁边是一个小小的我。她认真地问："爸爸，你为什么总是在看书，不能像机器人一样陪我玩？"那一刻，我无言以对，心中充满了对家人的愧疚。

也正是在那一刻，我更深刻地理解了本书第三章所探讨的"代际责任"——我们今日的努力，不正是为了给他们一个更洁净、更适宜生存的未来吗？

正是因为这样的体验，让我笔下的文字不再冰冷。我开始思考，一部学术著作，除了理论的严谨，是否还应有关怀的温度？例如，在本书探讨"行政从属性"立场时，我并未止步于德日刑法理论的抽象思辨。我会想象，一个挣扎在盈亏边缘的小企业主，因一次环保指标超标而面临"罪与非罪"时，僵硬的法条对他意味着什么？对一个执法经验不足的基层环保执法人员而言，刑法与行政法之间模糊的边界又会带给他怎样的困惑？这种从实务"此岸"带来的视角，或许正是本书希望呈现的一点不同之处。

感念与展望

本书得以付梓，首先要由衷感谢国家社会科学基金的慷慨资助，它是我能够心无旁骛、潜心研究的坚实后盾。

我亦要深深感谢我的恩师，是您引领我走进了学术研究的殿堂，恩师严谨的治学风范与深厚的人文关怀，令我终身受益。我还要感谢其他前辈们的引领，没有你们，我可能至今仍在阶层论的门外徘徊。

我还要感谢我所在的单位。一部基础理论著作的写作，耗时漫长且过程枯燥，极易被视为"无用之功"，正是在院领导高瞻远瞩的引领与支持下，社科院为我提供了最为宝贵的"宁静"与"耐心"，包容了我的"慢"与"拙"，使我得以闹中取静，奢侈地拥有一段可以沉潜治学的时光。

同时，我要感谢中国政法大学出版社的编辑老师和所有工作人员，是你们专业的审阅、严谨的校对和不辞辛劳的沟通，才让这部文稿得以呈现出它最好的样貌。

掩卷沉思，自知学海无涯，个人才疏学浅，书中必然存在诸多谬误与不足，恳请学界同仁与广大读者不吝批评指正，所有的批评与指正，都将是我未来道路上最宝贵的财富。在此，我将这六年求索的点滴心得呈献于读者面前，若本书能为我国法学理论繁荣贡献寸木，能为司法实践提供片瓦，我愿足矣。

张修齐

二〇二四年六月于北京·问道书房